U0729061

◎ 2013年江苏省教育厅高等教育教学研究课题
“‘协同论’视域下高职院校公共英语教学模式改革研究”
（编号2013JGJG504）的成果之一

◎ 2013年中国高等教育研究会课题
“基于‘协同论’的高职学生英语学习阻碍机制策略研究”
（编号GZYLX1213078）的成果之一

◎ 2015年度江苏省社科应用研究精品工程外语类课题
“智能手机英语课堂有效性的应用研究”（编号15jsyw-15）的成果之一

◎ 2015年盐城工业职业技术学院“职业英语”课程改革建设成果之一

高职学生英语学习
阻碍机制应对策略“协同”研究

◎ 蒋景东 金 晶 著

ZHEJIANG UNIVERSITY PRESS
浙江大学出版社

图书在版编目（CIP）数据

高职学生英语学习阻碍机制应对策略"协同"研究 / 蒋景东，金晶著. —杭州：浙江大学出版社，2016.1
ISBN 978-7-308-15344-7

Ⅰ.①高… Ⅱ.①蒋…②金… Ⅲ.①英语—教学研究—高等职业教育 Ⅳ.①H319.3

中国版本图书馆 CIP 数据核字（2015）第 279255 号

高职学生英语学习阻碍机制应对策略"协同"研究
蒋景东　金　晶　著

责任编辑 周卫群
责任校对 杨利军　於国娟
封面设计 刘依群
出版发行 浙江大学出版社
（杭州市天目山路 148 号　邮政编码 310007）
（网址：http://www.zjupress.com）
排　　版 杭州中大图文设计有限公司
印　　刷 富阳市育才印刷有限公司
开　　本 710mm×1000mm　1/16
印　　张 21
字　　数 400 千
版 印 次 2016 年 1 月第 1 版　2016 年 1 月第 1 次印刷
书　　号 ISBN 978-7-308-15344-7
定　　价 59.00 元

版权所有　翻印必究　　印装差错　负责调换
浙江大学出版社发行中心联系方式：0571—88925591；http://zjdxcbs.tmall.com

序

本书涉及英语教学的多个层面。在我们周围的世界里充满了各种各样的阻碍，高职英语教学也不例外。高职学生英语普遍基础差，学生缺乏学习英语的动力和兴趣，缺乏信心和毅力，同时现行的高职英语教学也存在诸多弊端，高职英语教学的发展寸步难行。

在国内，就高职院校学生的学习阻碍机制，相关高校教师和学者进行了一些研究，但通常研究的是学生学习的内部因素等问题，或者只对外部因素进行研究，没有将学生学习的内部因素和外部因素完全结合起来进行研究，在此研究领域，只有相关论文的发表，却没有系统论述该问题的学术专著发表，在理论上还不能成体系，同时在实践上没有进行更深层次的教学改革。本书运用新三论中的“协同论(synergetic theory)”进行研究，提升了研究的高度。

在国外，“协同论(synergetic theory)”在语言教学中的应用暂时还找不到相关资料。基于“协同论(synergetic theory)”指导下的高职学生英语学习阻碍机制的策略研究至今还无人问津。国外就学生的学习情感、学习策略、教师反馈和学生反馈进行了大量研究。在教学上菲尔什曾经提出“情景联系理论”，首先提出情景能帮助学生更好理解、记忆、运用所学的语言材料。抛锚式教学(Anchored Instruction)中的建构主义认为，学习者要想完成对所学知识的意义建构，最好的办法是让学习者到现实世界的真实环境中去感受，提高英语沟通和交流的能力，让学生在各种情景中去完成任务，或成为教学行为的参与者。这些研究要么单方面考虑了影响学生学习的内部因素，要么单方面考虑了影响学生学习的外部因素。从整体上来说，没有将影响学生英语学习的内部因素和外部因素结合起来，没有提出相对完整的扫除学生英语学习阻碍机制的策略。

众所周知，任何教学都离不开学生，只有在充分了解学生学习动机、学习态度和情感，以及学生学习的内外部阻碍机制等基础上才能进行有效教学。

为了解决这一问题，首先要破除学生英语学习的阻碍，同时改变教师的理念，改革高职公共英语教学模式。本书作者在这两个方面做了全面的论述。

利用“协同论(synergetic theory)”对高职学生英语学习阻碍机制进行研究，涉及的层面较多，因此研究起来无论在理论层面上还是在具体操作层面上都有一定的难度，但本书做到了以下几个层面。

在教学理论层面上，为高职英语教学改革路径的提出奠定了基础，对教师重新提升教育理论内涵，提升教师理性认知，教师不断进行教学反思，以及提高教学效率提供了指导。

在操作层面上，为改变教师的“仓库理论”和“填鸭式教学”核心观和传统的教学方法提供了指导思想，把学生看作一个发展的人，而不是“容器”和“接收器”。同时通过对非智力因素在英语教学中的运用研究，为英语教师有效教学的进行提供了指导。

在学科层面上，为教师关注学生进步和发展方面提供了有力支撑。本书利用“协同论(synergetic theory)”观点来解决高职学生英语学习中的阻碍机制，对影响学生英语学习的因素进行了“教师与学生、知识与能力、内容与形式、个体与团体、流程与效果、理论与实践、教书与育人、方法与情境、专业与素质、能力与素质、学校与企业”十一个方面的协同，在实践中是一次大胆的尝试，对高职英语教学的发展以及扫除学生英语学习阻碍具有现实性实践指导意义。

浙江师范大学外国语学院

罗晓杰

2015年9月

前　言

随着中国高等职业技术教育的迅猛发展，高职院校招生规模的不断扩大，学生的层次越来越参差不齐。以江苏省为例，招收上来的学生有中职注册班、高职注册班和普高生等，层次不同，学习能力和水平也不同，尤其是英语学习能力，给英语教师的教学带来一定的困难。并且上高职的学生普遍英语基础薄弱，对英语学习不感兴趣，有自卑心理等，这些因素形成了英语学习阻碍机制。

鉴于此，本书利用“协同论(synergetic theory)”的观点，就高职学生英语学习阻碍机制应对策略进行了“协同”研究。就内部阻碍机制而言，对学生英语学习的态度、动机等进行了分析；就外部阻碍机制而言，就影响英语学习的一些要素进行了分析，并提出了高职英语教学模式的改革。

“协同论(synergetic theory)”为新三论之一，是德国著名理论物理学家赫尔曼·哈肯在1973年创立的。主要内容为大系统是由许多小系统组织起来的统一体，许多小系统既相互作用，又相互制约。它是处理复杂系统的一种策略。高职学生英语学习就是一个大系统，影响学习阻碍机制的内部因素和外部因素就是小系统。内部因素中学生的学习心理动机、学习态度和现有的知识水平就是这个小系统中的分系统。外部因素中的高职英语教学也是一个小系统，学习环境、师资水平、教学理念、教学模式、教学内容体系等就是这个小系统中的分系统。

许多专家学者就高职学生英语学习的心理焦虑问题进行了大量研究，研究趋势明显走向研究阻碍学生英语学习的内部因素。就学生英语学习的外部阻碍机制而言，我国众多语言教学研究者和机构在实践探讨过程中，对传统的英语教育模式提出质疑，先后提出了传统的以语法为中心的教学法、功能教学法，以及现今比较流行的交际教学法等。这说明我国高职院校的大学英语教学正面临着一个新的起点。

“协同论(synergetic theory)”视域下的大学英语教学模式改革充分发展了语言学习的优点，使英语语言教育回应了正在兴起的全球化的社会经济和文化历史改变的复杂性与矛盾性。

在此基础上，笔者从三个层面进行了高职学生英语学习阻碍机制分析，即实践层面(微观层面)上的分析、理论层面(中观层面)上的分析和战略层面(宏观层面)上的分析，同时提出了“教师与学生、知识与能力、内容与形式、个体与团体、流程与效果、理论与实践、教书与育人、方法与情境、专业与素质、能力与素质、学校与企业"十一个方面的协同。

本书共分为十章。

第一章是导言部分。包括"协同论(synergetic theory)"的概述,高职学生英语学习阻碍机制应对策略"协同"研究国内外概况和水平,"协同论(synergetic theory)"与高职学生英语学习阻碍机制的关系,高职学生英语学习阻碍机制应对策略"协同"研究发展趋势,高职学生英语学习阻碍机制应对策略"协同"研究的目标、内容和主要观点,高职学生英语学习阻碍机制应对策略"协同"研究的创新之处。

第二章是英语教学法学派与流派部分。首先从英语教学法学派的类型及理论分析入手,进而论述了英语教学法的发展历史和英语教学法的新发展。

第三章是英语学习的理论、模式和策略部分。包括乔姆斯基的语言学习理论、建构主义学习理论与英语语言学习、人本主义理论观与英语教学、教学模式概述、英语学习的模式、学习策略概述和英语学习策略。

第四章是英语学习中的问题部分。就英语学习的心理类型、语言和言语的区别、语言技能和语言习惯的不同以及影响英语学习的因素进行了论述和说明。

第五章是高职学生英语学习的内外部阻碍机制的三层面总体分析部分。本章从实践层面(微观层面)、理论层面(中观层面)和战略层面(宏观层面)三个层面进行了分析。

第六章是高职学生英语学习的内部阻碍机制部分。本章主要从高职学生的英语学习态度和高职学生英语学习的心理动机进行了论述说明。

第七章是高职学生英语学习的外部阻碍机制部分。本章主要分析了教学环境存在的问题、师资水平和教学法存在的问题、教学理念存在的问题、教学模式存在的问题以及教学内容体系存在的问题。

第八章是高职学生英语学习内部阻碍机制策略"协同"研究部分。本章主要包括高职学生英语学习态度和动机的协同分析与高职学生英语学习的焦虑心理协同分析两个方面。

第九章是高职学生英语学习外部阻碍机制策略"协同"研究部分。本章内容包括高职公共英语教学改革路径的"协同"、高职公共英语课程内容体系的"协同"构建、高职公共英语课程内容体系构建十一个"协同"的实现、高职学生英语"创新"能力培养多维实践平台的"协同"构建和高职公共英语教学模式改革"协同"构建。

第十章是高职学生英语学习情感阻碍机制的策略研究部分。本章首先从情感问题和策略问题进行分析,进而就英语教学动态美的信息解读、情感教学激发在英语教学中的运用、"皮格马利翁"效应的理性分析、英语教学中情商教育的整合、情商教育在高职教学中的协整以及高职英语学生英语学习情商教育的效用分析进行了论述。

本书在写作过程中得到了盐城工业职业技术学院院长姜朋明院长的鼓励和支持，同时也是盐城工业职业技术学院2015年“职业英语”课程改革建设的研究成果之一，2013年江苏省教育厅高等教育教学研究课题“‘协同论’视域下高职院校公共英语教学模式改革研究”（编号2013JGJG504）的成果之一，2013年中国高等教育研究会课题“基于‘协同论’的高职学生英语学习阻碍机制策略研究”（编号GZYLX1213078）的成果之一，2015年度江苏省社科应用研究精品工程外语类课题“智能手机英语课堂有效性的应用研究”（编号15jsyw—15）的成果之一。

本书在写作过程中参阅了国内外许多优秀成果和相关资料，在这里恕不一一详尽说明，仅在各章参考文献中列出，由于内容较多，未列全者敬请谅解，在此一并致以衷心的感谢！

由于作者能力和水平有限，难免存在这样或那样的不足之处，敬请广大读者批评指正！

作　者

于盐城工业职业技术学院

2015年9月

目 录

第一章 导言:“协同论”与高职学生英语学习阻碍机制 ……………………(1)
第一节 “协同论”概述……………………………………………………(1)
第二节 高职学生英语学习阻碍机制应对策略“协同”研究国内外概况和水平………………………………………………………………(3)
第三节 “协同论”与高职学生英语学习阻碍机制的关系…………………(4)
第四节 高职学生英语学习阻碍机制应对策略“协同”研究发展趋势……(6)
第五节 高职学生英语学习阻碍机制应对策略“协同”研究的目标、内容…………………………………………………………………(8)
第六节 高职学生英语学习阻碍机制应对策略“协同”研究的创新之处…………………………………………………………………(10)

第二章 英语教学法学派与流派 ……………………………………………(13)
第一节 英语教学法学派的类型及理论 ……………………………………(13)
第二节 英语教学法的发展历史 ……………………………………………(37)
第三节 英语教学法的新发展 ………………………………………………(47)

第三章 英语学习的理论、模式和策略……………………………………(58)
第一节 乔姆斯基的语言学习理论 …………………………………………(58)
第二节 建构主义学习理论与英语语言学习 ………………………………(63)
第三节 人本主义理论观与英语教学………………………………………(68)
第四节 教学模式概述………………………………………………………(71)
第五节 英语学习的模式……………………………………………………(86)
第六节 学习策略概述 ………………………………………………………(93)
第七节 英语学习策略………………………………………………………(109)

第四章 英语学习中的问题…………………………………………………(115)
第一节 英语学习的心理类型………………………………………………(115)
第二节 语言和言语的区别…………………………………………………(118)

第三节　语言技能和语言习惯的不同…………………………………（129）
第四节　影响英语学习的因素……………………………………………（140）

第五章　高职学生英语学习的内外部阻碍机制的三层面总体分析…………（153）
第一节　实践层面（微观层面）上的分析………………………………（153）
第二节　理论层面（中观层面）上的分析………………………………（163）
第三节　战略层面（宏观层面）上的分析………………………………（174）

第六章　高职学生英语学习的内部阻碍机制…………………………………（179）
第一节　高职学生的英语学习态度………………………………………（179）
第二节　高职学生英语学习的心理动机…………………………………（187）

第七章　高职学生英语学习的外部阻碍机制…………………………………（195）
第一节　教学环境存在的问题……………………………………………（195）
第二节　师资水平和教法上存在的问题…………………………………（207）
第三节　教学理念存在的问题……………………………………………（211）
第四节　教学模式存在的问题……………………………………………（216）
第五节　教学内容体系存在的问题………………………………………（218）

第八章　高职学生英语学习内部阻碍机制策略“协同”研究…………………（222）
第一节　高职学生英语学习态度和动机的“协同”分析…………………（222）
第二节　高职学生英语学习的焦虑心理“协同”分析……………………（227）

第九章　高职学生英语学习外部阻碍机制策略“协同”研究…………………（234）
第一节　高职公共英语教学改革路径的“协同”…………………………（234）
第二节　高职公共英语课程内容体系的“协同”构建……………………（242）
第三节　高职公共英语课程内容体系构建十一个“协同”的实现………（246）
第四节　高职学生英语“创新”能力培养多维实践平台的“协同”构建
………………………………………………………………………………（267）
第五节　高职公共英语教学模式改革“协同”构建………………………（272）

第十章　高职学生英语学习情感阻碍机制的策略研究…………………………（278）
第一节　关于情感问题……………………………………………………（278）
第二节　关于策略…………………………………………………………（282）

第三节 英语教学动态美的信息解读…………………………………（291）
第四节 情感教学激发在英语教学中的运用…………………………（297）
第五节 “皮格马利翁效应”的理性分析………………………………（302）
第六节 英语教学中情商教育的整合…………………………………（308）
第七节 情商教育在高职教学中的协整………………………………（314）
第八节 高职学生英语学习情商教育的效用分析……………………（319）

索 引……………………………………………………………………（326）

第一章　导言:“协同论”与高职学生英语学习阻碍机制

第一节　“协同论”概述

“协同论(synergetic theory)”即“协同学”或“协和学”,德国斯图加特大学教授、著名物理学家哈肯(Haken)在1971年提出了“协同”的概念,1973年哈肯系统地论述了“协同理论(synergetic theory)”,发表了论文《协同学导论》,还出版了著作《高等协同学》等。

“协同论(synergetic theory)”是研究不同事物共同特征(common features)及其协同机理(collaborative mechanism)的新兴学科,是近十几年来获得发展并被广泛应用的综合性学科(multidisciplinary)。“协同论(synergetic theory)”是在研究事物从旧结构转变为新结构的机理(mechanization)的共同规律(common law)上形成和发展的,它着重探讨各种系统从无序(out-of-order)变为有序(order)时的相似性(similarity),并推广到广泛的领域。“协同论(synergetic theory)”的创始人哈肯(Haken)说过,他把这个学科称为“协同学”,它基于“很多子系统(subsystem)的合作受相同原理支配而与子系统(subsystem)特性无关”的原理,设想在跨学科领域内,考察其类似性以探求其规律。一方面是由于我们所研究的对象是许多子系统(subsystem)的联合作用,以产生宏观尺度上的结构(structure)和功能(function);另一方面,它又是由许多不同的学科(subjects)进行合作,来发现自组织系统的一般原理(general principles)。

“协同论(synergetic theory)”主要研究远离平衡态(equilibrium state)的开放系统(open system)在与外界物质或能量交换情况下,如何通过自己内部协同作用,自发地出现时间(time)、空间(space)和功能(function)上的有序结构。“协同论(synergetic theory)”以现代科学的最新成果——系统论(the system theory)、信息论(information theory)、控制论(controlling theory)、突变论(catastrophe theory)等为基础,吸取了耗散理论(dissipative theory)的大量营养,采用统计学(statistics)和动力学(dynamics)相结合的方法,通过对不同领域的分析(analysis),提出了多维相空间理论(multidimensional phase space theory),在从微观到宏观的过渡上，描述了各种系统和现象从无序(out-of-order)到有序(order)转变的共同规律(common law)。

"协同论(synergetic theory)"具有广阔的应用范围，它在物理学(physics)、化学(chemistry)、生物学(biology)、天文学(astronomy)、经济学(economics)、社会学(sociology)以及管理科学(management science)等许多方面都取得了重要的应用成果(application results)。比如我们常常无法描述(describe)一个个体的命运，但却能够通过"协同论(synergetic theory)"去探求群体的"客观"性质。又如，针对合作效应(cooperative effect)和组织现象能够解决一些系统的复杂性(complexity)问题，可以应用"协同论(synergetic theory)"去建立一个协调的组织系统(tissue system)以实现工作的目标。由于"协同论(synergetic theory)"强调不同系统之间的类似，因此它试图以远离热动平衡(thermodynamic equilibrium)的物理系统(physical system)或化学系统(chemical system)来类比(analogy)和处理生物系统(biological system)和社会系统。

"协同论(synergetic theory)"揭示了物态变化(change of state)的普遍程式(the universal program)："旧结构—不稳定性—新结构"，即随机"力"和决定论性"力"之间的相互作用(interaction)把系统从它们的旧状态驱动到新组态，并且确定应实现的那个新组态。由于"协同论(synergetic theory)"把它的研究领域扩展到许多学科，并且试图让似乎完全不同的学科之间增进"相互了解(mutual understanding)"和"相互促进(mutual promotion)"，无疑，"协同论(synergetic theory)"就成为软科学研究的重要工具和方法(important instrument and method)。

自然，"协同论(synergetic theory)"的领域与许多学科有关，它的一些理论是建立在多学科(multidisciplinary)联系的基础上的(如动力系统理论和统计物理学之间的联系)，因此"协同论(synergetic theory)"的发展与许多学科的发展紧密相关，并且正在形成自己的跨学科(interdisciplinary)框架。"协同论(synergetic theory)"的出现是现代系统思想的发展，它为我们处理复杂问题提供了新的思路(train of thought)。

参考文献

[1] 白列湖，潘开灵. 协同论与管理协同理论[J]. 甘肃社会科学，2007(5).

[2] 陈明. 协同论与人类文化[J]. 系统科学学报，2005(2).

第二节 高职学生英语学习阻碍机制应对策略“协同”研究国内外概况和水平

在第一节“协同论(synergetic theory)”的概述中我们可以知道,“协同论(synergetic theory)”为新三论之一,是德国著名理论物理学家赫尔曼·哈肯(Haken)在1973年创立的。主要内容为大系统是由许多小系统组织起来的统一体,许多小系统既相互作用(mutual effect),又相互制约(mutual restriction)。它是处理复杂系统(complex system)的一种策略(strategy)。高职学生英语学习就是一个大系统,影响学习阻碍机制(barrier mechanism)的内部因素(internal factors)和外部因素(external factors)就是小系统。内部因素(internal factors)中学生的学习心理动机(physiological motivation)、学习态度(studying attitude)和现有的知识水平(knowledge how)就是这个小系统中的分系统。外部因素(external factors)中的高职英语教学也是一个小系统,学习环境(studying environment)、师资水平(the teachers level)、教学理念(teaching concept)、教学模式(teaching model)、教学内容体系(teaching contents system)和教学方法(teaching method)等就是这个小系统中的分系统,利用“协同论(synergetic theory)”观点,可以解决高职学生英语学习中的阻碍机制(barrier mechanism)。

在国内,绝大多数高职院校的公共英语教学都在进行改革,改变传统的教学模式(teaching model),提高学生的语言输出能力(output competence),增强语言应用能力,提升学生的综合能力,即输入能力(input competence)和输出能力(output competence)。培养学生以听、说为手段,以“培养学生在将来工作中所需要的英语应用能力(English application competence)”为目标,提升学生的英语交际能力(communicative competence),以适应社会需要的复合型(composite type)、应用型(application type)和外贸型(type of foreign trade)英语人才。

同时,国内相关高校教师和学者就高职院校学生的英语学习阻碍机制(barrier mechanism)进行了一些研究,但只限于研究学生英语学习的内部因素(internal factors)等问题,过于强调学生的不足,或者只对外部因素进行研究,没有将学生学习的内部因素(internal factors)和外部因素(external factors)结合起来进行研究,只有相关的论文发表,没有系统论述该问题的专著发表,在理论上还不能成体系,同时在实践上没有进行更深层次的教学改革(the deep teaching reform),为了提升研究的高度,本书运用新三论中的“协同论(synergetic theory)”进行研究,并对影响学生学习的外部因素(external factors)进行十一个方面的协同,在实践(practice)中是一次大胆的尝试,对未来大学英语教学的发展以及扫除学生英语学习阻碍(learning barrier)具有现实指导意义(practical guiding significance)和实践意义(practical significance)。

在国外,据不完全资料查找和统计,“协同论(synergetic theory)”在语言教学中的应用找不到多少相关资料(related data)。基于“协同论(synergetic theory)”指导下的高职学生英语学习阻碍机制(barrier mechanism)的策略研究至今还无人问津(no one show any interests in)。国外就学生的学习情感(learning emotion)、学习策略(learning strategy)、教师反馈(teachers feedback)和学生反馈(students feedback)进行了研究。在教学上菲尔什曾经提出“情景联系理论(theory of situational contact)”,首先提出情景帮助学生更好理解(understanding)、记忆(memorizing)、运用(applying)所学的语言材料(language material)。抛锚式教学(anchored instruction)中建构主义(constructivism)认为,学习者要想完成对所学知识的意义建构(meaning construction),最好的办法是让学习者到现实世界的真实环境(real environment)中去感受,提高英语沟通和交流的能力,让学生在各种情景中完成任务,或成为教学行为的参与者(participator)。

笔者认为,以上这些研究要么只考虑了影响学生学习的内部因素(internal factors),要么只考虑影响学生学习的外部因素(external factors),从整体上来说,没有将影响学生英语学习的内部因素(internal factors)和外部因素(external factors)融合起来,没有提出相对完整的扫除学生英语学习阻碍机制(barrier mechanism)的策略,尤其是“协同论(synergetic theory)”在英语教学中各个方面的协同,有待于进一步的探索和研究。

参考文献

[1] 刘铁梅. 学习风格、教学风格与外语学习成绩的相关研究[J]. 华南理工大学学报(社会科学版),2011(1).

[2]王栋,戴炜栋. 学习风格与二语学习任务相关性——一项基于 Kolb 学习风格模型的实验研究[J]. 外语界,2013(1).

[3]李琳. 学习策略与外语学习成绩的相关性研究[J]. 湖北第二师范学院学报,2013(6).

第三节 “协同论”与高职学生英语学习阻碍机制的关系

“协同论(synergetic theory)”认为,千差万别的系统,尽管其属性(attribute)

不同,但在整个环境中,各个系统间存在着相互影响而又相互合作(mutual cooperation)的关系。其中也包括通常的社会现象,如不同单位间的相互配合与协作,部门间关系的协调,企业间相互竞争的作用,以及系统中的相互干扰和制约(mutual interference and restriction)等。

“协同论(synergetic theory)”指出,大量子系统(subsystem)组成的系统,在一定条件下,由于子系统(subsystem)相互作用和协作,这种系统的研究内容,可以概括地认为是研究从自然界(natural world)到人类社会(human society)各种系统的发展演变(development and evolution),探讨其转变所遵守的共同规律(common law)。

应用“协同论(synergetic theory)”方法,可以把已经取得的研究成果类比拓宽在英语教学中,为探索英语教学和学习领域提供有效手段,还可以用于找出影响系统变化的控制因素(controlling factors),进而发挥(bring into play)系统内子系统(subsystem)间的“协同(cooperation)”作用。

一、“协同论”与英语教学之间的关系

教学是一个开放系统(open system),组成要素主要包括教师、学生、教学目标、教学信息和教学媒体等,这些要素为实现教学目标起着支配教学活动的作用。

组成教学系统(teaching system)的各部分具有协调、同步、竞争和“协同(cooperation)”作用,实现教学过程有序的条件是整个教学系统和环境之间的相互作用。

英语教学系统(English teaching system)是一个复杂开放的系统,全球化发展的经济和广博化人才的需求对英语教学的开展提出了新的要求,需要从头理顺以教学的主导(guiding)、教学的主体(teaching main body)和教学内容为基本元素的课堂教学系统内部诸要素和诸层面的许多关系,只有经过这些关系的相互联络、相互服从和相互融合,即“协同(cooperation)”,才能完成英语课堂教学体系的有序运转(orderly operation)。

在高职公共英语教育过程中,教育体系(educational system)内部各个因素之间在宏观上常常会持续发生改变,体系的微观状态在一段时间内也会因各个状况的变更和互相服从出现震动。教育体系(educational system)内部各个因素之间的变化使得体系性能发生变更,因为体系内各个因素之间互相服从的体制出现了变更,教学中的各个因素因互相限制而相对平稳地“协同(cooperation)”发展。

二、“协同论”与高职学生英语学习阻碍机制的关系

从前面第二节关于高职学生英语学习阻碍机制应对策略“协同(cooperation)”

研究的国内外概况中，我们可以了解“协同论（synergetic theory）”与高职学生英语学习阻碍机制的关系。

“协同（cooperation）”学生英语学习的心理动机（psychological motivation），提出在课堂设计中设置英语学习与职业挂钩的契机，同时分析学生学习的心理动机和学习态度及现有知识水平。提出基于“协同论（synergetic theory）”的大学英语教学理念和方法等对高职院校英语教学创新所具有的现实意义（significance）。在分析高职院校学生英语学习环境、教师水平、教学理念（teaching concept）、教学方法和教学模式存在的突出问题基础上，指出影响学生英语学习的外部因素阻碍机制，在分析“协同论（synergetic theory）”与英语教学之间的关系基础上，深入研究“协同论（synergetic theory）”视域下高职英语教学理念在英语教学中的应用（application），重点分析“协同论（synergetic theory）”教学理念在英语课堂教学中的活动设计、存在的问题和具体实施策略（strategy），并建立“教师与学生、知识与能力、内容与形式、个体与团体、流程与效果、理论与实践、教书与育人、方法与情境、专业与素质、能力与素质、学校与企业”十一个方面的协同（cooperation）。

构建“协同（cooperation）”课程内容体系（system）。在“协同论（synergetic theory）”指导下，构建“模块化、进阶式、组合型”课程内容体系，建立“三三式”课堂教学体系，“四环合一”课堂教学模式。

参考文献

[1]任露. 浅析高职学生英语词汇学习心理机制及有效学习策略[D]. 成都：西华大学，2014.

第四节　高职学生英语学习阻碍机制应对策略“协同”研究发展趋势

2011年，科学出版社出版了孙启耀、张建丽著的《中国英语学习者隐喻能力发展障碍及其干预机制研究》一书，讨论了中国英语学习者隐喻能力（metaphorical competence）发展障碍及其干预机制（intervention mechanism），把隐喻能力（metaphorical competence）研究作为一种新思维（new thinking）。

河北外国语职业学院的李瑞霞、任晓梅就高职英语学习激励机制（excitation mechanism）进行了研究，提出了四大动机（motivation），即工具型动机（instrumental motivation）、综合动机（integrative motivation）、内在动机（intrinsic motivation）和结果动机（result motivation），提出在课堂设计中设置英语学习与职业挂钩的契机(chance)。

许多专家学者就高职学生英语学习的心理焦虑(psychological anxiety)问题进行了大量的研究,研究趋势明显走向研究阻碍学生英语学习的内部因素(internal factors)。就学生英语学习的外部阻碍机制(barrier mechanism)而言,我国众多语言教学研究者和机构在实践探讨过程中,对传统的英语教育模式(traditional English educational model)提出质疑,先后提出了传统的以语法为中心的教学法、功能教学法(functional teaching method)以及现今比较流行的交际教学法(communicative teaching method)等。这说明我国高职院校的大学英语教学正面临一个新的起点,传统的理论与教学实践将语言的载体(carrier)忽略了,语言与各种情景(situation)分割开来,不能够协同。

“协同论(synergetic theory)”视域下的大学英语教学模式改革充分发展了语言学习的优点,使英语语言教育回应(echo)了正在兴起的全球化的社会经济和文化历史改变的复杂性(complexity)与矛盾性(contradiction),重新设计英语语言学习环境,提升英语听说能力,走向英语实际运用(practical application),这是一个立足社会现实、尊重语言社会功能的学习视界,“协同(cooperation)”各专业的就业岗位群(employment post cluster),以情景引导思维,根据学生认知特点(cognitive characteristics)和了解社会的需求,让学生在真实、模拟的多元情景(multiple scenarios)中“协同(cooperation)”学习,互动交际,合作交流,使学生在循序渐进(gradual)的语言知识探究实践中不断提高语言技能(language skills),形成良好的学习策略(learning strategies)。设立问题情景就是一条增进“协同(cooperation)”学习效果的重要途径(important channel),问题的设计(design)要结合学生的认知特点(cognitive characteristics)和知识建构背景。

参考文献

[1] 殷杨. 高职院校学生英语学习的心理障碍与应对策略[J]. 文理导航旬刊,2013(11).

[2] 刘晓慧. 以就业为导向的高职英语学习动力机制调查分析[J]. 科教文汇(中旬刊),2013(10).

[3] 黄艳萍. 学法指导对消除高职新生英语课堂焦虑有效性的调查——一项基于我院公共英语教学的实践性研究[J]. 高教论坛,2010(6).

第五节　高职学生英语学习阻碍机制应对策略"协同"研究的目标、内容

一、高职学生英语学习阻碍机制应对策略"协同"研究的目标

（一）在实践层面（微观层面）上

根据调研提出问题，提出高职学生英语学习内部因素（internal factors）和外部因素（external factors）存在的问题和阻碍机制（barrier mechanism）。

根据教育部2006年公布的数据，我国普通高职院校已经超过1100所，院校数量、招生数和毕业生数均已占到普通高校的50%以上。蓬勃发展的高等职业院校为更多的学生提供了接受系统正规高等教育（systematic and regulation higher education）的机会，这对我国公民素质（quality of citizens）的全面提高具有重大意义（of great significance）。但同时我们还应看到，高职教育（higher vocational education）中的英语教学正面临越来越多的问题和挑战。大多数高职学生英语入学成绩不甚理想，而且很多学生来自师资力量相对薄弱的乡镇中学，听、说、读、写各项技能均存在较大问题，如：口语带有浓重的地方口音（local accent），语法知识匮乏，词汇量不足，等等。这种自身的缺陷（defect）通常导致他们在英语学习时缺乏信心，自卑感强（inferiority），课堂参与程度低，不愿与老师交流。另外，一些来自城市的学生出于无奈也会选择高职教育（higher vocational education），一方面他们成绩不够好；另一方面迫于家长的压力，虽然英语基础稍微好些，但大多属于被动学习（passive learning），学习动机（learning motivation）薄弱，学习策略（learning strategies）意识很薄弱，无法找到适合自己的学习方法。更多的学生为了将来就业（employment）的需要，把主要精力（vigor）都集中到专业课（specialized course）的学习上，而对英语学习则采取得过且过（comfortable）的态度。这一切无疑都影响了他们英语学习的效果，对将来的就业和终生发展造成很大的负面影响（negative effect）。因此，研究高职学生（higher vocational college students）英语学习动机（learning motivation），提高英语教学质量就显得十分必要和紧迫。

（二）在理论层面（中观层面）上

根据微观层面上提出的问题，在"协同论（synergetic theory）"指导下，对阻碍高职院校学生英语学习的内部因素（internal factors）和外部因素（external factors）的成因进行分析。

阻碍高职院校学生英语学习的内部因素的成因有：高职学生英语学习的心理

动机(psychological motivation)、学习态度、学生的情感态度和现有的英语知识基础。

阻碍高职院校学生英语学习的外部因素(external factors)的成因有:高职学生英语学习的学习环境、师资水平、教师的教学理念、教学模式、教学内容的选取、教学体系的构建以及教师课堂内外所使用的教学方法等。

(三)在战略层面(宏观层面)上

根据中观层面的分析,在“协同论(synergetic theory)”指导下,提出解决阻碍学生英语学习的内部因素(internal factors)和外部因素(external factors)的策略。

在“协同论(synergetic theory)”指导下,解决阻碍学生英语学习的内部因素的策略主要包括:掌握高职学生英语学习的心理动机(psychological motivation),采取正确的方法和策略引导学生树立正确的英语学习动机;提升学生英语学习的情感,利用“皮格马利翁效应(Pygmalion Effect)”,同时进行英语教学中情商教育的整合,并在高职英语教学中对情商教育进行拓展证明,进而提出高职学生英语学习中的挫折教育(frustration education);帮助学生树立正确的英语学习态度,帮助学生分析现有的英语知识基础,对症下药,循序渐进(step by step),在原有知识的基础上帮助学生树立学好英语的信心,提升学习的方法,调动学生的主观能动性,采用“协同(cooperation)”策略,共同提升学生的英语学习能力和兴趣(abilities and interests)。

在“协同论(synergetic theory)”指导下,解决阻碍学生英语学习的外部因素的策略主要包括:学校要改变高职学生英语学习的学习环境,提升师资水平,改变教师的教学理念(teaching concept),改善教学模式(teaching model),正确选取与职业相关的教学内容,构建新的教学体系,提升改变教师课堂内外所使用的教学方法,“协同”研究英语教学中的学习策略(learning strategy)等。

二、高职学生英语学习阻碍机制应对策略“协同”研究的内容

1.分析高职院校学生英语学习内部因素存在的问题和阻碍机制

从学生的心理动机(psychological motivation)、学习情感、学习态度和现有知识水平进行分析,得出学生英语学习内部因素存在的问题和阻碍机制。

2.提出“协同论(synergetic theory)”指导下的扫除学生英语学习内部因素(internal factors)阻碍机制的策略

即提出扫除学生自身存在问题和阻碍机制的策略,提出在课堂设计中设置英语学习与职业挂钩的契机,同时分析学生学习的心理动机和学习态度及现有知识水平的协同(cooperation)。

3.分析高职院校学生英语学习外部因素存在的问题和阻碍机制

在分析高职院校学生英语学习环境、教师水平、教学理念(teaching concept)、

教学方法和教学模式(teaching model)存在的突出问题基础上,指出影响学生英语学习的外部因素阻碍机制,提出基于"协同论(synergetic theory)"的大学英语教学理念和方法等对高职院校英语教学创新所具有的现实意义。

4."协同论(synergetic theory)"在高职院校英语教学模式改革中的应用

在分析"协同论(synergetic theory)"与英语教学之间的关系基础上,深入研究"协同论(synergetic theory)"视域下高职英语教学理念在英语教学中的应用,重点分析"协同论(synergetic theory)"教学理念在英语课堂教学中的活动设计、存在的问题和具体实施策略,并建立"教师与学生、知识与能力、内容与形式、个体与团体、流程与效果、理论与实践、教书与育人、方法与情境、专业与素质、能力与素质和学校与企业"十一个方面的协同(cooperation)。

5.构建"协同"课程内容体系

在"协同论(synergetic theory)"指导下,构建"模块化、进阶式、组合型"课程内容体系,建立"三三式"课堂教学体系(classroom teaching system),"四环合一"课堂教学模式。

6. 在"协同论(synergetic theory)"指导下,提出扫除障碍的策略

综合分析影响学生英语学习的内部因素(internal factors)和外部因素(external factors),把二者结合起来,创设教学环境、改变教学理念、提升教师水平和改变教学方法等。

参考文献

[1]顾艳.改变教学策略激发高职学生的英语学习动机[J].郑州铁路职业技术学院学报,2011(1).

[2]张耘.阻碍高职学生自主学习英语能力提高的因素及应对措施[J].哈尔滨学院学报,2009(12).

[3]司建国,赵继政,贺梦依.中国高职学生英语学习策略调查[J].国外外语教学,2005(1).

第六节　高职学生英语学习阻碍机制应对策略"协同"研究的创新之处

一、思维模式的创新

基于"协同论(synergetic theory)"的高职学生英语学习阻碍机制(barrier

mechanism)的策略研究，首先把学生学习英语的内部因素(internal factors)和外部因素(external factors)作为一种新的学习技术系统框架，从观念上讲属于自组织理论范畴，具有普适性意义。正是它的这种普适性，把"协同论(synergetic theory)"引入高职学生英语学习阻碍机制(barrier mechanism)研究，对大学英语教学理论(college English teaching theory)的发展以及对解决现实大学英语教学领域中的问题具有启迪意义(enlightening significance)，提供了新的思维模式。

二、理论视角的创新

"协同论(synergetic theory)"在本研究中的首次应用，实现了高职学生英语学习阻碍机制应对策略的创新研究。

三、研究方法的创新

本课题采用了层次分析法(Analytic Hierarchy Process)，有助于本课题向纵深方向发展，并提出切实可行的扫除高职院校(higher vocational colleges)学生英语学习阻碍机制(barrier mechanism)的策略。见图 1-1。

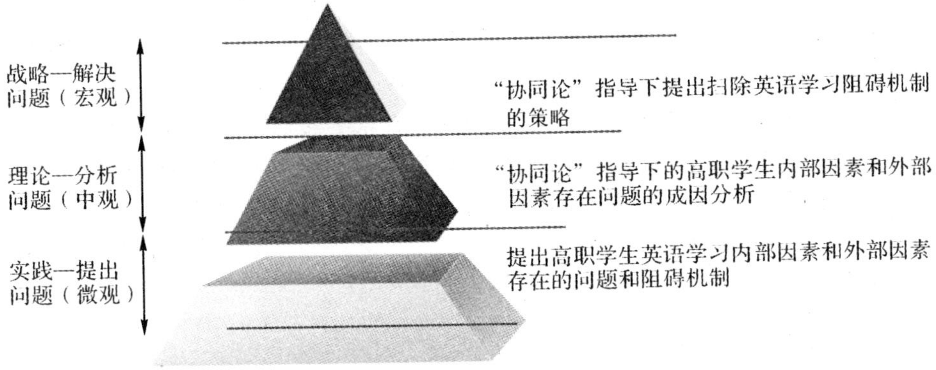

图 1-1

参考文献

[1]乔瑞金. 现代整体论[M]. 北京：中国经济出版社，1996.

[2]王颖. 混沌状态的清晰思考[M]. 北京：中国青年出版社，1999.

[3]湛垦华，沈小峰. 普利高津与耗散结构理论[M]. 西安：陕西科学技术出版社，2008.

[4]沈小峰. 耗散结构论[M]. 上海：上海人民出版社，1987.

[5]汪霞. 耗散结构理论与后现代课程范式[J]. 全球教育展望，2002.

[6]谭小林. 让教学成为促进学生和谐发展的过程——协同教学的理论与实践初探[J]. 山东教育科研，2000(10).

[7] 郝志军. 探究性教学的实质:一种复杂性思维视角[J]. 教育研究,2005(11).

[8] 波普尔. 真理·合理性·科学知识的增长[M]. 北京:生活·读书·新知三联书店,1987.

[9] 宋秋前. 新课程教学中应处理好的几个关系[J]. 教育研究,2005(6).

[10] 王坦. 论合作学习的基本理念[J]. 教育研究,2002(2).

[11] 钟启泉. 教学活动理论的考察[J]. 教育研究,2005(5).

[12] 张建伟. 论基于网络的学习共同体[J]. 教育技术研究,2000(4).

[13] 迟艳杰. 教学意味着"生活"[J]. 教育研究,2004(11).

[14] 张莺,付丽萍. 小学英语教学法[M]. 长春:东北师范大学出版社,2004.

[15] 刘红莉,周瑜. 情境教学法:英语教学探索之路[J]. 中国科技信息,2007(9).

[16]William M & R L Burden. Psychology for Language Teachers[M]. Cambridge:Cambridge University Press,1997.

[17]Gardner R C. The Attitude/Motivation Test Battery:Technical Report [M]. London:University of Western Ontario,1985.

[18]Deci, Edward L & Richard M Ryan. Intrinsic Motivation and Self-determination in Human Behavior[M]. New York:Plenum,1985.

[19]王笃勤. 英语教学策略[M]. 北京:外语教学与研究出版社,2002.

[20]德尔涅伊. 动机研究与教学[M]. 北京:外语教学与研究出版社,2005.

[21]程晓堂. 英语学习策略[M]. 北京:外语教学与研究出版社,2002.

第二章　英语教学法学派与流派

第一节　英语教学法学派的类型及理论

一、学派与流派的区别

学派(school of thought)基本是在学习并依据前人已创理论的基础上更加完善它,却由于完善的意见不一致而分为各个学派。

流派(genre)是指学术、文化艺术等方面有相同或类似形式、风格、内容等的派别,它有群体性,群体中有广泛共通认同的思想意识。一般流派(genre)有“创立者”,创立者率先提出新学说,在一定时期内得到部分人的认同及拥护,并有其他成员在创立者的学说基础上做出新的补充及修正。

流派(genre)的形成不是短时间的,它需要一定时间的“磨合”和“流通”,特别是文艺上。流派(genre)是个体思想的综合,是群体的。比如心理学,弗洛伊德著有《精神分析引论》,这是学说;后来形成精神分析心理学,这是流派(genre)。马斯洛则融合精神分析心理学和行为主义心理学,创立了人本主义,后来罗杰斯也成为代表人物。

再比如物理学,物理学是没有流派(genre)这一概念的,一般叫分支,量子力学是建立在普朗克的量子假说、爱因斯坦的光量子理论(the quantum theory of Einstein)和玻尔的原子理论上的,后来又分出相对论量子力学、量子电动力学等。但量子力学也可以看成力学分支。

再比如艺术,时代、主义和流派(genre)是相伴的。文艺复兴(Renaissance)时期有它独特的绘画风格和形式内容,但难分流派(genre)。达·芬奇、米开朗琪罗、拉斐尔,他们标榜的是人文主义、现实主义,拉斐尔还有点自然主义。而莫奈,他的《日出》代表印象派的出现,这是个流派(genre),在其后,又有后印象派。

二、英语教学法学派的类型及理论

英语教学法学派的类型按照主要教学特征可以划分为认知派(cognitive school)、经验派(experience school)、人本派和功能派(human and functional school)。认知派(cognitive school)的主要教学特征是强调自觉掌握,包括语法翻译法(grammar translation method)、自觉对比法(conscious contrast method)和认知法(cognitive approach)。经验派(experience school)的主要教学特征是强调习惯养成,包括直接法(direct method)、情景法(situational method)、听说法(the audiolingual method)和视听法(audio-visual method)。人本派(human school)的主要教学特征是强调情感因素,包括团体语言学习法、默教法和暗示法。功能派(functional school)的主要教学特征是强调交际运用,主要教学方法是交际法(communicative approach),见表 2-1。

表 2-1 按主要教学特征归类

派别	主要教学特征	教学法
认知派	强调自觉掌握	语法翻译法、自觉对比法、认知法
经验派	强调习惯养成	直接法、情景法、听说法、视听法
人本派	强调情感因素	团体语言学习法、默教法、暗示法
功能派	强调交际运用	交际法

资料来源:《对外汉语教学概论》第四章“第二语言教学法主要流派”毛丽

笔者查阅了大量资料,根据对语言结构规则的重视与否,以及对语言功能意义的重视与否,我们还可以把认知派(cognitive school)和经验派(experience school)归类在一起;把人本派和功能派归类在一起。认知派和经验派除了重语言结构规则,还有两个共同的特点就是课堂自觉学习和自觉实践法;人本派和功能派(human and functional school)除了重语言功能意义外,还有两个共同的特点就是课堂内外交际中的自然习得和自然法。见表 2-2。

表 2-2 第二语言教学法学派

<table>
<tr><td rowspan="9">第二语言教学法学派</td><td colspan="2">重语言结构规则</td><td colspan="2">重语言功能意义</td></tr>
<tr><td colspan="2">课堂自觉学习</td><td colspan="2">课堂内外交际中的自然习得</td></tr>
<tr><td>认知派</td><td>经验派</td><td>人本派</td><td>功能派</td></tr>
<tr><td>语法翻译法</td><td>直接法</td><td>团体语言学习法</td><td></td></tr>
<tr><td>自觉对比法</td><td>情景法</td><td>默教法</td><td></td></tr>
<tr><td></td><td>听说法</td><td>暗示法</td><td></td></tr>
<tr><td></td><td>视听法</td><td></td><td></td></tr>
<tr><td>认知法</td><td></td><td></td><td>交际法</td></tr>
<tr><td colspan="2">自觉实践法</td><td colspan="2">自然法</td></tr>
</table>

（一）关于认知派及理论

关于认知派及理论，国内外一些专家学者已经进行了大量的研究，主要包括以下几种学习理论：格式塔完形学习理论、皮亚杰的建构主义学习理论、布鲁纳的认知结构发现学习理论、奥苏伯尔的有意义学习理论和加涅的信息加工学习理论，笔者在这里借助以往研究者的思路进行归纳和整理，具体内容见下面的阐述。

1. 格式塔学派的学习理论

格式塔学派又名完形学派，1912 年产生于德国，格式塔完形学习理论的代表人物是韦特海默、柯勒、卡夫卡。格式塔理论由韦特海默提出。这一学习理论是研究知觉问题时，针对桑代克（Thorndike）的学习理论提出来的。他们强调经验和行为的整体性，反对行为主义的“刺激（stimulate）—反应（response）”公式。

（1）格式塔完形学习理论的基本思想

①关于学习实质

学习是组织一种完形。完形或称“格式塔（Getalf）”指的是事物的式样和关系的认知。学习过程中问题的解决，是由于对情境中事物关系的理解而构成一种完形来实现的。完形派认为，无论是运动的学习、感觉的学习、感觉运动的学习还是观念的学习，都在于发生一种完形的组织，并非各部分间的联结。

②关于学习结果

学习是通过顿悟（insight）实现的，并不是刺激（stimulate）与反应（response）的联结，而是形成新的完形。完形派认为学习的成功和实现完全是由于“顿悟（insight）”的结果，不是“尝试与错误”。顿悟（insight）是对情境全局的知觉，是对问题情境中事物关系的理解，也就是完形的组织过程。

③关于学习过程

不是简单的神经环路的联系，而是对情境进行组织的过程；不是盲目地尝试错误，而是由于对情境顿悟（insight）而获得成功。

（2）格式塔完形学习理论的主要评价

①格式塔完形学习理论的贡献（contribution）

完形派学习理论（Gestalt school learning theory）具有辩证的合理因素。它肯定了意识的能动作用，强调了认知因素在学习中的作用，使认知派与联结派的区别明确化，并促进了学习理论的发展强调整体观和知觉经验的组织作用，关切知觉和认知的过程。完形派（Gestalt school）对试误说的批判，也促进了学习理论的发展。

②格式塔完形学习理论的局限（limitation）

把学习完全归于有机体自身的组织活动，否认客观现实的反应过程。把试误（trial and error）学习与顿悟（insight）学习完全对立起来，不符合人类学习的特点。

试误(trial and error)与顿悟(insight)是学习过程的不同阶段,或不同的学习类型。试误(trial and error)往往是顿悟(insight)的前奏,顿悟(insight)又往往是试误(trial and error)的必然结果,二者不是相互排斥、对立的,而是相互补充的。完形派(Gestalt school)的学习理论不够完整,也不够系统,其影响在当时远不及桑代克(Thorndike)的联结说。

2. 皮亚杰的建构主义学习理论

建构主义(constructivism)是认知心理学派中的一个分支。建构主义理论的主要代表人物有:皮亚杰(J. Piaget)、科恩伯格(O. Kernberg)、斯滕伯格(R. J. Sternberg)、卡茨(D. Katz)和维果斯基(Vogotsgy)。

皮亚杰(J. Piaget)是认知发展领域最有影响的一位心理学家,他创立了"认知结构说",在此基础上,科恩伯格(O. Kernberg)在认知结构的性质与发展条件等方面做了进一步的研究;斯滕伯格(R. J. Sternberg)和卡茨(D. Katz)等人强调个体的主动性在建构认知结构过程中的关键作用,并对认知过程中如何发挥个体的主动性做了认真的探索;维果斯基(Vogotsgy)提出"文化历史发展理论",强调认知过程中学习者所处社会文化历史背景的作用,并提出了"最近发展区理论(the theory of Zone of Proximal Development)"。所有这些研究都使建构主义理论得到了进一步的丰富和完善,为实际应用于教学过程创造了条件。

建构主义(constructivism)的核心观点认为:第一,认识并非主体对于客观实在的简单的、被动的反应(镜面式反应),而是一个主动的建构过程,即所有的知识都是建构出来的;第二,在建构的过程中主体已有的认知结构发挥了特别重要的作用,而主体的认知结构亦处在不断的发展之中。

(1)建构主义(constructivism)学习理论的基本思想

①关于知识

建构主义(constructivism)强调的是人类知识的主观性。他们认为,人类知识只是对客观世界的一种解释、一种假设,并不是对客观现实的准确表征,它不是最终的答案,而是会随着人类认识的进步而不断地被新的解释和假设所推翻,所取代。

②关于学习

建构主义(constructivism)认为,学习不是知识由教师到学生的简单转移或传递,而是主动地建构自己知识经验的过程,这种建构是任何人都不能代替的。

③关于学生

学生是自己知识的建构者,是在已有的知识经验、心理结构和信念的基础上去形成知识的意义,实现新旧知识的综合和概括。

④关于学习实质

以学生为中心，强调学生对知识的主动探索、主动发现和对所学知识意义的主动建构。

⑤关于学习内容

建构主义（constructivism）学习理论的基本内容包括“学习的含义”与“学习的方法”这两个方面。

⑥关于学习结果

获得知识的多少取决于学习者根据自身经验去建构有关知识的意义的能力，而不取决于学习者记忆和背诵教师讲授内容的能力。

⑦关于学习过程

图式、同化、顺应、平衡。建构主义（constructivism）理论的一个重要概念是图式，图式是指个体对世界的知觉理解和思考的方式。图式是认知结构的起点和核心，图式的形成和变化是认知发展的实质，认知发展受三个过程的影响：同化、顺应和平衡。

同化（assimilation）是指学习者个体对刺激输入的过滤或改变过程。

顺应（accommodation）是指学习者调节自己的内部结构以适应特定刺激情境的过程。当学习者遇到不能用原有图式来同化新的刺激时，便要对原有图式加以修改或重建，以适应环境。

平衡（equilibration）是指学习者个体通过自我调节机制使认知发展从一个平衡状态向另一个平衡状态过渡的过程。

⑧关于学习的四个要素：“情境”“协作”“会话”和“意义建构”

情境（situation）：在建构主义（constructivism）学习环境下，教学设计不仅要考虑教学目标分析，还要考虑有利于学生建构意义情境的创设问题，并把情境创设看作教学设计的最重要内容之一。

协作（cooperation）：协作（cooperation）发生在学习过程的始终。协作（cooperation）对学习资料的搜集与分析、假设的提出与验证、学习成果的评价直至意义的最终建构均有重要作用。

会话（conversation）：会话是协作（cooperation）过程中的不可缺少环节。学习小组成员之间必须通过会话商讨如何完成规定的学习任务的计划；此外，协作（cooperation）学习过程也是会话（conversation）过程，在此过程中，每个学习者的思维成果（智慧）为整个学习群体所共享，因此会话（conversation）是达到意义建构的重要手段之一。

意义建构（meaning construction）：这是整个学习过程的最终目标。所要建构的意义是指事物的性质、规律以及事物之间的内在联系。在学习过程中帮助学生建构意义就是要帮助学生对当前学习内容所反映的事物的性质、规律以及该事物与其他事物之间的内在联系达到较深刻的理解。这种理解在大脑中的长期存储形式就是前面提到的"图式",也就是关于当前所学内容的认知结构(cognitive structure)。

(2)对建构主义学习理论的评价

①建构主义学习理论的贡献(contribution)

建构主义(constructivism)强调真理的相对性,重视认识中的主观能动性,这相对客观主义而言是一种进步。

②建构主义学习理论的局限(limitation)

过于强调相对性容易导致认识上的相对主义,这是我们应该避免的。

(3)在建构主义(constructivism)学习理论指导下产生的新教学方法

在建构主义(constructivism)的教学模式下,目前已开发出的、比较成熟的教学方法主要有以下几种:支架式教学(Scaffolding Instruction)、抛锚式教学(Anchored Instruction)和随机进入教学(Random Access Instruction)。

3. 布鲁纳的认知结构发现学习理论

(1)布鲁纳的认知—发现学习理论

认知—发现学习理论的主要代表人物布鲁纳(T. S. Bruner),是美国当代著名的认知心理学家、认知学说代表人物。1960 年,他同乔治·米勒一起创建了哈佛大学认知研究中心。布鲁纳(T. S. Bruner)关心学校教育和学生学习的问题,强调学习理论和教学理论在教学上的应用。

①该理论与格式塔的关系

布鲁纳(T. S. Bruner)主要是用格式塔的研究范式来探讨学习问题并形成理论的,但主要探讨的是学生的学习。布鲁纳用认知结构取代了完形的概念,后者概念比较模糊,前者则指的是科学知识的类别编码系统,该系统的构成是明确清晰的。

②认知—发现学习理论的主要思想

关于学习实质观:学习者主动地进行加工活动形成认知结构。认知结构指个体过去对外界事物进行感知、概括的一般方式或经验所组成的观念结构,它可以给经验中的规律以意义和组织,并形成一个模式,其主要成分是"一套感知的类别(a set of perceptual categories)"。

关于学习结果观:形成与发展认知结构,即形成各学科领域的类别编码系统(coding system)。

关于学习过程观:学习过程是类目化(概括化)的过程。学习者通过这种类目化的活动将新知识与原有的类目编码系统(coding system)联系起来,不断形成或发展新的类目编码系统(coding system)。学习中发生了三个过程:获得知识、转化知识和对知识进行评价。

关于促进学习条件观：知识的呈现方式。三种理解知识的手段：a. 动作再现表象（借助动作进行思维的工具）；b. 图像再现表象（以表象作为思维的工具）；c. 符号再现表象（以符号，通常为语言符号作为思维的中介物）。

学习内在动机观：将新知识与以往的知识联系起来并根据原有的认知结构对新知识加以组织的积极的观念和相应的心理准备状态。

关于学习最佳方式观：发现学习。内涵：学生利用教材或教师提供的条件自己独立思考，自行发现知识、掌握原理和规律。

③主要评价

布鲁纳的认知—发现学习理论的贡献(contribution)

• 强调人在学习活动中的主体价值，充分肯定学习者的自觉能动性。

• 强调认知、意义理解、独立思考等意识活动在学习中的重要地位和作用。

• 强调人在学习活动中的准备状态。即一个人学习的效果，不仅取决于外部刺激和个体的主观努力，还取决于其已有的知识水平、认知结构、非认知因素。准备是任何有意义学习赖以产生的前提。

• 强调强化的功能。认知学习理论由于把人的学习看成一种积极主动的过程，因而很重视内在的动机与学习活动本身带来的内在强化的作用。

• 主张人的学习的创造性。布鲁纳(Bruner)提倡的发现学习论就强调学生学习的灵活性、主动性和发现性。它要求学生自己观察、探索和实验，发扬创造精神，独立思考，改组材料，自己发现知识、掌握原理原则，提倡一种探究性的学习方法。强调通过发现学习来使学生开发智慧潜力，调节和强化学习动机，牢固掌握知识并形成创新的本领。

布鲁纳的认知—发现学习理论的局限(limitation)

• 布鲁纳特别强调学生对概念和原理的学习，并且对人工概念的形成做了比较严格的实验研究。但是，布鲁纳却没有从事原理学习的实验研究；直至今日，原理学习的实验研究仍然是一片空白。这不能不说是一件遗憾的事情。

• 布鲁纳提出"编码系统"可以产生出新的创造性信息，这是符合实际的。但是，对新信息产生的心理机制却没有进行深入地探讨和研究。这使得我们对学生创造性的培养仍然是无所适从，成为可信而不知如何使之然的事情。

• 布鲁纳过于强调学生的发现学习。但是，发现学习却有费时费力的缺陷。而且，完全独立的发现学习实际上也是不存在的。因此，应该强调发现学习与接受学习的相互配合和有效的补充。

布鲁纳学习理论中的缺陷和不足与它的贡献和所产生的积极影响相比，自然是微不足道的。但是，指出它的缺陷和不足有助于进一步开展研究，从而完善学习理论。

（2）布鲁纳的结构—发现教学理论

①结构教学观

将学科的基本结构放在编写教材和设计课程的中心地位。学科基本结构包括基本概念、基本原理及其内部规律。

②发现法教学模式

指导思想：教师为学生提供材料，创设问题情境，引导学生独立地发现解决问题的方法，从中发现规律、获得知识，形成发展认知结构。

模式特点：教学是围绕一个问题情境展开，不是围绕一个知识项目展开；教学中以学生的“发现”活动为主，教师起引导作用；没有固定的组织形式。

最大优点：最大限度地发挥学生在学习中的主体性和创造性。

基本步骤：提出和明确使学生感兴趣的问题；让学生对问题体验到某种程度的不确定性，以激发探究；提供解决问题的各种材料和线索；协助学生分析材料和证据，提出可能的假设帮助学生分析、判断；协助、引导学生审查假设得出的结论。

③主要评价

布鲁纳的结构—发现教学理论的贡献（contribution）

- 注重对认知发展和学习的理论成果的实际应用，为教育改革提供了有力的基础。
- 强调学习的主动性，强调学习者的独立思考与内在动机，强调学习的认知过程与认知结构的形成，比联结派更能说明人类学习的特点。

布鲁纳的结构—发现教学理论的局限（limitation）

- 夸大了学生的学习能力，忽视了知识学习活动的特殊性。
- “任何科目和任何儿童”是不可能的。
- 发现法运用范围有限。
- 发现法耗时过多，不经济。
- 发现法适合用于小学和中学低年级学生。

4.奥苏伯尔的有意义学习理论

（1）奥苏伯尔简介

奥苏伯尔（D. P. Ausubel）是美国纽约州大学研究院的教育心理学（educational psychology）教授，是认知派的代表人物之一。他从20世纪50年代中期开始致力于有意义言语材料的学习与保持的研究。他的理论在60年代提出，70年代获得美国心理学会的“桑代克奖”。

（2）理论背景

奥苏伯尔认为，布鲁纳（T. S. Bruner）的“发现学习”理论过分强调发现式、跳跃式学习，轻视知识的系统性、循序渐进性，最后导致教育质量下降。

(3)主要观点

①有意义学习(meaningful learning)的实质

接受学习(acceptance learning)与发现学习(discovery learning)：发现学习(discovery learning)比接受学习多了一个“发现的阶段”，但发现学习不等同于有意义学习；接受学习(acceptance learning)不等同于机械学习。“有意义 vs 机械”，“接受 vs 发现”是两个相互独立的维度。

有意义学习(meaningful learning)是指在学习过程中，符号所代表的新知识与学习者认知结构中已有的适当观念建立实质性和非人为性的联系的过程。

实质性联系(substantive connection)是指新符号或符号所代表的新知识观念能与学习者认知结构中已有的表象、有意义的符号、概念或命题建立内在的联系，而不仅仅是字面上的联系。

非人为的联系(non human contact)是指符号所代表的新知识与认知结构中的有关观念表象建立的是符合人们所理解的逻辑关系上的联系，而不是一种任意附加上去的联系。

学习心理是由智力因素与非智力因素两大部分组成的。智力因素是学习过程的心理基础，对学习起直接作用；非智力因素是学习过程的心理条件，对学习起间接作用。只有使智力因素与非智力因素紧密结合，才能使学习达到预期的目的。而认知学习理论对非智力因素的研究不够重视。

教师任务：鼓励学生有发现的自信心；激发学生的好奇心，使之产生求知欲；帮助学生寻找新问题与已有经验的联系；训练学生运用知识解决问题的能力；协助学生进行自我评价；启发学生进行对比。

发现学习(discovery learning)不应成为学生学习的主要方式的理由：发现学习(discovery learning)耗时太多；不是所有的知识都需发现而得；不是所有的学生都需发现来获取知识。

表征学习：又称代表性学习。学会一些单个符号的意义或者学习它们代表什么，其心理机制是在符号和它们所代表的具体事物或观念间建立起等值的关系。

每门学科的各个单元应按包摄性程度由大到小的顺序排列；每个单元内的知识点之间也最好按逐渐分化的方式编排。前面单元对后面单元构成上位对下位的关系，为后面知识提供理想的固定点。

②有意义学习(meaningful learning)的过程

有意义学习的过程即学习者认知结构中原有的适当观念对新观念加以同化的过程。具体过程：学生从已有的认知结构中找到对新知识起固定作用的观念，即寻找一个同化点；将新知识置入认知结构的合适位置，并与原有观念建立相应的联系；对新知识与原有知识进行精细的分化；在新知识与其他相应知识之间建立联系，使之构成一个完整的观念体系，继而学习者原有的认知结构得到丰富和发展。

③有意义学习(meaningful learning)的结果

有意义学习(meaningful learning)的结果是形成认知结构。奥苏伯尔所言的认知结构是指个体头脑中已形成的，按层次组织起来的，能使新知识获得意义的概念系统。

学习内容的安排要注意两个方面：一是尽可能先传授具有最大包摄性、概括性和最有说服力的概念和原理，使学生能对学习内容加以组织和综合；二是要注意渐进性，即要使用最有效的方法安排学习内容的顺序，构成学习内容的内在逻辑。

④有意义学习(meaningful learning)的条件

学习材料本身必须具备逻辑意义。材料的逻辑意义是指学习材料本身与人类学习能力范围内的有关观念可以建立非人为性的和实质性的联系。

学习者必须具有有意义学习(meaningful learning)的心向。有意义学习(meaningful learning)的心向是指学习者有积极主动地在新知识与已有适当观念之间建立联系的倾向性。

学习者的认知结构(cognitive structure)中必须有同化新知识的原有的适当观念。已有的认知结构(cognitive structure)是影响学生知识学习的最重要的因素。认知结构(cognitive structure)对有意义学习的影响主要取决于原有知识的可利用性、新旧知识间的可辨别性以及原有知识的稳定性和清晰性。

⑤有意义学习(meaningful learning)的类型

概念学习(concept learning)：掌握同类事物或现象的共同关键特征或本质特征，包括概念的发现和概念的同化两种形式。概念发现是低龄儿童学习概念的主要形式，它是从许多具体实例中概括而来的。中高年级学生可以利用已有认知结构中的相应概念对新概念进行同化而得到新概念的意义，这叫作概念同化。

命题学习(propositional learning)：学习以命题形式表达的观念的新意义。根据新旧命题之间的关系具体有以下三种学习类型。

下位学习(subordinate learning)：新学习的知识是已有知识的下位知识，已有的概念或命题是上位的。例如：猫会爬树→邻居家的猫正在爬门前那棵树。

上位学习(superordinate learning)：新学习的知识与已有知识间是一般对特殊的关系，新概念或命题是上位的，包摄性更广泛，概括水平更高。例如：胡萝卜、豌豆→蔬菜。

并列结合学习(parallel and combinatorial learning)：新命题与已有命题之间不是下位关系，也不是上位关系，而是并列关系。例如：质量与能量、热与体积。

(4)主要评价

①奥苏伯尔有意义学习理论的贡献(contribution)

立足教学实际,将认知心理学与教学相结合,提出有意义学习理论。倡导逐步分化的演绎教学,提出先行组织者的教学策略。

②奥苏伯尔有意义学习理论的局限(limitation)

偏重知识掌握,忽视能力培养。教学思想不符合程序性知识的掌握。没有给发现学习(discovery learning)应有的重视。

5.加涅的信息加工学习理论(information processing theory)

加涅(R. M. Gagne)是20世纪最有影响的著名教育心理学家之一,美国佛罗里达州大学的教育心理学教授。他的学习理论是在行为主义和认知观点相结合的基础上,运用现代信息论的观点和方法,通过大量实验研究工作建立起来的。

他认为,学习是一个有始有终的过程,这一过程可分成若干阶段,每一阶段需进行不同的信息加工。在各个信息加工阶段发生的事件,称为学习事件。学习事件是学生内部加工(inner processing)的过程,它形成了学习的信息加工理论的基本结构。与此相应,教学过程既要顺应学生的内部加工(inner processing)过程,又要影响这一过程。因而,教学阶段与学习阶段是完全对应的。在每一教学阶段发生的事情,即教学事件,这是学习的外部条件。教学就是由教师安排和控制这些外部条件构成的,而教学的艺术就在于学习阶段与教学阶段的完全吻合。

(1)加涅学习理论的基本观点:学习的信息加工模式(learning information processing mode)

加涅认为,学习的模式是用来说明学习的结构与过程的,他提出了影响深远的信息加工的学习模式,见图2-1。

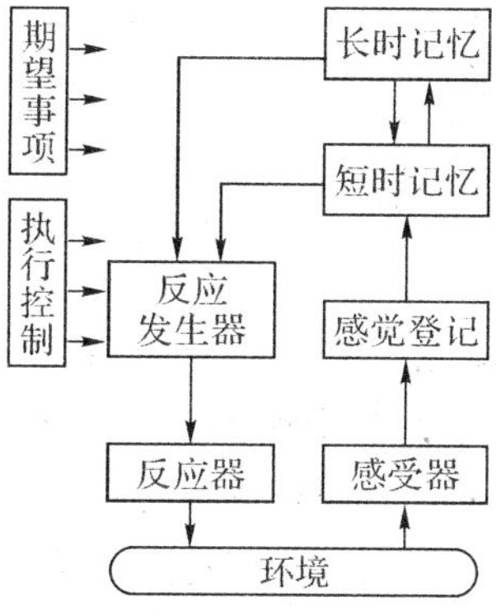

图2-1　学习的信息加工模式

资料来源:http://www.shangxueba.com/ask/3190023.html

①信息流(a stream of information)

学生从环境中接受刺激,刺激推动感受器,并转变为神经信息。这个信息进入感觉登记,成为非常短暂的记忆贮存。被感觉登记的信息很快进入短时记忆,信息在这里可以持续二三十秒钟。当信息从短时记忆进入长时记忆,信息发生了关键性的转变,即要经过编码过程。所谓编码,不是把有关信息收集在一起,而是用各种方式把信息组织起来。信息是经编码形式储存在长时记忆中的。当需要使用信息时,需要经过检索提取信息。被提取出来的信息可以直接通向反应发生器,从而产生反应;也可以再回到短时记忆，对该信息的合适性做进一步的考虑，结果可能是进一步寻找信息，也可能是通过反应发生器做出反应。

从图 2-1 中，我们可以看到信息从一个假设的结构流到另一个假设的结构的过程。

②控制结构(control structure)

除信息流程之外，在图 2-1 所示的学习的信息加工模式中，还包含期望事项与执行控制。期望事项是指学生期望达到的目标，即学习的动机(motivation)。正是因为学生对学习有某种期望，教师给予的反馈才会具有强化作用。换言之，反馈之所以有效，是因为反馈(feedback)能肯定学生的期望。执行控制即加涅学习分类中的认知策略，执行控制过程决定哪些信息从感觉登记进入短时记忆，如何进行编码(encode)，采用何种提取策略等。由此可见，期望事项与执行控制在信息加工过程中起着极为重要的作用。加涅之所以没有把这两者与学习模式中其他结构联系起来，主要是由于这两者可能影响信息加工过程中的所有阶段，并且它们之间的关系目前还不太清楚。

③学习过程的阶段性(学习阶段及教学设计)

从学习的信息加工模式(learning information processing mode)中可以看到，学习是学生与环境之间相互作用的结果。学习过程是由一系列事件构成的。加涅认为，每个学习动作可以分解成八个阶段，见图 2-2。

加涅认为学习的外部条件和内部条件应加以区别，发生在学习者头脑里的内部活动是学习过程，它是在外界影响下发生的。教学是有目的、有计划地发动、激发、维持和提高学习者学习的一整套外部条件。在此基础上，加涅提出了他对学习过程的八个阶段和相应心理过程的假设，见图 2-2、图 2-3。

• 动机产生阶段(stage of motivation)，与之相应的心理过程是期望。

有效的学习必须要有学习动机，这是整个学习的开始阶段(incipient stage)。动机的形式多种多样，在教育教学情境中，首先要考虑的是学生力图达到某种目的的动机(motivation)。学习要先有动机，动机(motivation)可以与学习者的期望建立联系。期望是目标(target)达到时所能得到的报酬、结果或奖励，是完成任务的动力，能给学习者指明方向和道路。为了使学生形成理想的期望，在学生实际获得某种知识和技能之前，应先做出安排使学生达到某种目标(target)，以便向学生表明他们能够达到预期目标(expected target)。

• 了解阶段(progressive involvement stage)即领会阶段，与之相应的心理过程是注意、选择性知觉(selective perception)。

加涅认为注意是一个短暂的内部状态，对学习有定势作用，也起着执行控制作用。有了学习动机的学生，首先必须接受刺激，即必须注意与学习有关的刺激，而

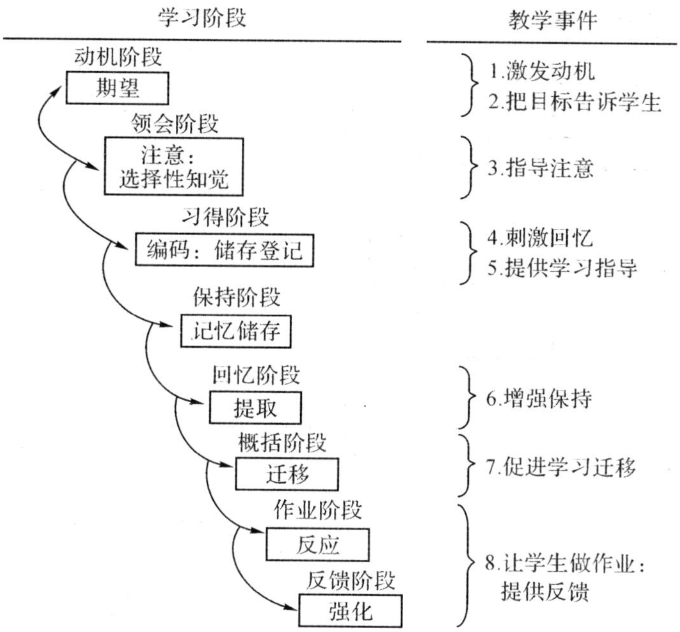

图 2-2　加涅的八个学习阶段及其相应的教学事件

资料来源：http://www.shangxueba.com/ask/3190023.html

无视其他刺激。当学生把所注意的刺激特征从其他刺激中分化(differentiation)出来时，这些刺激特征就被进行知觉编码，储存在短时记忆中。这个过程就是选择性知觉(selective perception)。

• 获得阶段(access stage)即习得阶段，与之相应的心理过程是编码及存入。

在这一阶段，所学知识到达短时记忆(short-term memory)，并转入长时记忆(long-term memory)。编码就是对获得的信息进行加工整理，以便和原有信息相联系并形成系统，存入长时记忆(long-term memory)。

• 保持阶段(hold stage)，与之相应的心理过程是记忆储存(memory storage)。

知识到达长时记忆(long-term memory)后，还要对材料继续加工，使之能永久保持。学生习得的信息经过复述、强化后，以语义编码的形式进入长时记忆储存阶段(memory storage stage)。

• 回忆阶段(recall stage)，与之相应的心理过程是检索(retrieval)。

回忆是指能将所学材料准确地重现出来，是通过检索实现的。检索(retrieval)是在外部刺激作用下，按一定方向进行的寻找过程。

• 概括阶段(generalization stage)，与之相应的心理过程是迁移。

对学习材料进行总结、整理、归纳，形成体系或结构，并能将知识和技能应用到

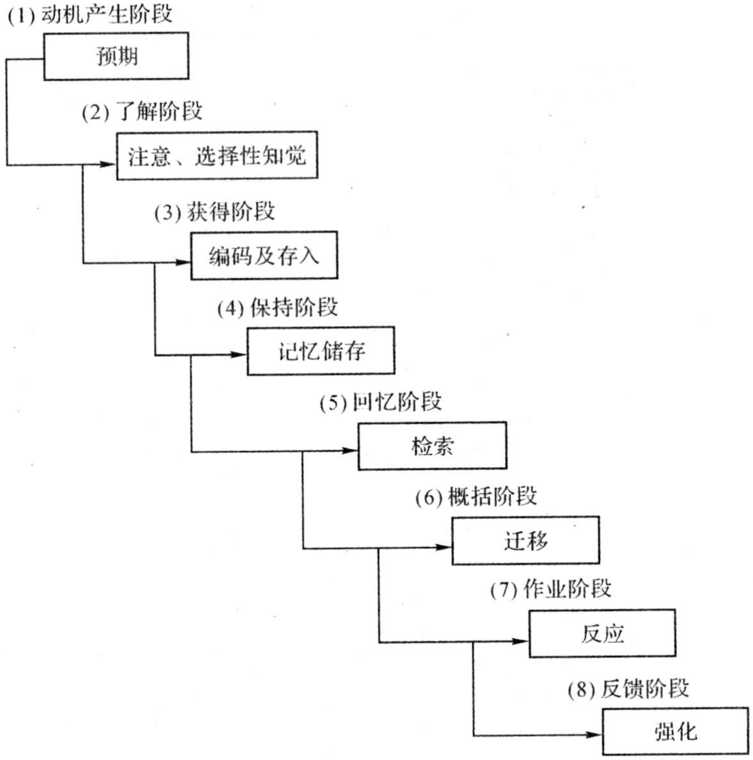

图 2-3　加涅的八个学习阶段及其相应的心理过程图

资料来源：http://www.shangxueba.com/ask/3190023.html

各种新的情境中。这实质上是学习迁移。

• 作业阶段(operation stage)，与之相应的心理过程是反应。

是学习者将学习付诸行动，通过新作业和新操作的完成，表现出学习者学到了什么。

• 反馈阶段(feedback stage)，与之相应的心理过程是强化。

在这一阶段，学习者完成了新作业并意识到自己已达到预期目标，从而使第一阶段所建立的预期和动机，在最后阶段得到证实和强化。加涅认为，强化主宰着人类的学习。

④强调已有认知结构(cognitive structure)在学习中的作用

加涅认为学习者已经发展形成认知结构(cognitive structure)，认为学习要在学习者内在认知结构(cognitive structure)和新输入的信息之间，建立起相互联系和相互配合的新结构。学习的理想条件是要把新输入的信息与学习者已有认知结构(cognitive structure)之间所存在的矛盾或差距，给以适当调整。这样，新信息能纳入已有认知结构(cognitive structure)中去,并建立新的认知结构。新的认知结构(cognitive structure)又作为高一级学习的基础,这样认知结构(cognitive structure)得到逐级发展和提高。

(2)指导法:加涅学习理论在教学上的应用

所谓指导法指教师要给学生以最充分的指导,使学生沿着仔细规定的学习程序,一步一步地循序渐进地进行学习。指导法是加涅依据自己对教学目标和能量的理解而提出来的。

加涅认为教学的主要目标是发展能量(即能力),而发展能量的关键在于掌握大量有组织的知识,这是一个金字塔形的知识系统。教学目标确定之后,教师首先应进行任务分析,任务分析是自上而下进行的。为使学生获得终极行为,学生需要学会做哪些事?必须表现出什么起点行为?例如,A 为终极行为,要获得 A 必须获得能力 B 与 C,要获得能力 B 与 C,就必须获得能力 D、E、F、G、H,这样就构成了层次学习图,见图 2-4。

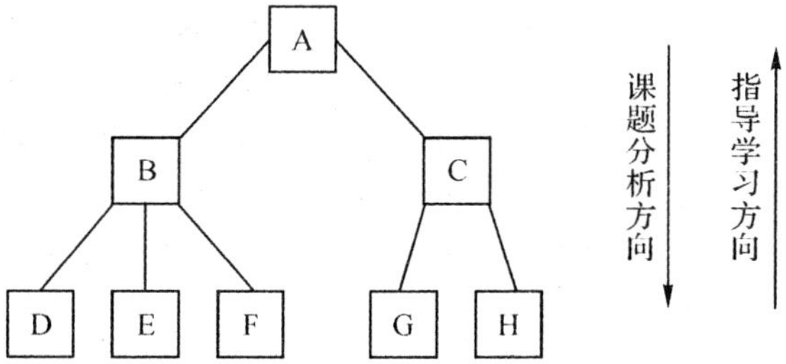

图 2-4　任务分析示意图

资料来源:http://www.shangxueba.com/ask/3190023.html

在任务分析的基础上,进行实际教学时,教师应从学习层次图的底层出发,自下而上地引导学生循序渐进地进行学习,最后达到教学目标,使学生表现出终极行为。

(3)对加涅学习理论的评价

①加涅的信息加工学习理论的贡献(contribution)

加涅的学习理论(learning theory)注重学习的内部条件和学习的层次,重视系统知识的系统教学及教师循序渐进的指导作用,为控制教学提供了一定的依据。他的理论直接涉及课堂教学,因而对实际教学有积极意义(positive significance)和一定的参考价值。加涅运用信息论(information theory)、控制论(control theory)的观点和方法对学习问题进行有意义的探索。

加涅试图兼收行为主义(behaviorism)和认知派学习理论中的一些观点来建立自己的学习理论,反映了西方学习理论发展的一种趋势。

②加涅的信息加工学习理论的局限(limitation)

加涅的学习理论，把能力(他所说的能量)仅仅归结为大量有组织的知识，具有一定的片面性(one-sidedness)，忽视了思维和智力技能的作用及其培养。

(二)经验派及理论

1.泰勒的学习经验理论

(1)人物简介

泰勒(Ralph W. Tyler)于1949年发表《课程与教学的基本原理》，被誉为现代课程理论之父。这本在课程理论发展史上有着“圣经”地位的小册子，为半个多世纪以来课程及课程理论的发展提供了重要的研究范式(research paradigm)，至今仍是课程编制及教学活动重要的参照理论。书中所论及的学习经验选择理论对现行的基础教育更是有着深刻的启示意义。

(2)“学习经验”的含义

泰勒(Ralph W. Tyler)认为，“学习经验”(learning experience)不等同于一门课程所涉及的内容，也不等同于教师所从事的各种活动。其是指学习者与他对做出反应的环境中的外部条件之间的相互作用。这就特别指明了学习经验既区别于既定的教科书内容，也不同于教师预设的课程内容和教学内容，而是学习者主观感知上述内容及两者的交互作用。此外，泰勒(Ralph W. Tyler)还进一步阐明学习的定义：学习是通过学生的主动行为而发生的；学生的学习行为取决于他自己做了些什么，而不是教师做了些什么。

(3)选择学习经验的一般原则

泰勒(Ralph W. Tyler)认为，适合于某一教育目标的特定的学习经验(learning experience)，虽然因目标的种类不同而有所变化，但无论教育目标是什么，都存在着某些适用于选择学习经验的一般原则。具体内容如下。

第一，为了达到某一目标，学生必须具有使他有机会实践这个目标所隐含的那种行为的经验，教师必须创设一定的情境、任务便于学生通过体验和问题解决等途径来掌握某一行为。

第二，学习经验(learning experience)必须使学生由于实践目标所隐含的那种行为而获得满足感。

第三，学习经验所期望的反应，是在学生力所能及的范围之内的。

第四，有许多特定的经验可用来达到同样的教育目标。

第五，同样的学习经验(learning experience)往往会产生几种结果。

2.科尔布的经验学习理论

科尔布(Kolb)的经验学习理论(experiential learning theory，简称ELT)认为，经验学习是一个连续的循环过程，每个循环周期包括四个阶段：具体经验

(Concrete Experience,CE)、反思观察(Reflective Observation,RO)、抽象概念(Abstract Conceptualization,AC)及主动实验(Active Experimentation,AE)。每个经验学习周期(experiential Learning cycle)就是一个人们在活动中获得具体经验→通过反思去观察、体会自己实际经验→由反思中悟出新的原理、观念,形成个人的概念化知识→把新观念应用于新的具体情境加以验证的过程。由这一循环可知,实际经验并不一定带来学习与领悟(learning & understanding),必须通过反思才能产生学习,故反思(reflection)是经验学习最重要的一环。

3. 学习圈理论

(1)人物简介

大卫·库伯(David Cooper)出生于1939年,是美国社会心理学家、教育家,也是一位著名的体验式学习大师。大卫·库伯在总结了约翰·杜威(John Dewey)、库尔特·勒温(Kurt Lewin)和皮亚杰经验学习模式的基础之上提出自己的经验学习模式亦即经验学习圈理论。在1984年,大卫·库伯曾在他的著作《体验学习:体验——学习发展的源泉》(*Experiential Learning: Experience as the source of learning and development*)一书中提出了颇具影响的体验学习概念。并且,他把体验学习阐释为一个体验循环过程:具体的体验—对体验的反思—形成抽象的概念—行动实验—具体的体验。如此循环,形成一个贯穿的学习经历,学习者自动地完成反馈与调整,经历一个学习过程,在体验中认知。

(2)内容

大卫·库伯认为经验学习(experience learning)过程是由四个适应性学习阶段构成的环形结构(loop configuration),包括具体经验、反思性观察、抽象概念化、主动实践。具体经验是让学习者完全投入一种新的体验;反思性观察(reflective observation)是学习者在停下的时候对已经历的体验加以思考;抽象概念化是学习者必须达到能理解所观察的内容的程度并且吸收它们使之成为合乎逻辑的概念;到了主动实践阶段,学习者要验证这些概念并将它们运用到制定策略、解决问题之中去(Sugarman,1985)。

库伯的学习圈理论(learning circle theory)是基于人类共同的学习规律而提炼总结出来的。其理论的基本思想包括三个方面。

第一,任何学习过程都应遵循"学习圈(learning cycle)"。学习的起点或知识的获取首先是来自人们的经验(experience),这种经验可以是直接经验,即人们通过做某事获得某种感知,或借用哲学的术语说,就是"对世界图景的第一次粗略地把持";当然也可以是间接经验,因为人们不可能在有限的生命周期内将世界的每一件事都"经验"过一次。有了"经验",学习的下一步逻辑过程便是对已获取的经验进行"反思(reflection)",即人们对经验过程中的"知识碎片"进行回忆、清理、整合、分享等等。把“有限的经验”进行归类、条理化和拷贝。然后，有一定理论知识背景和一定理论概括能力的人便会对反思的结果从理论上进行系统化和理论化，这个过程便进入了学习的第三阶段——“理论化(theorization)”，如果说前面两个阶段是知识的获取的充分条件，那么，这个阶段的学习对于知识的获取则是充分而又必要的条件。库伯认为，“知识的获取源于对经验的升华和理论化”。理论化阶段，学习者要做的工作很多，包括要将过去的分析框架即类似于某种“应用程序”从大脑“存储器”中暂时“打开”对反思的结论即相关文本进行处理，得到人们所希望得到的结果。学习圈(learning cycle)的最后一个阶段是“行动”阶段(action)，可以说，它是对已获取知识的应用和巩固阶段，是检验学习者是否真正“学以致用”，或是否达到学习的效果。如果从行动中发现有新的问题出现，则学习循环又有了新的起点，意味着新一轮的学习圈(learning cycle)又开始运动。人们的知识就在这种不断的学习循环中得以增长。

第二，学习圈理论(learning circle theory)强调重视每一个学习者的“学习风格”的差异。库伯认为，由于每个人的内在性格、气质的“差异性”，以及生活、工作阅历、教育知识背景的“差异性”，每个学习者的“学习风格”“不一致”。根据学习圈理论，可以将学习者的学习风格大致分为四类：经验型学习者(experienced learners)、反思型学习者(reflective learners)、理论型学习者和应用型学习者(theory learners and applied learners)。库伯认为，这四种类型的学习风格不存在优劣的价值判别，它们之间有一定的互补性。

第三，集体学习比个体学习的效率高(high efficiency)。集体学习崇尚开放式的学习氛围；反对把学习看作孤立和封闭的行为；倡导学习者之间的交流、沟通；重视学习者的相互启发、分享知识。正因为学习者的学习风格不同，才有了他们对某种事物看法的不同观点，思想碰撞中“知识得以增长”。不同思想的“交换”使得每个学习者得到更多的思想。

(3)学习过程结构维度(structure dimension)

学习过程有两个基本结构维度，第一个称为领悟维度(perception dimension)，包括两个对立的掌握经验的模式：一是通过直接领悟具体经验；二是通过间接理解符号代表的经验。第二个称为改造维度(transformation dimension)，包括两个对立的经验改造模式：一是通过内在的反思；二是通过外在的行动。在学习过程中两者缺一不可。经验学习过程是不断的经验领悟和改造过程。

(三)人本派及理论

1. 人本主义基本理论

人本主义心理学(humanism psychology)是20世纪五六十年代在美国兴起的一种心理学思潮，人本主义学习理论是建立在人本主义心理学的基础之上的。对人本主义(humanism)学习理论产生深远影响的有两个著名的心理学家，分别是美国心理学家马斯洛(A. Maslow)和罗杰斯(Carl R. Rogers)。人本主义(humanism)的学习与教学观深刻地影响了世界范围内的教育改革，是与程序教学运动、学科结构运动齐名的20世纪三大教学运动之一。人本学派强调人的尊严、价值、创造力和自我实现，把人的本性的自我实现归结为潜能的发挥，而潜能是一种类似本能的性质。人本主义最大的贡献(contribution)是看到了人的心理与人的本质的一致性，主张心理学必须从人的本性出发研究人的心理。

人本主义(humanism)主张，心理学应当把人作为一个整体来研究，而不是将人的心理肢解为不完整的几个部分，应该研究正常的人，而且更应该关注人的高级心理活动，如热情、信念、生命、尊严等内容。人本主义的学习理论从全人教育的视角阐释了学习者整个人的成长历程，以发展人性；注重启发学习者的经验和创造潜能，引导其结合认知和经验，肯定自我，进而自我实现。人本主义学习理论重点研究如何为学习者创造一个良好的环境，让其从自己的角度感知世界，发展出对世界的理解，达到自我实现的最高境界。

人本主义心理学(humanism psychology)是有别于精神分析与行为主义的心理学界的“第三种力量”，主张从人的直接经验和内部感受来了解人的心理，强调人的本性、尊严、理想和兴趣，认为人的自我实现和为了实现目标而进行的创造才是人的行为的决定因素。

人本主义心理学(humanism psychology)的目标是要对作为一个活生生的完整的人进行全面描述。人本主义心理学家认为，行为主义将人类学习混同于一般动物学习，不能体现人类本身的特性，而认知心理学虽然重视人类认知结构，却忽视了人类情感、价值观、态度等最能体现人类特性的因素对学习的影响，因此他们强调要以学生为中心来构建学习情景。

人本主义心理学(humanism psychology)代表人物罗杰斯认为，人类具有天生的学习愿望和潜能，这是一种值得信赖的心理倾向，它们可以在合适的条件下释放出来。罗杰斯认为，教师的任务不是教学生知识，也不是教学生如何学习知识，而是要为学生提供学习的手段，教师的角色应当是学生学习的“促进者”。

2. 理论基础

人本主义(humanism)的学习理论是根植于其自然人性论(natural humanity)的基础之上的。人本主义认为，人是自然实体而非社会实体。人性来自自然，自然人性即人的本性。凡是有机体都具有一定内在倾向，即以有助于维持和增强机体的方式来发展自我的潜能；并强调人的基本需要都是由人的潜在能量决定的。但是，人本主义也认为，自然的人性不同于动物的自然属性。人具有不同于动物本能的似本能(instinct oid)需要，即最著名的马斯洛层次需要学说(the most famous theory of Maslow's hierarchy of human's needs)。在此基础上，人本主义心理学家进一步认为，人之初，性本善。

3. 差异

从以上的简单介绍可以发现，不同的学习理论流派(learning theory school)强调了学习的不同方面。实际上，这种差异是由他们所依据的研究背景的差异引起的。只要我们认真加以分析，就能够发现他们的共性以及各种理论之间的内在联系(inner connection)。

人本主义心理学家(humanistic psychologist)认为，教育的目标、学习的结果应该是使学生成为具有高度适应性和内在自由性的人。

4. 分类

根据学习对学习者的个人意义，可以将学习分为无意义学习(meaningless learning)与意义学习(meaningful learning)两大类。意义学习(meaningful learning)，是指一种涉及学习者成为完整的人，使个体的行为、态度、个性以及在未来选择行动方针时发生重大变化的学习，是一种与学习者各种经验融合在一起的、使个体全身心地投入其中的学习。

5. 教学目标

由于人本主义心理学家(humanistic psychologist)认为人的潜能是自我实现的，而不是教育的作用使然，因此在环境与教育的作用问题上，他们认为虽然“人的本能需要一个慈善的文化来孕育他们，使他们出现，以便表现或满足自己”，但是归根到底，“文化、环境、教育只是阳光、食物和水，但不是种子”，自我潜能才是人性的种子。他们认为，教育的作用只在于提供一个安全、自由、充满人情味的心理环境，使人类固有的优异潜能自动地得以实现。在这一思想指导下，罗杰斯在20世纪60年代将他的“患者中心(client centered)”的治疗方法应用到教育领域，提出了“自由学习”和“学生中心(student centered)”的学习与教学观。

罗杰斯(Rogers)认为，情感和认知是人类精神世界中两个不可分割的有机组成部分，他的教育理想就是要培养“躯体、心智、情感、精神、心力融汇一体”的人，也就是既用情感的方式也用认知的方式行事的情知合一的人，即“完人(whole person)”或“功能完善者(fully functioning person)”，为实现这一教育理想，就是“促进变化和学习，培养能够适应变化和知道如何学习的人”。人本主义(humanism)重视的是教学的过程而不是教学的内容，重视的是教学的方法而不是教学的结果。

6. 自由学习

人本主义(humanism)强调，教学的目标在于促进学习，学习者是在好奇心的驱使下去吸收任何他自觉有趣和需要的知识。罗杰斯(Rogers)认为，学生学习主要有两种类型——认知学习和经验学习，其学习方式也主要有两种——无意义学习和有意义学习，并且认为认知学习和无意义学习、经验学习和有意义学习是完全一致的。认知学习是一种无意义学习，经验学习是有意义的学习，必能有效地促进个体的发展。

所谓有意义学习（meaningful learning），不仅仅是一种增长知识的学习，而且是一种与每个人各部分经验都融合在一起的学习，是一种使个体的行为、态度、个性以及在未来选择行动方针时发生重大变化的学习。在这里，我们必须注意罗杰斯的有意义学习（meaningful learning）和奥苏伯尔（Ausubel）的有意义学习（meaningful learning）的区别。前者关注的是学习内容与个人之间的关系；而后者则强调新旧知识之间的联系，它只涉及理智，而不涉及个人意义。因此，按照罗杰斯的观点，奥苏伯尔的有意义学习（meaningful learning）并不是罗杰斯（Rogers）所指的有意义学习。

罗杰斯（Rogers）认为有意义学习（meaningful learning）主要具有四个特征：全神贯注、自动自发、全面发展和自我评估。

总之，“有意义的学习结合了逻辑和直觉、理智和情感、概念和经验、观念和意义”。

7. 教学观

人本主义（humanism）的教学观是建立在其学习观的基础之上的。罗杰斯（Rogers）从人本主义（humanism）的学习观出发，认为凡是可以教给别人的知识，相对来说都是无用的；能够影响个体行为的知识，只能是他自己发现并加以同化的知识。罗杰斯（Rogers）认为，在传统教育中，“教师是知识的拥有者，而学生只是被动的接受者；教师可以通过讲演、考试甚至嘲弄等方式来支配学生的学习，而学生无所适从；教师是权力的拥有者，而学生只是服从者”。因此，罗杰斯主张废除“教师（teacher）”这一角色，代之以“学习的促进者（facilitator）”。

罗杰斯（Rogers）认为，促进学生学习的关键不在于教师的教学技巧、专业知识、课程计划、视听辅导材料、演示和讲解、丰富的书籍等，而在于特定的心理气氛因素，这些因素存在于“促进者（facilitator）”与“学习者”的人际关系之中，这就是：真实或真诚，尊重、关注、接纳和移情性理解。

总之，罗杰斯（Rogers）等人本主义心理学家从他们的自然人性论、自我实现论及“患者中心”出发，在教育实践中倡导以学生经验为中心的“有意义的自由学习”，对传统的教育理论造成了冲击，推动了教育改革运动的发展。不过，罗杰斯（Rogers）对教师作用的否定，是不正确的，是言过其实的。

8. 人本主义学习理论的评价

(1) 人本主义学习理论的贡献（contribution）

①重视学习者的内心世界

人本主义学习理论(humanism learning theory)重视对学生在教学过程中的认知、情感、兴趣、动机、潜在智能等内部心理世界的研究,主张设身处地为学生着想,使学生感受到学习的乐趣、激动,从而全身心地投入学习。

②对学生的本质持积极乐观的态度(positive and optimistic attitude)

人本主义心理学家(humanistic psychologist)把人类能否适应当代世界的加速变化,解决种种社会矛盾(social contradictions)的一个决定因素归之于能否教育好一代新人,他们提倡教育目标应该是指向学生个人的创造性、目的和意义,是培养积极愉快、适应时代变化、心理健康的人。

③对教师的态度定势(fixed attitude)与教学风格(teaching style)的重视

人本主义心理学家(humanistic psychologist)在重视学生个别差异与自我概念的同时也重视师生关系、课堂气氛及群体动力的作用,特别是促使教师更加重视与研究那些涉及人际关系与人际感情(interpersonal relationship and interpersonal relationship)的教学。

④重视意义学习与过程学习(pay attention to the study of meaning and process learning)

人本主义心理学家(humanistic psychologist)主张的“做”中学和在学习过程中学习如何学习的观点是十分可取的,它有利于在教育中消除老师与学生、学和做、目的和手段之间的距离和对立,使学习成为乐趣。

⑤消除行为主义(behaviourism)和精神分析学习论的片面性,丰富了学习理论

人本主义心理学家(humanistic psychologist)关于学习的基本观点与理论,有力冲击了行为主义的机械学习论与精神分析的悲观发展论对学习心理与教育实践的消极影响(negative influence),促进了美国当时的教育革新(educational innovation)。

(2)人本主义学习理论的局限(limitation)

①片面强调(unbalanced stress)学生的天赋潜能作用,忽视环境与教育的作用

人本主义心理学家(humanistic psychologist)主张:教育、教学应当充分发挥学生的选择性、创造性是正确的,但认为这些心理特点都是先天的潜能,忽视社会和文化环境的决定作用,是一种片面强调遗传决定发展的观点,是违背人的发展的客观现实的。过分强调学生天生的潜能,只会导致放任自流式的“自由学习”(follow one's own inclination type of “free learning”)。

②过分强调(overemphasize)学生的中心地位,影响了教育与教学效能

人本主义学习理论(humanism learning theory)主张以学生为中心,对传统教育的冲击是有积极意义的。然而,强调学习要以学习者的自由活动为中心,这样必

然会忽视教学内容的系统逻辑性和教师在学科学习中的主导作用，影响教育与教学质量。

③过于突出(over highlight)学生个人的兴趣与爱好，低估社会与教育的力量

人本主义学习论(humanism learning theory)过于重视学生个人自发的兴趣和爱好，忽视了良好的社会与学校教育对他们健康发展的作用。

④低估了教师的作用

人本主义心理学家(humanistic psychologist)提出了情感型的新型师生关系，提倡师生之间真诚的情感交流，这为师生交往提供了一个新模式。但是，人本主义心理学家(humanistic psychologist)把教师看作尽职于学生的"侍人""非指导者""促进者"等，教师的作用只是"音叉"，应学生之声而"共鸣"，这实际上贬低了教师的作用。

⑤哲学基础与方法论的局限

人本主义心理学(humanism psychology)以人为本、以学生为中心的思想成为心理学发展中的一个新动向，值得深入研究。但人本主义学习理论(humanism learning theory)的整个体系建立在存在主义、现象学、性善论的基础上，因而具有唯心主义的色彩。此外，它的研究方法是从心理咨询等实际工作中引进的，一些学者认为在一定程度上人本主义学习论还只是一种推理和猜想，缺乏实验和实践的验证。

(四)功能派及理论

功能学派(functional school)别名是英国社会人类学学派。功能学派创立于1922年。英国人类学家马林诺夫斯基和拉德克利夫-布朗分别发表实地调查专著《西太平洋的探险队》和《安达曼岛人》，最早把功能主义(functionalism)思想贯彻在民族学著作上。其后，马林诺夫斯基和拉德克利夫-布朗又在其论文和著作中进一步发展了功能主义理论。它主要是当时英国的政治形势和学术传统的产物。

1. 起源

英国的文化社会学起源于功能学派的社会人类学(social anthropology)，主要代表人物是B. K. 马林诺夫斯基、A. R. 拉德克利夫-布朗，主张用社会学的方法研究各种文化现象。马林诺夫斯基在《文化论》中说："科学的人类学应当知道它的首要任务是建立一个审慎严谨的文化论。这个文化论应当包括比较社会学，统一所有的社会科学。"他还认为，科学的人类学是对各种文化做功能的分析，要"根据经验的定律"或遵守"功能关系的定律"进行。拉德克利夫-布朗在《现代社会的人类学研究》(1935)一文中认为，任何文化都是一个完整的体系。他把自己的功能人类学称作"比较社会学(comparative sociology)"，认为比较社会学与社会人类学(social anthropology)是功能的理论化。他着重研究文化的功能，因此，他的比较社会

学也是“功能的文化社会学”。

2.学派观点

功能学派(functional school)认为,任何一种文化现象(cultural phenomenon),不论是抽象的社会现象(social phenomenon),如社会制度、思想意识、风俗习惯等,还是具体的物质现象,如手杖、工具、器皿等,都有满足人类实际生活需要的作用,即都有一定的功能。它们中的每一个与其他现象都互相关联、互相作用,都是整体中不可分的一部分。但是,马林诺夫斯基和拉德克利夫-布朗在学术上又不尽相同。马林诺夫斯基偏重(lay particular stress on)对人类生物需要的研究;拉德克利夫-布朗侧重“社会结构”的研究,因而后来人们习惯地把拉德克利夫-布朗的理论称为“结构—功能论(structure function theory)”。他们的分歧使功能学派(functional school)内部分为两个不同的传统。

20世纪30年代中期,中国燕京大学社会学系的一些学者翻译和介绍了功能学派(functional school)的一些主要著作,邀请拉德克利夫-布朗来中国讲学和辅导研究生,派研究人员去英国,直接受教于马林诺夫斯基。他们还参照功能主义方法对中国某些少数民族进行了调查研究。他们被称为中国功能学派(functional school of China)。

功能学派(functional school)对进化学派(evolutionary school)、历史学派和传播学派(history school and school of communication)都持反对态度。他们直接或间接地为推行英国政府的殖民政策做了许多工作,因而受到英国官方的支持。

第二次世界大战后,殖民地国家纷纷独立,他们不欢迎曾为帝国主义殖民政策服务过的人类学家再去做实地调查。因此,以实地调查为主要研究方法的功能主义理论(functionalism theory)就不再像以前那样时兴了。时代的变化,科学的发展,又使越来越多的西方人类学家认识到功能主义理论的局限性,从而纷纷疏远了它。20世纪50年代法国结构主义学派的兴起和英国功能学派(functional school)内部的分化,也是功能学派(functional school)影响范围缩小的原因。

英国功能学派(functional school of England)形成了三代人、六个主要教学和科研中心。三代人分别为:

第一代人:马林诺夫斯基、拉德克利夫-布朗以及他们在20世纪20年代、30年代培养出来的学生;

第二代人:第二次世界大战以后进入人类学专业(major of anthropology)的学生;

第三代人:1963年前后进入人类学专业(major of anthropology)的学生。

在机构方面形成了六个主要教学和科研中心,分别为:

伦敦经济政治学院人类学系(马林诺夫斯基的主要基地);

伦敦大学附属学院的本科人类学系(Department of Social Anthropology);

东方和非洲研究学校的社会人类学系(Department of Social Anthropology);

牛津大学的社会人类学系(Department of Social Anthropology)(拉德克利夫-布朗的主要基地);

剑桥大学社会人类学系(Department of Social Anthropology);

曼彻斯特大学人类学系(Department of Social Anthropology)。

第二代人于1972年掌握这一学派的领导权后,在学术观点上发生了一些分化。

以上分别介绍了认知派(cognitive school)、人本派(human school)、经验派(experience school)和功能派(functional school)四种学派的理论发展、主要观点、主要贡献(contribution)和各自的局限性,英语教学法学派中的各种教学法都是依据这些理论发展起来的,这些教学方法也就承载了这四种学派理论的各自特点,同时也继承了各自的缺点和局限。

参考文献

[1] 曲彩宁. 浅析建构主义学习理论[J]. 中国科技博览,2009(2).

[2] 杜鹏东. 建构主义学习理论评述[J]. 文教资料,2008(9).

[3] 陈威. 建构主义学习理论综述[J]. 学术交流,2007(3).

[4] 李军. 人本主义学习理论浅析[J]. 今日南国旬刊,2009(5).

[5] 金荷香. 浅析人本主义学习理论对教学的启示[J]. 当代教育论坛(学科教育研究),2006(6).

[6] 黄利花. 经验主义学习风格理论概览[J]. 和田师范专科学校学报,2010(2).

[7] 张俊豪. 功能主义理论及其对教育的适用[J]. 湖北民族学院学报(哲学社会科学版),2004(6).

第二节 英语教学法的发展历史

要了解英语教学法的发展,首先要讨论完成下列问题,根据问题的讨论来看英语教学法的发展历史。

1. What are the function and result of the two controversies in ancient Greece?

2. What are the main features of traditional linguistics?

3. What are the contributions made by Franz Boas, Edward Sapir and Leonard Bloomfield to the development of American structuralism?

4. What is the influence of behaviourism over American structuralism?

5. What is Chomsky' s explanation of the first language acquisition process?

6. What is the difference between linguistic competence and linguistic performance?

7. How does transformational generative linguistics differ in research methods?

8. What is the main feature of functional linguistics?

9. What is the basic theory of Gestalt psychology?

10. What is the basic theory of psychoanalysis?

11. What are the principles of behaviourism?

12. What is the difference between classical conditioning and operant conditioning?

13. What are the three factors that have helped to set up the cognitive psychology?

14. How docs the cognitive psychology explain the acquisition of knowledge?

15. How does the habit-formation theory explain the second language acquisition process? Habit-formation theory was put forward by a group of behaviourists. According to their theory.

16. How does the hypothesis of linguistic universals explain the second language acquistion process?

17. How does the acculturation theory explain the second language acquisition?

18. How does the discourse theory explain the second language acquisition process?

19. What are the five hypotheses of the monitor theory?

20. How does the cognitive theory explain the second language acquisition process?

21. What are the principles and consequences of the Reform Movement?

22. What is the contribution made by Daniel Jones and Harold Palmer to the development of foreign language teaching?

23. What are the reasons for the rise and fall of Audiolingual Method?

24. What are the main trends of applied linguistic research in the present period?

一、英语教学简史(A Brief History of English Language Teaching)

(一)英语教学改革运动(The Reform Movement,1882—1906)

Grammar-Translation Method——It was the first method used at the end of the 18th century. The principal aim was to help learners to acquire a reading knowledge of the target language. This method did not pay attention to the importance of speech.

The primacy of speech——In 1882, Victor published a pamphlet entitled Language Teaching Must Start A fresh which started the reform movement. The principles of the movement were the primacy of speech and the absolute priority of an oral method in the classroom.

英语教学的历史可以追溯到古罗马,当时把拉丁语作为第二语言教学。遗憾的是,由于史料不详,很难对英语教学的发展史做出全面的描述。为讨论方便,把这 100 多年的历史人为地划分为四个阶段。

1. 英语教学改革运动(The Reform Movement,1882—1906)

到 18 世纪末,英语教学的主要目的是帮助学生掌握所学语言的阅读技能,语法—翻译法得到采用和发展,并在随后的几十年里一直占据着主导地位。到 19 世纪,仅有英语的阅读技能已不能满足社会需求,人们希望能够具有英语口语交际能力,所以对英语教学的改革也越来越关注。

1882 年,维埃特出版了《语言教学必须彻底更新》的小册子,开始改革,原则是把口语放在首位,把课文放在教学过程中的核心地位,并坚持口语教学法在课堂教学中占绝对首要地位。这场运动持续了 10 多年。斯威特 1899 年出版的著作《语言的实用研究》,标志着语言教学中的应用语言学研究开始成形。1904 年,叶斯帕森出版了他的专著《如何教外语》,这本书中对改革运动的实用意义做了很好的总结,供教师参考。

2. 现代语言教学与研究(modern language teaching and research,1906—1940)

During this period, the teaching of English as a second/foreign language became a profession. There appeared a number of world-famous scholars and books. Harold Palmer tried out the Oral Method in his teaching.

这一时期的英语教学理论与实践通常是人们指责与批评的目标。但英语作为外语或第二语言(the second language)的教学在英国却得到了长足的发展。因深入研究，琼斯的英语教学研究在世界上享有盛誉。他于1907年春在伦敦大学开始开设法语语音学课程(the course of French phonetics)，1908年开始讲授英语语音学(English phonetics)。1909年，开始为海外学英语的学生授课，非常成功。在多年的教学生涯中，他写出了不少英语语音学方面的专著，如《英语的发音》(*English Pronunciation*，1909)、《英语语音辞典》(*English Pronunciation Dictionary*，1913)、《英语发音辞典》(*English Pronunciation Dictionary*，1917)和《英语语音学纲要》(*The Outline of English Phonetics*，1918)。帕尔默(Palmer)是另一个对英语教学做出巨大贡献(contribution)的著名学者。他在教学中试用口语教学法(spoken language teaching method)，并在业余时间做英语词汇方面的研究。他先后编写了不少书籍，其中既有教材和英语简易读物，也有语言教学方法(English teaching methods)方面的论著。

这一时期的重要人物还有韦斯特(West)、福西特(Fawcett)和埃克斯利(Eckersley)。韦斯特(West)与帕尔默(Palmer)合作编写了很多英语简易读物、英语语法书和辞典。福西特(Fawcett)在1932年首次开设了英语教师培训课程。而埃克斯利(Eckersley)则编写了一套《供外国学生用的基础英语》教材。

3. 结构主义语言教学(structural language teaching，1940—1970)

In this period, structural language teaching was used as the main method and its theoretical basis was American structuralism and behaviourism. During the Second World War, American structuralists created a new method, called Audiolingual Method. In the 1950s, a new method called Transformational Generative Linguistics was born. It criticized the Audiolingual Method.

Foreign language teaching as a science——During the period from 1940 to 1970, foreign language teaching became a science and applied linguistics was admitted into universities as a subject. A number of centres for applied linguistics were founded. A lot of academic works on applied linguistics were published.

这一时期的英语教学被称为结构主义语言教学，在20世纪50年代达到顶峰后，又衰落下来。在二战期间，许多美国结构主义语言学家如布龙菲尔德(Bloomfield)和弗赖斯(Freis)等积极参加了战时语言培训计划。他们把行为主义和结构主义的理论与观点系统地运用于英语教学，并设计出听说法，运用于战时语言培训，盛行于20世纪50年代。可惜的是，20世纪50年代末诞生了转换生成语言学，它从一开始便向听说法的理论基础(行为主义和结构主义)展开了全面挑战和猛烈的攻击，并最终使其从顶峰上衰落下来。

这一时期的另一个重要特点是英语教学本身成为一门科学，应用语言学作为一门学科进入大学就是在这一时期。这一时期还成立了不少的应用语言学中心：

密歇根大学(the University of Michigan)在1941年建立了英语语言研究基金会;英国爱丁堡大学(University of Edinburgh)1957年成立了应用语言学院,1959年在华盛顿成立了应用语言学中心等。这些中心为英语教师提供培训方案和研究,还涌现了一些专业杂志,如《英语教学杂志》(1946)、《语言学习:应用语言学杂志》(1948),另外还成立了一些专业学术组织,如应用语言学国际协会(International Association of Applied Linguistics)(1964)和英语外语教学协会(English Foreign Language Teaching Association)等。

这一时期的另外一个重要特点是出版了大量的应用语言学方面的专著,如布龙菲尔德(Bloomfield)、布洛克(Bullock)、特拉格(Trafalgar)、安德森(Anderson)、奥斯古德(Osgood)、拉杜(Radu)、布鲁克斯(Brooks)、韩礼德(Hallidy)、斯特雷文斯(Strevens)和里弗斯(Rivers)等著者的专著,许多专著已成为应用语言学方面的经典著作。

4. 交际语言教学(communicative language teaching, 1970—)

At the end of the 1950s, Chomsky's transformational generative linguistics started a revolution. And then at the end of the 1960s, cognitive psychology came into being. They caused the appearance of a new teaching method.

20世纪50年代末,乔姆斯基(Chomsky)的转换生成语言学(transformational generative linguistics)在语言学界掀起了一场革命。而20世纪60年代末又出现了认知心理学(cognitive psychology),并在世界上产生了很大影响。受新的语言学(linguistics)和心理学流派(psychological school)的鼓舞,人们开始从不同的角度来研究事物。其结果是新的学科不断涌现,应用语言学家(applied linguists)与语言教师开始从不同的角度来研究英语教学。

(1) 交际语言教学(communicative language teaching)

This is probably the main trend dominating the language teaching profession today.

这大概是当今语言教学中最主要的潮流。功能语言学(functional linguistic)作为语言研究的一个新流派的出现,以及诸如社会语言学(social linguistic)和语用学等新学科的出现使得人们能够从不同的角度来审视英语教学并导致人们用功能的态度来看待英语教学。实际上,交际这一术语现已成为一种时尚。

(2) 新的第二语言习得理论(new theories of second language acquisition)

Influenced by Chomsky's hypothesis of language acquisition device (LAD) and the cognitive psychology, many new theories of second language acquisition were introduced in the 1970s.

在乔姆斯基(Chomsky)语言习得机制假设和认知心理学(cognitive psychology)的影响下,人们对人的心理过程越来越感兴趣。在20世纪70年代,语言学家(linguists)、心理学家(psychologists)和应用语言学家(applied linguists)对语言习得(language acquisition)过程进行了认真的研究并提出了不少新的理论,第二语言习得理论多数都是在70年代出现的。

(3) 新的语言教学法(new methods of language teaching)

Communicative language teaching is the main trend in this period. But there are some other new methods which are also tried.

尽管交际语言教学(communicative language teaching)是这一时期的主流,但人们从未停止对有效英语教学方法的探索。

(4) 语言教学大纲的新思路(new approaches to language syllabus)

While some applied linguists were trying to find the best way to teach languages, some other applied linguists began to design the notional syllabus.

在一些应用语言学家(applied linguists)积极探索最佳教学方法的同时,另外一些应用语言学家(applied linguists)却将其注意力转到如何组织教学内容上。

(5) 探索人际关系(exploration of the human relations)

People have realized that relations between teachers and students, and relations among the students themselves are very important in language teaching. They try to find the best relations among them.

语言教学涉及教师和学生,师生之间的关系以及学生与学生之间的关系,在此期间人们开始对课堂的种种关系问题进行调查,希望能找到有利于学习的最佳关系。

以上是英语教学法发展的简史,完全从语言发展使用的角度出发来论述,只是论述了学习语言的方式方法,探索了最佳语言学习方法。

第二语言在不同时代、不同地区,在当代语言学、心理学、教育学理论的影响下,产生了一个又一个的教育学体系,并发展成有影响的流派。各个流派之间既相互继承、吸收又相互排斥、对立,在近年来又呈现出日益鲜明的综合化的趋势。

纵观百年英语教学法(English teaching method)的历史,可看出不同时期占据主导地位的英语教学方法(English teaching method),是对当时思潮的一种反映。英语教学法(English teaching method)研究英语教学(English teaching)的观点、模式和技巧,涵盖英语教育政策、课程、资源、手段等内容,所以任何英语教改不可能不涉及英语教学法(English teaching method)。英语教学法(English teaching method)在国外是语言教学研究的主要内容,也泛称英语教学(English teaching)、二语教学、语言教学;目前国内还称之为英语学科教学论(English disciplinary teaching theory)(虽然两者仍有区别)。但新中国成立以来,在英语教学(English teaching)领域一直存在着追赶国外“最新教学法”的现象。

二、西方英语教学法的起源

西方英语教育(English education)的历史源远流长。一般认为,正规化体系化地研究英语教学的方法(English teaching method)和技术始于罗马人,为了适应当时社会的需要,人们应用“语法翻译方法(the grammar translation method)”,这种方法至今一直在课堂中使用。反思(self-examination)国内的英语教学(English teaching),大多还是采取这种语法翻译教学法(the grammar translation method)。但是随着时代的发展,英语教学法(English teaching method)也在不断地发展。

三、近代学校型的英语教学方法的发展历史起源

近代学校型的(school type)英语教学(English language teaching)首先发展推广于西欧。西欧各国在文艺复兴(Renaissance)之前的1000年里所用的官方语言(official language)、科学语言(scientific language)、通用语言(all-purpose language)都是拉丁语(Latin),文艺复兴(Renaissance)中拉丁语(Latin)在学校里才由“类本族语”转为“外语”;但西欧各国的本族语(统称现代语言)大都借助拉丁语(Latin)语法来规范自己(如英语),都会有意无意地引用拉丁语(Latin)教学法。

(一)“生活对话”教学法(life dialogue teaching method)

这是一种以教材制约教法(material control methods)的教学法,主要流行于15世纪之前。它把学习者所急于使用的有关生活、社交、买卖的内容编为对话。这种教学法(teaching method)的最大特点是结合生活需要选择学习内容并重视口头运用。

(二)拉丁语(Latin)标准化教学以后的教学法(teaching method)

拉丁语(Latin)标准化教学主要是对“生活对话教学法(life dialogue teaching method)”的一种改革,它将重视口语(the importance of oral)的对话中心转变为重视语法规则(grammatical rules)和经典文章(classical articles)翻译的课文中心。时间主要是在15—16世纪。此法按其特点又可分为两种。

1. 古典语法翻译法(classical grammar translation method)

此法认为系统地学习语法是英语教学的基础,重视语法学习以及运用翻译(applying translation)和阅读课文的观点为后世所继承(inherit)。

2. 古典词汇翻译法(classical vocabulary translation method)

此法认为英语教学的基础是经典著作(classical works)中的词汇,主张从经典性原著(classical and original works)中选取课文。前面七课通过“朗读→逐词翻

译→标准翻译"活动，由教师帮助学生从翻译中理解词汇含义；七课之后训练学生独立进行"逐词翻译→标准翻译"，并逐步帮助学生对课文进行语法分析（grammatical analysis）并阅读课文。它的创新在于兼重词汇的语境含义（contextual meaning）和多种翻译形式，这些也被后世所继承（inherit）。

古典语法翻译法（classical grammar translation method）和词汇翻译法（classical vocabulary translation method）产生有先后，在逐渐交叉或混合使用中产生过许多改革，到 17 世纪因夸美纽斯（Comenius）的学说而使语言教学法分向翻译（translation）和直观（directly perceived through the senses）两路发展。到 18 世纪末至 19 世纪初，近代语法翻译法（the grammar translation method）便形成了。

四、现代英语教学法的特点

现代英语教学法（English teaching method）是一个多元化（diversified）、多维度（multi-level）、多层次（multi-dimension）的体系。现代英语教学法流派（teaching approaches）是指英语教学法（English teaching method）的体系，是英语教学法（English teaching method）的高层次概念（high level concepts）。它指的是研究英语教学的指导思想（guiding ideology）、英语教学的性质（the nature of English teaching）、英语教学原理（teaching theory）、教学目的（teaching purpose）、教学内容（teaching contents）、教学原则（teaching principle）、教学过程（teaching process）、教学形式（instructional mode）、师生关系（teachers and students relationship）、教学方式方法（teaching style and method）和评价手段（evaluation methods）等而形成的一整套英语教学法（English teaching method）科学规律的体系。现代英语教学法流派（teaching approaches），学派林立（school of thought），理论各异。

英语教学法（English teaching method）不会永远停留在一个水平上，原有的英语教学法（English teaching method）一旦不能满足社会对英语的多种需要，新的教学法（teaching method）就会产生，以满足社会的需要（meet the needs of society）。语言学（linguistics）、心理学（psychology）、教育学（pedagogy）等学科的发展，对英语教学法（English teaching method）学派也会起促进作用。教师应该不断地观察、反思（reflect）和评价（evaluate）自己的教学过程（teaching process），形成自己的教学信念和原则，并不断实践、检验（test and verify）和改进自己的教学理念（teaching concepts）和所选择的教学法（teaching method）。

五、英语教学法继承与发展的原因分析

如果认可继承是外语教学法（English language teaching method）发展的重要

机理，便可着眼中国和外国的两种文化传承关系（cultural inheritance relationship），采用辩证唯物主义（dialectical materialism）方法去更好地处理我国英语教改问题（teaching reform questions）。任何教学法（teaching method）的发展都必然要继承前面教学法（teaching method）的某些理念和做法。

（一）延续性的文化传承（the cultural heritage of the continuation）

方法（methods）是人类发展的首要前提（the primary premise），已成为人类文化的重要内容与介体。虽然当代科学的发展已今非昔比（times have changed），但在科学活动领域仍在广泛使用笛卡尔（Decare）方法论（methodology）的四原则，尤其是把问题剖分后择易而逐个解决的原则，几乎仍是一切科学研究必用的程序性策略（program strategy）。孔子（Confucius）离我们两千多年了，而他的"学而时习之（learning proficiency for officialdom）"仍在我国一切学习领域使用，英语也不例外。这些说明，人类所用方法的延续性（continuation）在一定程度上保证了人类文化的共性（general character）和不同民族文化特性（characteristics）的保持（retain）与传承（inheritance）。

（二）复杂性的语言使用方法

语言是一种极其复杂多变的系统，人们通过"模仿（imitate）—重复（repeat）"养成语言习惯（language habits），依靠天赋语言习得（language acquisition）机制而自然学会，以及根据不同语言学假说（linguistic hypothesis）而提出来的学语假设，都不无道理，但都没被确认为公理（generally acknowledged truth）。这说明语言教学方法（teaching method）只能兼收并蓄，最明显的例子是第二语言习得（the second language acquisition）理论的发展。开始是根据乔姆斯基（Chomsky）语言习得机制（the mechanism of acquisition）理论，不应称语言学习（language learning），而应称语言习得（language acquisition）；研究的内容也侧重于语言习得（language acquisition）的顺序、学习者内部大纲、普遍语法的作用、学习者内部因素（internal factors）的差异、核心语法等。但现在二语习得论（the second language acquisition theory）已将过去语言学习论研究的内容，如外部因素（external factors）的作用、课堂教学等等，都引入了自己的研究内容，最初的习得论已被看作心灵主义（mentalism）的习得论（acquisition theory）而予以舍弃。这应可佐证，由于语言教学方法（teaching method）的复杂性，不可能存在一种与过去不相联系的方法（methods）或方法论（methodology）。

（三）交叉性的外语学习途径

英语教学法（foreign language teaching method）是教学生学会外语的方法，学生学习途径制约教学方法（teaching method）的发展。从英语学习实践（learning practice）看，学习途径（learning channel）可分为两种：接触（contact）→类推与理解

(analogy and understanding)→套用(apply mechanically);知识技能→运用能力。前者为模仿感性途径(imitate the inductive approach),后者为认知、理性途径(cognitive and rational channel)。按思维活动的逻辑看,两者是交叉的(crossed)。因为两者都要经历假设(hypothesis)—验证(test and verify),且归纳(induction)与演绎(deduction)必须互补。再从外语学习理论看,学会英语可以从两个途径中选用一个:一个是先掌握陈述性知识(knowledge about,指由能够作为命题储存起来并要通过有意识加以掌握的事实、概念或观点构成的信息),再通过自动化(automation)将这些信息(information)转化为过程性知识(knowledge how to,指我们知道怎样做的一些事情而并非有意识掌握的知识);另一个途径(the other approach)则完全相反,先掌握过程性知识(knowledge how to),再通过重构将它转化为陈述性知识(knowledge about)。这两种途径殊途同归(arrive at the same end by different means or roads),并无优劣之分,而且两者因果交错(casual interleaving),互相交叉。

(四)多样性英语教学方法的制约因素

英语教学方法(foreign language teaching method)主要指在学校条件下进行英语教育教学的方法论(methodology)及其方法(methods),它受到许多因素的制约。比如,从宏观(macro)上讲,受经济发展(economic development)、政治制度(political system)、价值取向(value)、国际交往(international communication)和教育政策(educational policies)的制约;从中观(medium)讲,受到英语教育政策(educational policies)、社区发展程度(the degree of community development)、地缘关系(geopolitical relations)、学生特点(the characteristics of students)、目的语(target language)的实用价值(use value)以及学校条件等因素的制约;从微观(micro)上讲,受到教材、教师、设备、学校管理等因素的制约。这些制约因素(restraining factors)又因产生的历史和存在的现实情况的不同而各有特点,各使用不同的解决方法,因而教学方法(teaching method)必须承前启后(inherit the past and forge ahead into the future)地朝多样化发展。这种多样化(diversification)必然会扩大、延伸(extend)对以往教学方法(teaching method)的继承。所以英语教学界一直认为,英语教学法(English language teaching method)的不同流派是长期共存(coexistence)的,不会像改朝换代(change a dynasty)那样此起彼亡。

参考文献

[1]张正东,李少伶.英语教学论[M].西安:陕西师范大学出版社,2003.

[2]张正东.琼林摭萃:外语教学论著自选集[M].北京:人民教育出版社,2002.

[3]刘骏. Re-conceptualizing Methods in the Post-methods Era[J]. 中小学外语教学，2002(6).

第三节　英语教学法的新发展

传统英语教学法(traditional English language teaching method)体现了人们对英语教学规律(teaching laws)的认识，并沿着科学的方向不断发展。然而，无论是语法翻译法(grammar-translation method)、直接法(direct method)还是听说法(audio-lingual approach)，就其理论而言，对语言本质的认识还不够深刻。在21世纪的今天，我们固然仍能借鉴其中的一些方法为特定的教学目标服务，但是，全盘搬用传统英语教学法(traditional English language teaching method)的原则与方法不仅不能推进英语教学改革，而且无法实现新世纪英语教学的目的。

前面曾经提到，20世纪50年代末60年代初，语言学领域内生成转换语法理论(transformational-generative grammar theory)，取代了结构主义语言学(Structuralism Linguistics)的主导地位；几乎在同一时期，行为主义(behaviorism)在心理学的主导地位被认知学派(cognitive school)所取代。语言学(当时为生成转换语法理论)与心理学(当时为认知学派)的结合产生了一门新的交叉学科(interdisciplinary)：心理语言学(psychological linguistics)。在此基础上，英语教学领域产生了一个新学派(new school)——认知法(cognitive approach)。紧接着，20世纪60年代末70年代初，随着另一门新兴学科社会语言学(sociolinguistics)的诞生，社会语言学家海姆斯提出了"交际能力"的概念，在外语教学界引起了强烈的反响，交际教学法学派随即迅速崛起。

认知法(cognitive method)和交际法(communicative method)的产生改变了英语教学的方向，标志着英语教学告别了传统时代，进入了一个新时代。首先，传统英语教学法(traditional English language teaching method)都以教师为中心，学生跟着教师被动地接受知识与技能，而认知法(cognitive method)强调根据学生的认知规律(cognitive laws)进行教学，交际法(communicative method)着重培养学生主动交际的能力，使学生成为课堂的主人；其次，认知法(cognitive method)主张发展学生创造性的思维，交际法注重语言的社会交际功能，它们分别从语言与思维、语言与社会两方面的关系上体现了语言的心理和社会属性，从语言的本质出发把握英语教学的方向，反映了当代的语言观。关于传统与当代英语教学法的异同，将在下一节进行对比分析。

在认知法(cognitive method)和交际法(communicative method)的带动下，出

现了一批新的英语教学法。20世纪70年代的教学法，除个别（如"全身反应教学法"是直接法的新形式）外，大多受认知法（cognitive method）和交际法（communicative method）的影响，理论基础基本上是心理语言学和社会语言学。20世纪80年代后，英语教学法的改革思路进一步拓宽，涉及的层面更为开阔，出现了一个观点和方法多样化的局面。

一、认知法

认知法（cognitive method）的理论是心理语言学。主张认知法（cognitive method）的人认为，乔姆斯基关于"语言能力（language competence）"的基本观点与认知心理学（cognitive psychology）有关认知过程的理论应成为英语教学的指导原则。在以上讨论语言学流派（schools of linguistics）时曾经提到，心理语言学形成之初，研究内容和方法都深受生成转换语法理论（transformational-generative grammar theory）的影响，两门学科时而交叉，很难分辨它们的界限。这导致有些人认为认知法（cognitive method）的理论基础是生成转换语法理论（transformational-generative grammar theory）。但由于认知法（cognitive method）的一些教学原则出自认知心理学（cognitive psychology）的基本理论，因此，认知法（cognitive method）的理论基础是心理语言学的说法比较确切。

1. 认知法的教学原则与方法

从字面上看，认知法（cognitive method）的教学目的与直接法（direct method）和听说法（audio-lingual approach）一样，都是为了使学生的语言能力能接近以所学语言为本族语的人的水平。但是，认知法（cognitive method）所指的"语言能力"是生成转换语法理论（transformational-generative grammar theory）所主张的内化语法规则的能力，它体现在听说读写四种技能之中，而直接法（direct method）和听说法（audio-lingual approach）主要培养口语实践能力。

认知法（cognitive method）明确指出，英语教学应以学生的认知活动（cognitive activities）为主，不应让教师主宰课堂。采取直接法（direct method）和听说法的教师往往主观设计各种教学环节，认知法（cognitive method）却要求教师的备课建立在学生认知的特点上，根据学生认知过程进行教学。

认知法（cognitive method）的一个重要特点是反对机械模仿，注重培养学生的创造性思维（creative thinking），鼓励学习和使用英语中的创新精神。为此，认知法（cognitive method）要求让学生明确每堂课甚至每一次练习的教学目的，无论是学习语言知识还是技能训练都强调理解其中的内容，使学生能根据教学目标创造性地学习。

认知法（cognitive method）的教学重视语法，必要时可用母语进行教学。然而，认知法(cognitive method)的语法教学又与语法翻译法(grammar-translation method)不同，它要求通过有意义的练习达此目的。同时，认知法(cognitive method)根据认知心理学(cognitive psychology)的原理，强调教学必须遵循从学生已知(即已掌握的知识)到未知(即新知识领域)的认识过程，它不同于语法翻译法(grammar-translation method)大量使用的演绎法(deduction method)。

2. 认知法的长处与弊端

认知法(cognitive method)强调培养学生的创造性思维，这是传统英语教学法的薄弱之处。在英语教学中发展创造性思维和提倡创造性精神不仅能从根本上提高学生的英语水平，而且有利于加强对学生总体的素质教育(quality oriented education)，符合新世纪对人才的要求。

认知法(cognitive method)主张英语学习必须理解语言规则，语言练习必须有意义并结合学生的生活实际，有利于调动学生学习的积极性，有助于提高使用英语的准确性(accuracy)和得体性(appropriateness)，这恰是听说法所欠缺的。

使用认知法(cognitive method)时，讲解语法必须恰到好处。若费时过多或讲解过于详尽，就可能走上语法翻译法(grammar-translation method)的老路。同时，认知法(cognitive method)强调语言练习必须有意义，全盘否定机械操练(mechanical drills)，在实际教学中并不可行。特别是在初学阶段，一定数量的机械练习(mechanical exercises)是不可避免的。因此，如何处理语法教学和机械操练(mechanical drills)与有意义练习(meaningful exercises)的比例仍然是认知法(cognitive method)需要探讨的问题。

认知法(cognitive method)的另一个缺点是未强调培养学生的交际能力。在使用认知法(cognitive method)时应多开展课外活动，为学生使用英语进行交际提供更多的条件和机会。

二、交际法

1. 交际法的理论基础

交际法(communicative approach)的理论基础是社会语言学。社会语言学对语言教学乃至整个语言学界所做的重大贡献(contribution)之一就是提出了交际能力的概念，使人们对语言和语言能力的认识有了质的飞跃。从历史比较语言学发展到结构主义语言学和生成转换语法理论(transformational-generative grammar theory)，虽然对语言内部结构的认识一步步深入，并看到了语言的某些社会功能，但它们都未能将“语言能力”置于使用语言的社会框架中认真加以考察和分析。

20 世纪 60 年代是流行折中法和心理演进性教学法的时代；进入 70 年代，交际法就以意念法、功能法、意念—功能法的名称出现了。催生交际法的主要因素是欧共体过重的翻译负担和因之而流失的经济效益。当时的欧共体已有九种通用语言，雇用了 400 多名翻译，费钱费时之状可见一斑。更麻烦的是成员国人民为避免在欧共体申请专利时承担九种文字的翻译费用，纷纷到美国去申请专利权，使到手的经济利益为美国所得。因而欧共体力求找到一种加速外语学习的实用性强的教学法。另一方面，英国学者奥斯汀(J. Austen)在 1962 年提出了语言行为理论(speech act theory)。他认为，传统语法界定的每个句子在不同的语境中具有多种功能，而一种功能又可由多种句子表达。这就把语言形式与功能做了区分，并认为功能具有制动性。因此，说出来的言语不只是话，实质是实现语言功能的行为，即言语行为(speech act)。言语行为包含“以言述事”“以言做事”和“以言成事”三类行为，而以言做事在交际沟通中用得最多。所以欧共体建构新教学法时决定以学习“以言做事”为主，觉得只学习学习者将要用以做事的语言功能，必然会快速取得沟通能力，比根据语言形式体系去学习目的语(target language)要事半功倍得多。据此理念作为交际法(communicative method)之雏形的功能法—意念法曾企图以意念范畴—功能范畴取代传统的语法教学，威尔金斯(D. A. Wilkins)率先提出的三大意念功能范畴就充分反映了这种意图。他把借助语法形式表述的意义划为“语义—词法范畴”，把情态动词表达的意义划为“情态意义范畴”，把说话人的目的或意图划为“交际功能范畴”。这种摒弃语法的观点引起了大西洋两岸学者的长期论争，但最后一致认为学习语法是语言学习的一个重要组成部分，只是不必按语法书一一去学。为此，学者们先后提出了“重使用(use)轻用法(usage)”以及“培养语言意识(language awareness)”等解决办法。当前仍在寻求不同的解决办法。由此可见，交际法(communicative approach)继承了必教语法的观点。事实上，以言做事的语言/句子必须依靠语法才可构成，如果说句子是语言形式，做事是语言内容，则为了教学内容，交际法(communicative approach)也不能不兼顾形式，从而在一定程度上继承以往教学法重视语言形式的观点。至于教学过程，交际法(communicative approach)只有一个“教学过程交际化”概念，而无公认的步骤，这引致许多实施交际法(communicative approach)的模式，从而使交际法(communicative approach)成了一种教学思想或观点。所以张正东教授认为：交际法(communicative approach)的理念是“按学生需要取材，急用先学，学了就用，立竿见影”。

1972 年，当不少语言学家还陶醉于生成转换语法理论的创造时，社会语言学家海姆斯(D. Hymes)就对乔姆斯基(Chomsky)语言能力的概念提出了挑战。在著名的《论交际能力》(*On Communicative Approach*)一文中，海姆斯认为，离开了使用语言的准则，语法规则是毫无意义的(There are rules of use without which the rules of grammar would be useless)。海姆斯指出，交际能力是语法、心理、社会文化和实际运用语言等能力系统互相作用(interaction of grammatical, psycholinguistic, sociocultural and probabilistic systems of competence)的结果。随后，英国语言学家威尔金斯(D. A. Wilkins)于1976年发表了《意念大纲》(*Notional Syllabuses*)一书，尖锐地指出了传统语法大纲(traditional grammar syllabuses)和情景大纲(situational syllabuses)的局限性，详尽列举了语言交际中的意念(如时间、空间、数量和频率等)和功能(如请求、道歉、同意、许可、赞美、申诉和劝说等)项目。1980年，加拿大的卡内尔(M. Canale)与斯温(M. Swain)在《应用语言学》(*Applied Linguistics*)刊物上发表了长篇论文《第二语言教学与测试交际法(communicative approach)的理论基础》(*Theoretical Bases of Communicative Approaches to Second Language Teaching and Testing*)，系统总结了关于交际教学法(communicative approach)理论的探讨与研究成果，并提出交际能力(communicative competence)应由以下三个方面能力构成。

(1)掌握语法(grammatical competence)，包括词汇、词法、句法、词义与语音等知识；

(2)掌握语言的社会功能(sociolinguistic competence)，指使用语言的社会文化与语篇规则；

(3)使用策略(strategic competence)，即为使交际顺利进行而采取的语言与非语言交际策略，后经不断充实，已具体到怎样开始会话、维持对话、要求重复、澄清事实、打断对方、结束会话等。

尽管这一框架未以发展的观点阐明各种能力的具体内容，但它比较全面地分析了海姆斯的原意，并且很具实用价值，得到应用语言学界的广泛认同。此后关于交际能力的讨论一般都采用卡内尔和斯温的框架，采用交际法(communicative approach)的外语教学大多以此作为教学大纲的参考。

2. 交际法的教学原则与方法

为了达到使用语言进行交际的目的，交际法(communicative approach)强调以学生为主体。在进行教学活动前，必须先调查学生的需要。在教学中根据学生的需要给予大量的语言信息，并在每一个环节都让学生充分理解与积极参与。教学大纲采用意念—功能大纲，教材使用自然、地道和真实的原文，通常是从各种书籍与报纸杂志节选的文章或电影、电视或电台报道片段等。由于交际法(communicative approach)鼓励学生在实际生活中学习使用语言，他们的错误被视为学习过程中出现的自然现象而无需指责。

交际法(communicative approach)的具体方法十分多样，其基本精神是开展教师与学生之间有意义的对话或讨论，亦称“语言意义的谈判”。使用交际法(communicative approach)时不可能详尽讲解语法，但交际法(communicative approach)并不排除语法教学。相反,它的教学效果常取决于正确处理交际活动与语法教学的关系。

3. 视听法

视听法(audio-visual method)是借助电教手段,通过视、听在一定情境中出现的目的语整体材料,从而理解所学语言材料的结构和含义,所以又叫情景法(situational approach)和视听整体结构法(audio-visual global and structural method)。这种方法发端于1941年弗斯(J. R. Firth)根据自己的"情景联系理论(theory of situational contact)",为英国皇家空军制订的日语训练计划。情景联系理论(theory of situational contact)认为,言语行为(speech act)是在文化和情景联系(situational contact)中发生的,其含义是这种联系的作用。20世纪50年代初南斯拉夫人应用了这种"按学习者急需选材并复制出相应的使用情景(situation)以帮助学习"的方法。其后,法国圣克卢高等师范学校所设"全世界普及法语研究所"规范并推广了这个方法。它实际是一种成人速成教学方法。它与直接法、听说法相同,在写读之前排除文字,也排除母语。视听法(audio-visual method)对以往教学法,尤其是直接法(direct method)与听说法的继承是多方面的,视听法(audio-visual method)根据学习者的需要按情景(situation)取材,交际法(communicative method)主张的学习真实语言、只学所选材料的语法以及教学过程交际化,也能从视听法(audio-visual method)中找到源头。

三、20世纪70年代出现的其他英语教学法

在认知法(cognitive method)和交际法(communicative method)的带动下,20世纪70年代还兴起了沉默法(silent way)、提示法(suggestopedia)、社区式语言学习(community language learning)和全身反应教学法(total physical response method)等新型的英语教学法(foreign language teaching method)。这些教学法的共同特点是强调学生是教学的主体。除了分析学生的需要和学习过程外,还注意学生学习英语的心理特点,努力创造条件,排除学生学习英语时的心理障碍(psychological barrier)。在培养外语技能时,听说读写并举,但十分重视加大语言输入量,提高学生的理解能力,特别是听的能力,这是它们与其他教学法明显的不同之处。

1. 沉默法

20世纪60年代,数学教师格特诺(G. Gattegno)根据认知心理学(cognitive psychology)的基本原则提出了这一英语教学法(foreign language teaching method),70年代引起了英语界的注意。沉默法(silent way)与其他英语教学法(English language teaching method)不同:为了体现学生是学习的主体,教师不应大量

“灌注”知识，而应尽量“沉默”；在学生学习英语时，应让学生多听与多思考，在动脑的基础上开口，这是另一种意义的“沉默”。其典型做法是使用图表(chart)和涂有各种颜色的小木棒(rod)，通过启发式(elicitation method)教授语音、词汇和语法结构。教师说出一个音素或单词后，先让学生听多遍，在学生理解含义后自己开口使用语言，沉默法(silent way)的主要弱点是：由于周围环境都是本族语(native language)，学生接触的外语比较少，教师的语言，特别是师生对话，是学生获取知识的重要组成部分，教师沉默太多使学生失去了很多学习的机会。因此，这一方法一般只用于教学的某一环节，不能长期使用。

2. 提示法

1978年，保加利亚心理治疗学家罗萨诺夫(G. Losanov)根据心理治疗的一些原则提出了这一英语教学法(English language teaching method)。它的基本思想是，英语学习是有意识学习与无意识学习结合的过程，必须排除各种心理障碍(psychological barrier)，特别是消除焦虑、紧张和烦躁等情绪。因此，学生进入课堂时，周围的环境应十分和谐，有令人愉快的图画和音乐相伴。教师注意使自己的态度和语言亲切，以便学生上课时进入最佳的思维与心理状态。罗萨诺夫(G. Losanov)认为，正是在这种轻松愉快的气氛和无意识之中学生能发挥最大的学习潜力。提示法(suggestopedia)的另一个长处是它重视整体教学，从整体上关注学生的学习，而不拘泥于用某些学习细节限制学生的思维。但是，它要求学生有较强的自觉性，如使用不当，容易产生学生自流或语言基础知识掌握不牢固的后果。

3. 社区式语言学习

这一教学法要求教师不仅注意个别学生的智力和情感等因素，而且将整个班级看成一个集体，重视学生之间的关系与学习需求。该教学法起源于柯伦(C. A. Curran)提出的咨询教学法(counseling teaching method)。该教学法(teaching method)认为承认学习英语时，特别是在自己努力学习而又遇到挫折时，常在精神上受到来自共同学习的同伴们的压力，需要通过教师鼓励与协助妥善消除这些消极因素。

4. 全身反应教学法

该教学法是在20世纪70年代形成，80年代初由阿歇尔(J. Asher)提出的外语教学法(foreign language teaching method)。因为它与直接法有某些相似之处，也被称为新形式的直接法(direct method)。但是，全身反应教学法(total physical response method)有其自身的理论基础。除了以学生为主体外，它还强调听说的重要性，并且不排除使用本族语(native language)，这使它从根本上不同于直接法(direct method)。

四、20世纪80年代后期兴起的英语教学法

20世纪80年代以来，在信息时代的推动下，应用语言学(applied linguistics)发展很快，不仅心理语言学(psychological linguistics)与社会语言学(sociolinguistics)领域对外语教学的研究不断深入，而且语言习得(language acquisition)与语言学习(language learning)的科研也取得了重要的成果，使外语教学法(foreign language teaching method)的理论与实践朝着纵深的方向发展。许多英语教学(English language teaching)研究者不满足于将英语教学(English language teaching)的改革仅局限于英语学科的范围内。他们认为，英语课的教学效果再好，也不过是一周几堂课而已。只有将改革扩大到整个学校课程改革的框架中，使英语课与其他课程相结合，才能进一步提高学生的外语水平。于是兴起了“沉浸法(immersion approach)”“整体教学法(whole language approach)”和“基于内容之教学法(content-based approach)”等英语教学法(English language teaching method)。实际上，这些方法的基本做法在20世纪80年代前就已经存在，但经发展及赋予新的内容后，面貌大为改观。

1. 沉浸法

沉浸法(immersion approach)的基本方法是将英语教学(English language teaching)与大、中、小学的其他课程结合起来提高学生英语水平。早在印度和回归的香港等地，学校的课程就都用英语开设，但那时的教育目标是使当地殖民化。新兴的沉浸法(immersion approach)完全不同：它首先出现在加拿大魁北克省的双语教学(bilingual teaching)改革中。由于该省的官方语言是法语，很多以英语为本族语(native language)的家长希望学校帮助他们的孩子同时提高英语与法语水平，在熟悉法语语言和文化的同时仍不放弃英语文化(British culture)的传统。

沉浸法(immersion approach)吸取了语言习得(language acquisition)与学习的研究成果，主张加大可理解的语言输入量(comprehensible language input)，使掌握英语深入到各门课程中，是使学生学好英语的根本保证。在具体试行中一般应根据英语教学(English language teaching)规律，不断创造条件，由个别课程逐步扩大到更多的课程用英语上课。但沉浸法(immersion approach)需要大批素质高、能力强、会专业的高水平双语教师。

2. 整体教学法

强调由学生主动参与并遵循内容从整体到部分的教学过程，整体大于部分之和。整体教学法(whole language approach)的倡导者认为，长期以来，由于错误地把教学过程理解为只能从部分到整体，致使学生长期见树不见林，甚至学完后仍不知事物的整体，然而，语言习得(language acquisition)与学习的科研成果表明，只

有当学生认识到语言整体时，他们才能认识语言的本质。因此，在英语教学（English language teaching）中，应让学生在教师的启发下看到整体，然后逐步掌握教学内容，并且每一部分的学习都应有意义，而不是无意义的机械操练（mechanical drills）。为此，可先用母语讲清楚概念，然后采取教师与学生之间互相交流（mutual communication）的形式练习，口语与书面语并重，以达到理解透彻与掌握的目的。整体教学法（whole language approach）可用于宏观英语教学（English language teaching）中。前者如教学由专题构成，每一专题开始时，先与学生一起讨论该专题的概况，然后再学习具体内容和词汇、语法和结构等。后者如教授某一语法现象，可先讨论同一大类的特点，再学小项。

3. 内容视域下的教学法

顾名思义，这一教学法不以语法为纲甚至不以当前最时髦的功能—意念为纲（functional-notional syllabuses），而以语言内容（例如专题）为纲，克服了过去教学法仅仅注意语言形式，忽略语言内容的弊病。与沉浸法（immersion approach）一样，这一教学法（teaching method）的特点之一是打破了英语学科的界限，与其他学科结合起来共同组织教学。实际上，它也是整体教学法（whole language approach）的一种形式。

以专题为纲的英语教学法（English language teaching method）初见于 20 世纪 70 年代后期由澳大利亚克莱兰德（B. Cleland）和埃文斯（R. Evans）在墨尔本进行的实验，取得了一定的效果。1986 年莫汉（B. Mohan）所著《语言与内容》（*Language and Content*）一书出版后，美国和其他一些国家的应用语言学者进一步研究了这一教学法，汲取了第二语言习得（second language acquisition）的科研成果和认知法（cognitive method）学习理论（cognitive study theory），使基于内容之教学法（teaching method）在理论基础方面更加扎实，方法更为成熟。

基于内容之教学法具有较强的生命力，主要因为它是多学科综合的产物。例如，教学内容为“环境保护（protecting environment）”的专题，将物理、化学、生物课的有关部分结合起来，用英语教学。英语课仍然有语音、词汇和语法结构等项目，但它们与环境内容紧密结合，物理、化学与生物部分均用外语进行教学。应该说，它比沉浸法（immersion approach）又进了一步，因为沉浸法（immersion approach）只是用外语上某一门课，而基于内容之教学法（teaching method）已重新组合了学科，其改革步伐更大。正是由于它综合了多种学科，因而围绕该专题的外语词汇和语法结构更丰富，重复率更高，更便于学生学习，教学效率也更高。当然，这样做必须有一定的基础。一是应有一个总体改革的方案，精心设计，不断总结经验；二是要有符合要求的教师；三是学生必须有这方面的充分准备（full preparation）。否则，不仅英语教学质量无法保证，其他学科的教学质量也会出现问题，这是各方都无法接受的。目前世界上使用这一方法也只能说是处于试验之中。

4. 任务型教学法

这是实现交际教学法(communicative teaching method)观点的一种途径或模式,起自20世纪80年代,不宜看作"先进的新兴教学法"。交际法(communicative approach)在向多元化发展中形成了许多变体,比如,结构—功能法、功能—结构法、华式结构—功能法、活动教学法(activity-based approach)、平衡活动法(a balanced activity approach)、综合法(integrative approach),以及任务型教学法(task-based approach)等等。任务型教学法也称(process-based approach),原系实现强交际观的教学模式,但逐渐与实现弱交际观的平衡活动法相互补充而偏离了强交际观点——"教学目的是交际,学习语言是完成交际的副产物"。归纳任务型教学法(task-based approach)的创新特点,在于把体现功能的话题/情景剖分为微话题/情景,并将实现微话题的活动规范为任务或任务链,通过完成任务去学习目的语,用以逼真地实现"教学过程交际化",从而不仅可以融结构学习于功能活动之中,还能结合学生生活学习真实语言,学了就用或在用中学习,达到交际法(communicative method)的最佳理想。

但是实践与理想却存在距离。以当前流行较广的威利斯(J. Willis)提出的任务教学模式为例:其教学过程分为前任务、任务环和语言聚焦三步。前任务指尚未进入任务教学的准备阶段,其内容接近3P模式["呈现(presentation)—练习(practice)—输出(production)"]的呈现,基本是从知识到技能、能力的训练阶段。任务环是对子和小组活动、组间汇报、共同评价等合作学习阶段,在一定程度上也保存了3P模式产出阶段的内容。语言聚焦类似我们课堂上的语言点教学或3P模式和实践阶段。这样看来,任务型教学(task-based approach)在操作上也继承了以往教学法的一些"传统"。

从以上的讨论中可以看出,以语法翻译法(grammar translation method)、直接法(direct method)和听说法(audio lingual method)为代表的传统英语教学法虽然在方法上不相同,但是,它们的共同特点是从语言内部结构的某一方面来认识语言和处理语言教学。

与此形成鲜明对比的是,以认知法(cognitive method)和交际法(communicative method)为代表的当代英语教学法立足于心理语言学(psychological linguistics)和社会语言学(sociolinguistics)对语言本质的认识,从语言的心理和社会属性(social attributes)出发,根据学生学习英语的规律,注重培养他们的创造性思维(creative thinking)、健康的学习心态(learning psychology)和语言交际能力(communicative competence)。这样的方法比较符合信息时代对英语人才的要求。

然而,使用认知法(cognitive method)和交际法(communicative method)又不

能走极端。培养创造性思维(creative thinking)并非排除必要的记忆与模仿,发展交际能力也不意味着一味地排斥语法与机械操练(mechanical drills)。目前国内外在探讨全面认识与使用认知法(cognitive method)和交际法(communicative method)方面已较成熟,不少学者提出应采用折中法(eclectic approach),即博采众长,根据每一阶段的教学目标灵活使用各种方法,受到很多外语教学(foreign language teaching)的欢迎。但是,在采用折中法(eclectic approach)的实践中也出现过一些问题,主要表现在:有时经验主义(empiricism)占了上风,在"折中法(eclectic approach)"的旗号下,外语课不知不觉又回到了传统教学方法(traditional teaching method)的老路;有时"折中法(eclectic approach)"变成了失去理论基础的大杂烩(hodgepodge),非驴非马,不能达到既定的教学目标。这是使用折中法(eclectic approach)时要注意防止的倾向。

参考文献

[1]贾冠杰.外语教育心理学[M].南宁:广西教育出版社,2001.
[2]王蔷.英语教学法教程[M].北京:高等教育出版社,2006.
[3]白光.中学英语教学法[M].桂林:广西师范大学出版社,1988.
[4]李庭芗.英语教学法[M].北京:高等教育出版社,1983.
[5]舒白梅,陈佑林.外语教学法自学辅导[M].北京:高等教育出版社,1999.
[6]Richards J C & Rodgers T S. Approaches and Methodism Language Teaching(1st ed)[M].Cambridge: Cambridge University Press,1986.

第三章　英语学习的理论、模式和策略

第一节　乔姆斯基的语言学习理论

一、乔姆斯基生平介绍

美国语言学家、哲学家、政治活动家。1928 年 12 月 7 日出生于美国宾夕法尼亚州的费城。早年就学于宾夕法尼亚大学，攻读语言学、哲学和数学学位，1955 年获宾夕法尼亚大学哲学博士学位，同年任马萨诸塞理工学院现代语言和语言学助理教授，1958 年任副教授，1961 年起任教授。他的语言学和哲学著作有：《句法结构》(1957)、《当前语言学理论中的争端》(1964)、《句法理论的若干问题》(1965)、《语言学的笛卡尔主义》(1966)、《语言和心灵》(1968)、《知识和自由问题》(1971)、《生成语法的语义学研究》(1972)、《语言理论的逻辑结构》(1975)、《语言论》(1975)、《规则与表达》(1980)等。

二、乔姆斯基的转换生成语法语言学习理论

(一)乔姆斯基的转换生成语法语言学习理论综述

乔姆斯基(Chomsky)首创转换生成语法(transformational-generative grammar)，继传统语法学、历史语言学、结构主义语言学后，开创了语言学的新时期。他把生成能力看成语言最重要的特点，并运用符号化和演绎逻辑的方法，制定了一些句法规则，确定转换步骤，从而生成某一语言的所有语句。转换生成语法(transformational-generative grammar)旨在具有：①生成性，②简单性，③明断性，④形式化，⑤递归性。他还提出了三套句法结构规则，即短语结构规则、转换规则和语素音位规则。他认为，句子有表层结构(surface structure)与深层结构(deep structure)，表层结构(surface structure)说明语音，深层结构(deep structure)则说明语义。起初他说转换规则无所不能，后来认为转换规则只能用来联结表层结构(surface structure)与深层结构(deep structure)。起初他还认为语法是独立于语义的，后来承认语义对语法的作用，认为表层结构(surface structure)也与意义有

关。乔姆斯基(Chomsky)的转换生成语法(transformational-generative grammar)对哲学、计算机语言、心理学、教育、逻辑、通信等产生了广泛的影响。

(二)生成语言学理论发展阶段

关于乔姆斯基(Chomsky)理论发展的阶段,有三阶段四阶段五阶段等说法,这里采取五阶段的说法。

1. 从 20 世纪 50 年代末期至 1965 年为第一阶段,称为古典理论(classical theory)阶段,其特点是认为语义和语法分析无关。

2. 1965 年至 1970 年为标准理论阶段,认为语法分析可以纳入语义,但是转换规则只改变句子结构,不改变意义。

3. 1970 年起称为扩充式标准理论阶段,认为表层结构(surface structure)对语义解释也起一定作用,转换不仅改变句子的结构,有时也改变意义。

4. 1980 年至 1992 年作者又对此进行了修正,把语义解释放到表层结构(surface structure)中,并得出逻辑形式。

5. 1992 年后乔姆斯基(Chomsky)把研究重点从规则系统转到原则系统,支配理论是其核心。

三、乔姆斯基的语言学习范式定理

乔姆斯基(Chomsky)在哲学认识论上更倾向于 R. 笛卡尔和 G. W. 莱布尼茨的唯理论。他认为人具有天赋语言能力(gifted language ability)、天赋原理(talent principle)、天赋结构(talent structure)和天赋机制(talent mechanism)。这些东西决定了人类语言的通性,使儿童能够分析他所听到的话,懂得和生成他从未听到过的句子。这些天赋是心灵的一部分,它受到适当的、连续的经验激发,天赋语言能力(gifted language ability)就能创造出一套语法,而这套语法就会生成具有形式特征和语义特征的句子。与古典唯理论不同的是,他并不认为天赋原理(talent principle)是意识到的、清晰的。乔姆斯基(Chomsky)反复主张说英语的普通人"固有"和"懂得"英语的转换规则,即便他们并没有意识到而且很可能意识不到这些规则。因而他强调,语言学习的天赋原理(talent principle)并不出现在有意识的思想中。他把有意识思维的认识词汇扩展到无意识的思维中,认为说话不能被看作是或者被描述为中性的声音,而必须被认为是充满人类心灵习得的和先天的抽象。在他看来,忽视关于周围世界的无意识的假说对视觉所做的实质性贡献,就不能正确地描述视觉领域(visual field)。他还解释了经验论(empirism)盛行的原因。但他又指出,对人类语言能力和功能的研究,说明唯理论(rationalism)显然优于经验论。他还指出,句法研究的旨趣在于试图弄清人类心理学特有的形式原理,句法必须与语义学、逻辑和经验科学理论区别开来;语言学是心理学的分支和关于人类心灵研究的一部分,句法旨在研究人类心理学(human psychology)特有的、心灵的某些最形式化、最普遍的特征。乔姆斯基(Chomsky)坚决反对行为主义,认为对人类语言能力和句法理论做行为主义的理解和说明是错误的。

(一)乔姆斯基的贡献

1. 语言的创造性研究

乔姆斯基(Chomsky)研究的不是一般语言现象,而是语言能力。他的转换生成语法(transformational-generative grammar)就是关于语言能力的语法,这种语法理论的研究对象是"被理想化了的说话人和听话人的语言知识"。他认为语言理论的主要任务是向人们提供选择语法时要依据的标准。生成语法(generative grammar)就是这样的语法理论,它的中心思想是:某一语言的语法应该生成所有的句子。他认为语言能力(language ability)是说某种语言的人对这种语言的内在认识,而语言运用则是他具体使用语言的行动。在一般情况下,语言能力和语言运用并不是符合的,语言运用并非语言能力的直接反映。乔姆斯基(Chomsky)说,他的语言理论与索绪尔(Saussure)的语言理论有一定联系,索绪尔(Saussure)是区别语言与言语的关系,而他是区别语言能力(language ability)与语言运用的关系。但是他认为必须否定索绪尔(Saussure)的下述观点:语言是意义和声音的网络。他认为语言能力(language ability)是一种创造过程,并特别强调了语言的创造性。

2. 天赋假说及经验触发论研究

乔姆斯基(Chomsky)的语言哲学承认经验在人类掌握语言过程中所起的作用,但他认为经验不能单独起作用。经验只具有激发天赋语言能力(talent language ability)的功能。在人类天赋语言能力(talent language ability)问题上,经验主义和理性主义是可以相通的:理性主义者和经验主义者都认为精神具有天赋的结构和原理。但乔姆斯基(Chomsky)的语言哲学建立在理性主义基础上,他相信理性主义的假设。乔姆斯基(Chomsky)认为,必须假定人类具有一种比经验主义者所承认的简单禀赋丰富得多的天赋能力,这种能力具有十分复杂的性质。

乔姆斯基(Chomsky)的语言哲学的理论基础就是这种认识论的"天赋原理"。这个天赋假设认为:人类所共有的精神能力之一是语言能力(language ability)。这种能力对理性主义学说起到了两个基本作用:它提供了一个对语言材料进行初步分析所需的感觉系统以及一个很精细的确定某一种语法的图示。这两个基本作用同时也是精神能力的具体体现。乔姆斯基(Chomsky)认为,人类的天赋语言能力(talent language ability),假如受到适当的启发,就会构造出一套语法;人们就会知道那套语法所生成的那种语言。

人的语言能力不是天赋能力(talent ability),是后天能力。人具有提供语言能力的生理基础,但不会自然带来说话能力。人从出生到学会说话前的数个月时间,是获得语言能力的极为关键的阶段，可贮存和转换大量的语音信号（speech signal），是获得语言的基础。

3.两种语言结构转换关系的研究

乔姆斯基（Chomsky）的语言理论源于他对儿童语言的研究。他认为小孩子无论生活在什么语言环境（language environment）中，总可以很快学会这种环境中的语言，他们不仅可以听懂别人的讲话，而且可以学会这种语言的运用，不仅他们听到过的可以讲出来，而且，他们可以根据这种语言的语法创造出许多新的有效的句子。依据乔姆斯基（Chomsky）的理论，小孩子获得语言知识是一种构造理论（theory of structures）的行为，他们不是单凭经验学会了语言。语言需要模仿，模仿（imitate）是语言的基础，主要是创造新的言语，这就是语言的创造性。

乔姆斯基（Chomsky）认为，这种创造和生成新的语言的能力是人的天赋能力，是内在的机能。人都有一本天赋的词典，具有分辨语词变化的能力。说话人通过一系列结构规则可以在大脑中生成这种语言句子的深层结构（deep structure）。在乔姆斯基（Chomsky）看来，人们在说话之前，头脑中存在着一个深层的语言结构或是思维能力，而且会形成一个内在的正确句子。它仿佛是人们说话时的台词。乔姆斯基（Chomsky）认为，深层结构（deep structure）通过“转换部分”可以转换成表层结构（surface structure），这就是通过说话时的语音所表达出来的句子，表层结构是句子的形式，深层结构（deep structure）代表句子的意义。

由此可见，乔姆斯基（Chomsky）很注重两种语言结构的转换关系，但是在两种结构中他更加强调的是深层结构（deep structure）。

乔姆斯基（Chomsky）把语言分为三个部分，即句法部分、语义部分和语音部分。句法部分是其主要的部分，它构成一个句子的深层结构（deep structure），并进一步转换成它的表层结构（surface structure）。语义部分对这个句子的深层结构（deep structure）进行语义结构说明，而语音部分对表层结构（surface structure）做出语音说明。

乔姆斯基（Chomsky）语言学的特点是更注重于语言的结构转换规则的研究。他认为，短语规则是形成句子的一套规则，这一规则先有一套短语结构改写规则。以英语为例来说，就有这样一套规则：

句子——名词短语＋动词短语

名词短语——冠词＋名词

动词短语——动词＋名词短语

冠词——the

名词——man、ball 等

动词——hit 等

上述规则表明前者可以改写为后者，如"句子"可以改写为"名词短语＋动词短语"。根据这些规则就可以推导出一个句子来，例如一个句子：

名词短语＋动词短语（根据规则1）

冠词＋名词＋动词短语（根据规则2）

冠词＋名词＋动词＋名词短语（根据规则3）

the＋名词＋动词＋名词短语（根据规则4）

the＋man＋动词＋名词短语（根据规则5）

the＋man＋hit＋名词短语（根据规则6）

……

乔姆斯基（Chomsky）自己不承认他的语言学是结构主义语言学，但是许多人认为他与结构主义还是有联系的，这主要表现在他与索绪尔（Saussure）的语言学方法的关系。无论乔姆斯基如何反对索绪尔（Saussure）的语言学方法，他继承了索绪尔（Saussure）以后的结构主义方法还是一个事实。而且他的深层结构（deep structure）与表层结构（surface structure）等观点也与一般结构主义有许多类似之处，如深层是神话结构，表层是神话；深层是亲属结构，表层是婚姻和家庭关系以及亲属关系；这些说法的重点是深层结构（deep structure）的先验性。乔姆斯基（Chomsky）的语言学方法既有结构主义的因素，又有唯理论哲学的因素，是二者的有机结合。唯理论哲学观点主要是笛卡尔（Decare）的"天赋观念"是一种"思维能力""天然能力""潜在性""倾向""习性"以及莱布尼茨（Leibniz）等哲学家的观点。

（二）乔姆斯基语言学观点的局限性

1. 片面夸大理性认识的作用

乔姆斯基（Chomsky）的语言学观点在哲学上的错误在于把感性认识与理性认识的关系割裂开来，对立起来，片面夸大理性认识的作用。他把语言分为深层结构（deep structure）与表层结构（surface structure）就是这种割裂所引起的。不论深层结构（deep structure）还是表层结构（surface structure）都涉及语言意义问题，深层结构（deep structure）是语言意义的一种说法，正确地认识深层结构（deep structure）实际上就是深入地分析句子的意义。深层结构（deep structure）绝不是天赋的先验的能力的产物。乔姆斯基（Chomsky）的深层结构（deep structure）与表层结构（surface structure）的语言学理论对结构主义产生了重要影响。结构主义者关于不同结构的划分理论正是从乔姆斯基（Chomsky）那里受到了启示。

2. 语言转换的研究强调形式，偏废内容

另外一个局限性表现为：乔姆斯基（Chomsky）对语言转换的研究强调形式，偏废内容。他把语言的创造性看成一种形式化的系统，否认语言学习与经验习惯的关系，否认语言形式是有内容的。他关于语言的创造性、生成性与形式化的理论实质上是把语言材料纳入形式化的语言框架之中，再由语言框架造出新的句子来，这是先验论哲学观点(view of transcendental philosophy)在语言学上的体现。

如果撇开哲学观点，仅仅从语言本身来看，我们必须承认对语言结构的研究不完全是形式化的，也是实质性的，它是对语言认识的深入，标志着语言学的发展。任何事物都存在结构，语言也不例外。结构主义者认为语言存在二元结构，在索绪尔(Saussure)那里是能指和所指的结构关系，在乔姆斯基(Chomsky)那里是深层结构(deep structure)和表层结构(surface structure)的关系，认识语言就是要认识它的结构。结构主义语言学对于我们学习语言(特别是外语)，学习各类语言(包括人机对话的语言)的转换技术，区分语言的能指和所指，理解语言的表层含义和深层含义，具有重要的启示作用。

参考文献

[1]施良方. 学习论[M]. 北京：人民教育出版社，2001.
[2]隋铭才. 英语教学论[M]. 南宁：广西教育出版社，2001.
[3]贾冠杰. 外语教育心理学[M]. 南宁：广西教育出版社，2001.

第二节 建构主义学习理论与英语语言学习

一、建构主义学习理论简介

笔者在第二章第二节中已经论述了建构主义学习理论(constructivism learning theory)，在这里简单概述一下，以便在下文中能更好地论述建构主义学习理论(constructivism learning theory)与英语语言学习之间的关系。

建构主义是一种新的学习理论，是在吸取了多种学习理论如行为主义(behaviorism)、认知主义理论，尤其是维果斯基(Vygotsky)的理论的基础上形成和发展的。行为主义强调"刺激—反应(stimulate-response)"对学习的重要作用，认为学生只是被动地接受信息，教师才是基本的知识来源，但忽略了在这种过程中学生的理解及心理过程。认知主义强调学生对外部刺激(即所学知识)的加工处理和内化吸收。建构主义学习理论(constructivism learning theory)则认为个体的知识获得是客观与主观的统一过程。知识的学习和传授重点在于个体的转换、加工和处理，而非"输入"或"灌输"。在教学过程中，学生个人的"经验"和主动参与在学习知识中有重要的作用。

建构主义(constructivism)认为学习是一个积极主动与情境紧密联系的自主

操作活动,在这个过程中,知识、内容、能力等不能被训练或被吸收,而只能被建构。但是,这种建构过程不是从零开始,而总是以一个已有的知识结构(knowledge structure)作为基础的。学习者主动根据先前的认知结构(cognitive structure),注意和有选择地知觉外在信息,建构当前事物的意义。被利用的先前的知识要根据具体实例的变异性而受到重新建构。学习者借助于他人的帮助对知识进行建构。

就学习过程而言,建构主义(constructivism)认为学习过程是学习者主动建构内部心理表征的过程。学习者(learner)不是被动地接受外来信息而是主动地进行选择加工,学习者不是从同一背景出发而是从不同背景、角度出发,在教师和他人的协助下通过独特的信息加工活动建构自己的意义过程,这是个人建构的过程。

就学习结果而言,建构主义(constructivism)的教学观认为,教育者有明确的知识目标,指导和协助学生按自己的情况对新知识进行建构活动,最后建构起关于知识的意义。关于学习条件,建构主义(constructivism)认为主体、情境、协作和资源是促进教学的四个条件。主张:第一,学习要以学生为中心,注重主体的作用。第二,学习情境要与实际情境相结合(learning situation should be combined with the actual situation),因为实际情境领域具有生动性和丰富性,能使学生掌握高级的知识。第三,注重协作学习,强调学生与学生的讨论及互相学习。第四,注重教学环境的设计,为教育者提供丰富的资源。

二、建构主义学习理论与英语语言学习

建构性学习具有六条核心特征:积极性、建构性、累积性、目标指引性、诊断性和反思性。建构型学习最符合学习本质,最有利于开发人脑潜力。荷兰尼密根大学对持有再现学习观、建构学习观和应用学习观这三种不同学习观的学习者进行了实验,结果证明不同的学习观、学习风格与策略(learning style and strategies)、学习结果之间并不存在一一对应关系,建构型学习者能同时在三种学习结果上表现出最佳成绩。

这种理论完全适用于英语教学(English teaching),英语学习者无论采用再现学习观、建构学习观和应用学习观中的哪一种,在学习结果上都会表现出最佳业绩,这符合皮亚杰(Piaget)对语言结构的分析。英语教学(English teaching)是一门实践性很强的专业课程教学,学生只有在解决问题、完成任务的过程中,才会主动地进行自我探索,进行语言的实践应用。学习者可以通过合作(cooperation)、讨论来分析问题(discuss and analyze questions)、搜集资料,直至解决问题。这个过程就体现出了语言知识学习、文化知识和实践能力培养的建构和再建构的过程。皮亚杰(Piaget)认为语言知识结构(structure of language knowledge)包括三个特性:整体性、转换性和自身调整性。也就是说语言知识的结构(structure of language knowledge)是开放性的，语言的共时性系统(synchronic system)也并非静止不变，因此，它会随着输入不断地改变原有结构，形成新结构，而每一次产生的新结构又都能参与下一次的建构，产生新结构。英语语言(English language)的学习实际上是一种沟通技能的学习，是英语在职场上的具体应用，因为英语语言(English language)的结构完全是开放性的，它所面对的是活动中对英语的具体使用，学习者自身要主动选择(choice)、同化(assimilation)、顺应(adaptation)输入的信息，使新输入的材料与已有的信息相互作用，重新建构，形成新的结构。语言的习得也是学习者在具体的环境下积极主动建构的结果；输入(input)向吸收的转化过程充满了学习者的主动建构，而不是被动接受；吸收的结果是新旧信息相互作用后的全新的结构。由于学习者总是不断地接触语言材料，学习者的语言习得就成了不断建构的过程。因此，建构主义(constructivism)同样适用于英语学习。

三、情境教学的学习环境在英语教学中的建构

建构主义理论(constructivism theory)强调学习者是积极的意义建构者和问题解决者，强调学习者将自身经验带进学习过程，在这个过程中，教师、学生、任务和环境是影响学习过程的四大要素。

英语教学所进行的项目任务化教学中最强调的情境教学完全符合建构主义理论(constructivism theory)。情境(situation)主要指进行言语交际的外部的具体场合，根据费厄斯坦(Feuerstein)的中介作用理论，英语课中教师的作用不应仅局限于提供任务和促进学习者之间的言语互动，更应通过师生之间的语言(language)，为学习者创造更好的学习氛围，一种可以激励学生学习和使学习变得轻松的环境。该教学法的特点是：将言、行、情境融为一体，有较强的直观性、科学性和趣味性，学生仿佛置身其境。情境教学(situational teaching)可以激发学生的学习激情，培养学生浓厚的学习兴趣，促成学生智力因素和非智力因素的发展，从而从整体上正确理解和运用语言，即整体语言教学法(whole language teaching method)。学习环境则是支持和促进学习者学习的场所。

所谓教学中的情境都是模拟的。而情境教学法(situational teaching method)，是指教师根据学生的年龄特点和心理特征，遵循反映论的认知规律(follow the cognitive law of reflection theory)，结合教学内容，充分利用形象，创设具体生动的情境，使抽象的语言形式变成生动具体的可视语言，创设尽可能多的英语语言环境，让学生更多地接触感受英语(feel English)、说英语(speak English)、用英语进行思考(think in English)、用英语的方式主导行为(behave in English)。在情境教学这种环境中，教师为学习者提供真实的模拟仿真学习情境。

四、建构主义指导下的英语心理需求分析

(一)需要层次分析

马斯洛(Maslow)将人的需求分为七个层次:生理需求、安全需求、归属与爱的需求、尊重需求、认知需求、审美需求(aesthetic needs)和自我实现的需求。虽然马斯洛(Maslow)并未特别提出教育与心理需求的关联,然而各种形式的教育是人类满足与提升心理需求的主要媒介(main media)。因此,接受教育是满足个人心理需求(needs for psychology)的重要渠道。2014 年盐城工业职业技术学院的一项研究调查表明:作为非英语专业的学生,他们学习英语的一般心理需求反映了其需求层次处于中低档次,而且缺少各个需求层次(hierarchy of needs)之间的贯通。在调查过程中,有 81%的学生选择得到学分、拿到学位、找到工作等,这是生理、安全需要的间接体现,并初步进入归属需求和尊重需求(belonging needs and respect for needs)。能够从认知需求和个人价值实现等更高层次出发,与自己人生目标相联系的学习者,仅占 9%。

(二)学习动机分析

心理学(psychology)将学习动机分为两种:学习者的内源性动机和外源性动机(endogenous motivation and extrinsic motivation)。所谓内源性动机(endogenous motivation)是指人的内在动机,比如出于自己的兴趣和提高自己能力、素质的愿望,而并不是为了得到外界的承认或酬奖。所谓外源性动机(extrinsic motivation)则相反,依赖于外部驱动因素,比如报酬、奖赏、得到提升等。

具体而言,非英语专业的学生相当一部分学习英语是为拿学分。而在学习方式和学习内容偏好上,则倾向于有利于通过考试就行。由于学习动机含混,或者说内源性动机(endogenous motivation)的匮乏,所以,在实际的学习过程中,多数学生表现为学习被动,急功近利,目光短浅。而在学习动力上表现为注意力不集中,缺乏毅力,热情忽高忽低,遇到困难容易沮丧和消极。

(三)感知特征分析

根据 2014 年盐城工业职业技术学院的调查,学生在英语的课堂学习中,更倾向于从中学时代养成习惯的教学方式(teaching method),更偏爱针对考试、"有利于顺利通过考试"的方式。这说明他们对于自己的英语学习基础缺乏自信,在"动力定型"上还没有突破瓶颈(breakthrough bottleneck)。

五、英语学习者心理需求的建构主义分析

建构主义(constructivism)认为,学习是获得知识的过程,但不能仅仅靠教师传授,而是需要学习者在一定的经济社会文化背景下(under certain economic social cultural background)，借助其他人的帮助，利用必要的学习资料，通过建构的方式而获得。获得知识的多少取决于学习者根据自身经验去建构有关知识的意义的能力。建构主义(constructivism)教育理念的实质，是强调学习者的主动精神和内驱力，是尊重和调动学习者的主体性、参与性、创造性，以及和老师之间的互动性。表面看，非专业英语具有一定的“直接实用性”，具有为商务活动服务、为职场竞争服务的“直接工具性(direct tool)”，但是越是这样，越需要依据建构主义(constructivism)教育理念而调动学习者的建构意识。英语再“特殊”，也要纳入学习者自己的知识结构(knowledge structure)，而且任何学习缺少了学习者自身的建构热情和建构行为，都会事倍功半、被动消极、滞缓低效。

因此，纠正学好英语就能找到好工作的理解误区，引导学生将学习英语与内在素质提高、人生价值实现建立联系，摆正在英语学习中施教者和被教者的位置，建构良性的学习需求和学习心态，对英语的学习者来说是在开始学习之前和学习过程中都需要认真解决的问题。

六、心理需求分析对英语教学的理性启迪

(一)根据教学内容提取内源性激励因素

英语无论教材内外，都会大量涉及精英人物、商务活动实例、语言词汇等。教师应当善于随时发现和提取这些内容中对学生的激励因素(motivating factor)，尤其是内源性激励因素(endogenous motivating factors)。教师稍加引导，就有利于使学生意识到英语既是有力的洽谈、交流工具，也是一个人内在素质的重要构成。

(二)根据情景教学激发学生的审美情趣

从我们的调查问卷中可以看出，学生的学习方式偏好中体现了年轻人的兴趣特点。马斯洛(Maslow)将审美需求作为很高的需求层次，这是很有道理的，因为审美需求对于青年学生来说，只要善于引导，就一定可以成为重要的动力结构。

英语教学中，除了模拟和尽量贴近商务活动特定情景之外，情境教学(situational teaching)本身就蕴含了艺术化教学和情景美化的要素。英语文化背景知识即英语国家的史地、政治、社会文化、风俗习惯等文化背景知识，而商务活动的相关背景更具备时代特色和跨文化魅力。

(三)根据师生互动营造学生参与氛围

如前所述，建构主义(constructivism)教育理念对英语教学的启发是相当重要的。在引导学生树立主体意识和激发主动精神的过程中，教师起着至关重要的作用。因此，英语的教授者一定要积极创建互动的氛围，调动学生参与的积极性，激励他们形成主动建构的热情和习惯。

参考文献

[1] 陈明. 马斯洛人本哲学[M]. 北京:九州出版社,2003.
[2] 陈晓棠. 英语教材分析与设计[M]. 北京:外语教学与研究出版社,2002.
[3] 赵军峰. 英语课程设置及教学现状调查分析[J]. 中国外语,2006(8).

第三节　人本主义理论观与英语教学

一、人本主义学习理论的主要观点

人本主义(humanism)认为每一个人都具有发展自己潜力的能力和动力。特别关注人的自我实现。个体可以选择自己发展的方向和价值(direction and value),并对自己选择的结果负责。其基本假设是:任何情况下,一个人的行动取决于他是怎样从自己的角度来知觉世界的。行为与学习是知觉的产物,个人的多数行为都是他对自己看法的结果。

(1)教师不应只对成人世界敏感,还要对学生世界敏感。

(2)教师应把学生看作有各种各样的需要、能力和才能的个体。

(3)学习者的自我概念和自尊心是学习中的一个必要因素。

(4)应把学习看成一个整体的过程,而不只是一个认知过程(cognitive process);学习行为包括情感、感情和依赖动作的技能。

(5)学习的基础是温暖、友好和民主的师生交互作用;强制和严格的纪律手段应减少到最低点。

(6)学习的质量(或学习过程)比学习的数量(或学习结果)更主要;教师应培养学生。

(7)学生分享观点、共同学习、互相学习和互相帮助;同质分组、学术交流(academic exchange)、竞争性测验或计划应减少到最低点。

(8)学生与教师共同探讨课程经验和活动。

(9)给予学生更多(有限制的)选择和(有责任的)自由;选择和自由的范围和程度与学生的成熟水平和年龄有关。

(10)学习的基础是生活经验、发现、探索和实验。

二、人本主义学习的主要代表人物和内容,见表 3-1。

表 3-1 人本主义学习的主要代表人物和内容

代表人物	主要理论	主要内容
马斯洛	人类需要	人需要的七个层次(也有说五个或者六个层次的)
罗杰斯	成为一个完整的人	对经验开放、发展信任和接受自己
	自由学习	人需要自由学习,教师应鼓励学生成为一个开放、自信、接受自我的人
拉斯	价值澄清	阐明一个人的价值观——即信念、态度和观点。

资料来源:钟鸣《学习理论概述以及对科学教育教学的启示》

三、人本主义理论观与英语教学

笔者认为:人本主义学习理论(humanistic learning theory)的主要观点适用于英语教学。根据钟鸣在《学习理论概述以及对科学教育教学的启示》中的叙述和归纳,我们可以发现,这些观点和各个高校现行的英语教学(English teaching),无论是理论教学还是实践教学所采用的教学方法和教学过程都是一致的。在英语教学中,根据社会调查和岗位群的制定,学习者在大学二年级的时候,可以根据自身的兴趣和爱好选择适合自己的岗位进行学习,完成岗位群的自主分流(autonomous shunt),他们有不同的需要,因此选择不同的就业方向,完成自己的学业。这些首先体现了学习者自身所具有的发展自己潜力的能力和动力。教师按照学校专业岗位群的划分进行不同的英语专业教学,这充分体现了学校、教师特别关注学生的自我实现。学生选择了自己发展的方向和价值(direction and value),这也同时体现了教师对学生世界敏感,教师把学生看作有各种各样的需要、能力和才能的个体,把学习者的自我概念和自尊心看作学习中的一个必要因素。教师在英语教学过程中注重学生的情感需求(needs for emotion),从分析学生和教材现状入手,重视学生个体差异,从尊重学生个性和特长发展着手。学生层次的差异除成绩以外,其兴趣爱好、动力、意志、性格、品质、态度等非智力因素(nonintellectual factor)方面也存在较大的差异。承认学生基础知识和学习习惯的差异,承认学生非智力因素(nonintellectual factor)等方面的差异,认真对待学生的个性及特长发挥。此外,人本主义学习理论(humanistic learning theory)在英语教学中的应用,要求教师提高素质,形成实践教学能力,形成三阶段的教学策略。

第一阶段:英语模块教学能力

英语模块教学能力(English module teaching ability)就是彻底打乱教材的章

节结构和授课顺序，根据知识的结构、层次、关联程度等将教材的内容划分为几个模块的能力。并根据模块教学(module teaching)基本要求进行合理分割、细化，教师根据不同的模块设置不同的教学目标，采用不同的教学手段和方法来组织课堂教学，具有较强的操作性。教学方法上，不同层次的学生实施不同的教学策略(teaching strategies)；教学手段上，在传统教学(traditional teaching)的基础上，可选用多媒体教学技术，以图文并茂、动静结合、声情融会、视听并用的现代教学手段，为不同层次的学生提供全新的认识和把握发展的环境。

第二阶段：英语教学动态分层与管理能力

教师在实施模块教学(module teaching)时，要通过动态的观察、分析和管理来提高动态分层与管理能力。一是确立学生的类型和层次；二是随着教学活动的不断深入，学生进入角色后会逐渐发生一些变化，教师要敏锐发现这些现象，及时进行调整，引导学生选择适当的专业，学习专业技能，顺利就业并突出一技之长。教师动态分层与管理能力(dynamic hierarchy of teacher and management ability)应体现在积极调动学生学习的积极性和主动权方面，要让每一个学生都来参与，一方面进行动态管理(dynamic management)，不能局限于机械地对学生个体的界定；另一方面通过分组既能体现层次(hierarchy)，又能带动群体。

第三阶段：英语教学质量评价能力

要突出考核职业教育的培养方向和不同教学目标的实现过程，进行全程考核，提高教师对学生的质量评价能力。通过不同形式和内容对学生进行科学的考核，提高教师的综合评价能力(comprehensive evaluation ability)。

充分把握素质教育的内涵和实质，教师在英语教学过程中要充分体现“以人为本(take man as the foundation)”的教育思想和教学理念，认真分析学生的学习能力与个性特征差异。在此教师要把握好两点：一是充分尊重学生，不要把学生当作一个简单的认知体，而要把学生看作一个有思想、有意识、有行为、有变化、有发展的生命体，英语教育(English education)的目的就是使这些生命更加丰富而饱满；二是在学生成长和发展中来提高自身的素质和实现自身的价值。教师与学生之间是两个生命的交融与渗透，英语教师能力的提高是在教师与学生共同成长发展的过程中来完成的。

英语课教师要深刻领会分层教学(stratified teaching)的基本思路、操作步骤和变化措施，积极研究专业教学大纲、教材及学生状况，认真分析各个环节之间的有机联系、动态变化及相互影响，及时调控和改进教师的教学方法和手段，提高自身的实践教学能力(practical teaching ability)。教师对教育教学理论的学习，不应停留在书本的条文上，而应该把理论体系具体化，并积极、灵活地转化到教学实践活动中去，结合各个专业课进行英语教学(English teaching)，探索一条适合学生、适应社会、与专业学科体相适应的教学方法和手段，最终达到提高教师能力的目的。

参考文献

[1]王素军. 专业课教师分层教学能力策略分析[J]. 职教论坛，2003(8).

第四节　教学模式概述

一、教学模式的内涵

1. 教学模式概述

教学模式(teaching model)是在一定教学理论或教学思想指导下，在实践中形成的相对稳定的教学活动的结构和方式。教学活动的实践是千姿百态的，丰富多彩的，富有艺术性和创造性，但同时也有科学性、规定性的一面，因此有可能形成一定的模式，也就是说有可能在一定理论指导下，从教学实践中抽象概括出相对稳定的有效的一类教学活动的样式。实际上每个教师在教学工作中，自觉不自觉地都会按照某种教学模式(teaching model)组织和设计教学活动。从教育发展的历史看，教学模式(teaching model)的形成基本有两种途径，或者说有两种构成逻辑。一种是归纳式，即从长期的教学实践中积累了经验，逐步归纳出来；另一种是演绎式。学者专家们根据一定的认识论、心理学和教育学原理，确定教学目标，设计特定的教学活动方式、程序和结构，运用于教学实践，并通过教学实践加以验证，形成教学模式(teaching model)。例如，新行为主义者根据"刺激—反应"原理构想的程序教学模式(teaching model)，人本主义者根据人类观和学习观构想的非指导性教学模式(teaching model)。教学模式(teaching model)形成不论采用何种逻辑或途径都离不开教学实践。但教学模式(teaching model)不是被动地反映教学实践，而是教育理论与教育实践者根据一定的哲学思想和教学原理，创造性地提出教学活动的新范式，以此积极地指导教学实践。

"模式"一词是英文 model 的汉译名词。model 还译为"模型""范式""典型"等。一般指被研究对象在理论上的逻辑框架，是经验与理论之间的一种可操作性的知识系统，是再现现实的一种理论性的简化结构。将模式(model)一词最先引入教学领域，并加以系统研究的人，当推美国的乔伊斯和韦尔。

乔伊斯和韦尔在《教学模式》一书中认为："教学模式(teaching model)是构成课程和作业、选择教材、提示教师活动的一种范式或计划。"实际教学模式(teaching model)并不是一种计划,因为计划往往显得太具体、太具操作性,从而失去了理论色彩。将"模式(model)"一词引入教学理论中,是想以此来说明在一定的教学思想或教学理论指导下建立起来的各种类型的教学活动的基本结构或框架,表现教学过程的程序性的策略体系。

2. 教学模式的定义

"模式(model)"一词在相当多的学科中使用,但对模式(model)的界定中,特别是对教学模式(teaching model)的界定大都未有定论(Brown,1994;Stern,1983;王初明,1990;杨忠、张绍杰,1995;等)。"模式(model)"在各学科中有不同的含义:在社会学中,是研究自然现象和社会现象的理论图式和解释框架,也是一种思想体系;在认识心理学中,是信息加工的过程或事物有组织的结构;在普通心理学中,是存储和记忆事物的心理图式。英文大都用 model,意为"presentation"(Chamers Dic. ,1972:844),"description"(Longman Dic. ,917),"representation"(Cambridge Dic. ,910),而《美国传统英语辞典》的释义较完整:"a tentative description of a system or theory that accounts for all of its known properties. "(1982:806)范谊先生对模式的定义是"一种理论的形式化表述"(1998:78)。从上述简义中可以得出"模式(model)"是一种"表述""描述""展示""图示""框架""结构"或"体系"。教学论表述教学中主要因素的本质及其理论过程,这是教学体系(teaching system)的过程。理据是该模式(model)能够解释已知教学各主要因素本质及其相互制约、相互促进的互动关系,给人以明晰的印象并具有一定的可操作性。因此,语言教学模式(language teaching model)应具备以下四个条件。

理论性,又称抽象性。理论和原则都是抽象的,不是具体的。语言教学模式(language teaching model)应对语言是什么、教学是什么等理论问题加以描述,该理论为语言教学模式(language teaching model)提供基础和框架,这在范谊的定义、《美国传统英语辞典》中已明确说明。没有理论的模式(model)不具完整指导意义。教学外部的理论,不论是描述性的、实验性的还是推测性的都不能直接应用或转换进课堂使用。

解释性,指对该系统(system)、过程(process)、结构(structure)、图式等能够解释的性质。这是当前第二语言习得理论研究人员和其他领域研究人员的一个共识(Long,1999:91)。这种解释性是基于对已知该系统、结构、框架内的所有因素、内容本质认识的解释,对它们之间相互关系,相互制约、相互促进的解释。没有解释力的模式(model),再好也不能要。

程序性,亦称操作性或层次性。三者可以互换,但意义有所不同。程序性是指在一个过程或结构里的前后、早晚、顺序的排列性质,它是具体展现主要因素本质的程序性设计,一般应有可操作的性质或起码应让人知道孰先孰后的能力。程序性对过程研究尤为重要，它会使我们知道哪个程序运行良好或出了问题，以便继续使用或待解决问题后使用。

图式性，是指模式的图式表述。《辞海》(1989:875)认为，“图式，‘即模式’”。本部分开始时列举的几种不同模式(models)无一没有图式，这一点下面还要具体分析。图式性是形象性的叙述，给人们一种视觉的明晰感，使人一目了然。

基于以上认识和分析，可把模式(model)定义为：对理论、体系、结构等的形象性的表述。而教学模式(teaching model)可定义为：对教学理论和教学过程中各要素本质及其相互关系等的形象性表述。它为语言教学提供了一个理论的实体框架，一个可解释教学过程(teaching process)各要素本质或特点的图式，一个可供教师学生参考使用的操作蓝图，也是对整个教学过程(teaching process)研究的图式总结。

教学模式(teaching model)又称教学结构，简单地说就是在一定教学思想指导下所建立的比较典型的、稳定的教学程序或阶段。它是人们在长期教学实践中不断总结、改良教学而逐步形成的，它源于教学实践，又反过来指导教学实践，是影响教学的重要因素。因此，了解教学模式(teaching model)的发展及其规律，对于提高教学质量具有重要意义。

3. 关于教学模式定义的国外研究

美国教学研究者乔伊斯(R. Joyce)和韦尔(M. Weil)于1972年出版《教学模式》(*Teaching Model*)一书，专门系统地研究了流行的各种教学模式(teaching model)。在我国近些年也有人专门撰文介绍和研究教学模式，教学模式(teaching model)成为当前教学研究的一个重要课题。但是，对于教学模式(teaching model)的定义，国内外研究者们看法并不一致。在国外较有影响的教学模式(teaching model)定义是乔伊斯(R. Joyce)和韦尔(M. Weil)的定义。他们认为，教学模式(teaching model)是构成课程和课业、选择教材、提示教师活动的一种范型或计划。他们把教学模式(teaching model)定义为一种教学范型或计划。实质上，教学模式(teaching model)并不是一种计划，计划只是它的外在表现，教学模式(teaching model)蕴含着某种教学思想或理论，用“范型”或“计划”来定义教学模式(teaching model)，显然将教学模式(teaching model)简单化了。

美国两位著名的比较政治学者比尔(Bill)和哈德格雷夫(Hardgrave)在研究了一般模式后下的定义是：模式(model)是再现现实的一种理论性的、简化的形式。比尔和哈德格雷夫的模式定义有三个要点：第一，模式(model)是现实的再现，也就是说，模式(model)是现实的抽象概括，来源于现实；第二，模式(model)是理论性的形式，也就是说，模式(model)是一种理论，而非工艺性方法、方案或计划；第三，模式(model)是简化的形式，也就是说，模式(model)这种理论性形式是精心简化了的，以经济明了的形式表达，例如爱因斯坦用 $E=mc^2$ 来表明能量与质量的互换原理，是一个典型的简化形式。比尔(Bill)和哈德格雷夫(Hardgrave)的模式定义较为科学地揭示了模式的本质，是可取的。

美国应用语言学家坎贝尔的理论与实践关系模式出版并受到普遍接受。坎贝尔的模式(model)有两个，一个是应用语言学是中介，介于语言学和教学之间(1980:7)。另一个如图 3-1(Campbell,1980:8)，扩大了模式(model)的范畴，但总的来说应用语言学家等还是中介人，介于语言学理论家和实践者之间。这样的理论与实践关系模式现在还没有人提出质疑，但对哪些学科包括在前两个理论之内倒颇有争议，即理论部分应包括哪些学科，譬如是否应包括人类学就有不同看法，应用中也有类似的问题。作为学科，它们之间的关系应是理论—中介—实践的关系；而作为行为，他们之间的关系则是理论家—中介人列产品—实践者之间的关系。这个模式(model)的不足是“作为理论的实践者，语言教师自身的主观能动性被忽略”。

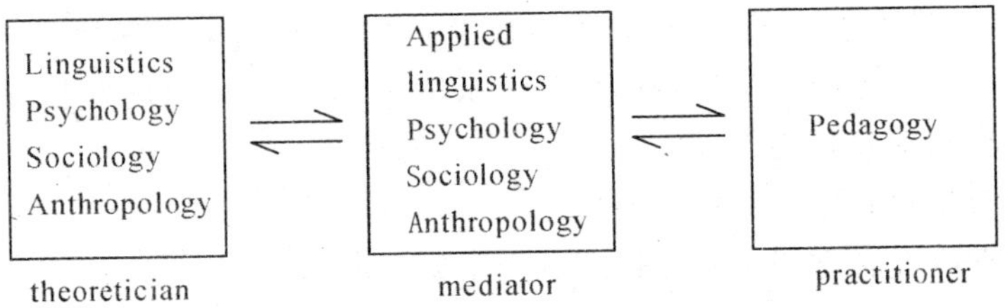

图 3-1 坎贝尔的理论与实践关系模式

斯波斯基(J. Spolsky)经过研究认为，单一的语言学作为唯一的教学理论(learning theory)基础是不够的，甚至再加上心理学也不充分。经过多年潜心研究，他于 1978 年发表了两个模式(model)。在 1978 年两个模式(model)基础上，图 3-2 便是个较充分的理论框架。在这个模式(Spolsky,1980:72)里第二语言教学，即教育语言学(educational lingustics)有三个主要来源：一是语言描述(language description)，二是语言学习理论，三是语言实用理论。语言描述(language description)必须基于语言理论。语言学习理论(language learning theory)一定源于语言理论(language theory)和学习理论(learning theory)。心理学(psychology)是构成学习理论的基础；心理语言学(psychological linguistics)是形成语言学习理论(language learning theory)的根基；社会语言学(social linguistics)则是语言实用理论的基石。一般语言学为语言理论(language theory)和语言描述(language description)奠定了基础。语言描述理论(language description theory)、语言学习理论(language learning theory)和语言使用理论(theory of language use)这三种理论为第二语言教学服务，斯波斯基(J. Spolsky)称为教育语言学(educational lingustics)，而许多专家却叫作应用语言学(applied linguistic)(Stern，1997:37)。按照斯波斯基(J. Spolsky)的观点，应用语言学(applied linguistics)还可以用于翻译、字典编撰、语言规划等领域。

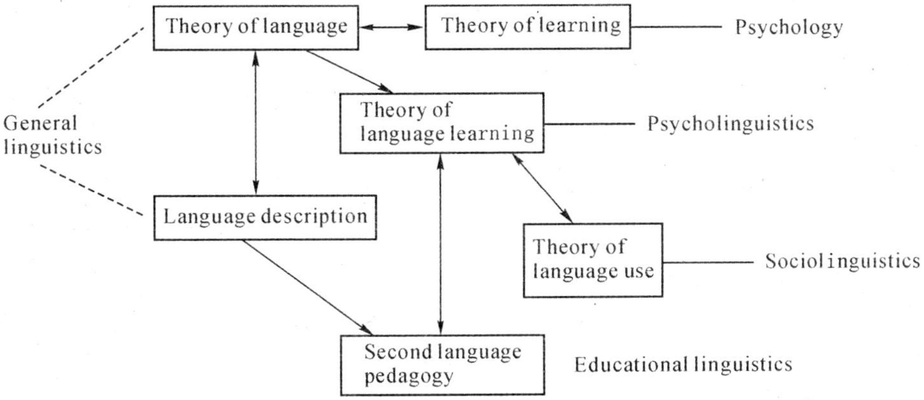

图 3-2　斯波斯基的教育语言学模式示意图

4. 关于教学模式定义的国内研究

隋铭才的英语教学模式(teaching model)认为：在过去的几十年里，国内外构建了许许多多与语言教学有关的模式，有英格拉姆理论与实践模式(Campbell，1980)，有教育语言学模式(Spolsky，1978，1980)，有语言教授实践开发模式(Ingram，42)，有语言学习或语言教授过程模式(Strevens，1976，1977)，有第二语言教授一般模式(Stern，1983)，有课堂教授模式(Dunkin and Biddle，1974:38)，有第二语言学习考证框架(Stern，1983)，有教学模式(Stern，1983)，有外语教学—学习整体模式(杨忠、张绍杰，1995:225)，英语教学交际模式(王才仁，1996:71)，外语学习动态过程模式(范谊，1998:80)，等等。这些以上列举的模式(model)，以及出版的其他的语言模式没有重复的。他们从不同的侧面研究了有关语言及其他教学的模式(teaching model)，对当今的语言教学影响很大，值得探讨。要深入研究语言教学模式(language teaching model)，首先要研究模式的定义，教学模式的主要因素。隋铭才根据模式的定义、外国语言教学相关模式研究，对我国语言教学模式探析和语言教学模式做了分析和探讨。

在国内关于教学模式(teaching model)的定义，隋铭才归纳为三种看法：第一种是认为模式(model)属于方法范畴，其中有的认为模式(model)就是方法，有的认为模式是多种方法的综合；第二种是认为模式(model)与方法既有联系又有区别，各种方法在具体时间、地点和条件下表现为不同的空间结构和时间序列，从而形成不同的模式(model)；第三种是认为模式(model)与“教学结构—功能”这对范畴紧密相关，教学模式(teaching model)是人们在一定的教学思想指导下，对教学客观结构做出的主观选择。

上述教学模式(teaching model)定义在某些侧面反映了教学模式的本质,但尚欠科学。

第一种定义与乔伊斯(R. Joyce)和韦尔(M. Weil)的定义有同样的简单化缺陷。实质上,教学模式(teaching model)既不是方法,也不是方法的综合。

第二种定义实际只承认模式与方法的区别与联系,指出了教学模式(teaching model)的形成,并非严格的科学定义。

第三种定义触及了教学模式(teaching model)的本质,即结构与功能,但也不是一个严格的科学定义。当前国内有关教学模式(teaching model)的说法大致有下列五种。

(1)教学模式(teaching model)属于方法范畴。其中,有人认为教学模式(teaching model)就是教学方法,有人则把教学模式(teaching model)视为多种教学方法(teaching method)的综合。

(2)教学模式(teaching model)和教学方法(teaching method)既有联系又有区别。各种教学方法(teaching method)在具体时间、地点和条件下表现为不同的空间结构和时间序列,从而形成不同的教学模式(teaching model)。

(3)教学模式(teaching model)与"教学结构—功能"这对范畴紧密相关。

(4)教学模式(teaching model)就是在一定教学思想指导下所建立起来的完成所提出教学任务的比较稳固的教学程序及其实施方法的策略体系。

(5)教学模式(teaching model)是在教学实践中形成的一种设计和组织教学的理论,这种理论以简化的形式表达出来。概括起来大致有两类见解:过程说和结构说。持过程说的学者将教学模式(teaching model)纳入教学过程的范畴,认为教学模式(teaching model)就是教学过程的模式,是一种有关教学程序的"策略体系"或"教学样式"。其中比较典型的提法是:"教学过程的模式,简称教学模式(teaching model),它作为教学论里一个特定的科学概念,指的是在一定教学思想指导下,为完成规定的教学目标和内容,对构成教学的诸要素所设计的比较稳定的简化组合方式及其活动程序。"

持结构说的学者认为教学模式(teaching model)属于教学结构的范畴。结构,从广义上讲,是指事物各要素之间的组织规律和形式。教学结构,主要是指教师、学生、教材三个基本要素的组合关系。从狭义上讲,教学结构指的是教学过程各阶段、环节、步骤等要素的组合关系。一般使用这一概念时,多是从后者来理解的。结构说的典型提法是"把模式(model)一词引用到教学理论中来旨在说明一定教学思想或教学理论指导下建立起来的各种类型教学活动的基本结构或框架"。

上述的第(1)种定义混淆了教学模式(teaching model)与教学方法的界限。教学方法与教学模式(teaching model)各有其独特的内涵，绝不能混为一谈。第(2)种和第(3)种定义都缺乏充足的科学依据，没有揭示出教学模式(teaching model)的本质。第(4)种定义用语不科学。教学模式(teaching model)是教学程序还是策略体系，没有说清楚。第(5)种定义会使人形成教学论就是教学模式(teaching model)的错觉。而美国人提出的教学模式定义，是把教学大纲与教学模式(teaching model)相混淆。因此，该定义不能成立，或者说是不科学的。因此，确定教学模式(teaching model)的概念，既要考虑逻辑学对下定义的要求，又要注意吸收诸如系统论等新科学的研究成果，研究古今中外教育史上教学模式(teaching model)的发展规律，吸取现代教学模式理论的精华，并对教学经验进行分析、综合后，才能给教学模式(teaching model)下一个比较贴切的定义。

我们认为对教学模式(teaching model)的概念做如下理解较为妥当："教学模式(teaching model)是在一定教学思想或教学理论指导下建立起来的，较为稳定的教学活动结构框架和活动程序。""结构框架"，意在突显教学模式(teaching model)从宏观上把握教学活动整体及各要素之间内部关系的功能；"活动程序"，意在突出教学模式(teaching model)的有序性和可行性。

笔者认为，教学模式不仅仅是从宏观上把握教学活动整体及各要素之间内部关系的功能，而且也要在微观上处理好各个教学活动和各要素之间的关系。

二、教学模式的结构

教学模式(teaching model)通常包括五个因素，这五个因素之间有规律的联系着就是教学模式(teaching model)的结构。

1. 理论依据

教学模式(teaching model)是一定的教学理论或教学思想的反映，是一定理论指导下的教学行为规范。不同的教育观往往提出不同的教学模式(teaching model)。比如，概念获得模式和先行组织模式的理论依据是认知心理学的学习理论，而情境陶冶模式的理论依据则是人的有意识心理活动与无意识的心理活动、理智与情感活动在认知中的统一。

2. 教学目标

任何教学模式(teaching model)都指向和完成一定的教学目标，在教学模式(teaching model)的结构中教学目标处于核心地位，并对构成教学模式(teaching model)的其他因素起着制约作用，它决定着教学模式(teaching model)的操作程序和师生在教学活动中的组合关系，也是教学评价的标准和尺度。正是由于教学模式(teaching model)与教学目标的这种极强的内在统一性，决定了不同教学模式(teaching model)的个性。不同教学模式(teaching model)是为完成一定的教学目标服务的。

3.操作程序

每一种教学模式(teaching model)都有其特定的逻辑步骤和操作程序,它规定了在教学活动中师生先做什么,后做什么,以及各步骤应当完成的任务。

4.实现条件

是指能使教学模式(teaching model)发挥效力的各种条件因素,如教师、学生、教学内容、教学手段、教学环境、教学时间等等。

5.教学评价

教学评价是指各种教学模式(teaching model)所特有的完成教学任务,达到教学目标的评价方法和标准等。由于不同教学模式(teaching model)所要完成的教学任务和达到的教学目的不同,使用的程序和条件不同,当然其评价的方法和标准也有所不同。目前,除了一些比较成熟的教学模式(teaching model)已经形成了一套相应的评价方法和标准外,有不少教学模式(teaching model)还没有形成自己独特的评价方法和标准。

三、教学模式的特点与功能

(一)教学模式的特点

1.指向性

由于任何一种教学模式(teaching model)都是围绕着一定的教学目标设计的,而且每种教学模式(teaching model)的有效运用也需要一定的条件,因此不存在对任何教学过程都适用的普适性的模式,也谈不上哪一种教学模式(teaching model)是最好的。评价最好教学模式(teaching model)的标准是在一定的情况下达到特定目标的最有效的教学模式(teaching model)。教学过程中在选择教学模式(teaching model)时必须注意不同教学模式(teaching model)的特点和性能,注意教学模式(teaching model)的指向性。

2.操作性

教学模式(teaching model)是一种具体化、操作化的教学思想或理论,它把某种教学理论或活动方式中最核心的部分用简化的形式反映出来,为人们提供了一个比抽象的理论具体得多的教学行为框架,具体地规定了教师的教学行为,使得教师在课堂上有章可循,便于教师理解、把握和运用。

3.完整性

教学模式(teaching model)是教学现实和教学理论构想的统一,所以它有一套完整的结构和一系列的运行要求,能实现理论上的自圆其说和过程上的有始有终。

4.稳定性

教学模式(teaching model)是大量教学时间活动的理论概括,在一定程度上揭示了教学活动具有的普遍性规律。一般情况下,教学模式(teaching model)并不涉及具体的学科内容,所提供的程序对教学起着普遍的参考作用,具有一定的稳定性。但是教学模式(teaching model)是依据一定的理论或教学思想提出来的,而一定的教学理论和教学思想又是一定社会的产物,因此教学模式(teaching model)总是与一定历史时期社会政治、经济、科学、文化、教育的水平联系,受到教育方针和教育目的制约。因此这种稳定性又是相对的。

5.灵活性

作为并非针对特定的教学内容教学,体现某种理论或思想,又要在具体的教学过程中进行操作的教学模式(teaching model),在运用的过程中必须考虑到学科的特点、教学的内容、现有的教学条件和师生的具体情况,进行细微的方法上的调整,以体现对学科特点的主动适应。

(二)教学模式的功能

1.教学模式的中介作用

教学模式(teaching model)的中介作用是指教学模式(teaching model)能为各科教学提供一定理论依据的模式化的教学法体系,使教师摆脱只凭经验和感觉,在实践中从头摸索进行教学的状况,搭起了一座理论与实践之间的桥梁。教学模式(teaching model)的这种中介作用,是和它既来源于实践,又是某种理论的简化形式的特点分不开的。

一方面,教学模式(teaching model)来源于实践,是对一定的具体教学活动方式进行优选、概括、加工的结果,是为某一类教学及其所涉及的各种因素和它们之间的关系提供一种相对稳定的操作框架,这种框架有着内在的逻辑关系的理论依据,已经具备了理论层面的意义。

另一方面,教学模式(teaching model)又是某种理论的简化表现方式,它可以通过简明扼要的象征性的符号、图式和关系的解释,来反映它所依据的教学理论(teaching theory)的基本特征,使人们在头脑中形成一个比抽象理论具体得多的教学程序性的实施程序,便于人们对某一教学理论的理解,也是抽象理论得以发挥其实践功能的中间环节,是教学理论(teaching theory)得以具体指导教学,并在实践中运用的中介。

2.教学模式的方法论意义

教学模式(teaching model)的研究是教学研究方法论上的一种革新。长期以来人们在教学研究上习惯于采取单一刻板的思维方式,比较重视用分析的方法对教学的各个部分进行研究,而忽视各部分之间的联系或关系;或习惯于停留在对各部分关系的抽象的辨证理解上，而缺乏作为教学活动的特色和可操作性。教学模式（teaching model）的研究指导人们从整体上去综合地探讨教学过程（teaching process）中各因素之间的互相作用和其多样化的表现形态，以动态的观点去把握教学过程的本质和规律，同时对加强教学设计、研究教学过程（teaching process）的优化组合也有一定的促进作用。

四、教学模式的历史与发展

教学模式（teaching model）是教学活动的基本结构，每个教师在教学工作中都在自觉或不自觉地按照一定的教学模式（teaching model）进行教学。了解教学模式（teaching model）的历史发展有助于人们借鉴传统和对当代各种新教学模式（teaching model）的理解，有助于人们把握教学模式（teaching model）的发展趋势。

系统完整的教学模式（teaching model）是从近代教育学形成独立体系开始的，"教学模式"这一概念与理论在 20 世纪 50 年代以后才出现。不过在中外教学实践和教学思想中，很早就有了教学模式（teaching model）的雏形。

古代教学的典型模式（classical model）就是传授式，其结构是"讲—听—读—记—练"。其特点是教师灌输知识，学生被动机械地接受知识，书上文字与教师的讲解几乎完全一致，学生对答与书本或教师的讲解一致，学生是靠机械的重复进行学习。

到了 17 世纪，随着学校教学中自然科学内容和直观教学法的引入以及班级授课制度的实施，夸美纽斯（Comenius）提出应当把讲解、质疑、问答、练习统一于课堂教学中，并把观察等直观活动纳入教学活动体系，首次提出了以"感知—记忆—理解—判断"为程序结构的教学模式（teaching model）。

19 世纪，赫尔巴特（Herbart）从统觉论出发，研究人的心理活动，认为学生在学习的过程中，只有当新经验已经构成心理的统觉团中概念并与之发生联系时，才能真正掌握知识。从这一理论出发，他提出了"明了—联合—系统—方法"的四阶段教学模式（teaching model）。以后他的学生莱因又将其改造为"预备—提示—联合—总结—应用"的五阶段教学模式（teaching model）。

以上这些教学模式（teaching model）都有一个共性，它们都忽视了学生在学习中的主体性，片面强调灌输方式，在不同程度上压抑和阻碍了学生的个性发展。所以在 19 世纪末 20 世纪初，随着资本主义大工业的发展，强调个性发展的思想普遍深入与流行，以赫尔巴特（Herbart）为代表的传统教学模式（teaching model）受到了挑战，应运而生的杜威的实用主义的教育理论得到了社会的推崇，同时也将教学模式（teaching model）向前推进了一步。

杜威（Dewey）提出了"以儿童为中心"的"做中学"为基础的实用主义教学模式

(teaching model)。这一模式的基本程序是“创设情境—确定问题—占有资料—提出假设—检验假设”。这种教学模式(teaching model)打破了以往教学模式(teaching model)单一化的倾向，弥补了赫尔巴特教学模式(Herbart teaching model)的不足，强调学生的主体作用。强调活动教学，促进学生发现探索的技能，获得探究问题和解决问题的能力，开辟了现代教学模式(teaching model)的新路。

当然，实用主义教学模式(teaching model)也有其缺陷。它把教学过程和科学研究过程等同起来，贬低了教师在教学过程中的指导作用，片面强调直接经验的重要性，忽视知识系统性的学习，影响了教学质量，因此在20世纪50年代受到了社会的强烈批评。

20世纪50年代以来，随着科学技术的发展，教育面临着新的科技革命的挑战，促进人们利用新的理论和技术去研究学校教育和教学问题。现代心理学和思维科学对人脑活动机制的揭示，发生认识论对个体认识过程的概括，认知心理学(cognitive psychology)对人脑接受和选择信息活动的研究，特别是系统论(system theory)、控制论(control theory)、信息加工理论(information processing theory)等的产生，对教学实践产生了深刻的影响，也给教学模式(teaching model)提出了许多新的课题。因此这一阶段在教育领域出现了许多的教学思想和理论，与此同时也产生了许多新的教学模式(teaching model)。

五、教学模式的发展方向

教学模式(teaching model)的发展具有以下七个趋势。

1. 重视能力发展趋势

以赫尔巴特(Herbart)理论为代表的传统教学论在强调系统、严格地传授知识的同时，并不否定发展能力的意义；不过它把发展能力置于次要的、从属的、“兼顾”的地位。赫尔巴特(Herbart)在否定以洛克(Locher)为代表的“形式训练”论时，走向了另一个极端。现代教育家们不再在知识与能力两方面各执一端，相互否定。人们普遍认为传授知识(impart knowledge)与发展能力(develop ability)是教学的双重任务(double task)。但是传授知识与发展能力谁是教学的首要任务问题的讨论，有的人在肯定能力意义的同时宣称传授知识(impart knowledge)是教学的首要任务；有的人认为二者并重；有的人则强调发展能力(develop ability)是教学的首要任务和基本任务。这三种人大体可称为“保守派”“温和派”“激进派”。各派在以下两个问题的意见上是一致的。

第一，教学中既要传授知识(impart knowledge)，又要培养能力(train abilities)，尤其是自学能力(abilities of self study)；

第二，知识、能力(abilities)有密切联系，能力(abilities)是学习知识的条件。

基于这两点，现代教育家在研究和表达教学模式(teaching model)时无不把发展学生的能力放在重要位置。

随着知识增长速度的加快、终身教育(lifelong education)的普及和社会竞争化程度和个人社会生活复杂化程度的提高，学生的一般能力、创造能力、社会交往能力等必将越来越受到人们的重视。人们在设计或归纳教学模式(teaching model)时，必将越来越重视能力。

2.重视学生发展趋势

可以说，任何一种有价值的教学模式(teaching model)某种程度上都建立在对学生学习过程的认识上。不过重视对学生学习过程(learning process)的研究，并不等于承认学生在教学中的主体地位。例如，赫尔巴特(Herbart)研究学生的学习，是为研究如何发挥教师权威作用服务的。

在教育史上，19世纪末至20世纪40年代的美国、20世纪20至30年代的苏联、"文革"期间的中国，都犯有轻视教师主导作用，轻视系统严格的知识教学的错误。人们在认识到这一错误后，自然又在不同程度上向传统教育回归(regression)。在仓促的"回归(regression)"中，难免再犯轻视学生主体作用(main body effect)和能动作用的错误。于是，重视学生的主体地位成了当代教学模式(teaching model)的共同特征，一些教学模式(teaching model)甚至直接把承认学生的主体地位(main body position)和能动作用作为建立和推广自己的理论体系的前提。除了教学基本规律(teaching basic laws)决定了学生的主体地位(main body position)外，推行终身教育和建立"人—机"学习机制等，都要求教育者进一步发挥学生的主体作用。可以预见，人们将由目前的普遍赞成、实行"带领"学生学逐渐转变为普遍赞成、实行"引导"学生学。

3.教学模式的发展趋势——心理学化

随着心理学的发展，教学模式(teaching model)的心理学色彩越来越浓厚。古代的孔子模式(Kong Zi model)、苏格拉底模式(Socrates model)基本上不带心理学色彩；近代的赫尔巴特(Herbart)、乌申斯基(Ushinski)等人则把教学理论与对学习心理的认识结合起来论述自己的教学模式(teaching model)；而现代的布鲁纳模式(Brunner model)、巴特勒模式(Butler model)等，在某种程度上则是现代心理学(pop psychology)的产物；具有开拓意义的算法教学模式、暗示教学模式等，如果离开了心理学的研究成果，不仅会失去价值，甚至不能成立。现代心理学(pop psychology)取得了可观的成就。现代心理学(pop psychology)在认识的发生发展方面、在能力结构及其发展方面、在疲劳研究方面、在记忆原理方面、在心理语言方面、在暗示及潜能研究等方面，都取得了重要成果。遗憾的是，一方面心理学(psychology)研究的成果没有得到很好的利用和推广，另一方面教师和教育管理者往往凭经验办事，甚至对心理科学(science of psychology)的新成果持怀疑态度。这就需要借助教学模式(teaching model)，在心理科学(science of psychology)与实际应用之间发挥中介、桥梁作用。随着生理学和生物化学研究的不断深入，心理学(psychology)必能更清晰客观地阐明人类学习机制。从心理机制角度科学地设计和叙述教学模式(teaching model)，不仅是必然的，而且能够越做越好。20世纪20年代，普雷西设计了第一台教学机器，开创了把电子技术引入教学过程的记录。随着电子技术的飞速发展，广播、电视、程序教学机器、电子计算机等正在越来越多、越来越成功地介入教学过程。研究教学模式(teaching model)的专家们将不得不考虑这一特点。在这个意义上，程序教学理论开了研究机辅教学的先河。此外，从教学模式(teaching model)自身发展的方式和规律来看，还显示出两个较重要的特征。

(1)从单一的教学模式(single teaching model)向多样化教学模式(variegated teaching model)发展。在20世纪50年代以前，教学实践中基本上由赫尔巴特教学模式(Herbart teaching model)和杜威教学模式(Dewey teaching model)先后占主导地位，教学模式(teaching model)单一。50年代末以来，各种教学模式(teaching model)向具体的教学方向分化，呈现多样化趋向，很难说由哪一教学模式占主导地位，不同教学模式(teaching model)相互批评、竞争、借鉴，发挥着各自特有的功能，为教学实践提供了选择教学模式的广阔天地。

(2)从归纳教学模式(inductive teaching model)向演绎教学模式(deductive teaching model)发展。教学模式(teaching model)的形成有两种方法，即由概括实践经验而成的归纳法和靠逻辑生成的演绎法。50年代以后产生的教学模式(teaching model)大都属于演绎教学模式(teaching model)，即从一种思想或理论假设出发，设计一种教学模式(teaching model)，用实验检验证明其有效后，确立这一教学模式(teaching model)。从归纳模式向演绎模式(deductive teaching model)发展，说明50年代以后，教学理论和研究方法发生了变革，科学水平有了提高。

4. 单一教学模式转向多样化教学模式

自从赫尔巴特(Herbart)提出“四段论”教学模式(teaching model)以来，经过其学生的实践和发展逐渐以“传统教学模式”的名称成为20世纪教学模式(teaching model)的主导。以后杜威(Dewey)打着反传统的旗号，提出了实用主义教学模式(pragmatic teaching model)，20世纪50年代以来一直在“传统”与“反传统”之间来回摆动。50年代以后，由于新的教学思想层出不穷，再加上新的科学技术革命使教学产生了很大的变化，教学模式(teaching model)出现了“百花齐放、百家争鸣”的繁荣局面。据乔伊斯(R. Joyce)和韦尔(Vaile)1980年的统计，教学模式(teaching model)有23种之多，其中我国提出的教学模式(teaching model)就有10

多种。

5.归纳型教学模式转向演绎型教学模式

归纳型教学模式(inductive teaching model)重视从经验中总结、归纳,它的起点是经验,形成思维的过程是归纳。演绎型教学模式(deductive teaching model)指的是从一种科学理论假设出发,推演出一种教学模式(teaching model),然后用严密的实验来验证其效用。它的起点是理论假设,形成思维的过程是演绎。归纳型教学模式(inductive teaching model)来自教学实践的总结,不免有些不确定性,有些地方还不能自圆其说。而演绎型教学模式(deductive teaching model)有一定的理论基础,能够自圆其说,有自己完备的体系。

6.以“教”为主的教学模式转为以“学”为主的教学模式

传统教学模式(teaching model)都是从教师如何去教这个角度来进行阐述,忽视了学生如何学这个问题。杜威的“反传统”教学模式(teaching model)使人们认识到学生应当是学习的主体,由此开始了以“学”为主的教学模式(teaching model)的研究。现代教学模式(teaching model)的发展趋势是重视教学活动中学生的主体性,重视学生对教学的参与,根据教学的需要合理设计“教”与“学”的活动。

7.信息现代化的教学模式

在当代教学模式(teaching model)的研究中,越来越重视引进现代科学技术的新理论、新成果。有些教学模式(teaching model)已经开始注意利用电脑等先进的科学技术的成果,教学条件的科学含量越来越高,充分利用可提供的教学条件设计教学模式(teaching model),教学模式越来越信息化。

六、课堂教学模式的结构

所谓结构(structure)是指在某个系统范围内元素联系的内部形式,它包含着元素之间的相互作用、活动和信息往来。课的结构(structure),就是指一节课的各个要素联系的内部形式,它反映了一定教材单元体系中一节课的教学过程及其组织。一堂课的结构(structure)是否优化,直接关系到课堂教学效益的高低,然而,人们对课堂教学结构(teaching structure in class)的研究远不够充分。

教育史上有过两种影响深远的课的结构模式(structure model),即德国教育家J. F. 赫尔巴特(Herbart)的“四段论”和苏联教育家N. A. 凯洛夫(Kailov)的“五环节”。赫尔巴特(Herbart)把学生学习的内部心理过程“明了—联合—概括—应用”视为教学过程的四个阶段,凯洛夫(Kailov)则用教师的施教程序“组织教学—复习旧课—讲授新课—巩固新知识—布置作业”五个环节取代教学过程(teaching process)。他们虽然分别从学与教两个不同的侧面来说明教学过程(teaching process),但没有说明教学活动是学生在教师的组织指导下,对人类已有知识经验的认识活动和改造主观世界以形成和发展个性的实践活动这一本质,也没有反映出课堂教学结构(teaching structure in class)的整体性特点。而凡是结构都是一种整体的存在,对课堂结构(structure in class)的分析,如果不表现出它的整体性,就不可能揭示出课堂教学(teaching in class)的基本规律,自然,也就不能从本质上说明它自身。事实上,这两种结构模式已远远不能适应现代教育教学的需要。任何教学模式(teaching model)都有其内在的结构,教学模式(teaching model)的结构是由教学模式(teaching model)包含的诸因素有规律地构成的系统。完整的现代课堂教学模式(teaching model)结构一般包含如下因素。

(1)主题因素。教学模式(teaching model)的主题因素指教学模式(teaching model)赖以成立的教学思想或理论。主题因素在教学模式(teaching model)结构中既自成独立的因素,又渗透或蕴含在其他因素之中,其他因素都是依据主题因素而建立的。

(2)目标。任何教学模式(teaching model)都指向一定的教学目标,都是为完成一定的教学目标而创立的。目标是教学模式(teaching model)结构的核心因素,对其他因素有着制约作用。例如国外的社会探索教学模式(teaching model)结构的目标因素是通过科学探索和逻辑分析,培养解决社会问题的能力,无指导者教学模式结构(teaching model structure)的目标因素是培养自我认识、自我实现、自我教育的能力。

(3)条件或手段。条件因素指完成一定的教学目标,从而使教学模式(teaching model)发挥效力的各种条件。任何教学模式(teaching model)都在特定的条件下才能有效。条件因素包括的内容很多,有教师、学生、教材、教学工具、教学时间与空间等。

(4)程序。任何教学模式(teaching model)都有一套独特的操作程序,详细具体地说明教学的逻辑步骤、各步骤完成的任务等。例如赫尔巴特教学模式(Herbart teaching model)的操作程序分为明了、联想、系统、方法四个阶段或步骤,杜威提出的实用主义教学模式结构(teaching model structure)的操作程序分为情境、问题、假设、解决、验证五个阶段或步骤。

(5)评价。评价是教学模式(teaching model)的一个重要因素,它包括评价方法、标准等。由于不同教学模式(teaching model)完成的教学目标、使用的程序和条件不同,因而评价方法和标准也不同。所以一个教学模式(teaching model)一般要规定自己的评价方法和标准。例如美国布鲁姆(Brumm)的掌握教学模式(teaching model)结构的评价因素不同于标准化评价,它的标准是效标参照性的。主题、目标、条件、程序和评价这五个因素相互依存、相互作用,构成一个完整的教学模式(teaching model)。一般来说,任何教学模式(teaching model)都要包含这五个因素，至于各因素的具体内容则因教学模式（teaching model）的不同而不同。

七、教学模式和教学策略选择相关的因素

在选择教学模式（teaching model）时，教师要重点考虑以下问题。

第一，教学目标。在选择教学模式（teaching model）时，必须考虑教学目标的具体要求。当知识掌握是教学的核心目标时，可以更多采用以教师活动为主的教学模式，突出系统讲授和系统训练。

第二，学习过程的复杂性。一定的教学目的、教学任务必须通过激发学生的某种学习过程才能实现，所以，教师要根据教学目的和教学任务，考虑将让学生进行何种学习活动，其过程是怎样的。从认知的角度来看，学习活动的认知复杂性是不同的。

第三，学生的特点。教学模式（teaching model）必须符合学生的认知发展水平和能力。

参考文献

[1]隋铭才. 英语教学论[M]. 南宁：广西教育出版社，2001.

[2]顾月芳."实验探究"教学模式在《科学》教学中的应用[J]. 生物学杂志，2004(1).

第五节　英语学习的模式

一、英语教学的实质

语言是交际的工具，语言是用来表情达意的，英语教学的实质就是交际，王才仁在他的《英语教学交际论》中这样论述道：

1. 交际是一系列活动进行的过程；正如 Anita Taylor（1980）等所说："The word 'process' refers to a series of interactions among elements that results in something different from the original elements."Joseph A. Devito（1983）强调指出：It is not something static and at rest；it is an ongoing process. Everything involved in interpersonal communication is in a state of change.

2. 交际是其构成因素相互作用的一个过程，如 source，receiver. message，feedback，channel，effects 是处于相互联系、互相作用中的。"The elements in interpersonal communication are integrally related to each other；they are interdepend-

ent(never independent). Each element—each part of interpersonal communication—exists in relation the other parts and to the whole."(Devito,1983)

3.交际是一个能动的过程。正如戴维托所说:"Interpersonal communication possesses the feature of unrepeatability so that all interpersonal interactions are novel experiences."(Devito,1983)。在交际活动中人是主体。戴维托(Devito,1983)说:Interpersonal communication deals with people—human beings.罗丝的模式中出现了context,situation,psychological climate,momentary mood,后来戴维托又把这四项归纳为communication context。这说明交际不能脱离环境,交际从始至终受到环境因素的制约。

communication一词,在信息论中常用于代替information,至今信息论仍可译成communication theory(比较information theory);而在交际学中也常把communication指作information,例如人类学家D. A.海姆斯(Hymes,1964)在《交际民描学初探》(*Towards Ethnography of Communication;An Analysis of Communication Events*)一文中就指出"…communication theory…is equivalent to information theory…".

第一,教学是师生之间的交际。其英语表达式是:Teaching is of communication。第二,教学是活动,是交际活动。其英语的表达方式为:Teaching is by communication。第三,师生双方的认识活动是相互依存、相互作用的。其英语表达式为:Teaching is for communication.

按照交际理论的模式,英语教学因素可以归纳为:

sources:教师、学生

教师的职业信念、教学法思维、英语能力;学生的年龄、认知结构、学能、动机

content:一般英语、特殊英语(初级阶段、中级阶段、高级阶段)

channel:教材、教学器材、活动

context:教育政策、教学原则、课时、班级规模

effect:教学目的、教学效果、评估手段

英语教学具有系统性。American Dictionary (1982)对system下的定义是:A group of interacting,interrelated or interdependent elements forming a complex whole.正如亚里士多德的名言:"整体大于部分之和。"这个"大于部分"表现为这个系统的生命。在英语教学法的研究上,我们首先应当把教学看成是一个整体,整体是由部分组成的,见图3-3。

英语教学是随着社会发展而发展的。社会的需要促使外语教学的改革,而革新又不能脱离社会条件。外语教学史上的人文主义(humanism)、重建主义(reconstructionism)和渐进主义(progressivism)都是历史的产物,都对外语做出了贡

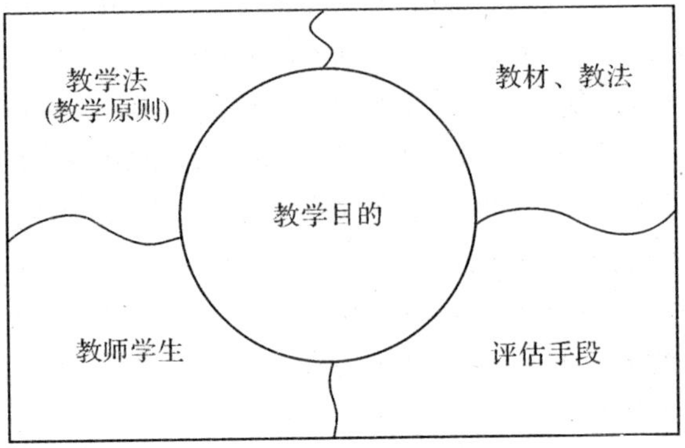

图 3-3　英语教学的系统性示意图

献，也都有各自的局限性。

二、英语教学的模式

"模式"一词，现在在各个学科广泛使用，其意为：对一个系统或理论构成因素的框架式描绘。英语"model"的定义是：A tentative description of a system or theory that accounts for all of its known properties. (*American Heritage Dictionary*)构建模式是系统科学提出的人的主体认识客体的科学方法，即根据客体的特点，找出对其发生影响的因素，通过功能优化，设计出模式以探求其运动过程的规律。

国外外语教学模式层出不穷。现选择影响较大的几个模式简介如下。

1. 教学过程模式

H. 斯特恩(H. Stern)，加拿大籍教学法家，长期在美国进行外语教学，专门研究课程设计，著述甚丰。他在 *Fundamental Concepts of Language Teaching* (1983)一书中提出了外语教学过程模式(a teaching-learning model)，见图 3-4。

这是一个流线型宏观英语教学模式，详明二语教学过程诸因素的关系，从这个模式，我们可以看到：

(1)此模式把教学可变因素分为 4 类：①社会环境(social context) ②预示因素(learner characteristics and teacher characteristics) ③过程因素(process) ④学习效果(learning outcomes)。

(2)社会环境直接影响教师、学生，间接影响到教学过程。

(3)教师特性和学生特性是教学的预示条件。学生的特性有：年龄、性别、教育状况、个人素质。教师的特性包括：语言背景(language background)、经验、职业训练、语言教学经验和理论水准等。斯特恩(Stern)认为教师和学生是教学过程中

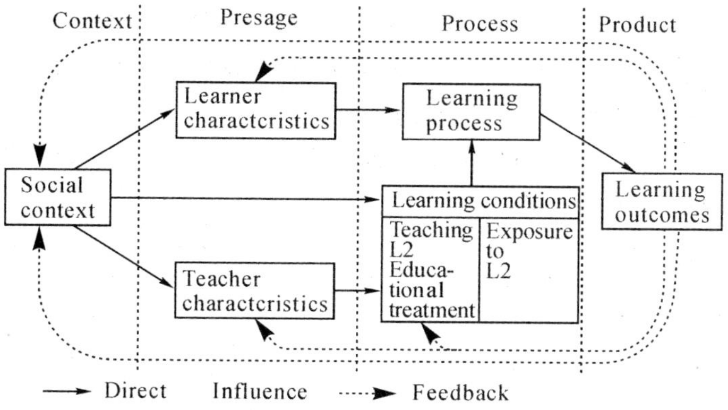

注：L2 即指 the second language

图 3-4 斯特恩的外语教学过程模式示意图

的主要角色，他们的特性对教学起着重要的作用。

(4)斯特恩(Stern)认为教学过程是教师为学生设立学习条件，使用教材和其他设施通过一定步骤引导学生参与各种课堂活动，以促进学习的过程。他指出："Language teaching comprises all and any procedures which are intended to bring about language tearing."

(5)学习效果，首先指学生获得的实际运用所学语言的能力，也应包括认知和情感方面的效果。从模式(model)中我们还可看到，学习效果又会反馈给社会，以引起社会环境的改善。

斯特恩的模式(Model of Stern)是从教学论的角度根据二语教学的一般情况设计的，对外语教学具有普遍意义。

他所说的"the model we propose identifies two principal actors in the scheme, the language teacher and the language learner"，对确立师生在外语教学中的主体地位起着重要作用。

他认为"the teacher sets up conditions for learning such as grouping or timing; he employs materials and other equipment, and the procedures he selects to lead to specific classroom activities"，是对英语教学过程的特殊性的深刻揭示；他把教学过程定位为 learning process，并与 learning outcomes 直接联系，也发人深省。

正如他强调指出的那样：Teaching interpreted in terms of curriculum is represented as planned action with certain ends in view and means to reach them.

2. 大纲设计模式。大纲设计模式实际上是一个具体的教学法的模式。下面介绍的是澳大利亚课程发展中心颁发的 ALLGuidelines 所提出的模式(Scarino, Angela, et al. ,1988),见图 3-5。详细地读解这个模式不是本小节的任务。为了以简驭繁,我们摘引原文说明一节,文字浅显,可以帮助我们了解此大纲模式的组成因素的相互关系、功能以及与 approach 的关系。

The ALL Project views the languages curriculum as a jigsaw of interlocking parts. The curriculum jigsaw:

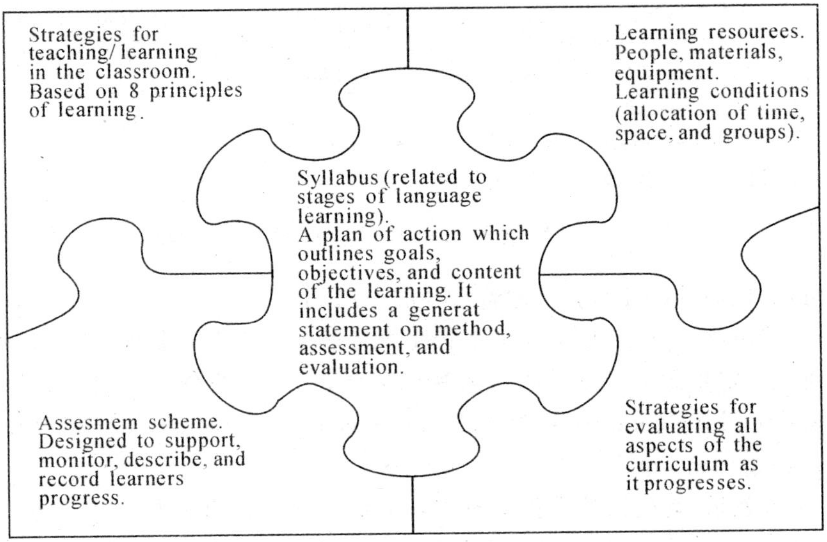

图 3-5 课程拼图示意图

No one part of the curriculum jigsaw can exist in isolation; all parts are inextricably interrelated. A change to any one part of the curriculum will have an effect on all other parts; a change in assessment practice, for example, will inevitably lead to changes in classroom practices, just a change in the content of a language learning logically lead to changes in assessment procedures.

There will always be a need to constantly fine-tune any approach to curriculum design in the light of classroom experience and further research into language learning and language acquisition. The ALL Project has adopted the term 'curriculum renewal' to describe this process of continuous fine-tuning.

3. 课堂教学模式。这是具体实施教学的模式。图 3-6 选自新加坡 1991 年颁布的英语教学大纲。

A Focus Wheel show in the conceptual framework in the planning of an integrated sequence of lessons built around a theme or topic.

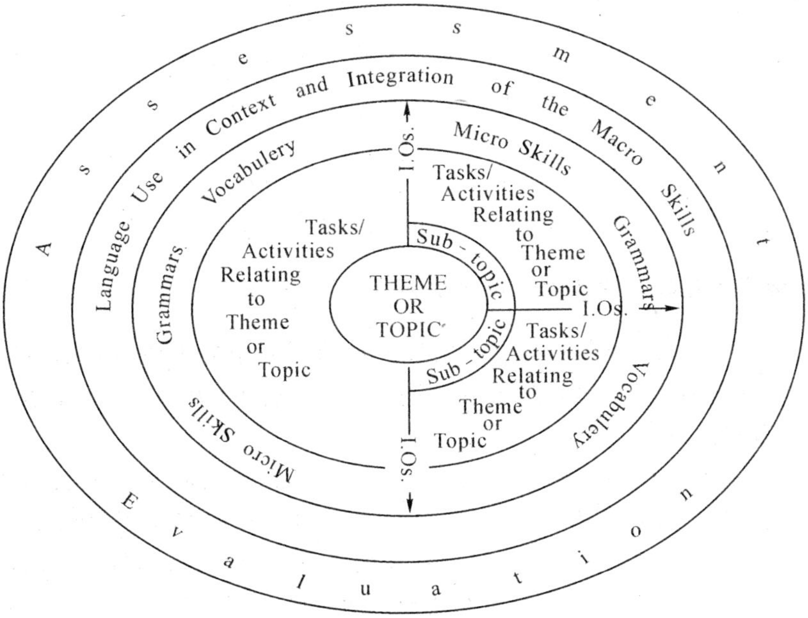

图 3-6　英语课程轮型模式示意图

这个轮型模式说明英语课程(一年或一学期)是由若干个单元(units)组成的。每个单元围绕一定的主题开展教学活动,分步实现教学目标。其层次关系是:

(1)核心层:主题(theme or topic),这是教学的出发点;

(2)第二层:作业与活动(tasks/activities),即围绕主题组织作业与活动,使学生行动起来,进行双方或多向交流;

(3)第三层:语言技能与知识(micro skills, grammars, vocabulary),这是教学目标规定的教学要求,掌握新知识,化知识为初步技能;

(4)第四层:语言运用(language use in context and integration of the macro skills),即通过实际运用培养听说读写的综合能力;

(5)外层:评估(assessment, evaluation),指单元测试,检验教学效果,获取反馈信息。

英语学习的过程是一个从英语知识的知晓到交际英语能力培养的较长时间的能力训练过程。在这个较长的过程中有静态的结果获得过程,也有动态的学习活动过程。静态结果的学习过程可归纳为:

英语知识→英语技能→英语交际能力

动态的学习过程可归纳为:

知晓→能会→掌握→实用

如果把英语学习的静态与动态的过程合在一起，可列图 3-7。

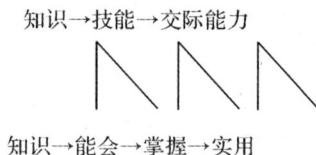

知识→技能→交际能力

知识→能会→掌握→实用

图 3-7　静动态学习过程的融合

三、教学策略与教学模式之间的关系

策略(strategies)涉及的是为达到某一目的而采用的手段，因此，可以将教学策略(teaching strategies)理解为：在不同的教学条件下，为达到不同的教学结果所采用的手段和谋略(strategies)。

教学策略(teaching strategies)与教学模式(teaching models)相比，两者都是教学规律、教学原理的具体化，都具有一定的可操作性；只是教学模式(teaching models)是相对稳定的、可供参照的一系列教学行为的组合，而教学策略(teaching strategies)尽管也以一整套的教学行为作为表征形式，但其本身是灵活多变的，不具有相对固定的属性；教学模式(teaching models)有一定的逻辑线索可以依据，它指向于整个教学过程；而教学策略(teaching strategies)的结构性却显得不足，而且它往往比较明显地指向单个的教学行为。教学策略(teaching strategies)具体体现在教与学的相互作用的活动中。在某个教学模式(teaching models)中，可以采用多种教学策略(teaching strategies)，同时，一个教学策略(teaching strategies)也可用于多种教学模式(teaching models)中。

参考文献

[1]杜均珩. 教学模式与高效课堂之间的关系[J]. 课程教育研究：新教师教学，2015(4).

[2]陈爱莲，刘玉玲. 浅谈英语多媒体教学模式与学生元认识能力培养之间的关系[J]. 学园：学者的精神家园，2013(5).

[3]http://baike. baidu. comview2851680. htm.

[4]http://wenku. baidu. comview187e8e4cc850ad02de8041e0. html.

[5]王才仁. 英语教学交际论[M]. 南宁：广西教育出版社，1998.

[6]隋铭才. 英语教学论[M]. 南宁：广西教育出版社，2001.

第六节 学习策略概述

一、学习策略研究的背景

面对终身学习(lifelong learning)的社会环境,培养人的学习能力,教学生学会学习成为一种国际性的教育主张。学习策略(learning strategies)作为学习者学习中极为重要的机制,直接影响到学习者的学习效率和学习效果,甚至对学习者的学习行为和学习态度都具有一定的改善作用,它有助于提高学习者的认知水平与学习能力,挖掘其学习潜力。掌握学习策略(learning strategies)已成为衡量学生学会学习、学会思考的根本标志。

研究学习策略(learning strategies)的目的是使学生能将其应用于学习中,提高学习效率。学习策略(learning strategies)是鉴别会不会学的标志,是衡量个体学习能力的重要尺度,是决定学习效果的主要因素之一。学习者掌握并应用学习策略(learning strategies),如果仅靠学习者自我探索,显然是事倍功半的,而传统的学科教学在满足学生适应终身学习(lifelong learning)的能力需要上还存在一定不足,没能充分开发学习潜能。如果通过教学来实现,使学习者在较短时间内学会更多更有效的学习策略(learning strategies),将事半功倍。

网络教育(network education)突破传统教学的时空限制,以其快捷、经济、海量、覆盖面广等特点,为人们提供了一个崭新、广阔的学习世界,为任何愿意获取知识的人提供了学习机会。但是在网络学习中,教的过程与学的过程在时空上是分离的,这种分离使得师生间的互动是非实时的,学习者进行的是一种高度自主化的学习,这就对学习者提出了更高的要求。学习者需要针对网络学习(network learning)的特点学会如何学习,学会有效的网络学习策略(learning strategies),并适当应用。但问题是,目前我国的网络学习者,无论是“网络大学生”还是职业进修人员,基本上都是在传统教学中成长起来的,他们的学习方式、方法也是在传统课堂学习中获得的。这样,在网络学习环境(network learning environment)这一新的环境下,为了使学习更加有效,学习者显然还需学会如何更好地在网络学习环境中学习,掌握合适的学习策略(learning strategies)并适当应用。

关于学习策略(learning strategies)的研究,开始是探索学生自发使用的策略,布鲁纳(Brunner)等人在研究人工概念学习的过程中发现了聚焦策略和审视策略,并发现人们能够运用一定的策略进行学习,其学习效果可以得到极大改善,布鲁纳的发现学习为学习策略(learning strategies)的研究提供了理论基础。20 世纪 60

年代,国外研究学习策略(learning strategies)的热潮渐起,认知心理学的发展为学习策略(learning strategies)的教学与训练奠定了基础,70年代弗拉维尔(Flavel)提出元认知概念后,元认知理论(metacognitive theory)的发展极大地丰富了学习策略理论研究与训练指导。到20世纪90年代,国内关于学习策略(learning strategies)的研究也越来越多。学习策略(learning strategies)已成为教育理论和实践工作者广泛关注的问题,国内外学者做了很多相关理论和实验研究,发表了很多专著和论文,大中小学教师也在实践工作中不断探索。

二、学习策略研究的历史

(一)学习策略重要性在古人的体现

学习理论的构建和研究的最终目的是提高学习效率。对于普通的学习者来讲,他们十分注重学习效率问题。在学习的过程中,他们有意或无意地通过不断调整和改进自己的学习方法来提高自己的学习效率。教学工作者在教学过程中,通过让学生掌握和应用学习方法来提高教学质量。

在历史上,古人早已认识到学习方法或学习策略(learning strategies)的重要性。从现存的一些古代心理学或教育学文献上可以看到,历史上曾有相当一部分心理学家和教育家,在他们的著作中谈及过学习策略(learning strategies)和论述过学习策略(learning strategies)在学习过程中的重要性。我国古代著名的思想家、教育家孔子说的"学而不思则罔,思而不学则殆",以及法国近代思想家、心理学家、教育家卢梭讲的"形成一种独立的学习方法,要比获得知识更为重要"都与学习策略问题或学习策略(learning strategies)在学习过程中的重要性有关,但他们对学习策略没有进行过系统的研究。

(二)学习策略的序幕——"认知策略"概念的提出

对学习策略(learning strategies)进行系统的研究,是从美国当代最著名的认知心理学家布鲁纳(Brunner)进行人工概念的研究后开始的。

1956年,布鲁纳(Brunner)和他的同事们做了一个关于人工概念的形成的经典实验。他们在研究的过程中发现,被试者在实验期间连续做出的反应或决定不是任意的或杂乱无章的,而是有着一定的顺序(order)。这种顺序总是包含着一定的目的,如获得最大限度的信息等。这也就是说,被试者是按照一定策略来做出选择的。在此基础上,布鲁纳(Brunner)提出了"认知策略"的概念。以后人们便开始对认知策略进行系统的研究。

由于认知策略(cognitive strategies)和学习策略(learning strategies)的关系十分密切,所以人们在系统研究认知策略(cognitive strategies)的同时,对学习策略(learning strategies)也开始进行系统的研究。因此,可以说,"认知策略(cognitive strategies)"概念的提出,为系统研究学习策略(learning strategies)揭开了序幕。

(三)学习策略研究的发展

学习策略(learning strategies)作为学习心理学和教育心理学的一个正式的专用名词,是在布鲁纳(Brunner)提出"认知策略(cognitive strategies)"概念后逐步形成和确立起来的。目前,有关学习策略的研究发展得很快,已经积累了可观的资料。

1. 西方心理学界对学习策略的研究

对学习策略(learning strategies)进行系统的研究主要起源于西方,主要在美国。三十多年来,西方的心理学家对学习策略(learning strategies)的问题做了许多有意义的探索,获得了许多有价值的研究成果,并使学习策略(learning strategies)的研究成为学习心理学和教育心理学研究发展的一个方向。他们的研究主要集中在学习策略(learning strategies)的含义和构成、学习策略(learning strategies)与认知策略的关系、学习策略(learning strategies)与元认知的关系,以及学习策略(learning strategies)的教学等几个方面。

2. 学习策略研究在我国的发展

我国心理学界对学习策略(learning strategies)的研究起步较晚,直到20世纪80年代后期才开始对学习策略(learning strategies)的问题进行系统的研究。虽然研究的起步较晚,但研究的起点并不很低。目前,从心理学和教育学的理论刊物发表的论文和研究报告来看,关于学习策略(learning strategies)研究的论文和研究报告越来越多。由此,也可以看出学习策略(learning strategies)的研究在我国发展得很快。

三、学习策略的概念

"学习策略(learning strategies)"作为一个完整的概念,虽然从提出到现在已经三十多年了,但目前人们对学习策略(learning strategies)的概念还没有一个统一的界定。

(一)学习策略的不同界定

关于学习策略(learning strategies)的概念的界定,目前有多种说法。

1. 国外关于学习策略(learning strategies)的概念的不同界定

一些专门从事学习策略(learning strategies)研究的心理学家对学习策略(learning strategies)的概念的界定分别是这样的:

杜菲(Duffy)认为:"学习策略(learning strategies)是内隐的学习规则系统。"

奈斯比特和舒克史密斯(Nisbet and Shucksmith)认为:"学习策略(learning

strategies)是选择、整合、应用学习技巧的一套操作过程。"

丹塞雷(Dansereau)认为:"学习策略(learning strategies)是能够促进知识的获得和贮存,以及信息利用的一系列过程或步骤。"他指出,学习策略(learning strategies)应该包括两类相互联系的策略:主策略(primary strategies)和辅策略(support strategies)。主策略为具体的直接操作信息,即学习方法。它包括:(1)理解一保持策略;(2)检索一应用策略。辅策略(support strategies)则作用于个体,用来帮助学习者维持一种合适的内部心理定向,以保证主策略(primary strategies)有效地使用。它包括下列技能:(1)目标定向和时间筹划;(2)注意力分配,包括激活和维持积极的学习情绪的策略;(3)自我监控和诊断,其作用是引起学习者定期检查自己的学习情况,必要时调整自己的理解、注意和情绪,另外也包括控制和修正正在操作中的各种主策略(primary strategies)。

凯尔(Kail)和比森(Bisan)认为:"学习策略(learning strategies)是一系列学习活动过程,而不是简单的学习事件。"

梅耶(Mayer)认为:学习策略(learning strategies)是人"在学习过程中用以提高学习效率的任何活动"。因此,他把记忆术、建立新旧知识的联系、建立新知识内部联系、做笔记、在书上评注、画线等促进学习的一切活动都称作学习策略。

琼斯(Jones)、艾米伦(Amiran)和凯蒂姆斯(Katims)认为:"学习策略(learning strategies)是被用于编码、分析和提取信息的智力活动或思维步骤。"

里格尼(Rigney)认为:"学习策略(learning strategies)是学生用于获得、保持与提取知识和作业的各种操作与程序。"

2. 国内关于学习策略(learning strategies)的概念的不同界定

国内学者的观点也很多,各具代表性,如:学习策略(learning strategies)是学习者对学习任务的认识、对学习方法的调用、对学习过程的调控(蒯超英,1999);学习策略(learning strategies)是学习者用以提高学习效率的一般性整体谋划(张大均,1999);学习策略(learning strategies)指的是个体在特定的学习情境里用以促进其获得知识或技能的内部的方法之总和(黄旭,1992);学习策略(learning strategies)是学习者在学习活动中有效学习的规则、方法、技巧及其调控(刘电芝,1997);学习策略(learning strategies)就是学习者为了提高学习的效果和效率,有目的、有意识地制定的有关学习过程的复杂方案(陈琦等,1997)。

(二)对学习策略的解读

如果我们对上述各种学习策略概念(concept of learning strategies)的界定进行一番分析,可以发现,关于"什么是学习策略(learning strategies)"的问题,在心理学界,大致有以下四种观点。

1. 把学习策略(learning strategies)看作具体的学习方法或技能。如,梅耶、琼斯、艾米伦、凯蒂姆斯和里格尼等人就是持这种观点的。

2. 把学习策略(learning strategies)看作学习的调节和控制技能。如,奈斯比特、舒克史密斯、凯尔和比森基本上是持这种观点的。

3. 把学习策略(learning strategies)看作内隐的学习规则系统。如,杜菲的观点就是这样的。

4. 把学习策略(learning strategies)看作学习方法和学习的调节与控制的有机统一体。对于上述四种并不完全相同的观点,可以用图 3-8 所示的"方式"将其统一起来。这也就是说,从抽象意义上来讲,学习策略(learning strategies)是一种"内隐的学习规则系统";从学习的操作意义上来讲,学习策略(learning strategies)是一个"学习方法和学习的调节与控制的有机统一体";从结构意义上来讲,学习策略(learning strategies)是由"学习方法"和"学习的调节与控制"等方面的因素组成的。例如,丹塞雷(Dansere)就是这样认为的。

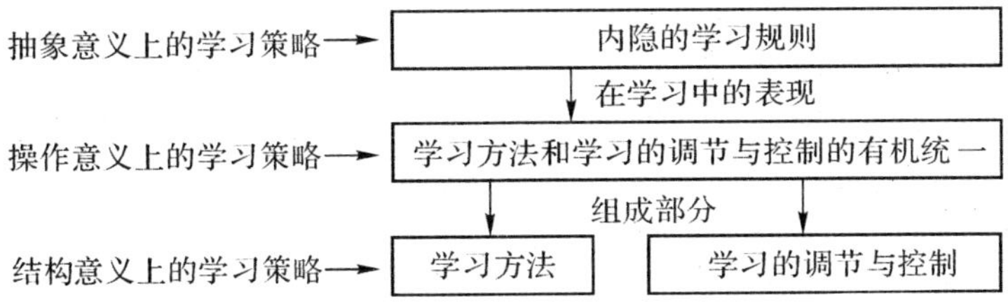

图 3-8 一种试图协调四种不同的学习策略的观点的意见(示意图)

资料来源:蒯超英《学习策略》

事实上,中外研究者的观点是从不同角度阐释了学习策略(learning strategies)的内涵,各有侧重点,纵览这些定义,利于我们全面而深刻地认识学习策略(learning strategies),它既有静态内容,也是一个动态执行过程;既有具体方法,也是一个操作系统;既有内隐、外显之分,也有水平之别。

(三) 学习策略的基本特征和本质属性

1. 学习策略的基本特征

学习策略(learning strategies)的基本特征有三。

(1)学习策略(learning strategies)是伴随着学习活动的展开而形成的。如果不学习,也就根本谈不上有学习策略(learning strategies)。学习策略(learning strategies)不是先天形成的,而是在具体的学习过程中,为提高学习的效率而逐步形成和发展起来的。

(2)学习策略(learning strategies)是帮助学习者对学习方法和学习内容进行沟通的操作系统。任何形式的学习都是要运用一定的学习方法的。学习策略(learning strategies)的作用就是在学习的过程中,帮助学习者将学习方法具体地应用起来。

(3)个体的学习策略(learning strategies)会随着学习者对学习目标期望和学习内容的难易程度的改变而发生变化。人们在学习的过程中会形成许多学习策略，这些学习策略(learning strategies)在具体的学习过程中并不是机械地运用的。学生会根据学习内容的特点和期望的学习目标灵活地选择、应用和调整学习策略(learning strategies)。

2.学习策略的本质属性

学习策略(learning strategies)的本质属性有二。

(1)学习策略(learning strategies)在学习过程中的主要作用是学习者对学习活动进行自我调节和控制。这种对学习活动的调节和控制，就是在具体的学习过程中，针对具体的学习内容，对“怎样学(即如何进行学习执行的操作)?”和“学到什么程度(即对学习目的究竟有什么样的认识)?”等一系列问题进行决策，并将这种决策在一些具体的学习活动中实施。

(2)在具体的学习过程中，学习策略(learning strategies)对学习活动所进行调节和控制主要是通过学习方法的调用来实现的。因此，学习策略(learning strategies)具有一定的方法性。当然，学习策略(learning strategies)的方法性和一般学习方法的方法性是有一定的区别的。

四、学习策略与认知策略、元认知及学习方法的关系

认知策略、元认知及学习方法是与学习策略(learning strategies)既有联系，又有区别的一些概念。理清学习策略(learning strategies)与认知策略(cognitive strategies)、元认知及学习方法的关系，有助于我们对学习策略(learning strategies)的概念有进一步的认识。

(一) 学习策略与认知策略的关系

认知策略是个体对认知过程进行调节和控制的能力。它与智慧技能不同，这是一种“对内”的能力。智慧技能是一种处理外部世界的能力。认知策略(cognitive strategies)包括个体挖掘自己注意、学习、记忆和创造性思维的能力。它是学生学会学习的核心成分。对认知策略(cognitive strategies)研究较为系统的是美国教育心理学家加涅。

学习策略(learning strategies)与认知策略既有联系，又有区别。加涅在论述认知策略的同时，也提到了它与学习策略的关系。他说：“学生在学习过程中，学会如何学习、如何记忆、如何进行导致更多学习的反审性和分析思维。显然个体不断学会成为能自我教学的人，或者甚至成为独立的学习者。其原因是他们逐渐获得了调节自己内部过程的有效策略。”从加涅的上述论述来看，认知策略与

学习策略(learning strategies)具有因果关系。认知策略的改进是学习策略改进的原因。

由于学习方法(如梅耶所讲的记忆术、建立新旧知识的联系、建立新知识内部联系、做笔记、在书上评注、画线等)及其他的一些非认知策略的内容也是学习策略(learning strategies)的重要组成成分,所以学习策略(learning strategies)比认知策略所包容的范围更广。但认知策略是学习策略(learning strategies)的一个重要的核心组成成分。

(二)学习策略与元认知的关系

元认知(metacognition)又译为"反审认知""反省认知""超认知",我国台湾省的学者将其译为"后设认知"。它是弗拉维尔(Flavel)于20世纪70年代提出的一个新概念。弗拉维尔(Flavel)认为,元认知的定义(definition of metacognition)"通常很宽泛而且很松散,它将任何一种知识或认知活动,或任何认知活动的任何方面作为其对象并对其加以调节"。元认知的核心意义是"关于认知的认知"。并认为,元认知技能(skills of metacognition)在多种认知活动,如口头交际、劝说、理解、写作、语言获得、知觉、注意、记忆、社会认知及各种各样的自我指导和自我控制中都起着重要作用,具有广泛的适用性。

关于元认知(metacognition)与认知策略(cognitive strategies)的区别,弗拉维尔(Flavel)认为,认知策略(cognitive strategies)的主要功能是在学生从事的认知活动中,帮助他们达到认知目标;而元认知的主要功能(main functions of metacognition)是向学生提供有关认知活动或活动进展的信息。使用认知策略(cognitive strategies)是为了取得进步,使用元认知(metacognition)是为了监控这种进步。因此,元认知的发展水平直接制约或促进其他方面的发展,包括认知策略(cognitive strategies)的发展。从这个意义上来说,元认知能力(ability of metacognition)与认知策略(cognitive strategies)一样,是有效运用学习策略(learning strategies)的基础或前提。

当然,元认知(metacognition)与认知策略(cognitive strategies)和学习策略(learning strategies)一样,是一个新近提出并且仍在发展中的概念。考虑到元认知(metacognition)与学习策略(learning strategies)也具有因果关系,将元认知(metacognition)视为学习策略(learning strategies)的又一个重要的核心组成成分。

(三)学习策略与学习方法的关系

学习策略(learning strategies)的本质属性是对学习进行自我调节和控制。在实际的学习过程中,学生主要是使用学习方法进行自我调节和控制。

学习方法(learning methods)是指学习者用在编码、储存、提取、运用等认知过程中的认知方法或技能。它们是学习策略(learning strategies)的知识和技能基础,是学习策略(learning strategies)的一个基本组成部分。

“学习方法的掌握和应用”基本上是与“学习策略(learning strategies)”同义的。这并不等于说“学习方法(learning methods)”或“学习方法的掌握”是与“学习策略(learning strategies)”基本上是同义的。这是因为,学生即使掌握了一定的方法,但如果在实际的学习过程中,面对特定的学习内容,不会使用或不知道如何使用这些学习方法(learning methods),他们就无法或难以对学习进行自我调节和控制。

五、学习策略的构成

(一) 国外学者的观点

对学习策略(learning strategies)构成的了解,有助于对学习策略的把握。关于学习策略的构成,国外学者主要有以下几个观点。

1. 根据学习策略的作用,把学习策略(learning strategies)分为主策略(primary strategies)和辅策略(support strategies)。(丹塞雷 Danserau,1985)

主策略(primary strategies)主要包括获得和存储信息的策略(领会和保持策略),提取和使用这些存储信息的策略(提取和利用策略)。

辅策略(support strategies)包括计划和时间安排、专心管理以及监视与诊断。专心管理进一步分为心境设置和心境维持两种值。辅策略用来帮助学习者维持适当的认知氛围,以保证基础策略有效地操作。

2. 根据学习的进程,分为选择性注意策略、编码策略,检查学习策略的有效性等。这种区分便于我们对具体策略的认识与探讨,有利于学习的指导与实际应用。

3. 根据学习策略(learning strategies)的可教性分为:大策略、中策略、小策略。大策略可迁移性最大,距任务最远,可教性最差。中策略既可教,迁移性也比较大。小策略距任务最近,可教性最好,但教学的可迁移性最小。此种划分为学习策略的教学与迁移提供了参考。

4. 温斯坦(Weninstein)认为学习策略包括认知信息加工策略,如精细加工策略;积极学习策略,如应试策略;辅助性策略,如处理焦虑;元认知策略,如监控新信息的获得。

5. 根据学习策略的成分,分为认知策略、元认知策略、资源管理策略(迈克卡 Mckeachie, et al.,1990),见图 3-9。此种学习策略结构划分比较详细,让人能清楚地知道有哪些学习策略,具有很强的可操作性,在此基础上可以有针对性地进行学习策略的教学和训练,因此被广为接受。

- 学习策略
  - 认知策略
    - 复述策略(如重复、抄写、做记录、画线、默念等)
    - 精细加工策略(如想象、口述、总结、类比、答疑等)
    - 组织策略(如选择要点、列提纲、组块、画草图等)
  - 元认知策略
    - 计划策略(如设置目标、浏览、设疑、回忆经验等)
    - 监视策略(如自我测查、集中注意力、监视领会等)
    - 调节策略(如调整阅读速度、使用应试策略、复查等)
  - 资源管理策略
    - 时间管理(如定时间表、设置目标、调整作息等)
    - 学习环境管理(如寻找固定、安静的学习场所等)
    - 努力管理(如自我强化、坚持不懈、自我调整等)
    - 其他人的支持(如寻求教师、伙伴、小组帮助等)

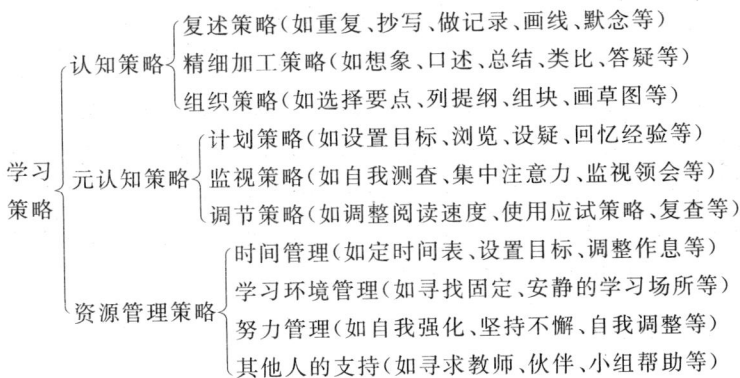

图 3-9 学习策略分类图

6. 奥玛利(Michael O'malley)研究了美国外语学习者的 24 种学习策略,并把它分为认知策略、元认知策略、社会情感策略(socio affective strategies)。此种分类方法被语言学习策略研究者广泛采用。还有奥克斯福德(Oxford,1990)的分类法在语言学习策略研究领域影响较大,她根据策略与语言材料的关系把学习策略分为直接策略(包括记忆策略、认知策略和补偿策略)、间接策略(包括元认知策略、情感策略和社会策略)。

7. Entwistle 把学习策略分成三种:深层策略、表层策略和无组织策略。深层策略(deep processing strategies)指个体采用的努力理解学习材料的含义、发掘新旧知识之间联系等加工策略;表层策略(surface strategies)指学习中个体采用死记硬背、机械重复等加工策略;无组织策略(disorganization strategies)指学习者在建立和保持一种合理、有效的学习方法方面存在困难。

8. 奈斯比特和舒克史密斯(Nisbet & Schucksmith)认为学习策略包括 6 个因素:提问、计划、调控、审核、矫正、自检。

(二)国内学者的观点

1. 蒯超英(2000)认为学习策略(learning strategies)的主要因素有三个,一是学习方法;二是学习的调节和控制;三是元认知(metacognition)。

2. 黄旭(1992)认为学习策略(learning strategies)是多层次、多水平、动态的有机系统。学习策略(learning strategies)包括元认知、学习的调控和学习方法三个要素;学习的调节与控制是主动的学习者在一个连续不断的学习活动中使用的调控学习行为;元认知(metacognition)是个人关于与他自己或他人的认知活动的过程、任务、目标和方法等有关的知识和信息。在学习策略(learning strategies)的结构中,学习方法(learning methods)是结构中最基本的要素,学习的调控处于"中介"地位,而元认知(metacognition)是结构中的动力系统,是最活跃的因素。

3. 史耀芳(1991)认为学习策略(learning strategies)可分为基本策略和辅助策

略两个层次。基本策略(basic strategies)指学生在课堂学习过程中为了保证学习活动的顺利进行所必须具有的各种学习策略(learning strategies)。辅助策略由允许基本策略(basic strategies)中那些能有效地进行操作的各种策略组成。

4. 胡斌武(1994)以学习策略(learning strategies)的运行机制为逻辑起点,根据简化规则,运用"模型化"方法将学习策略(learning strategies)的构成要素分成元认知(metacognition)作用下的操作性方式及操作控制方式。这两种要素之间相互作用、相互依存并形成有机的统一整体。

六、具体的学习策略

(一)选择性注意学习策略

1. 选择性注意策略的含义与特点

选择性注意策略是指学习者在学习情境中激活与维持学习心理状态,将注意集中于有关学习信息或重要信息上,对学习材料保持高度的觉醒或警觉状态的学习策略(learning strategies)。

选择性注意(selective attention)包括选择并集中注意于有关的学习信息,以及对重要信息保持警觉。首先,能否对有关学习内容给予选择性注意(selective attention),保持一定的觉醒状态是学习者能否进行有效学习的前提。其次,能否预期重要信息并对重要信息保持高度的警觉是判断学习者是否会学习的重要标志。善于选择吸收信息是会学习的重要表现。最后,能否注意反馈,尤其是出了错误的时候,注意反馈在学习中起着重要作用。

据有关研究,学生的选择性注意策略(strategies of selective attention)从内容上分为简单策略和结构性策略,前者是将注意集中在课文内容上,后者指集中注意于大、小标题,各段的主题句或者导言性、总结性段落。选择性注意策略(strategies of selective attention)从形式上分为分隔式策略和抽样式策略,分隔式策略指将学习材料分成较小的部分,先只注意一部分,掌握后再注意另外的部分。抽样式策略指按不同的抽样方式(如随机抽样、任意抽样、系统抽样、记忆指向的抽样)改变注意点的策略。

对学习信息进行选择性注意不仅存在个体差异,也存在年龄差异。

2. 制约选择性注意的因素

(1)学习目标

学习目标(learning goals)是学习者对学习结果的预期,即预期实现的学习者的认识和行为上的变化。学习目标(learning goals)起着定向和标准作用,制约着选择性注意。通常目标不同,选择的信息内容、方法就会有差异。学习目标(learning goals)是学习活动的出发点和归宿,是否有明确的目标,学生对学习目标

(learning goals)的认知程度如何,影响着学生对信息的选择,进而影响学习效果。由此可见,学习目标(learning goals)极大地制约着选择性注意,影响着学习活动的效果。

(2)问题的类型与问题的位置

心理学家通过在阅读材料中附加一些问题,以问题类型的变换与问题置入的位置不同来考察学生的注意策略及其对学习的影响。关于问题类别的研究发现,若问题涉及材料的基本结构,学习者注意材料的主要内容;若问题涉及材料的性质,学习者则注意材料中的细节。对问题的位置研究表明,问题若出现在阅读之前,将促使学习者的注意集中与问题有关的内容,有助于有意学习;问题若出现在阅读之后,则有助于学生的偶然学习。

(3)刺激物的特点

①刺激物的强度;②刺激物的新异性;③刺激物的差异性;④刺激物的变化。

(二)记忆学习策略

所谓的记忆学习策略,简单地说就是指运用记忆的一般规律,有效地识记、保持、提取信息的方法和技巧。记忆是一个较复杂的过程,它由识记、保持、提取三个环节依次组成。这三个环节的有效方法可相应地分为三大类策略。

1. 识记策略

识记是记忆的初始环节。成功的识记必须是在正确理解、掌握并善于运用识记的一般规律的基础上才能得以实现。

2. 保持策略

信息的保持依赖于识记,也依赖于保持策略。信息保持的策略主要有:(1)复述;(2)过度学习;(3)复习。

3. 提取策略

提取信息,不仅取决于信息的识记与保持的程度,也依赖于追忆的方法。追忆的方法主要有:(1)联想追忆法;(2)推理促进法;(3)再认助忆法。

(三)组织学习策略

组织,就是按照材料的特征或类别进行整理、归类或编码。组织的具体方式、方法或途径就是组织策略(organization strategies)。组织策略(organization strategies)是将信息由繁到简、由无序到有序的一种重要手段。组织了的材料贮存在头脑中,犹如图书馆经过编码的书,易“招之即来”。组织策略(organization strategies)是对信息深加工的重要形式,它不仅能有效地利用于材料的识记与提取,也能有效地加强与提高对材料的理解与表达。组织是优秀学习者的常用策略。

1. 组织信息的方法

(1)聚类组织法;(2)概括组织法。

2.组织信息的途径

(1)按顺序关系组织;(2)按因果关系组织;(3)按种属关系组织。

(四)精加工学习策略

1.精加工策略的含义与意义

精加工就是使人们更好地理解和记住正在学习的东西而做的充实意义的添加、构建或者生发。精加工策略和前述的组织策略(organization strategies)都属深加工策略,但组织策略(organization strategies)是在于构建或突出新知识点之间的内在联系,使信息易于接收;精加工则是使新知识与已有知识取得联系,增进对新知识的理解。精加工在学习过程中发挥着重要的作用,是高效率地获得陈述性知识的基本条件之一。

2.精加工的方法

(1)类比法;(2)比较法;(3)质疑;(4)扩展与引申;(5)先行组织者。

(五)元认知学习策略

1.元认知的含义

“元认知”作为一个术语,最初由美国心理学家 J. H. Flavell(1976)提出,之后 Flavell、Brown 以及 Sternberg 等人都对这一概念进行过界定。

Flavell(1976)将元认知表述为“个人关于自己的认知过程及结果或其他相关事情的知识”,以及“为完成某一具体目标或任务,依据认知对象对认知过程进行主动的监测以及连续的调节和协调”;

Flavell(1981)将元认知定义为“反映或调节认知活动的任一方面的知识或者认知活动”;

Brown 等认为元认知(metacognition)是“个人对认知领域的知识和控制”;

Yussen 认为,“元认知(metacognition)可认为是反映认知本身的知识体系或理解过程”;

Patricia 将元认知(metacognition)描述为“第二层次的认知,对思维的思维,关于知识的知识,对活动的反省”;

Sternberg 认为,“元认知(metacognition)是关于认知的认知,认知包含对世界的知识以及运用这种知识去解决问题的策略,而元认知(metacognition)涉及对个人的知识和策略的监测、控制和理解”。

通常,人们认为元认知(metacognition)就是对认知的认知。元认知(metacognition)过程实际上就是指导、调节我们的认知或认识过程,选择有效认知或认识策略的控制执行过程。其实质是人对认识或认知活动的自我意识、自我体验、自我调节和自我控制。

2. 元认知的构成

从元认知的构成(metacognitive form)来看,它主要包括元认知知识(metacognitive knowledge)、元认知体验(metacognitive experience)和元认知监控(metacognitive monitor)三个成分。

元认知知识(metacognitive knowledge)是指个体具有的关于认知活动的一般性知识,包括关于认知个体的知识、关于认知任务方面的知识、关于认知策略方面的知识。

元认知体验(metacognitive experience)是指个体伴随着认知活动(cognitive activity)而产生的认知体验(cognitive experience)或情感体验,它既包括"知"的体验,也包括"不知"的体验,个体可能完全意识到而且能够表达出来;也可能是模糊不清而不容易表达出来;体验也可长可短,可简可繁,可能发生在认知活动(cognitive activity)展开期间的任何时刻,至于产生什么体验,与个体在认知活动(cognitive activity)中所处的位置和正在取得或可能取得的进展有关。

元认知监控(metacognitive monitor)就是指在认知活动的过程中,个体积极对正在进行的认知活动(cognitive activity)进行监控,并相应地对其进行调节,以迅速达到预定的目标。它主要有制订认知计划(cognitive plan)、实际控制认知过程(cognitive process)、及时检查认知结果(cognitive result)、及时调整认知计划(cognitive plan)和在认知活动(cognitive activity)偏离认知目标(cognitive goal)时采取补救措施等内容。

元认知知识(metacognitive knowledge)、元认知体验(metacognitive experience)和元认知监控(metacognitive monitor)三者是相互联系、相互影响和相互制约的。元认知知识(metacognitive knowledge)是元认知监控的基础,在元认知体验(metacognitive experience)的作用下,元认知监控(metacognitive monitor)来有效地协调、积累和激活元认知知识(metacognitive knowledge)。元认知对个体学习的作用也就表现在通过元认知知识(metacognitive knowledge)、元认知体验(metacognitive experience)、元认知监控(metacognitive monitor)的作用以及它们之间的相互作用来有效地计划、监控和调节学习者自己的学习活动,以便尽快而有效地达到目标。

从上可见,元认知(metacognition)在学习活动中具有重要的作用,是因为它具有两个重要的功能:①意识性;②调控性。

3. 元认知的发展

随年龄的增长而增长、从外控到内控、从无意识到有意识再到自动化和从局部到整体。

4.元认知策略

计划策略、监视策略和调节策略。

5.元认知的培养

大量的研究表明，对学生进行专门的元认知训练，可提高元认知的水平。训练的主要方法有：①自我提问法；②相互提问法；③知识传授法。

6.具体应用

复述策略就是为了记住某事物而不断积极地重复。

精细加工策略就是通过对学习材料进行精细加工和填充完善，使学习者将已知的内容和要学习和记忆的内容联系起来，来建构新材料的意义。

组织策略就是用某种结构将学生要学习的内容组织起来。（如用图表来概括内容，用树状图来表示关系，用流线图来解释流程）

对复述策略、精细加工策略和组织策略的初步总结，见表 3-2。

表 3-2 复述策略、精细加工策略和组织策略的初步总结

<table>
<tr><td colspan="2">为了促进知识的记忆</td></tr>
<tr><td rowspan="7">复述策略</td><td>运用记忆术</td></tr>
<tr><td>重复阅读</td></tr>
<tr><td>重复抄写</td></tr>
<tr><td>大声重复关键词</td></tr>
<tr><td>用记忆卡</td></tr>
<tr><td>一字不落地记笔记</td></tr>
<tr><td>一遍遍地背诵材料</td></tr>
<tr><td rowspan="6">精细加工策略</td><td>将新材料纳入已有知识体系中(同化)
使用新概念将新材料组织起来(顺应)</td></tr>
<tr><td>解释</td></tr>
<tr><td>总结</td></tr>
<tr><td>类比</td></tr>
<tr><td>对材料提出问题并回答
将材料教给他人</td></tr>
<tr><td>将知识应用到新情境中去</td></tr>
</table>

续表

为了促进有意义的学习	
组织策略	列提纲
	画图表
	分类
	归类
	找出相似点和不同点
	确定等级和层次关系
	从细节中找出主要内容和中心思想

学习策略(learning strategy)还可以分为任务前、任务中、任务后策略。任务前策略主要是做准备;任务中策略直接用于获得知识时建构其意义,或解决学习者是如何学习某一内容的问题;任务后策略主要是解决记忆存储之后的问题。

表 3-3 提供了阅读学习中可使用的任务前、任务中、任务后策略。

表 3-3　任务前、任务中、任务后策略

任务前、任务中和任务后策略	
任务前策略	准备好合适的材料
	确定老师布置的任务是什么,以及老师为什么要布置这样的任务
	确定作者写这些的目的
	大略看一下内容以确定其大体讲的是什么
	阅读时提出要回答的问题
任务中策略	确定合适的阅读速度
	找出中心思想和各个细节
	注意如何将正在阅读的材料和你已有的知识匹配起来
	列出阅读材料的大纲
	总结大意
	应用其他的知识获得策略
任务后策略	将考试中的“典型”问题写出来并试着进行回答
	试着将材料的内容讲给同学听
	试着用画图来描述材料内容
	用自己的话总结阅读材料的内容

七、影响学习策略掌握和运用的因素

(一)学习者因素

学生是学习的主体,学习策略(learning strategies)的掌握和运用很大程度上取决于学习者本身。来自学习者的因素主要有:年龄特征、知识基础、智力水平和动机强度。

(二)教师因素

教师经验、教学方法的恰当运用、教学时间的多少和教学信息的反馈。

八、国外关于学习策略的研究概述

(一)学习策略的含义

观点	代表人物
学习的程序、方法、规则(特质)	Rigney Duffy
学习的信息加工活动过程(认知)	Kail&Bisan, Dansereau, Nisbet&Shucksmith, Mayer
学习监控及学习方法(元认知)	Sternberg

学习策略(learning strategy)是个体在学习的认知活动以及元认知活动中所采用的思维方式与方法的总称。

(二)学习策略(learning strategies)的结构(表 3-4)

表 3-4 学习策略的结构

因素	Who	When	What
二因素	Resnick&Beck	1976	一般与调解(概括认知与具体认知)
	Rigney	1978	独立与包容
	Kirby	1984	微观与宏观(认知与元认知)
	Dansereau	1985	基本与辅助(认知与元认知)
	Dembo	1994	认知与元认知
三因素	Nisbet&Shucksmith	1986	一般、宏观、微观(元、概括、具体)
	Mayer	1987	复述、组织、精加工(认知)
多因素	Weinstein&May	1983	简单与复杂学习任务 → 复述 组织 精加工 综合调节
	Gagne		选择注意、编码、记忆探求、检索(认知)与思考(元认知)

(三)学习策略(learning strategy)的实证研究(表 3-5)

表 3-5　学习策略的实证研究

What	Who	When	How	Result
选择注意	Thorndyke&Stasz	1980		个体差异性
编码	Moely	1969	2 * 2(年龄 * 是否采用分类编码策略)	回忆量与自变量正相关
精加工	Simpson	1994	是否使用精加工策略	与阅读成绩呈高度相关
提取	Salatas&Flavell	1976	3 * 3[年龄(大学生、小学三年级、幼儿园) * (自发回忆、指导回忆、灵活回忆)]	学习策略应用水平随年纪增长而提高,在多数情况下进行学习策略的指导是有效的

在学习过程当中要采用有效的学习策略(learning strategies),但因为每个人的认知结构是不同的,所以学习时一定要使用适合自己的学习策略,并使之成为一种思维方式和学习习惯。

参考文献

[1]蒯超英. 学习策略. 当代心理学丛书[M]. 武汉:湖北教育出版社,1999.

[2]刘电芝. 影响学习策略掌握和运用的因素[J]. 学科教育,1997(11).

[3]温斯坦,休莫. 终身受用的学习策略:帮助学生找到有效的学习方法[M]. 伍新春,秦宪刚,译. 北京:中国轻工业出版社,2003.

第七节　英语学习策略

隋铭才在《英语教学论》中关于学习策略进行了这样的描述,具体内容如下:欧美国家的专家学者在 20 世纪 70 年代中旬就开始研究学习策略问题,大致可以分为两种策略,一种是学习策略(1earning strategies),另一种是交际策略(communication strategies)。前者与英语输入有关,包括加工、储存、检索在内,主要是向他人索取信息。后者与英语输出有关,包括怎样表达思想,怎样传达信息(Brown, 1994:114)。以上两个方面的策略研究给我们提供了令人注目的研究成果。典型的学习策略是奥马利(1985:982—584)的三个分类:总认知策略(metacognitive strategies)、认知策略(cognitive strategies)和社会情感策略(social affective strategies)。总认知策略指计划学习,考虑学习过程,监察输出和评估学习活动效果的策略，具有概括信息加工全过程执行情况的功能，见表 3-6。认知策略(cognitive strategies)指具体从事学习任务的策略，包括直接加工言语学习材料的策略，见表 3-7。社会情感策略(social affective strategies)指学生在社会作为媒体从事交往活动中采取的策略，见表 3-8。这项分类实际上也属交际策略，见表 3-9。

表 3-6 总认知策略

metacognitive strategies	advance organizers
	directed attention
	selective attention
	self-management
	functional planning
	self-monitoring
	delayed production
	self-evaluation

资料来源：奥马利的学习策略

表 3-7 认知策略

cognitive strategies	repetition
	resourcing
	translation
	grouping
	note-taking
	deduction
	imagery
	auditory representation
	keyword
	contextualization
	elaboration
	transfer
	inferencing

表 3-8 社会情感策略

social affective strategies	cooperation
	question for clarification

塔龙尼的交际策略分类如下：

表 3-9 塔龙尼的交际策略

communication strategies	paraphrase	approximation
		word coinage
		circumlocution
	borrowing	literal translation
		language switch
	appeal for assistance	
	mime	
	avoidance	topic avoidance
		massage abandonment

切斯特菲尔德(Chesterfield,1985:49—50)在研究了墨西哥美国学龄前和一年级小学生学英语的情况后，总结出 12 个交际策略，见表 3-10。

表 3-10 切斯特菲尔德的交际策略

second language communication strategies	repetition
	memorization
	formulaic expression
	verbal attention
	talk to self
	elaboration
	anticipatory answer
	monitoring
	appeal for assistance
	request for
	role-play
	clarification

切斯特菲尔德的第二语言交际策略是墨西哥美国小孩学英语的实践，其中 repetition(重复)和 memorization(记忆)与学习策略中的内容相同，属于学习策略

和交际策略不分的例子。

此外,在学习者策略培训中,奥克斯福德(Oxford,1990)把学习策略(learning strategies)和交际策略分为直接策略(direct strategies)和间接策略(indirect strategies),与奥马利(1985)的总认知策略和认知策略大体相同,但更能令人理解并较实际。为了节省篇幅,现节选其直接策略三个策略(记忆、认知和弥补策略)中的弥补策略(compensation strategies)和间接策略三个策略(总认知、情感和社会策略)中的社会策略(social strategies)以飨读者,见表 3-11、表 3-12。

表 3-11 弥补策略(Compensation Strategies)

compensation strategies	A. guessing intelligently	using linguistic clues
		using other clues
	B. overcoming limitations in speaking and writing	switching to the mother tongue
		getting help
		using mime or gesture
		avoiding communication partially or totally
		selecting the topic
		adjusting or approximating the message
		coining words
		using a circumlocution or synonym

表 3-12 社会策略(Social Strategies)

social strategies	A. asking questions	asking for clarification or verification
		asking for correction
	B. cooperating	cooperating with others
		cooperating with proficient users of the new language
	C. empathizing with others	developing cultural understanding
		becoming aware of others' thoughts and feelings

我国对学生学习策略(learning strategies)的研究逐年增加,许多英语教学专家(吕叔湘,1982;李赋宁等,1986;戴炜栋等,1994;庄智象等,1994;文秋芳,1996;胡春洞等,1996)对国内外英语学习者、英语学习策略(English learning strategies)进行探讨和研究,从中选出一两个对中学英语学习较有帮助的学习策略作为例子,供读者参考。(隋铭才,2001)

胡春洞教授从中国人学习英语的特点出发，较准确地制定了英语学习策略(English learning strategies)，构成了完整的基本学习策略体系(system of learning strategy)，很有实用价值。这也实现了他想给中学学生学英语可实际使用的学习策略的愿望，较有见地。他不但列举了七项学习策略(learning strategy)，而且详细说明和列举了该策略的例子，学生使用时可操作性强。下面就把这七个方面的学习策略(learning strategies)列为表 3-13。

表 3-13 英语学习策略

英语学习策略	目标性和计划性学习策略
	常用词和典型句学习策略
	强化性和高速度学习策略
	理解性和推理性学习策略
	实践性和交际性学习策略
	文化性和意义性学习策略
	持久性和灵活性学习策略

胡先生这七项从总体目标与计划到具体词汇与实际理解的学习策略(learning strategy)给人耳目一新的感觉，颇具新意，其例证比比皆是，英语学生很容易采用，这会极大提高学生的学习效果，使英语学习由“难”“苦”变“易”“乐”。

英语学习策略(English learning strategies)的研究除上述的国内外专家学者外，还有相当数量的教师、研究人员对此有过探索。总的来讲，一般好的英语学生使用学习策略(learning strategy)较多，他们注意认知学习策略(cognitive learning strategies)，敢于使用策略，善于总结好的学习策略(learning strategies)，促进自己的英语学习。甚至研究不成功学习者的学习及其策略也产生了重要的信息(Vann and Abraham，1990)，从另一个侧面说明学习策略(learning strategies)掌握多少，学习策略(learning strategy)优劣的意义。

笔者认为，除了上述关于英语学习策略(English learning strategies)的描述外，英语学习策略(English learning strategies)还应该包括英语学习活动中所有有效的英语学习法则、技巧和调控方式等内隐系统和外显活动操作方式和手段。随着英语教学的不断发展，英语学习策略(English learning strategies)的内容也会随之而增加，在不断的发展过程中，英语学习策略(English learning strategies)才能更加完善。

参考文献

[1] 程晓堂. 英语学习策略[M]. 北京:外语教学与研究出版社,2002.

[2] 文秋芳,王立非. 中国英语学习策略实证研究 20 年[J]. 外国语言文学,2004(1).

[3] 文秋芳. 大学生英语学习策略变化的趋势及其特点[J]. 外语与外语教学,1996(4).

[4] 隋铭才. 英语教学论[M]. 南宁:广西教育出版社,2001.

第四章　英语学习中的问题

第一节　英语学习的心理类型

一、心理类型的发展

心理类型(psychological type)理论的首次出现是在1913年。当时正值召开国际精神分析大会。荣格在该次会议上提出个性的两种态度类型:内倾和外倾。1921年他在《心理类型学》一书中又做了详细的阐述,并提出了四种功能类型,即理性功能的相互对立的两种类型——思维功能与情感功能和非理性功能的相互对立的两种类型——感觉功能和直觉功能。由此,荣格将两种态度类型和四种功能类型组合起来,形成了八种个性类型(type):外倾思维型(extrinsic thinker type)、外倾情感型(extrinsic emotion type)、外倾直觉型(extrinsic intuition type)、外倾感觉型(extrinsic sensational type)、内倾思维型(intrinsic thinker type)、内倾情感型(intrinsic emotion type)、内倾直觉型(intrinsic intuition type)、内倾感觉型(intrinsic sensational type)。

美国心理学家布里格斯和迈尔斯母女在荣格的两种态度类型和四种功能类型的基础上,又增加了判断和知觉两种类型,由此组成了个性的四维八极特征,它们彼此结合就构成了十六种个性类型。经过二十多年的研究后,编制成了《迈尔斯-布里格斯类型指标》,从而把荣格的类型(type)理论付诸实践。继而,迈尔斯又在荣格的优势功能和劣势功能、主导功能和从属功能等概念的基础上,进一步提出功能等级等概念,并有效地为每一种类型(type)确定了其功能等级的次序,又提出了类型(type)的终生发展理论,对心理类型(psychological type)理论做出了新的贡献。

二、英语学习的心理类型

第一种划分法,以别利雅也夫(Belyayev,B. V.)为代表,他认为学习外语知识有两种基本心理类型:一种是直觉的,可以感觉的;另外一种是理性的和逻辑的。

外语的直觉和感觉知识有以下特点：属于这种心理类型(psychological type)的人，主要通过实践来学习外语，无需掌握理论知识，他们认为理论知识对于学习外语并不起决定作用。只要他们开始运用外语，就会学得很快，当他们运用外语时没有必要对一篇课文进行语法分析或把它译成母语。他们毫不费力地用外语思考。在运用语言的过程中，他们几乎把全部精力都集中在谈话内容的意义上。他们通过猜测后能很快掌握新词的意思，并且无需有意去记住它们。

外语理性的和逻辑的知识却有与上述相反的特点：属于这种心理类型(psychological type)的人在学习外语时，常常需要学习其理论性的语言和知识，并且说没有这种理论性的知识做指导，学好外语是不可能的。他们学习语言慢而吃力，需要在学校内学习好几年。他们在运用语言时，既需要对课文进行语法分析，又要把它们译成母语。他们很少用外语思考，而且还兼顾其意义。他们对外语的应用主要是接受性的。语言的实际应用没有给他们带来特别的快乐；从事翻译时，他们并没感觉到在思考过程中有什么特别的变化，他们还认为翻译单个的词或词语并不是不可能的，并且通过翻译能够准确地表达思想。他们通过翻译来解释新词语、习语的意思，而且为了记住它们，去认真分析和多次重复。他们认为一种习语中有许多不同理解的东西，他们运用外语时，总是有意识地把母语转换为外语。他们确信要想对一种外语保持长期记忆，必须掌握那种语言的语法。

对以上两种类型(type)的比较可以清楚地表明，第一种类型(type)基于语言感觉和体验，属于这种类型(type)的人能够完全随心所欲地用外语思考。因此，对他们来说，外语与思想是直接相关联的。第二种类型(type)以对语言知识的有意推理运用为特征。由于他们认为外语与思想并无直接联系，因此他们也就不能用外语自由地思考。

从这两种类型(type)来看，直觉和感觉类型(type)比较优越。第二种类型(type)在意识上比第一种优越，但却在速度上和对外语的实际难度掌握上不如前者。

第二种划分法，以辽宁工程技术大学的赵丹为代表。她认为学生的性格因素与英语学习有关系。具体内容如下：最近研究表明，第二语言学习者的成功不仅仅源于认知因素，如语言学能，也涉及情感、动机、性格等因素(Carroll，1990；Ehrman&Oxford，1995)。

性格主要表现是人对现实状况的态度(attitude)与对应行为的方式，相对比较稳定、有一定核心意义的心理个性特征。这样的人格特征与社会密切相关，这样的性格特征包含很多具有社会道德层面的意义。一个人的性格可以表现出对现实世界的变化态度(attitude)在举止行为中有很突出的表现。一个人的性格体现在对外人和自己乃至对事物等各方面的态度(attitude)与举止行为上。1913 年荣格在慕尼黑国际精神分析会议上对内倾型(introversive type)和外倾型(extroversive type)的性格做了重要分析,又在1921年发表的《心理类型学》一书中阐述了内倾型(introversive type)和外倾型(extroversive type)两种性格的类型特点,在这本书中论述了性格分为一般态度类型和机能类型。

1.分析一般态度类型的表现。荣格通过心理能量指向对性格类型进行了划分。个体心理能量的活动对外部环境比较倾向,这就是外倾型(extroversive type)人;心理能量的活动对自己比较倾向,这就是内倾型(introversive type)人。外倾型(extroversive type)人比较重视外界环境,喜欢交友、社交,在外界比较活跃、开朗、自信,勇于进取、兴趣广泛,容易适应环境;内倾型(introversive type)人对自己的主观世界比较重视,喜欢沉思,常自我欣赏和陶醉,善于内省,性格孤僻,没有自信,对人冷漠,很少说话,不能适应环境的变化。

2.分析机能类型的表现。荣格将人们的心理活动分为思维、感觉、情感和直觉四种基本机能。思维告诉你它是什么;感觉告诉你存在某种东西;情感告诉你它是否满意;直觉则告诉你它来自何处去向何处。

对于外向型学习者而言,由于这种性格的人理解问题容易片面,因此要帮助他们养成深思好学的习惯,让他们学会多问为什么,遇到错误做到及时改正。外向型性格的人对考试分数不在乎,对自己的错误不改正,同一错误屡次再犯,对于这类错误多的学生要采取做错题的方法加以预防,准备专门的记事本记下自己的错题,做到定期复习一次。

对于内向型学习者而言,不但要加强他们自身的心理健康训练,而且要从简单的学习内容入手,制定循序渐进的学习教学计划,培养对课程学习的兴趣。

笔者认为,一个人的性格和英语学习之间互相作用和影响。因此,英语老师需要结合学生的性格特点,帮助他们调整学习习惯和心态,从而提高英语学习效果。

参考文献

[1]张雷,俞理明.心理类型在中国学生英语习语理解中的作用[J].现代外语,2011(2).

[2] 王晶蕊.标记性和心理类型在语言迁移中的作用[J].东北师范大学,2006.

[3] 贾冠杰.外语教育心理学[M].南宁:广西教育出版社,1996.

第二节 语言和言语的区别

关于语言(language)和言语(speech)的区别,主要有以下几种观点。

一、第一种观点

以贾冠杰为代表,他在《外语教育心理学》一书中写道:在心理学中,与语言教学有重要关系的是语言(language)与言语(speech)的内在关系问题。语言学家只是谈论语言和思想(language and thought)的统一体,而心理学家却对言语(speech)与思想的统一颇感兴趣。

心理学家认为,语言(language)和言语(speech)是不同的。因为语言是交际的工具,而言语(speech)是用语言作为工具进行交际活动的过程,是一种社会现象,是表情达意的符号系统,是指某民族的交际系统,如:英语、法语、汉语等。语言的使用和创造是属于人民或民族的,而言语(speech)的使用者和创造者则是个体。

别利雅也夫认为,语言是交际的工具,是语言学研究的对象,而言语(speech)作为人类活动则属于心理学(psychology)范畴。于是,言语(speech)的产生引起了语言学家和心理学家的共同兴趣。

心理学家主要对人们的言语行为感兴趣,也就是说,在心理方面,他们对个体怎样运用语言这个问题感兴趣。

根据心理学(psychology)的标准,可分为作为交际工具的语言和作为交际过程的言语(speech)。在目前的研究中,从心理学的观点来解释语言和言语的内在关系。这就意味着当谈到言语(speech)时,应该主要想到人们的言语行为。用这种方式理解时,言语(speech)的许多方面仍然和语言不同。言语(speech)的各个方面与语言的各个方面并不一致,于是把语言分为古代语言和现代语言,罗曼语和日耳曼语等。但言语却可分为口头语言和书面语言,交流语言和文学语言,外部语言和内部语言等。

通过实践将一门语言(language)作为交流的工具。在这种情况下,有人会提起一门语言的直觉同化,并认为语言(language)和言语(speech)是同时掌握的。这种观点适合儿童学习母语的情况,他们在学习用母语讲话的同时也掌握了相应的语言(language)规则。但是语言(language)也可以通过在学校的理论学习掌握,在校学生通过这种方法学习母语和外语,唯一的不同是他们已经学会用母语讲话,至于讲外语则是难以达到的目标。言语(speech)只能通过适当的练习实践才能掌握,正如通过实际的学习掌握语言一样,这种实践可以直接进行,也可以在有意识的学习语言理论的基础上进行。

二、第二种观点

从普通语言学的角度来区别语言(language)和言语(speech),语言(language)确实包括言语,而言语(speech)是语言的一部分。语言(language)是用以表达情意的声音,是人类最重要的交际工具,它跟思想有密切关系,是人类区别于其他动物的本质特征。语言的特点主要包括:

语言的特性:创造性、结构性、意义性、指代性和社会性与个体性。

语言的结构:音位、语素、词、句子。

语言的种类:对话语言、独白语言、书面语言、内部语言。

就大脑来说,语言(language)分"脑语"和"嘴语",脑语就是我们时时在大脑里产生,称作"思考"或"思想"或"思维"的东西,"脑语"被嘴表达出来就叫"嘴语"。"脑语"和"嘴语"并不是一个东西,第一,"脑语"和"嘴语"在表达时失真;第二,"嘴语"不是"脑语"的唯一表达方式,因为"脑语"还可以通过肌肉群来表达。语言是一个人表述能力的重要部分。言语(speech)是说话者利用声带及各种发声器官发出语音,以传达意义使听话者了解的沟通历程。最直接的说法就是:言语(speech)是用嘴说出来的,而语言(language)不单是用嘴说的。所以,还可以总结为:

言语:说出来的话,说出来的一个词。

语言:语言(language)是人类最重要的交际工具,人们借助语言保存和传递人类文明的成果。

区别:语言(language)即"话",言语(speech)即"说"。

三、第三种观点

以晨蕾为代表,他认为语言(language)和言语(speech)的区别与联系是:

(一)语言(language)和言语的区别

语言(language)是全民的、概括的、有限的、静态的系统(知识);言语(speech)是个人的、具体的、无限的、动态的现象(话语)。具体地说:

1. 语言(language)具有全民性,言语(speech)具有个人性

语言(language)既然是存在于全体社会成员之中的相对完整的抽象符号系统,它对于社会成员来说就是全民的,无论是从语言的创造者、使用者,还是语言(language)本身,语言(language)都具有全民性。而言语(speech)则具有个人性,每个人说话都带有许多个人的特点,言语(speech)是个人对语言形式和规则的具体运用。

2.语言(language)是抽象的,言语(speech)是具体的

语言(language)是对同一集团所有人所说的话的抽象,它排除了一切个体差异,只有作为语言(language)而存在的共性。言语(speech)是运用语言的过程和结果,因此,人们只能直接观察到言语,语言学家只能对大量的言语(speech)素材进行抽象概括,才会从中发现语言(language)的各种单位和规则。如前所说,人们对于语言的认识通常是从语言的具体现象开始的,人们所说的话都是具体的,或通过听觉或通过视觉,言语(speech)常常带有具体的特点。

3.语言(language)是有限的,言语(speech)是无限的

世界上没有两个人说话会完全一样,但是没有一个人能脱离共同的语言规则而实现交流。言语(speech)就是说话,是一种行为动作及其结果,一个人一生中究竟要说多少话,要写多少东西,这是无法计算的。任何一种语言(language)的句子是无限的,每个人根据交际需要说出的话语的内容是纷繁芜杂、各种各样的。但是,就某一语言(language)而言,词的数量和构词规则是有限的,组词造句的规则也是有限的。在无限的句子中包含着有限的东西:不同的句子中所包含的词是有限的,每一个词像机器的零件一样可以卸下来,装上去,反复使用,因而同一个词可以和不同的词组合,构成不同的句子;而组织这些材料的规则也是有限的。一定的社会集团从这些具体的、无限的言语(speech)事实中概括出来的一些抽象的、有限的系统,就是语言(language)。所以,语言(language)是一个有限语言单位(language unit)的集合,这些有限的语言单位(language unit)按照一定规则组织成音义结合的词汇系统和语法系统,人们的一切言语活动在这个系统中运行。而在具体的言语活动中,作为一个行为过程,人们所能说出的话语是无限的,每句话语的长短在理论上也应该是无限的,任何一句话都可以追加成分而使它变得更长。利用有限的符号及其规则说出无限的话来,这是言语活动(speech activity)的特点。

4.语言(language)是静态的,言语(speech)是动态的

在人们运用语言(language)的活动中,就人们运用的语言(language)而言,语言(language)的规则都是现存的、约定的,不允许处于经常的变动之中,这是语言活动(language activity)得以进行的前提和基础,否则人类就无法交际,无法组织社会。因而语言(language)在一定时期内处于静止状态。当然,随着社会的变化,语言的发展,语言(language)也会出现适应性变化。所以,语言(language)的静止是相对的,静中有动。而言语(speech)就不同了。言语活动总是在说话人和听话人之间展开,从说到听是一个动态的过程。有研究表明,言语交际的过程也就是信息传递的过程。在这个过程中,语言(language)充当信息传递的代码。说话人通过语言(language)来发送信息,听话人通过语言(language)来接收信息,其间经历了编码、发送、传递、接收、解码几个连续衔接的过程。

(二)语言和言语的联系

语言(language)和言语(speech)是静态和动态的联系,概括和具体的联系,系统和形式(现象)的联系。“语言(language)”和“言语(speech)”的关系,就像“人”和“张三、李四”的关系。“人”是对“张三、李四”的抽象,我们说“人”有头、身躯、四肢,还有大脑、心脏,“人”能思考、有创造力等等,这些都是对“张三、李四”的特点的抽象。能看到的只能是“张三、李四”等一个个具体的人,谁也看不到抽象的“人”。语言(language)和言语的关系也是这样,我们听到的只能是人们嘴里说出来的一句一句的话,看到的也只能是书面上写着的一句一句的话。口头上说的话和书面上写的话都是“言语(speech)”。“语言(language)”存在于“言语(speech)”中,它本身是看不见、听不到的,人们听到和看到的只是它的表现形式“言语(speech)”。这就是说:语言(language)存在于言语(speech)之中。语言源于言语(speech),语言的生命在于广大社会成员的运用,不被运用的语言(language)就没有生命力。因此,语言(language)就存在于你、我、他、大家的话语中。因为语言(language)的表现形式是言语(speech),只有通过言语(speech)才能认识语言和学会语言。无论是研究语言(language),还是学习和讲授语言(language),都必须以言语为对象,从言语(speech)入手。

言语(speech)依赖于语言。言语(speech)要被人所理解,并产生它的一切效果,必须有语言(language),有全社会共同的语言(language)作基础,达成语言(language)的共识,才能进行交际。语言(language)作用于言语(speech),在实际的交际中,表现得很明显。每个人说话可以是千差万别的,但是每个人都必须遵守共同的规则,否则人们就无法交际。语言对言语(speech)有着强制性的规范作用。

区分语言(language)和言语(speech),有助于明确语言(language)研究的对象和范围,还具有一般科学方法论的价值,“因为它阐明了任何科学程序所必需的抽象过程”。

四、第四种观点

索绪尔(Saussure)把言语活动分成“语言 (language) ”和“言语(speech)”两部分。语言(language)是言语活动中的社会部分,它不受个人意志的支配,是社会成员共有的,是一种社会心理现象。言语(speech)是言语活动中受个人意志支配的部分,它带有个人发音、用词、造句的特点。但是不管个人的特点如何不同,同一社团中的人都可以互通,这是因为有语言(language)的统一作用的缘故。索绪尔(Saussure)进而指出,语言(language)有内部要素和外部要素,因此语言(language)研究又可以分为内部语言学和外部语言学。内部语言学研究语言本身的结构系统,外部语言学研究语言与民族、文化、地理、历史等方面的关系。索绪尔

(Saussure)主张，研究语言学，首先是研究语言的系统(结构)，开了结构主义的先河。

(一)语言的能指和所指

索绪尔认为，语言(language)是一种符号系统，符号由"能指(significant)"和"所指(signify)"两部分组成。所指就是概念。能指(significant)是声音的心理印迹，或音响形象。索绪尔(Saussure)又指出，语言符号有两个特性：①符号的任意性；②符号构成的线性序列，话只能一词一句地说，不能几句话同时说。同时，索绪尔(Saussure)又有两点补充：①语言(language)始终是社会成员每人每时都在使用的系统，说话者只是现成地接受，因此具有很大的持续性。②语言(language)符号所代表的事物和符号本身的形式，可以随时间的推移而有所改变，因此语言(language)是不断变化和发展的。

(二)语言的系统性

语言(language)的单位都是一定系统里的成员，本身是什么，要由它在系统里所处的地位决定，也即由与其他要素的关系来决定。这地位或关系就是它在系统中的"价值"。

(三)句段关系和联想关系

索绪尔(Saussure)指出，语言(language)中的关系有"句段关系"和"联想关系"两类。句段关系指语言(language)的横向组合。联想关系由心理的联想而产生，指语词的纵合聚合。索绪尔(Saussure)揭示的两类关系，代表纵横两条轴线，成为每个语言单位(language unit)在系统中的坐标。

(四)共时语言学和历时语言学

索绪尔(Saussure)创造了"共时"和"历时"这两个术语，分别说明两种不同的语言研究。他特别强调共时研究，因为语言单位(language unit)的价值取决于它在系统中的地位而不是它的历史。语言学家必须排除历史，才能把语言的系统描写清楚。

索绪尔(Saussure)的理论在西方已经越出语言学的范围而影响到人类学、社会学等邻近学科，直接导致这些学科中的"结构主义"。索绪尔(Saussure)不但是现代语言学的奠基者，也是符号学和结构主义的创始人。

索绪尔(Saussure)在《普通语言学教程》中认为："语言(language)"和"言语(speech)"的区别说到底是语言学家在语言学研究的初期为了纯化语言研究的对象而人为分开的。简单地说，语言(language)就是指词汇和语法系统，而言语(speech)则指说话的动作和结果。现特把索绪尔(Saussure)关于"语言(language)"和"言语(speech)"的论述中比较容易理解的部分摘录于下。

语言(language)和言语(speech)活动不能混为一谈；它只是语言活动的一个

确定的部分，而且当然是一个主要的部分。它既是言语(speech)机能的社会产物，又是社会集团为了使个人有可能行使这机能所采用的一整套必不可少的规约。整体看来，言语活动(speech activity)是多方面的、性质复杂的，同时跨着物理、生理和心理几个领域，它还属于个人的领域和社会的领域，没法把它归入任何一个人文事实的范畴，因为不知道怎样去理出它的统一体。

相反，语言(language)本身就是一个整体，一个分类的原则。一旦在言语活动(speech activity)的事实中给以首要的地位，就在一个不容许做其他任何分类的整体中引入一种自然的秩序。语言(language)的特征可以概括如下。

(1)它是言语活动(speech activity)事实的混杂的总体中一个十分确定的对象。把它定位在循环中听觉形象和概念相联结的确定的那部分。一方面，它是言语活动(speech activity)的社会部分，个人以外的东西；个人独自不能创造语言，也不能改变语言(language)；它只能凭社会成员间通过的一种契约而存在。另一方面，个人必须经过一个见习期才能懂得它的运用；儿童只能一点一滴地掌握它。它是一种很明确的东西，一个人即使丧失了使用言语的能力，只要能理解所听到的声音符号，还算是保持着语言(language)。

(2)语言(language)和言语不同，它是人们能够分出来加以研究的对象。语言科学不仅可以没有言语活动(speech activity)的其他要素，而且正要没有这些要素掺杂在里面，才能够建立起来。

(3)言语活动(speech activity)是异质的，而这样规定下来的语言(language)却是同质的：它是一种符号系统；在这系统里，只有意义和音响形象的结合是主要的；在这系统里，符号的两个部分都是心理的。

(4)语言(language)这个对象在具体性上比之语言(language)毫无逊色，这对于研究特别有利。语言(language)符号虽然主要是心理的，但并不是抽象的概念；由于集体的统一而得到认可，其全体即构成语言的那种，都是实在的东西，它们的所在地就是我们的脑子。此外，语言的符号可以说都是可以捉摸的；文字把它们固定在约定俗成的形象里。把语言(language)和言语(speech)分开，一下子就把(1)什么是社会的，什么是个人的；(2)什么是主要的，什么是从属的；(3)多少是偶然的分开来了。这就是我们在建立言语活动(speech activity)理论时遇到的第一条分岔路(按：指区分语言和言语)。两条路不能同时走，我们必须有所选择；它们应该分开走。

五、第五种观点

首先从语言的含义和基本特征入手，然后分析语言(language)和言语(speech)的区别。

语言:是人类重要的交际工具,也是正常人赖以进行思维的工具,语言(language)是一种符号系统,它包括语音系统、词汇系统、语法系统。

语言具有下列基本特征:

第一,语言(language)的能产性(创造性);

第二,语言(language)的结构性;

第三,语言(language)的意义性;

第四,语言(language)的社会性和个体性;

第五,语言(language)的指代性(补充);

言语:是人们在交际和活动中应用语言的过程和产物。

语言和言语的区别如下。

第一,定义不同。

语言:语言(language)是人类重要的交际工具,也是正常人赖以进行思维的工具,语言(language)是一种符号系统,它包括语音系统、词汇系统、语法系统。

言语:是人们在交际和活动中应用语言的过程和产物。

第二,语言(language)是社会生活的客观现象,有一定规则性;同时,语言(language)的语音系统、词汇系统和语法系统是全体社会成员在言语(speech)交际中抽象概括出来的,一经产生就有较大的稳定性,随社会的发展而发展。

言语(speech)是心理物理现象,具有个体性和多变性,不仅每个人都有自己的言语风格,而且同一个人在不同的场合其言语的表达方式也不同;同时,言语(speech)随着第二信号系统的产生而产生。

第三,语言(language)是人们用来交际和思维的工具,言语(speech)是运用这一工具进行交际活动的行为表现。

第四,研究语言的科学是语言(language)学习成绩,而言语活动(speech activity)则是心理学的研究对象。

联系:

语言(language)和言语(speech)又是密切联系的。言语(speech)不可能离开语言而存在。离开语言(language)这种工具,人就无法表达自己的思想或意见,也就无法进行交际活动。语言(language)也离不开言语(speech),因为任何一种语言(language)都必须通过人们的言语活动(speech activity)才能发挥其交际工具的作用;一旦某种语言(language)不再被人们用来进行交际,最后就要从社会上消失掉。

六、第六种观点

(一)语言(language)和言语(speech)的区别

第一,语言(language)是工具,具有社会性,是社会约定俗成的工具,言语(speech)是个人运用工具的过程和结果,它的突出特点是在不违背“约定俗成”的语法规则的同时,具有鲜明的个人特色。

第二,语言(language)因为具有“约定俗成”的社会性,因而相对稳定;“言语(speech)”受客观制约,它要表达具体的交际内容,形成因人而异的言语作品,因而它能够利用有限的语音和规则制造出无限的内容,来达到交际的目的。它具有能产性,言语(speech)生成的结果是无穷的,随着社会的发展和人们不断的言语实践(speech practice),处在不断的运动发展之中。

(二)语言(language)和言语(speech)的联系

语言和言语是密切联系在一起的,语言(language)是从言语(speech)中概括出来的模式,语言(language)存在于言语(speech)之中,语言(language)对言语(speech)具有约束和规范作用;个人的言语(speech)必须符合约定俗成的语言规则,否则言语(speech)就不能被人们理解,不能完成交际的任务,不能得到社会的承认。

区分“语言(language)”和“言语(speech)”,得出这样的结论:学习语言,也就是个人的言语(speech),必须靠约定俗成的语言(language)来规范,增加个人的言语经验(speech experience),指导个人的言语行为(speech act),使个人的言语(speech)逐步符合“约定俗成”的语言标准,或者我们可以称它为成熟的个人言语(personal speech)。

七、第七种观点

首先,语言系统(language system)是社会共有的交际工具,因而是稳固的,具有相对静止状态。言语(speech)是人们运用语言(language)这种工具进行交际的过程和结果,是自由结合的,具有相对的运动状态。

其次,语言(language)是个系统,是言语活动(speech activity)中社会成员约定俗成共同使用的部分,是社会共有的交际工具。人们在运用这个工具的时候,必须遵守这个系统的规则。因此,社会因素(social factors)是它的本质因素,而言语(speech)是人们运用这个工具的过程和结果,它具有个人特色,所以每个人说话的嗓音,每个音的具体发音,每个人使用的词语和句子结构等方面都有个人特色,而且每个人每一次说话都是不同的。这些都是言语现象(speech phenomenon)和言语要素(speech factors)。因此言语(speech)除了具有社会因素(social factors),还具有个人因素。

最后，语言系统(language system)的各个结构成分(语音成分、词的数量和构词规则等)是有限的，但在具体的言语活动(speech activity)中，作为一个行为过程，人们所说出的话是无限的，每句话语的长短在理论上也应该是无限的，任何一句话都可以追加成分而使它变得更长。每个人都可以通过它们说出无限多的话语。

简单地说，语言(language)是言语(speech)活动中同一社会群体共同掌握的，有规律可循而又成系统的那一部分。语言(language)是一个抽象的实体，是从语言实践(speech practice)中抽象出来的全社会约定俗成的均质系统，而在抽象的过程中，就必须把所有的个人要素或个人杂质全排除出去，但言语(speech)是很难找到规律的。

八、第八种观点

“语言(language)”和“言语(speech)”作为科学术语来说是有区别的，它们之间的区别主要在于：语言(language)是一种民族语言的词汇系统与语法系统的总和，汉语、英语、日语、德语、西班牙语都是语言(language)；言语(speech)则是对语言的运用，它既指运用语言的行为，又指运用语言(language)所产生的结果，即说出来的话语。语言(language)是社会现象，言语(speech)是个人现象。

语言(language)与言语(speech)的关系是一般与个别的关系。每个人不管说多少句话，都只是对语言的运用，是将词汇系统中的部分语词按照语法系统中的部分语法规则进行线性组合的结果，而语言(language)则是从这千千万万的具体语句中概括出来的社会共同的语音单位和语义单位以及这些语音单位与语义单位的组合规律。语言(language)体现在言语(speech)之中。

九、第九种观点

广西柳州第八中学的廖玉华在《语言与言语的区别对外语教学的启示》一文中这样描述：

社会生活中的每一个角落、每时每刻都有人与人的语言交流，说话必须使用语言作为代码，所以语言(language)是每个人和别人交流思想的主要通道。特别是在当今信息社会中，语言(language)是信息的载体及交流媒介，同时又是感情沟通的主要手段，它对个人及社会全体成员都至关重要。

1. 语言(language)和言语(speech)的定义

(1)语言的定义

不同的时代，不同的学派(school)对语言(language)有不同的看法。现代语言学的奠基人，瑞士语言学家索绪尔（Saussure）的《普通语言学教程》开创了20世纪现代语言学的新局面，使语言学成为一门现代意义上的真正的学科。他认为，语言（language）是从言语（speech）中概括出来的，为社会所公认的词语和规则的总和。许国璋先生是这样给“语言（language）”下定义的：“语言（language）是人类特有的一种符号系统。当它作用于人与人之间的关系的时候，它是表达相互反应的中介；当它作用于人和客观世界的关系时，它是认知事物的工具；当它作用于文化时，它是文化信息的载体和容器。”

以上关于“语言（language）”的描述，都是从语言（language）的本质、功能和结构方面来给“语言（language）”所下的定义，具有一定的代表性。它们都包含了三个基本意思：一是语言（language）是人类独有的；二是语言（language）的基本功能是用于交际和思维；三是语言（language）是一个符号系统。

（2）言语

言语（speech）不等同于语言，用同一种语言（language）的人不见得会有同样的言语（speech）。语言（language）与言语（speech），在语言学中是两个不同的概念，这种区分是索绪尔（Saussure）最先明确提出来的。他认为，言语（speech）是个人说的行为（说话）和结果（所说的话）。它包含两个方面的含义：一是指“说话”，是对语言的运用，是交际行为，而不是具体的语言（language），语言学称之为“言语（speech）行为”或“言语作品”。我们常说“某某人不言语了”这样的话。显然，这里的“言语（speech）”指的是运用语言（language）的行为而不是语言（language）。另一是指“说出来的话”，“说出来的话”（包括写出来的文章）是人们运用语言（language）表达思想所产生的结果，即使用语言（language）的产物，语言学称之为“言语作品（speech work）”。因此概括起来，言语（speech）就是个人讲话或写作的行为和结果。这里所说的言语（speech）是用来进行交际的外部言语。

2. 语言与言语的关系

首先，言语（speech）是第一性的，语言（language）是第二性的，语言（language）是从言语（speech）中概括出来的词语和规则的总和。语言（language）存在于言语（speech）当中，言语（speech）是语言的存在形式，没有言语（speech）就无所谓语言，同时，没有语言（language），言语（speech）就难以让人理解。因为言语（speech）总是以语言（language）为活动基础的，语言在言语（speech）中起着规范的作用。可以说，语言（language）和言语（speech）是抽象和具体的关系。

毫无疑问，语言（language）与言语（speech）是紧密相连而且互为前提的。要使言语（speech）为人所理解，并产生它的一切效果，必须有语言（language），但是要使语言（language）能够成立，也必须有言语（speech）。从历史上看，言语（speech）的事实总是在先的。语言（language）与言语（speech）是互相依存的，语言

(language)既是言语(speech)的工具,又是言语的产物。

其次,语言(language)来源于言语(speech),又反作用于言语(speech)。语言(language)虽然是第二性的,但它对言语(speech)并不是消极的,相反,它对第一性的言语(speech)起着一种积极的巨大作用——强制性的规范作用,使得任何一个说话的人(写作的人)都必须遵照一定的规则进行,否则,就不能被人们所理解,也得不到社会的承认。

十、第十种观点

(一)语言(language)与言语(speech)的联系

1. 从表现看:语言(language)存在于言语(speech)之中,言语(speech)是语言的表现形式;

2. 从运用看:语言(language)是言语的基础,言语(speech)是运用语言的结果;

3. 从发展看:言语(speech)以语言为规范,而语言(language)在言语(speech)中概括和丰富起来。

(二)语言(language)与言语(speech)的区别

语言:抽象性;社会性;有限性

言语:具体性;个人性;无限性

笔者认为,根据上面十种对语言(language)和言语(speech)的区别分析,无论从哪个角度出发,语言(language)和言语(speech)的区别不仅可以帮助我们了解语言教学的过程,还可以帮助我们正确地组织教学。学校的语言教学(language teaching)看来确实包括两方面:学生一方面学习这门外语;另一方面学会用这种语言(language)讲话。尽管在教学中语言(language)的理论学习同实际掌握是紧密联系的,但它们不是相同的,正如语言(language)和言语(speech)不等同一样。因此,学生首先必须掌握他所学习语言(language)的理论知识,其次才是实际的言语习惯和技能。

参考文献

[1] 谢满兰,刘绍忠."语言"和"言语"的区别及其对外语教学的启示[J].外语教学,2002(5).

[2] 李丹.语言能力与交际能力的区别及其对外语教学的启示[J].教育探索,2007(12).

第三节　语言技能和语言习惯的不同

一、关于语言技能

语言(language)技能包括听、说、读、写四个方面的技能以及这四种技能的综合运用能力;基础知识包括语音、词汇、语法。

听:耳朵听到的和嘴里说的主要指的是软环境,一种语言(language)的学习目的主要是听得懂,说得出,这需要教师主观创造机会。

在英语课堂上,毫无疑问老师应尽量多用英语,少用母语。平时可以看英语片段的电视节目,特别是电影,这有助于学生英语听力的提高。

说:英语的基本技能把说放在第二位,可见"说"在英语语言中的地位,要想完成好必须解决两个问题。

一是敢说:现在很多学生学习的是"哑巴"英语,教师要帮助学生解决心理障碍。

二是说反义词:由 big 说 little,由 black 说 white。归纳单词:由 number 会说数字 0—100;由 colour 会说 black、orange。

学生要从词语中去理解,到拓展,再到积累,最后消化,把知识转化为能力。

读:首先要求学生明确读的要求,明确读的类别,读应该理解为阅读,学生英语阅读由老师指导阅读,平时可以采用跳一跳就可以摘到苹果的方法,激发学生学习阅读的兴趣,养成用英语思维,除了课内阅读还应该培养课外阅读,通过电视、媒体阅读英语,最后课本阅读的形式要多样化,导读、问读、任务读、精读、表演读、活动读、比赛读、速读、慢读,只有不停地根据教材内容选择合适读法,才能做到事半功倍。

写:应当尊重三个原则,即规范性原则、比较原则、习惯性原则。

二、语言表达能力的重要性

语言表达能力(language competence)是现代人才必备的基本素质之一。在现代社会,由于经济迅猛发展,人们之间的交往日益频繁,语言表达能力(language competence)的重要性也日益增强,好口才越来越被认为是现代人所应具有的必备能力。

作为现代人,不仅要有新的思想和见解,还要在别人面前很好地表达出来;不仅要用自己的行为对社会做贡献,还要用自己的语言(language)去感染、说服别人。

就职业而言,现代社会从事各行各业的人都需要口才:对政治家和外交家来说，口齿伶俐、能言善辩是基本的素质；商业工作者推销商品、招徕顾客，企业家经营管理企业，这都需要口才。在人们的日常交往中，具有口才天赋的人能把平淡的话题讲得非常吸引人。

美国医药学会的前会长大卫·奥门博士曾说过，应该尽力培养出一种能力，能在别人面前、在人群中、在大众前清晰地把自己的思想和意念传递给别人。

总之，语言能力(language ability)是提高素质、开发潜力的主要途径，是驾驭人生、改造生活、追求事业成功的无价之宝，是通往成功之路的必要途径。

三、英语语言各级技能标准(表4-1至表4-9)

表4-1　语言技能一级目标

级别	技能	目标描述
一级指标	听做	1.能根据听到的词语识别或指认图片或实物； 2.能听懂课堂简短的指令并做出相应的反应； 3.能根据指令做事情，如：指图片、涂颜色、画图、做动作、做手工等； 4.能在图片和动作的提示下听懂简单的小故事并做出反应
	说唱	1.能根据录音模仿说英语； 2.能相互致以简单的问候； 3.能相互交流简单的个人信息，如：姓名、年龄等； 4.能表达简单的情感和感觉，如：喜欢和不喜欢； 5.能够根据表演猜测意思、说词语； 6.能唱英语儿童歌曲15～20首，说歌谣15～20首； 7.能根据图、文说出单词或短句
	玩演	1.能用英语做游戏并在游戏中用英语进行简单的交际； 2.能做简单的角色表演； 3.能表演英文歌曲及简单的童话剧，如《小红帽》等
	读写	1.能看图识字； 2.能在指认物体的前提下认读所学词语； 3.能在图片的帮助下读懂简单的小故事； 4.能正确书写字母和单词
	视听	1.能看懂语言简单的英语动画片或程度相当的教学节目； 2.视听时间每学年不少于10小时(平均每周20～25分钟)

表 4-2　语言技能二级目标

<table>
<tr><th>级别</th><th>技能</th><th>目标描述</th></tr>
<tr><td rowspan="5">二级指标</td><td>听</td><td>1. 能在图片、图像、手势的帮助下，听懂简单的话语或录音材料；
2. 能听懂简单的配图小故事；
3. 能听懂课堂活动中简单的提问；
4. 能听懂常用指令和要求并做出适当反应</td></tr>
<tr><td>说</td><td>1. 能在口头表达中做到发音清楚、语调达意；
2. 能就所熟悉的个人和家庭情况进行简短对话；
3. 能运用一些最常用的日常套语（如问候、告别、致谢、致歉等）；
4. 能在教师的帮助下讲述简单的小故事</td></tr>
<tr><td>读</td><td>1. 能认读所学词语；
2. 能根据拼读的规律，读出简单的单词；
3. 能读懂教材中简短的要求或指令；
4. 能看懂贺卡等所表达的简单信息；
5. 能借助图片读懂简单的故事或小短文，并养成按意群阅读的习惯；
6. 能正确朗读所学故事或短文</td></tr>
<tr><td>写</td><td>1. 能模仿范例写句子；
2. 能写出简单的问候语；
3. 能根据要求为图片、实物等写出简短的标题或描述；
4. 能基本正确地使用大小写字母和标点符号</td></tr>
<tr><td>玩演视听</td><td>1. 能按要求用简单的英语做游戏；
2. 能在教师的帮助下表演小故事或童话剧；
3. 能表演歌谣或简单的诗歌 30～40 首（含一级要求）；
4. 能演唱英文歌曲 30～40 首（含一级要求）；
5. 能看懂英文动画片和程度相当的英语教学节目，每学年不少于 10 小时（平均每周不少于 25 分钟）。</td></tr>
</table>

表 4-3　语言技能三级目标

<table>
<tr><th>级别</th><th>技能</th><th>目标描述</th></tr>
<tr><td>三级指标</td><td>听</td><td>1. 能识别不同句式的语调，如：陈述句、疑问句和指令等；
2. 能根据语调变化，判断句子意义的变化；
3. 能辨认歌谣中的韵律；
4. 能识别语段中句子间的联系；
5. 能听懂学习活动中连续的指令和问题，并做出适当反应；
6. 能听懂有关熟悉话题的语段；
7. 能借助提示听懂教师讲述的故事</td></tr>
</table>

续表

级别	技能	目标描述
三级指标	说	1. 能在课堂活动中用简短的英语进行交际； 2. 能就熟悉的话题进行简单的交流； 3. 能在教师的指导下参与简单的游戏和角色扮演活动； 4. 能利用所给提示(如图片、幻灯片、实物、文字等)简单描述一件事情； 5. 能提供有关个人情况和个人经历的信息； 6. 能讲述简单的小故事； 7. 能背诵一定数量的英语小诗或歌谣，能唱一些英语歌曲； 8. 能在上述口语活动中语音、语调基本正确
	读	1. 能正确朗读课文； 2. 能理解简短的书面指令，并根据要求进行学习活动； 3. 能读懂简单故事和短文并抓住大意； 4. 能初步使用简单的工具书； 5. 除教材外，课外阅读量达到 4 万词以上
	写	1. 能正确使用常用的标点符号； 2. 能使用简单的图表和海报等形式传达信息； 3. 能参照范例写出或回复简单的问候卡和邀请卡； 4. 能用短语或句子描述系列图片，编写简单的故事

表 4-4 语言技能四级目标

级别	技能	目标描述
四级指标	听	1. 能听懂接近正常语速、熟悉话题的语段，识别主题，获取主要信息； 2. 能听懂简单故事的情节发展，理解其中主要人物和事件； 3. 能根据连续的指令完成任务； 4. 能听懂广播、电视中初级英语教学节目
	说	1. 能根据提示给出连贯的简单指令； 2. 能引出话题并进行几个回合的交谈； 3. 能在教师的帮助下或根据图片用简单的语言描述自己或他人的经历； 4. 能在教师的指导下参与角色扮演等活动； 5. 能在上述口语活动中使用正确的语音、语调

续表

级别	技能	目标描述
四级指标	读	1. 能连贯、流畅地朗读课文； 2. 读懂说明文等应用文体的材料； 3. 从简单的文章中找出有关信息，理解大意； 4. 根据上下文猜测生词的意思； 5. 理解并解释图表提供的信息； 6. 理解简易读物中的事件发生顺序和人物行为； 7. 读懂简单的个人信件； 8. 使用英汉词典等工具书帮助阅读理解； 9. 除教材外，课外阅读量应累计达到 10 万词以上
	写	1. 能正确使用标点符号； 2. 能用词组或简单句为自己创作的图片写出说明； 3. 能写出简短的文段，如简单的指令、规则； 4. 能在教师的帮助下或以小组讨论的方式起草和修改作文

表 4-5　语言技能五级目标

级别	技能	目标描述
五级指标	听	1. 能根据语调和重音理解说话者的意图； 2. 能听懂有关熟悉话题的谈话，并能从中提取信息和观点； 3. 能借助语境克服生词障碍，理解大意； 4. 能听懂接近正常语速的故事和记叙文，理解故事的因果关系； 5. 能在听的过程中用适当方式做出反应； 6. 能针对所听语段的内容记录简单信息
	说	1. 能就简单的话题提供信息，表达简单的观点和意见，参与讨论； 2. 能与他人沟通信息，合作完成任务； 3. 能在口头表达中进行适当的自我修正； 4. 能有效地询问信息和请求帮助； 5. 能根据话题进行情景对话； 6. 能用英语表演短剧； 7. 能在以上口语活动中语音、语调自然，语气恰当
	读	1. 能根据上下文和构词法推断、理解生词的含义； 2. 能理解段落中各句子之间的逻辑关系； 3. 能找出文章中的主题，理解故事的情节，预测故事情节的发展和可能的结局； 4. 能读懂常见体裁的阅读材料； 5. 能根据不同的阅读目的运用简单的阅读策略获取信息； 6. 能利用字典等工具书进行学习； 7. 除教材外，课外阅读量应累计达到 15 万词以上

续表

级别	技能	目标描述
五级指标	写	1. 能根据写作要求，收集、准备素材； 2. 能独立起草短文、短信等，并在教师的指导下进行修改； 3. 能使用常见的连接词表示顺序和逻辑关系； 4. 能简单描述人物或事件； 5. 能根据所给图示或表格写出简单的段落或操作说明

表 4-6 语言技能六级目标

级别	技能	目标描述
六级指标	听	1. 能抓住所听语段中的关键词，理解句子之间的逻辑关系； 2. 能从听力材料、简单演讲或讨论中提取信息和观点； 3. 能听懂正常语速的故事或记叙文，了解其中主要人物和事件以及他们之间的关系； 4. 能听懂日常的要求和指令，并能根据要求和指令完成任务
	说	1. 能传递信息并就熟悉的话题表达看法； 2. 能通过重复、举例、解释等方式澄清意思； 3. 能有条理地描述个人体验和表达个人的见解和想象； 4. 能用恰当方式在特定场合中表达态度(attitude)和意愿； 5. 能使用恰当的语调、语气和节奏表达自己的意图
	读	1. 能从一般文字资料中获取主要信息和观点； 2. 能利用上下文和句子结构猜测词义； 3. 能根据上下文线索推理、预测故事情节的发展； 4. 能根据阅读目的确定不同的阅读策略； 5. 能通过不同信息渠道查找所需信息； 6. 除教材外，课外阅读量应累计达到 20 万词以上
	写	1. 能用恰当的格式写便条和简单的信函； 2. 能描述简单的人物或事件，并表达自己的见解； 3. 能以小组为单位把课文改编成短剧； 4. 能用恰当的语言书写不同的问候卡； 5. 能给朋友、笔友写信，交流信息和情感

表 4-7 语言技能七级目标

级别	技能	目标描述
七级指标	听	1. 能识别语段中的重要信息并进行简单的推断； 2. 能根据所听的内容做笔记； 3. 能根据话语中的线索把相关事实和信息联系起来； 4. 能听懂故事中对人和物的描写、情节的发展和结果
	说	1. 能用英语进行语言实践活动； 2. 能根据命题，稍做准备后，做简短的发言； 3. 能针对问题提出解决问题的建议和办法； 4. 能就一般话题做口头陈述； 5. 能对询问和要求做出恰当的反应
	读	1. 能从文章中获取主要信息并能摘录要点； 2. 能理解文章主旨、作者意图； 3. 能提取、筛选和重新组织简单文章中的信息； 4. 能利用上下文的线索帮助理解； 5. 能理解和欣赏一些浅显的经典英语诗歌； 6. 除教材外，课外阅读量应累计达到 30 万词以上
	写	1. 能用文字及图表提供信息并进行简单描述； 2. 能写出常见体裁的短文，如报告或信函； 3. 能描述人物或事件，并表达自己的见解； 4. 能填写有关个人情况的表格，如申请表、求职表； 5. 能做简单的书面翻译

表 4-8 语言技能八级目标

级别	技能	目标描述
八级指标	听	1. 能识别不同语气所表达的不同态度(attitude)； 2. 能听懂有关熟悉话题的讨论和谈话并记住要点； 3. 能抓住简单语段中的观点； 4. 能基本听懂广播、电视英语新闻的主题或大意； 5. 能听懂委婉的建议、劝告等
	说	1. 能使用恰当的语调和节奏； 2. 能根据学习任务进行商讨和制订计划； 3. 能报告实验和调查研究的过程和结果； 4. 能经过准备就一般话题做 3 分钟演讲； 5. 能在日常人际交往中有效地使用语言进行表达，如发表意见、进行判断、责备、投诉等； 6. 能做一般的生活翻译，如带外宾购物、游览等

续表

级别	技能	目标描述
八级指标	读	1. 能理解阅读材料中不同的观点和态度(attitude); 2. 能识别不同文体的特征; 3. 能通过分析句子结构理解难句和长句; 4. 能在教师的帮助下欣赏浅显的文学作品; 5. 能根据学习任务的需要从电子读物或网络中获取信息并进行加工处理; 6. 除教材外,课外阅读量应累计达到36万词以上
	写	1. 能写出连贯且结构完整的短文,叙述事情或表达观点和态度(attitude); 2. 能根据课文写摘要; 3. 能在写作中做到文体规范、语句通顺; 4. 能根据文字及图表提供的信息写短文或报告

表4-9 语言技能九级目标

级别	技能	目标描述
九级指标	听	1. 能听懂有关熟悉话题的演讲、讨论、辩论和报告; 2. 能听懂国内外一般的英语新闻广播及天气预报; 3. 能抓住较长发言的内容要点,理解讲话人的观点及目的; 4. 能从言谈中判断对方的态度(attitude)、喜恶、立场; 5. 能理解一般的幽默; 6. 能在听的过程中克服一般性的口音干扰
	说	1. 能就国内外普遍关心的问题如环保、人口、和平与发展等用英语交谈,表明自己的态度(attitude)和观点; 2. 能把握交谈时的分寸,会用客套语,会提出问题,会结束谈话; 3. 能经过准备就一些专题做5~10分钟演讲并回答有关提问; 4. 能用英语接受面试; 5. 能做一般性口头翻译; 6. 能在交际中恰当地表达自己的情感; 7. 能对交际中产生的误会加以澄清或解释
	读	1. 能阅读一般的英文报纸杂志,获取主要信息; 2. 阅读一般英文原著,抓住主要情节,了解主要人物; 3. 能读懂各种商品的说明书等非专业技术性的资料; 4. 能根据情景及上下文猜测不熟悉的语言现象; 5. 能使用多种参考资料和工具书解决较复杂的语言疑难; 6. 有广泛的阅读兴趣及良好的阅读习惯; 7. 能有效地利用网络等媒体获取和处理信息

续表

级别	技能	目标描述
九级指标	写	1. 能用英文书写摘要、报告、通知、公务信函等； 2. 能比较详细和生动地用英语描述情景、态度(attitude)或感情； 3. 能阐述自己的观点，评述他人的观点，文体恰当、用词准确； 4. 能在写作中恰当地处理引用的资料及他人的原话； 5. 能填写各种表格，写个人简历和申请书，用语基本正确、得当； 6. 能做非专业性的笔头翻译； 7. 在以上写作过程中做到文字通顺，格式正确。

资料来源：http://peifengzhang0515. blog. sohu. com/145525326. html

四、语商

语商(LQ)是指一个人学习、认识和掌握运用语言能力的商数。具体地说，它是指一个人语言的思辨能力、说话的表达能力和在语言交流中的应变能力。语言能力并不是与生俱来的，而是人们通过后天学习获得的技能。同时，因为遗传基因或脑部构造异常，还存在语能优势或语能残缺。在现实生活中，由于每个人的主客观条件、花费时间和学习需求的不同，获得语商能力的快慢和语商能力的高低也不同。这表明人的语商能力(ability of LQ)主要还是依赖后天的语言训练和在语言交流中得到强化和提升。

语言(language)是人类分布最广泛、最平均的一种能力。在人的各种智力中，语言智力被列为第一种智力。事实表明：语言(language)在人的一生都占据着重要地位，是人们发展智力和社交能力的核心因素。

人们总是以为语言(language)只是一种沟通工具，必须要熟练地掌握它、使用它。实际上，这种认识仅仅是从语言的交际功能出发的。从语言(language)和"说话人"的关系这层意思来看，语言(language)是个"多媒体"——既可作为工具，也是心智能力的一种反映。假如一个人其他方面的能力很优秀，同时他的语商能力(ability of LQ)也在逐步提高，那么他一定会更优秀。

我们生活在一个有声的语言(language)世界中，语言能力是每个人一生中极为重要的生存能力，语言交流的水平高低就是语商能力的高低。

五、正确理解和处理英语"语言技能"与"语言知识"之间的关系

江苏张家港市教育局教学研究室龚海平在全国教育科学"十一五"规划重点课题"科学与人文融合的学校和谐教育研究"(项目编号：FFB050989)的子课题"教师专业发展研究"阶段中对正确理解和处理英语"语言技能(language skill)"与"语言

知识(language knowledge)"之间的关系进行了描述,主要内容如下:

英语学科教学中的"语言技能(language skill)"与"语言知识(language knowledge)"之间的关系问题,既是一个外语教育的理论问题,也是一个外语教育的实践问题。这个问题直接关系到英语教学应该走什么路和如何走这条路的问题。

《义务教育英语课程标准》(2011 年版)在描述英语学科的课程目标时指出,"综合语言运用能力的形成建立在语言技能(language skill)、语言知识(language knowledge)、情感态度(emotional attitude)、学习策略和文化意识等方面整体发展的基础之上"。(教育部,2012)这就表明,"语言技能(language skill)"与"语言知识(language knowledge)"之间的关系在顺序上表现为"语言技能(language skill)"是第一位的,"语言知识(language knowledge)"是第二位的。这种表述,从根本上有别于传统教学大纲中"基础知识"与"基本技能"的顺序表述,因此不少英语教师对这一表述不能接受,并反映在教学行为之中。

回答"语言技能(language skill)"与"语言知识(language knowledge)"之间的关系问题,是不能简单地从人们的感觉和经验层面进行阐述的,必须基于科学的语言哲学观,在一个科学的话语系统之内进行理性的对话,龚海平的描述如下:

(一)"语言技能"与"语言知识"的先后问题

所谓"语言技能(language skill)",就是指听、说、读、写四项技能。过去讲听、说、读、写、译五项技能,是因为"译"是在"听"和"读"基础上的"说"和"写"的一种特殊表达方式,所以把五项语言技能(language skill)改为四项语言技能(language skill)后,"译"实际上仍然是存在的。所谓"语言知识(language knowledge)",就是指语音、词汇、句法、语篇的知识。一言以蔽之,学习语言技能(language skill)就是"learn the language",学习语言知识就是"learn about the language"。

恩格斯在《家庭、私有制和国家的起源》(1972)中指出,早在"蒙昧时代"人类就有了言语活动(speech activity),人类的语言就开始萌芽,不过,那个时候的语言活动还只停留于听和说的活动,由于文字的产生远远晚于语言的产生,那时的人类尚没有读和写的活动,显然更不可能对语言有理性上的抽象和概括,因而也就不可能产生关于语言的知识。

人类语言(language)产生和发展规律如此,人的个体语言(language)能力形成和发展规律也如此。

(二)"语言技能"与"语言知识"的关系

"语言技能(language skill)"属于语言实践行为,"语言知识(language knowledge)"是对语言实践规律的高度抽象和概括,是对语言运用的理性认识。"语言技能(language skill)"是"语言知识(language knowledge)"产生和发展的基础,"语言知识(language knowledge)"又反过来规范和监察语言的运用。这就恰如毛泽东在《实践论》(1991)中所指出的那样,“理性认识依赖于感性认识,感性认识有待于发展到理性认识,这就是辩证唯物论的认识论”。

以词为例,coffee 一定是不可数名词吗? 如果有人在咖啡厅对服务生说“One coffee, please”,难道你会以为错误吗?

再以句子为例,如果一位妻子对丈夫的“What are you planning to do today?”问话以“I was going to make a dress”来回答,难道有什么动词时态错误吗?

英语学科教学只有正确理解和处理英语“语言技能(language skill)”与“语言知识(language knowledge)”之间的关系,才能做到遵循外语教学的基本规律,科学施教,确保外语教学的真正有效,确保外语教学能够真正对促进学生的发展发挥应有的作用。

贾冠杰在《外语教育心理学》一书中写道,从心理学(psychology)角度来讲,学习有下列过程:知(knowledge)—会(能 skill)—熟(习惯 habit)—自动化(automation)。但是有人将习惯(habit)和技能(skill)混淆在一起。如果一个学生有意识地使用已掌握的知识,能用正在学习的语言讲话,这样的言语(speech)无疑可以称作技能。因为技能(skill)是指一个人理解并第一次采取的行为。而言语(speech)习惯则不同,因为习惯(habit)是指一个人在没有意识的情况下,即自觉地执行的行为,而这种习惯(habit)是他过去经常实践的结果。习惯(habit)是实现某种自动化动作的特殊倾向。自动化动作是后天关于动作的多次重复而自然形成的。

别利雅也夫认为,从知识到习惯的原则与心理实际不相一致。一个人可以直接将知识转化为技能(skill),而习惯(habit)只有通过不断重复适当的技能,即语言或言语实践(speech practice)才能形成。这样可以得出一个很重要的方法学结论:既然没有合适的语言习惯(speech habit),就不可能有言语,那么理论知识的获得不可能是语言教学中最重要的一方面。尽管这样,许多教师仍然将重心放在知识上。在这种情况下,就不难理解为什么一些学生虽有丰富的知识,而驾驭语言的能力却特别差。

上述习惯(habit)、技能的心理特点和区别特征,使我们自然否认了那些关于语言教学仅仅是培养学生良好习惯的观点,知道习惯(habit)只有通过不断重复才能形成,教师势必要将语言教学理解为填鸭式教学。如果视习惯(habit)的形成为头等大事,那最基本的教学方法就变成了重复,学生变成了只会重复的鹦鹉,却不会创造任何有新意的东西。所以,一个教师应该将他的主要目标放在培养学生听、说、读、写的技能上,这些技能对于将语言作为交际手段的言语行为是至关重要的。

参考文献

[1]斯大林. 斯大林文选(下)[M]. 北京:人民出版社,1962.

[2]恩格斯.马克思恩格斯选集(第四卷)[M].北京:人民出版社,1972.
[3]毛泽东.毛泽东选集(第一卷)[M].北京:人民出版社,1991.

第四节 影响英语学习的因素

英语学习(English language learning)是一个非常复杂的学习过程,它涉及各种因素。这些因素所起的作用直接影响着学习者的英语学习(English language learning)成绩。特别是英语学习者自身的因素,也是学习者非智力因素(non-intelligence factors),如学习动机、学习态度(attitude)、学习兴趣、意志和性格等是最直接的和主要的因素。雅克博维茨(Jakobovits)经过调查研究发现,影响英语学习(English language learning)的几个主要因素占比分别是:动力占33%,才能占33%,智力占20%,其他占14%。因为英语学习者的学习行为受到意识支配,所以,英语学习者首先要有一种学习英语的强烈愿望,从主观上产生一种动力,然后才能付诸行动。影响英语学习的因素很多,涉及面极广,除非智力因素(non-intelligence factors)外,还有智力、学习才能(语言才能)、英语学习者的年龄、学习方式等。

很多人认为,英语学习者具有某些特点,这些特点会产生比较成功的语言学习效果,或与之相反。比如,许多教师深信,那些性格外向的学习者(extroverted learner)在英语学习中,能积极地同别人交流,从而有更多机会练习语言技能(language skill),他们往往是成功的学习者。

在语言学习过程中,有些人似乎比其他人要轻松容易得多。在第一语言学习者当中,发展水平也大不相同。但不管怎样,所有正常的孩子最终都能掌握他们的母语。在英语学习(English language learning)中,专家已无数次证明,即使在同一个教室里面学习,一些学生在学习一种新语言之初就进步很快,而另外一些学生虽始终努力学习,但进步很慢。实验证明,在英语学习(English language learning)中存在着差异,这些差异是诸因素影响的结果。

一、英语学习动机对英语学习的影响

1.英语学习动机

动机(motivation)是激励人去行动的内部动因和力量(包括个人的意图、愿望、心理冲动或企图达到的目的等),它是个体发动和维持行动的一种心理状态。一个人的动机(motivation),总是同他满足自己的需要密切相关。学习动机还可以叫学习的坚持性(perseverance)。动机具有启发性、选择性和目的性。动机

(motivation)可使我们从厌烦转为感兴趣，它就像机动车上的发动机和方向盘。(Motivation is what moves us from boredom to interest. It is something like the engine and steering wheel of an automobile.)斯波斯基(Spolsky,B.)认为，动机(motivation)本身包括三方面内容：对待学习英语的态度(attitude)、学习这种语言的愿望和为学习这种语言付出的努力。如果学生真正有了动机(motivation)，这三个方面都包括在内。英语学习者的动机(motivation)是英语教育工作者所关心的一个问题，英语教育工作者把动机(motivation)列为教育学生所面临的最重要的问题。

英语学习动机是人类行为学习的动机(motivation)之一，它是直接推动英语学习的一种内部动因，是英语学习者在英语学习活动中的一种自觉能动性和积极性的心理状态。加德纳(Gardner)认为，英语学习动机应包括四个方面：目的(goal)、学习的努力程度、达到学习目的的愿望(desire to attain the goal)和学习态度 (attitude)。有动机的英语学习，其效果极好，而无动机的英语学习(English language learning)，往往把英语学习(English language learning)作为一种负担，学习效果不佳。英语学习动机是直接推动英语学习者进行英语学习(foreign language learning)以达到某种目的的心理动因。它是一种广泛的社会性动机。不同的社会和教育对英语学习者的学习要求不同，反映在英语学习者头脑中的英语学习动机(motivation)也不同。

2.针对不同英语学习动机的类型，适应差异，因材施教

有些英语教师不重视个体差异(individual difference)，认为个体差异(individual difference)是学习者本身的事，不是教育工作者的事。他们认为，有关个体差异(individual difference)的迹象都是因为概念的模糊、对其他的影响因素不清楚和对原因的解释有问题而引起的。他们还认为，大部分班级都有各种各样的学生，从而就会产生各种各样的学习倾向、学习风格和性格特征。这样一来，他们认为，任何因少数个体差异(individual difference)而修改教材和教学技巧的措施，对大部分同学来说无疑是有害的。

麦克多诺(McDonough,S.T.)认为，有能力的权威教育工作者能利用调查学生差异所得的结果来设计与学生特点相配套的教学方法。

为适应差异，可以对学生进行有区别的作业，可以使作业的分量或难度有所不同，作业的类型(type)也要有所不同。对才华出众的学生要允许他们学习课本以外的书籍。给他们布置大量的学习任务，使他们在和其他同学同样的学习时间内学到更多的东西。对智力一般的同学，只要求他们熟悉掌握教材内容即可，不鼓励他们看更多的课外书。对学习吃力的同学，老师可采用补课(remedial teaching)的方式，这种补课可以是老师指导，也可以采用一对一学习小组(pair work)的形式，

让学习好的和差的相结合，起到互帮互学的作用。还可以采用跳级（skip a grade）和留级（repeat a grade）制。对不同年龄的学生更应采用不同的教学方法。

在英语教学中，教学个体化的问题仍是一个非常让人关心的问题。为适应个体差异的需要已摸索出了许多教学方法。分步学习便是程序化教学的反对者所用的主要方法，学习者都能用同一个教程，但速度不同。另有一些使教学多样化的方法，是让学生选择自己的阅读写作作业和不同类型（type）的阅读练习，要求学生做概括或详尽的回答。

教育心理学家认为，有一定共同特征的老师和学生可以相互配合得很好，并非每个教师都能同等地和每一类学生配合好。许多学习外语的学生在希望老师教什么和怎样教的方面有很大分歧，因为他们各自的差异和对于教育的本质、老师的任务及适合什么样的学习方法等观点有着不同的见解。外语教育工作者要适应差异，因材施教，那些连个性和文化差异都意识不到的老师会碰到意想不到的棘手问题。在课堂上，一个把学生个性和学习方式都考虑到的教师，能够创造一个几乎全班人都能学好外语的学习环境。

二、英语学习态度的对象

学生的学习态度（learning attitude），具体又包括对待课程学习的态度（attitude）、对待学习材料的态度（attitude）以及对待教师、学校的态度（attitude）等，学习态度（learning attitude）有端正和不端正之分。学习态度（learning attitude）是影响学习效果的一个重要因素。影响英语学习的因素都有可能成为态度（attitude）对象。

1. 对语言文化的态度

成人和青年学习者的学习动力受到对第二语言本族人的态度（attitude）的强烈影响。如果学习者对第二语言本族人持肯定态度（positive attitude），学习动力就会大些，学习成绩也会好些。很难想象一个不喜欢日语和日本种族的学生怎样能学好日语，一个不想融入英语语言社区（English language community）或对英语文化不以为然的学生怎样能学好英语。为了能学好英语，高中及以上学习者在学习英语时，需要在英语语言文化氛围的熏陶中强化学习态度（learning attitude）。如，在没有征求学生意见的情况下把有些非英语专业大学生调剂到英语专业学习，短时间内很难使学生消除对英语专业潜在的抵触心理，因为他们没有专业兴趣或大学入学时没有选择英语专业的积极态度（positive attitude）或态度（attitude）为零。

2. 对语言教师的态度

教师能讲一口流利的英语，可以把课堂气氛搞得异常活跃；写一手漂亮的英文，可以为学生的作文锦上添花。受学生欢迎的英语教师品质有：认真负责，耐心细致，风趣幽默，待人友善，活泼互动。不受欢迎的教师态度（attitude）与教学风格（teaching style）则为：不幽默，无激情，缺乏爱心，偏心眼，照本宣科，师生互动少，口语不好，脾气暴躁。因此，教师要充分分析这些态度（attitude）问题，“亲其师则信其教”，部分学生虽然不能一分为二地看待教师及其教学，导致在对待教师态度（attitude）上的不认同乃至消极的态度（negative attitude）体验，但是，学生对英语教师所寄予的准本族语语言水平的期待却具有积极借鉴意义：他们把对目标语的喜好转移到对教师本身的语言水平与专业修养上，教师的英语语言综合水平和教学态度（teaching attitude）成了学生对待目标语和学习目标语的态度（attitude）寄托，所以，创造一个“积极的亲近目标语的态度（attitude）”氛围是对教师积极态度（positive attitude）的基础条件和现实前提。

教师素质是英语教学改革成功与否的关键，也是学科建设发展的关键。目前英语教师的数量和质量与教学要求有较大差距，必然会影响英语教学（English teaching）。因此，一方面，要继续加强对英语教师的培训和培养工作，以保证教师的学术水平和教学方法不断提高，最终使学生受益，充分发挥教师对调整学习态度（attitude）的积极作用；另一方面，在为人师表层面，教师对待学生的态度（attitude）也要转变。教师必须以平等尊重的态度（equal and respectful attitude）对待每一个学生，彻底改变过去那种高高在上的传统角色观念，真正走进学生心里，成为学生的良师益友。

3. 对学习者学习成就的态度

赫曼（1980）调查了750名学习英语的德国儿童和青年，她发现，已经学习5年以上的学生比刚开始学习的学生对第二语言文化持更肯定的态度（positive attitude）。她还发现，学习水平越高的学生，对第二语言文化持更肯定的态度（positive attitude），这并不是因为他们一直是持肯定态度（positive attitude）才使他们学习好些，因果关系似乎相反，语言学得好会培养一种肯定态度（positive attitude），而这种肯定态度（positive attitude）又使他们学习更好。实际上，学习者从学习进步或学习成就中得到的满足感，能提高他们的学习信心。如果学生对学习目标没信心，对自己的学习方法不满意，对自己的学习成绩不满意，自我认同度不高，对自己英语学习水平所能达到的程度预期定位不准或缺乏自信心（lack self-confidence），即自我效能感（self-efficacy）较差，这样会对学习动机（learning motivation）产生直接影响（秦晓晴，文秋芳，2002：55）。

4. 对学习伙伴的态度

同伴是非正式的群体组织结构，同伴之间的合作与竞争、对立与依赖等关系对英语学习的影响集中表现为群体内聚力和从众依赖力。Dornyei（2001）认为，群体内聚力对学生的学习态度(learning attitude)至关重要,内聚力强的班级会使学生产生强烈的自豪感和认同感。教师要有目的有意识地树立先进的学习榜样或通过期望效应去激励学生,充分发挥群体内聚力对学习态度(learning attitude)的影响。从众依赖力是合作学习的动力之一。所谓从众,就是认可别人的学习态度(learning attitude)和行为,因而自己也有意识或无意识地模仿和跟随他人学习的心理现象,特别是那些场依存型英语学习者从众学习心理更为突出,对同伴中善学英语者和成功语言学习者的互赖和情感促进其积极的英语学习态度(English learning attitude)的形成。

三、学习态度与年龄

Lambert 和 Kleinberg(1967)研究了不同国籍儿童对说外语者的态度(attitude)与看法,他们的结论是:大致在 10 岁左右,儿童对文化差异的认同和接纳最好,10 岁前后是儿童态度(attitude)形成的关键年龄。态度(attitude)养成和教育并非越小越好。年龄很小的儿童一般对语言没有什么态度(attitude)可言,对第二语言的使用者也不会产生什么强烈的态度(attitude)。儿童总是生长在哪里就学哪里的语言。英语学习态度(learning attitude)形成的关键期也从一个侧面印证了第二语言习得(second language acquisition)的关键期假说:儿童发展时期内有一段时间语言习得最顺利。生物学家伦内伯格提出,关键时期持续至青春期(puberty,十二三岁),过了青春期,由于大脑缺乏适应能力,语言学习会变得越来越难。对我国英语初学者(8 岁左右开始学习英语的小学生)来说,如果在一开始就摆正他们的英语学习态度(English learning attitude),使他们有一个好的开端,无疑有助于积极英语学习态度(English learning attitude)的形成,大大促进后天的英语学习。

四、英语学习态度对英语学习的影响

态度(attitude)从性质上来说,一般都能分成相互对立的两面,正面的态度(positive attitude)对学习有促进作用,负面的态度(negative attitude)则有阻碍作用。

1. 积极态度(positive attitude)和消极态度(negative attitude)与英语水平的关系

学习态度(learning attitude)有积极和消极两种。对英语学习持积极态度还是消极的态度(attitude)是决定学习成败的关键之一。心理学家 Douai 和 Smith 早在 1919 年就在一项实验中发现,积极的学习态度(learning attitude)对学习速度有促进作用。学习态度(learning attitude)积极的学习者更容易提高学习水平,它

使英语学习者倾向于与讲目标语的人接触，促进英语学习；而消极学习者的英语水平提高则较慢。研究表明，如果英语学习者对英语持否定或敌视态度（attitude），则在英语学习中会产生很大的焦虑情绪，提升情感过滤，阻碍英语学习，它使学习者把英语学习想象得过难，畏惧英语学习，不愿主动与说目标语的人接触，学习效果自然可想而知。总之，积极的态度（positive attitude）激励语言学习，消极的态度（negative attitude）阻碍语言学习。

2. 勤奋和懈怠的态度与投入程度的关系

学习者的态度（attitude）直接影响其对学习的投入程度，积极主动的学习者学习投入程度高，参与意识强，心理压力小，学习效果明显。例如，英语的单词记忆是一项十分艰巨的任务。知识的记忆和积累是会覆盖的，后学前忘属于正常现象，关键是要多复习。Gardner 曾利用口述测试法对此做过研究，发现半途而废的英语学习者的态度（attitude）多半是被动消极的，其学习成绩也比那些持之以恒的积极学习者要差。

3. 融洽与抵触的态度与课堂行为的关系

Gilsman 的研究显示，学生上课的表现与学习态度（learning attitude）之间有很高的相关系数。态度（attitude）积极的学生上课较活跃，成绩也较出色。课堂教学改革呼唤建立新型的师生关系，其特点就是师生的相互尊重与坦诚交流。在这样的课堂氛围中，师生之间拉近了距离，学生学得生动活泼，学习效率大大提高。许多事例证明，英语教学效果好的教师大多在学生中有很强的亲和力。语言错误是英语学习过程中必然出现的正常现象。通过发现和分析这些错误，教师可以了解学生消化吸收知识的思维过程，从而为进一步改进教学提供依据。反之，教师如果动辄对犯错学生加以训斥，很容易使学生产生抵触情绪，甚至可能形成逆反心理，这对学生的学业进步和心理健康都将产生不利影响。

学习态度（learning attitude）与动机（motivation）是影响英语学习的重要情感因素，态度（attitude）端正、动机强烈被视为英语学习成功的关键所在。国内外都有许多学者对学习态度（learning attitude）、动机（motivation）与学习成绩的关系进行大量的研究。

人们常常将态度（attitude）与动机（motivation）同归于影响英语学习成败的一组因素而使两者的概念混淆起来。按照 Gardner 的理论，态度（attitude）与动机的意义被区别开来。Gardner 认为，英语学习动机包括四个方面：目的、学习的努力程度、达到学习目的的愿望以及学习态度（learning attitude）。态度（attitude）只是动机因素的组成部分之一，态度（attitude）与动机（motivation）有着直接的联系，并受动机的支配。

动机的基础是态度（attitude）。“态度（attitude）是一种后天形成的，对某种东西的一种持久的赞同或不赞同的意向。"即人们对某事或某物的一种肯定或否定的心态及由此产生的行为倾向。如果一个人对目标语本身以及目标语民族文化有好感,渴望了解其历史、文化及社会.那么他就会产生良好的动机(motivation),采取积极肯定的态度(positive attitude),有利于语言文化的学习。反之,如果学习者对目标语及其民族文化持消极态度(negative attitude),仅仅因为外部压力而不得不学,那么这种学习可能仅仅达到外部需要所要求的最低水平。结合性动机和同化性动机就是以对目的语及文化的一种肯定态度(positive attitude)为前提的。而抱有工具型动机的人却不一定对说目的语的人民及其文化怀有肯定态度(positive attitude)。Gardner 和 Lambert 对此做了大量试验,以检测态度(attitude)与对英语掌握程度之间的关系。研究主要包括学习者的社会态度(social attitude)、价值观(value)、动机(motivation)及学习效果。结果显示:对目的语及其人民的态度(attitude)同对该语言掌握的程度成正比。美国语言学家 Krashen 指出:在英语学习过程中,学习动机、态度(attitude)、兴趣等直接关系到学习效果。他认为,与学习能力相比,学习态度(learning attitude)对英语的学习更为重要。心理语言学的研究也证明,学习者的学习动机(learning motivation),对目标语国家的人民与文化的态度以及相应的学习兴趣共同决定着语言学习的进程。美国心理学家 Berstal 在调查英语学习态度(English language learning attitude)与学习成绩之间的关系时发现,学习者在初学阶段的态度(attitude)与后来的英语水平相关很少,但经过一段时间的学习体验之后,成功的学习者会逐渐树立起有利于英语学习的态度。这种积极的态度(positive attitude)反过来又促进英语学习,实现学习上的更大成功。

4.学习态度与学习效果

积极的学习态度(positive learning attitude)对学习速度有促进作用。积极的学习态度(positive learning attitude)可以增强学生的抗挫力(anti frustration)。所谓抗挫力(anti frustration),是指一个人受到某种挫折时,能摆脱其困扰而免于心理和行为失常的能力,也就是个体能经得起打击或经得起挫折的能力。抗挫力(anti frustration)强的学生对英语歧义现象的容忍度也强。赫曼的研究印证了这一点:学习者从学习成绩或学习进步中得到的满足本身,就可能会影响他对这个语言人种群体的态度(attitude),甚至能够改变这一态度(attitude)(1980:249),反过来又会促进英语学习。实验研究表明,学习态度(learning attitude)不仅直接影响学习行为,而且还直接影响学习成绩。

当然,有关态度(attitude)的研究还在进一步探索中。了解了态度(attitude)、动机(motivation)与学习成效之间的关系,设法刺激和强化英语学习者的学习动机与态度(learning motivation and attitude),一定能提高人们的英语学习效率,相关的研究也会得到极大的推动和发展。

五、认知方式对英语学习的影响

认知方式(cognitive style)是心理学上的一个术语,指“一个人观察、感知、组织、分析、回忆其经验或信息时所表现出来的特殊方式”。Ellis这样定义认知方式:“个体学习者在学习过程中解决问题的独特方法。”一个人的认知方式通常是固定不变的。在认知方式(cognitive style)研究中,讨论最多的是场独立(field independence)和场依存(field dependence)类型。场独立(field independence)型的人常独立于外界,不善社交,不受外界影响,在心理上与旁人比较疏远。场依存(field dependence)型的人喜欢广交朋友,关心他人,关注外界,能坦率谈论自己的感情和思想。

认知方式(cognitive style)与英语学习的关系研究始于20世纪70年代初,后来有许多研究者调查了场独立(field independence)或场依存对英语学习者的影响。Hansen和Stanfield(1981)认为,场独立(field independence)使人具有重建结构的能力,场依存(field dependence)使人具有社会能力——这两种能力都有助于学习英语,因为英语的水平归根结底不仅涉及语言分析能力和重建结构能力,而且涉及实际语言交际能力。学好英语必须两种能力都具备。

六、语言学能对英语学习的影响

语言学能研究盛行于20世纪五六十年代,后来曾一度中止。其研究的局限性在于它只关注正规语言学习环境中的学习者,而且只测量认知及学业方面的语言水平,忽略了对人际交往能力的测量。到20世纪末,随着认知科学和交叉学科研究的发展,语言学能研究又重新活跃起来,并向纵深发展,尤其是与其他认知能力的结合研究。Gardner和Macintyre(1992)指出:“从长远的观点看,语言学能或许是最好的预测二语习得成效的指标。”

研究语言学能最具影响力的人物,Carroll(1981)把学能定义为“完成某项学习任务的能力”。Carroll将语言学能(learning ability of language)分为以下四个方面:一是语音译码能力,指对语音进行识别并将这些语音存储在记忆中相对较长一段时间的能力,这一能力与拼写和处理语音符号有关;二是语法敏感性,指辨别出不同单词在不同句型中的语法功能的能力;三是语言归纳能力,指在新的语言内容中推断语言形式、规则和句型的能力;四是死记硬背能力,指在较短时间内记忆大量相关内容的能力,这种能力与词汇学习有关。许多研究证明,语言学能(learning ability of language)与语言学习效果之间存在着明显的正相关关系,即语言学能越高,学习成绩越好。

七、人格因素对英语学习的影响

关于人格的内涵，Ellis 将其分为六个方面：外向或内向、冒险性、模糊含义的宽容性、移情、自信和抑制。

笔者以为，外向和内向反映出人格特征最重要的一个方面。外向型学习者心理活动倾向于外部，开朗、热情、自信、健谈，思维活跃，善于交际，在英语学习中表现出不怕出错、积极参与的精神；内向型学习者心理活动则倾向于内部，文静，不好动，不善言辞与交际，遇到挫折易产生自卑心理，对周围世界比较敏感，反应也比较敏锐，善于思考，喜欢读书胜过与人交往，在英语学习中的表现为缺乏参与意识。

虽然没有最后定论能说明在英语学习中外向一定优于内向，但所有研究都证明，口语能力、语言交际能力（language communicative ability）与外向型人格密切相关，而写作能力、语言知识、语言熟练程度及准确性与外向无关。如果我们把阅读理解、听力理解和写作能力都考虑进去，外向型学习者（outgoing learner）并不占优势。爱说话、善交际的学习者并不一定成绩突出，性格内向的学习者可能更注重语言形式及其准确性，在语法、翻译、阅读理解等方面钻研更深。究竟哪种人格类型（type）更适合学习英语至今尚无定论，优秀的学习者中既有外向型也有内向型，不能一概而论。

八、学习方式对英语学习的影响

1.学习方式的内涵

学习方式（learning style）是学生在完成学习任务时基本的行为和认知的取向，它不是指具体的学习策略和方法，而是学生在自主性、探究性和合作性方面的基本特征。学习方式（learning style）是教学过程的基本变量，反映了学生在完成认知任务时的思维水平，它是一个组合概念，是行为参与、情感参与或认知参与方式及社会化参与的有机结合，其中学生的行为方式是载体，认知和情感因素表达了学习方式的实质内涵。学生学习方式（learning style）的改变，意味着要改变学生的学习态度（learning attitude）、学习意识和学习习惯品质。

学习方式（learning style）对学习结果有着决定性的影响，我们曾经对 500 名学生进行调查研究，结果表明：学生参与课堂教学的方式影响了学习结果，单纯的行为参与方式并不能促进学生高层次思维能力的发展，只有以积极的情感体验和深层次的认知参与为核心的学习方式（learning style），才能促进学生包括高层次思维在内的全面素质的提高。

2.传统的学习方式对英语学习的影响

传统的学习方式（learning style）把学习建立在人的客体性、受动性和依赖性的基础之上，忽略了人的主动性、能动性和独立性。

在这样的状态下，一部分学生虽通过了考试，甚至成绩优良，但并没有完全具备我国教育目的所要求的和21世纪公民所需要的素质。一些学生解决实际问题的能力低下，创新意识不足，很少对现实情境提出自己的问题，出现了一种教育的表面达成现象。转变学生的学习方式(learning style)就是要转变这种单一的、被动的学习方式(learning style)，提倡和发展学生多样化的学习方式(learning style)，特别是要提倡自主、探索与合作的学习方式(learning style)，使学生的主体意识、能动性和创造性不断得到发展，学生的创新意识和实践能力(practical ability)也不断得到发展。

3. 合作式学习方式对英语学习的影响

"合作式"是相对于"个体学习(personal learning)"而言的，是互助学习的一种，目的是培养学生的合作意识和团队精神。合作学习论认为，教学过程(teaching process)是一个信息互动的过程。合作学习(cooperative learning)要把互动的中心更多地聚焦在生生之间关系的拓展上。新课标突出了合作学习的要求，把学习的互动聚焦在生生之间。

合作的意识和能力是现代人所应具备的基本素质。推动现代科学发展的一个重要因素就是人与人之间的相互协作。对传统的学习方式(learning style)进行反思，发现学生在学习中很少有合作互助的机会，合作的意识和动机显得十分淡薄。绝大多数学生在通常情况下，表现出一种学习的"个人主义"。这种学习方式(learning style)使他们缺乏合作的愿望和冲动，不愿与他人一道分享学习成果。久而久之，便造成了学生之间的相互隔离、嫉妒、疏远和对立。

建立在合作基础之上的学习方式(learning style)，要求学生将自身的学习行为有机融入小组或团队的集体学习活动之中，在完成共同的学习任务时，展开有明确责任分工的互助性学习。在合作学习的场景中，不仅学生，而且家长、老师、社区人员都可参与学生的学习，同学之间、师生之间、学生与家长之间、学生与社区人员之间可进行广泛的合作与交流(cooperation and communication)，每一位学生都可以积极表达自己的意见，与他人共享学习资源。这样的学习方式能有效转化和消除过度的学习压力，有助于引导学生在学习中进行积极的沟通(positive communication)，形成学习的责任感，培养合作的精神和相互支持、配合的良好品质。

4. 自主式学习方式对英语学习的影响

"自主式(autonomous type)"是相对于"被动学习""机械学习"而言的，目的是让学生自己做学习的主人，即：以培养学生独立能力为出发点，让学生在内在学习动机的需求下进行学习，给学生足够自主的空间、足够活动的机会。兴趣(interests)是最好的老师，要让学生感兴趣，不是在逼迫的状态下学习，那他们的主动性就会显现出来，学生的兴趣就得到了提高。

5.探究式学习方式对英语学习的影响

"探究式学习(inquiry learning)"指在教学过程(teaching process)中创设一种类似科学研究的情境或途径，让学生通过主动的探索、发现和体验，学会对大量的信息进行收集、分析、判断，从而增进思考力和创造力。

学生的学习过程(learning process)是一个永无止境的探究过程。传统的学习观则否定这一属性，片面地将学生的学习理解为一种特殊的认识过程：在认识条件上，学生的学习是依赖教师的，是在成人的控制下进行的；在认识对象上，学生的学习是以人类积累的知识经验，特别是以书本知识为主的；在认识方式上，学生的学习主要是"接受"和"掌握"。在这种观念指导下的学习是一种满足于被动接受知识传输的学习，是偏重于机械记忆的学习，这样的学习方式(learning style)使学生的主体性与能动性丧失殆尽。

从能动的反映论来看，学生的学习总是以自己现有的需要、价值取向，以及原有的认知结构和认知方式为基础，能动地对所要学习的内容进行筛选、加工和改造，最终以自身的方式将知识吸纳到自己的认知结构中去。这表明学生学习不是被动接受和认同，不是对现有知识的直接占有，而是带着"个人的自传性经验"独立分析、判断与创造的活动，这是一种基于自己与世界相互作用的独特性经验之上的"继续不断的构建"过程，是一种积极主动的探究过程，有着浓重的创新色彩。

由于多种原因，人们对探究学习(inquiry learning)常出现一些误解。一是对探究学习(inquiry learning)的神化，二是对探究学习(inquiry learning)的泛化。学习过程中必须有学生自主探究的活动内容，但又不能机械理解为整个学习活动必须完全由学生自己提出、研究和解决每一个问题。其实，探究学习(inquiry learning)关键在于激发学生的独立思维，无论是直接还是间接地接触所要解决的问题，只要真正调动了学生独立思考的积极性，就可能形成一种探究式的学习(inquiry learning)。我们倡导探究学习(inquiry learning)，主要是要求学生经历与科学工作者进行科学探究时的相似过程，从中掌握有关知识与技能，体验科学探究的乐趣，学习科学探究的方法，领悟科学的思想和精神。注重的是过程，而不是结果。

6.体验式学习方式对英语学习的影响

"体验式"是通过实践来认识周围的事物，体验的方式更是多种多样的，其中常用的就是影像资料，学生在学习时就不会感到枯燥和远离自己，把各种感官都应用到学习过程中来，可以保证具有各种记忆和思维类型(type)的学生都能积极地感知教材，使学生自然进入角色。当然学生看完影视资料的同时，教师要适当引导。特别是针对学生所提问题进行引导，使他们能有所收获，有所侧重。

7.实践式学习方式对英语学习的影响

实践活动(practical activity)既是认识的源泉,又是思维发展的基础,学生学习知识的获取、学习技能的培养、学习素质的提高,无不是在实践中得以实现的。在这个意义上,学生的学习是以实践为基础和生长点的,学习与实践是相辅相成、相互依存、互为统一的有机整体。

传统的学习方式(traditional learning style)割裂了学习与实践辩证统一的关系,过分甚至仅仅强调书本知识的学习,忽视了学生的社会生活实践(social life practice),结果造成学生高分低能、厌学逃学等不良后果。学生学习书本知识固然很重要,但仅局限于此是不够的,也是很危险的。因为现成的书本知识是他人的认识成果,对于学生来说,并不是他们亲自得来的,是一种间接知识,一种偏于理性的尚未和感性认识结合的不完全的知识,学生要把这些知识转化为自己的东西,转化为理解的和能够运用的东西,还必须有一定的直接经验和感性认识为基础。

8.网络式学习方式对英语学习的影响

进入 20 世纪 90 年代,以计算机多媒体和网络通信技术为核心的信息技术(information technology)迅猛发展,人们开始向网络时代阔步迈进。如今网络已越来越广泛地渗透到社会的各个领域,引起了整个社会生产、生活方式的深刻变革。在教育领域,网络信息成了教育的重要资源,计算机辅助教育正走向普及,教育信息化、现代化的进程正逐步加快,网络技术(network technology)对现行教育的优化和生产力的开发起到了重要作用。建立于网络技术(network technology)和网络信息(network information)基础之上的学习方式将越来越显示出其强大生命力。

基于网络的学习是学生学习方式的一个重大革命。它有助于将日新月异的知识信息(knowledge information)及时传递到学生的学习内容中来,极大拓展学生的学习视野;有助于构建丰富的、反思性的学习情境,为学生的自由探索创造更多的机会;有助于实现学习资源的合理整合,为学生的学习提供丰富的选择余地,增强学习的主体性;有助于模拟现实中难以实现的实验,培养学生实际操作的能力(ability)。在任何时候、任何地点,不受时空限制的自由终身学习必将因网络技术的不断成熟而成为现实。

总之这些方式都改变了学生过去死记硬背式的学习方式(learning style),把苦读书变成学生喜闻乐见的实践性、合作性学习,使学习成为培养兴趣、提高能力、展示个性、积累知识的活动过程,为学生的快乐学习提供了一个宽松的环境(loose environment),也为发挥学生的主体作用、提高能力提供了广阔的空间。

本节讨论了动机(motivation)、态度(attitude)、认知方式(cognitive style)、语言学能、人格因素、学习方式、年龄等对英语学习的影响,研究个人英语学习的易变性并不是一件容易的事。

由上可知，在英语学习过程中，的确存在着个别差异，并直接影响着英语学习(English language learning)。英语教育工作者首先要意识到这些差异与英语学习的关系，并要注意英语教学的策略，尽到英语教育工作者应尽的责任，并和学生家长结合起来，因材施教，适应差异，搞好英语教育教学工作。

参考文献

[1]宋其蕤，冯显灿．教学言语学[M]．广州：广东教育出版社，2000.

[2]胡壮麟．语言学教程[M]．北京：北京大学出版社，2003.

[3]刘润清，胡壮麟．外语教学中的科研方法[M]．北京：外语教学与研究出版社，2004.

[4]伍铁平．普通语言学概要[M]．北京：高等教育出版社，2003.

第五章　高职学生英语学习的内外部阻碍机制的三层面总体分析

第一节　实践层面（微观层面）上的分析

通过英语学习动机理论分析，根据调研提出问题，提出高职学生英语学习内部因素（internal factors）和外部因素（external factors）存在的问题和阻碍机制（barrier mechanism）。

一、英语学习动机理论（English Language Learning Motivation Theory）

在英语学习研究领域，欧美及我国语言教育家经过各种调查研究，认为动机（motivation）作为一个非常重要的学习者个体差异指标，是影响英语学习成功与否的主要因素之一。

动机（motivation）是激励人去行动的内部动因（internal motivation）和力量（包括个人的意图、愿望、心理冲动或企图达到的目的等），是个体发动和维持行动的一种心理状态（psychology）。可以说，学习动机（learning motivation）是推动学生学习的内部动力。具有正确的学习动机（learning motivation），往往会对语言学习过程本身产生积极的促进作用。

英语学习动机（English learning motivation）是指学习者学习掌握英语语言的愿望及为此所付出的努力和对学习英语语言所持良好态度的综合。英语学习动机（English learning motivation）是人类行为动机之一，它表现为渴求英语学习的强烈愿望和求知欲。它是直接推动英语学习的一种内部动因（intrinsic motivation），是英语学习者在英语活动中的一种自觉能动性（initiative）和积极性的（active）心理状态。

加拿大心理学家 Gardner 教授在 1972 年与 Lambert 教授合著的 *Attitude and Motivation in Second Language Learning* 一书中提出了著名的融合型动机（integrative motivation）和工具型动机（instrumental motivation）理论。根据 Gardner 的定义，融合型动机指学习者对目的语社团有着真正的或某种特殊的兴趣，希望能用目的语与社团成员进行交流，最后达到参与或完全融入目的语社团的目的。而工具型动机则是指学习者为了某一特殊目的，如通过考试或找到一份好的工作等而学习某种英语。

1979年，香港大学教育心理学教授比格斯(J. B. Biggs)将动机划分为表层动机(surface motivation)和深层动机(deep motivation)。表层动机通常与个人的前途直接相关，动力来自外部；深层动机(deep motivation)一般不与学习者个人的前途和经济利益发生直接的联系，学习动力来自对英语语言或文化本身的兴趣。文秋芳先生的一系列相关研究中对于动机的分类一般采用Biggs的分类法。1985年，Deci和Ryan提出了自我判定理论(self-determination theory)，将英语学习动机划分为内部动机(intrinsic motivation)和外部动机(extrinsic motivation)。所谓外部动机是指不是由于行为内在兴趣，而是为达到某种工具性目的而采取的行为。内部动机是指单纯为了行为过程中所伴随的愉悦和满意而执行某种行为的动机。Biggs和Deci & Ryan的这两种分类法在立足点上不同：Biggs主要立足于动机的主要来源，而Deci和Ryan则主要依据动机形成的原因进行分类。表层动机与外部动机、深层动机(deep motivation)与内部动机虽然名称不同，但有很多相似之处，所以也有人把表层动机直接称为外部动机，而将深层动机(deep motivation)称为内部动机。

根据不同的标准，英语学习动机可以分为融入型动机(integrative motivation)和工具型动机(instrumental motivation)、内部动机(intrinsic motivation)和外部动机(external motivation)、间接的远景性学习动机(indirect distant prospect learning motivation)与直接的近景性学习动机(direct close prospect learning motivation)以及英语成就动机(achieving motivation)等不同类型。

本研究主要是以Biggs的动机理论(motivation theory)作为分类依据的。Biggs通过研究发现，学生的学习方式(learning style)与学习动机(learning motivation)、学习策略(learning strategies)紧密相关：学习动机(learning motivation)决定学习的总体方向(the overall direction)，而学习策略(learning strategies)则帮助实现学习的总体目标(the overall goals)。进一步的研究则发现，学生通常表现出来的学习方式(learning style)主要有三种，即：表层式学习方式(surface approach)、深层式学习方式(deep approach)和成就式学习方式(achieving approach)。Biggs继而将学习动机(learning motivation)分为表层动机(surface motivation)、深层动机(deep motivation)和成就动机(achieving motivation)。表层动机(surface motivation)是指学生为了应付检查和考试及格而进行学习的动机。在这种动机推动下，学生更可能采取一些应付性的(to cope with)、肤浅性的(superficial)、消极被动式(negative and passive)的学习方法，在学习过程中，自我监控(self-monitoring)学习行为较少。深层动机(deep motivation)是指学生对所学内容有内在兴趣，为了弄懂和掌握知识而进行学习的动机，它能最大限度地满足(satisfy)学习者的好奇心与探究兴趣。在此作用下，学生则更可能采取一些探索性(exploration)、钻研性(research)、积极主动的(active)学习方法，其自我监控(self-monitoring)学习行为较多，水平较高。成就动机(achieving motivation)是指为了获得高分和得到表扬而进行学习的动机，这种动机推动下的学习行为比较多地受外界评价(external evaluation)的影响，特别是老师、家长等重要人物所倡导、推崇(hold in esteem)、表扬的做法或方式的影响，而与自我监控(self-monitoring)学习行为(learning behavior)及水平没有必然或直接的关系。

二、实验过程(experimental process)

(一)样本选取(sample selection)

本研究调查(investigate)了盐城工业职业技术学院 2012 级连锁、物流、营销、酒店管理四个专业中的 187 名学生，其中男生 104 人，女生 83 人；年龄最小的 19 岁，最大的 22 岁，平均年龄为 20.6 岁。他们较为典型地(typically)代表了高职非英语专业(higher vocational college non-English majors)学生这一群体。

(二)研究工具(research instrument)

采用的调查问卷(questionnaire)系笔者根据高职非英语专业(higher vocational college non-English majors)学生这一特定教育群体认真设计而成，分两大部分：第一部分调查受试者的个人信息(personal information)，包括年龄(age)、性别(gender)、专业(major)及班级和英语期末成绩；第二部分分别调查受试者的动机类型(motivation type)、动机强度(intensity of motivation)等方面。调查题目均采用 Likert Five Scales 选项，要求被调查对象根据自己的实际情况进行选择，统计时对答卷进行量化(quantization)，通过独立样本 T 检验比较平均值(average)进行差异性检验(difference test)及相关分析进行处理。调查问卷(questionnaire)共发出 169 份，并全部收回，经过检验，有效问卷(the effective questionnaire)为 161 份，具体调查内容如下。

高职非英语专业英语学习动机研究调查问卷

亲爱的同学：

您好！感谢您抽出宝贵时间来填写本调查问卷。此次活动旨在调查高职学生英语学习的现状，了解高职学生英语学习需求，为高职学生英语课程教学模式改革提出可行性方案。希望能占用一下您宝贵的时间，请您对下列问题进行如实客观的回答。本次问卷调查并非知识性测验，只要求您根据自己的实际情况或者想法进行选择，不必进行讨论。根据《统计法》的有关规定，对您个人情况严格保密。

一、基本信息

1. 你的年龄是 （　　）

A. 19　　B. 20　　C. 21　　D. 22

2. 你就读的专业是

A. 连锁　　B. 物流　　C. 营销　　D. 酒店管理

2. 你的性别是 （　　）

A. 男　　B. 女

3. 你在入大学以前，家庭生活区域主要为 （　　）

A. 大中城市　　B. 县镇(县级市)　　C. 乡村

4. 你的年级是 （　　）

A. 大一　　B. 大二　　C. 大三

5. 你上学期的期末考试成绩是 （　　）

A. 优　　B. 良　　C. 中　　D. 及格

E. 不及格

二、学习动机调查(多选题)

1. 你在高职阶段，学英语的表层动机是 （　　）

A. 为了接受更高的教育　　B. 为了过级考试，拿到毕业证书

C. 因为英美文化在世界上的影响越来越大

D. 可以找到更好的工作

E. 有一定的原因，不仅仅是跟着英语老师上课

F. 想满足父母的愿望　　G. 因为大家都学，所以自己也要学

H. 因为英语课轻松有趣　　I. 为了完成英语作业

2. 在高职英语学习的过程中，你的深层动机是 （　　）

A. 希望自己能够流利地讲英语　　B. 学习英语是出于自身的爱好

C. 喜欢用英语与外国人聊天

D. 为了能看懂英文原版电影和原版书籍

3. 学习英语是因为喜欢英美文化 （　　）

A. 是　　B. 不是　　C. 既不同意也不否认

D. 不赞同学英语是为了能上网查询信息和聊天

E. 对D观点既不肯定也不否定

4. 关于学习英语的动机强度，你的观点是(多选题) （　　）

A. 即使不要求学英语，自己也不会放弃英语学习

B. 经常在想怎样才能把英语学得更好

C. 能够按时完成作业

D. 如果在英语学习过程中遇到困难会及时向老师请教

E. 英语学习对自己来说很重要，只要有条件会一直学下去

F. 更喜欢自己找出答案

G. 上英语课时总是主动地回答问题

H. 英语课上不会主动地回答问题，喜欢采取回避态度面对英语学习中出现的困难

5. 你对学习英语的态度是　(　　)

A. 我对英语很感兴趣　B. 我对英语不感兴趣

C. 我对英语完全丧失兴趣　D. 我没想去学很多英语

E. 学好英语不是我目前的首选　F. 我学英语是为了过级考试

G. 我学英语是为了将来可以找份好工作

H. 我主动通过电视、收音机、报纸等其他方式学英语

I. 英语学习对我非常重要，只要有条件，我会一直学下去

J. 我有信心学好英语

三、英语学习成功与否的归因调查

1. 你英语考试得了高分，是因为　(　　)

A. 个人努力　B. 个人能力　C. 试卷简单　D. 运气好

E. 遇到了水平高、责任心又强的老师

2. 你英语考试考得不好，是因为　(　　)

A. 个人没有努力　B. 缺乏学习英语的能力

C. 试卷太难　D. 运气不好

E. 没有遇到水平高、责任心又强的老师

三、结果及分析

(1)动机类型(motivation type)。调查问卷(questionnaire)统计结果表明，高职非英语专业(higher vocational college non-English majors)学生具有一定的深层动机(deep motivation)，见图 5-1，具体调查结果表现在：

91.80%　希望自己能够流利地讲英语；

46.75%　表示学习英语(learning English)是出于自身的爱好；

40.95%　非常喜欢英语；

42.88%　表示喜欢用英语与外国人聊天；

43.09%　表示学英语是为了能看懂英文原版电影(the original movie)和原版书籍(the original books)；

20.85%　对学习英语是因为喜欢英美文化(British and American culture)持

认同态度；

28.66% 对英美文化既不同意也不否认；

51.69% 干脆持否定态度；

47.17% 不赞同学英语是为了能上网查询信息(query information)和聊天；

31.49% 对学英语为了能上网查询信息(query information)和聊天，持不肯定也不否定态度。

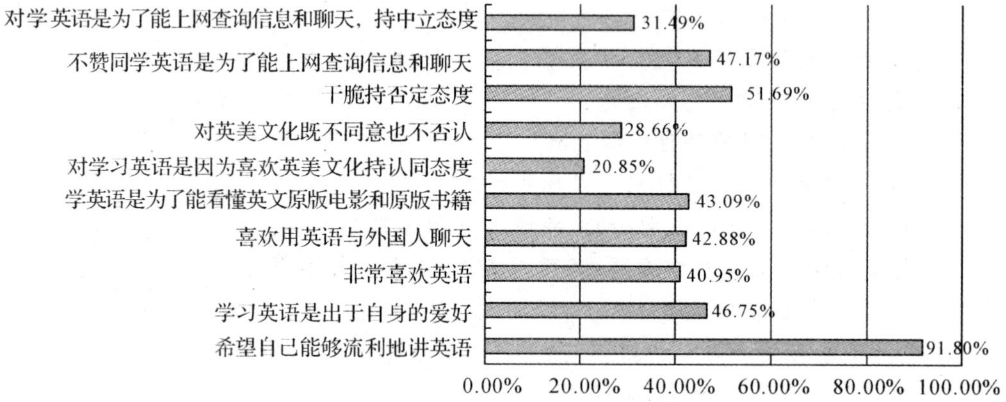

图 5-1 深层动机(可以多选项)

在表层动机(surface motivation)方面，见图 5-2，调查结果如下：

90.06% 赞同学好英语可以找到更好的工作；

46.30% 表示学英语是为了接受更高的教育；

33.80% 赞同学英语是因为英美文化(British and American culture)在世界上的影响越来越大；

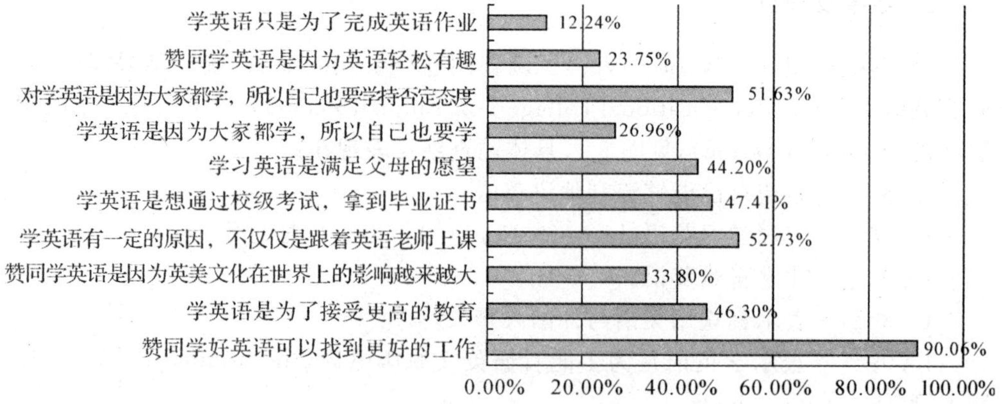

图 5-2 表层动机(可以多选项)

52.73%　表示学英语有一定的原因，不仅仅是跟着英语老师上课；

47.41%　表示学英语是想通过校级考试，拿到毕业证书(diploma)；

44.20%　表示学习英语是想满足(satisfy)父母的愿望；

26.96%　表示学英语是因为大家都学，所以自己也要学；

51.63%　对学英语是因为大家都学，所以自己也要学持否定态度(hold negative attitude)；

23.75%　赞同学英语是因为英语课轻松有趣；

12.24%　表示学英语只是为了完成英语作业。

(2)动机强度(the intensity of motivation)。根据问卷调查，见图5-3，结果如下：

56.14%　表示即使不要求学英语，自己也不会放弃(give up)英语学习；

67.61%　表示经常在想怎样才能把英语学得更好；

77.90%　能够按时完成作业(finish assignments)；

52.90%　表示如果在英语学习过程中遇到困难会及时向老师请教；

52.90%　表示英语学习对自己来说很重要，只要有条件会一直学下去；

44.10%　表示更喜欢自己找出答案；

15.61%　表示上英语课时总是主动地回答问题(answer questions)；

49.72%　表示英语课上不会主动地回答问题(answer questions)，喜欢采取回避态度(round the question)面对英语学习中出现的困难。

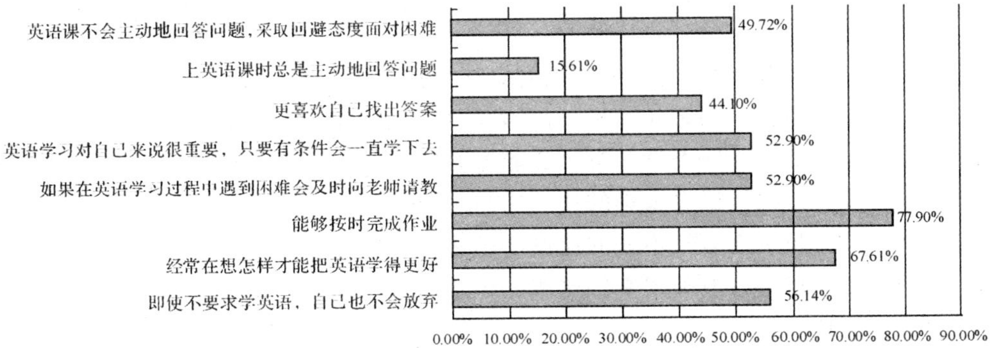

图5-3　动机强度(可以多选项)

由此可见，高职非英语专业(higher vocational college non-English majors)学生普遍具有一定的深层动机(deep motivation)和表层动机(surface motivation)，绝大多数学生都有学好英语的愿望；学生最认同的表层动机(surface motivation)是通过校级考试顺利毕业和毕业后找到一份好工作。高职非英语专业(higher vocational college non-English majors)学生在英语学习中有一定的动机强度(the intensity of motivation)，但也有很多学生对英语学习信心不足。

(3)归因(attribute)。在调查学生英语学习成功的归因(attribute)时，具体调查结果如下：

46.15% 归结(attributed to)为个人努力的比例(proportion)；

23.08% 归结为个人能力(personal competence)的比例(proportion)；

6.59% 归结为试卷简单的比例(proportion)；

6.59% 归结为运气好的比例(proportion)；

17.58% 归结为教师因素的比例。

具体见图 5-4.

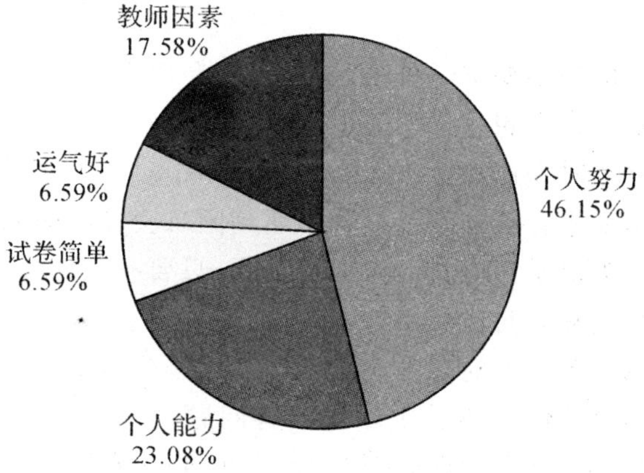

图 5-4 学生英语学习成功的归因

在调查学生英语学习失败的归因时具体数据如下：

59.34% 归结(attributed to)为个人没有努力的比例(proportion)；

24.18% 归结为缺乏学习英语的能力的比例(proportion)；

4.4% 归结为试卷太难的比例(proportion)；

5.49% 归结为运气不好的比例(proportion)；

6.59% 归结为教师因素的比例(proportion)。

具体见图 5-5。

以上数据表明：大部分学生将成功或失败归结于(attributed to)不稳定和可控制的原因——努力程度，也就是说大部分学生有可能在失败的情况下坚持努力，并相信一定能取得成功，而在另外三项不可控因素的比例(proportion)中，教师因素所占的比例(proportion)最大，说明有部分学生相信教师、依赖教师。也就是说，英语教师应该不断提高自己的专业技能以帮助学生正确地认识英语学习，更好地激发(arouse)学生的学习动机(learning motivation)。

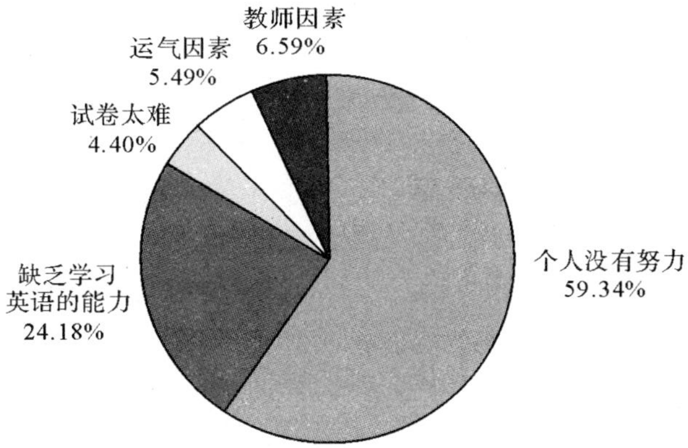

图 5-5　学生英语学习失败的归因

(4)深层动机(deep motivation)、表层动机(surface motivation)、动机强度与英语成绩的相关分析。为了检验学生英语学习表层动机(surface motivation)、深层动机(deep motivation)、动机强度(the intensity of motivation)等方面的差异与英语成绩之间的关系,笔者借助 SPSS13.0 统计软件对以上各变量进行了相关分析,结果如下:

A. 学生的深层动机(deep motivation)、动机强度(the intensity of motivation)分别与英语成绩呈显著性相关,对学生的英语成绩产生影响。所以英语教师应该注重培养与激发(arouse)学生的深层动机(deep motivation),提高学生的动机强度(the intensity of motivation)。

B. 表层动机与深层动机(deep motivation)、动机强度(the intensity of motivation)和英语成绩之间均是零相关,表明表层动机(surface motivation)不能有效地激发学生的学习热情(learning enthusiasm),对促进(promote)学生的英语学习、改善课堂焦虑(classroom anxiety)状况影响甚微。这也说明学生的深层动机(deep motivation)远比表层动机(surface motivation)重要得多。

C. 深层动机(deep motivation)与动机强度(the intensity of motivation)之间的相关系数(0.679)较高,表明深层动机(deep motivation)的强度和影响较大。鉴于以上分析结果,英语教师应该采取措施唤起(arouse)高职非英语专业(higher vocational college non-English majors)学生对英语学习的兴趣,激发深层动机(deep motivation),提高动机强度(the intensity of motivation),这样有助于从根本上(radically)改善英语学习效果。

以盐城工业职业技术学院 2012 年入学新生的英语成绩调查为例,具体内容见图 5-6。

江苏省英语高考的成绩总分为 150 分,但是我院在 2012 年招收的学生中,

学情分析　2012级高考英语成绩汇总

分数段	人数	备注
80—84分	5	A层
70—79分	36	
60—69分	200	
50—59分	311	B层
40—49分	683	
30—39分	580	C层
20—29分	186	
10—19分	19	

注册350人

图 5-6　2012 级新生英语成绩调查

资料来源：盐城工业职业技术学院

90—100分的学生为 0 人，60—84 分的学生为 241 人，根据分层教学（hierarchical teaching），这些学生划到 A 层；40—59 分的学生为 994 人，这些学生划到 B 层；剩余的 785 人被划到 C 层，在 C 层中，有 350 名学生是注册生（registered students）。

从以上的数据中，我们可以发现：盐城工业职业技术学院 2012 年招收来的新生英语水平很差，学生内部存在的阻碍英语学习的因素是基础薄弱，对英语学习缺少热情；外部因素是中学的英语教师师资力量很弱，学生对英语学习不感兴趣，没有学习氛围，教师也没有给学生创设英语学习环境。

除了上述的分析外，笔者认为，内部因素（internal factors）存在的问题和阻碍机制（barrier mechanism）为：学生的学习心理动机（physiological motivation）不够好，急功近利（eager for quick success and instant benefit），学习只是为了应付过级考试，在学习态度上存在着太多的问题，比如态度不够端正（correctitude）、自身对学习无所谓（to be indifferent）、不思进取、眼高手低（have grandiose aims but puny abilities）等。同时现有的知识水平比较差，词汇量（vocabulary）极少，发音不够标准，不积极参与课堂上的各种教学活动等。

外部因素（external factors）存在的问题和阻碍机制（barrier mechanism）：教学模式（teaching mode）古老，教师缺乏重视，教材内容陈旧（the old contents），学习环境不好，师资力量（teachers ability）差，等。

第二节 理论层面(中观层面)上的分析

根据微观层面上提出的问题,在"协同论(synergetic theory)"指导下,对阻碍高职院校学生(higher vocational college students)英语学习内部因素(internal factors)和外部因素(external factors)的成因(cause of formation)进行分析。

要完成英语教学任务(English teaching tasks),除需要师生双方的共同参与(fellowship)和努力之外,教师更应该从指导者(fugleman)的角度多了解施教对象才行。那么,高职学生(higher vocational college students),尤其是非英语专业(non-English majors)的学生们,英语学习状况如何呢?职业学校的学生入学时英语成绩普遍较差。在新生入学之后,我们通过查阅学生的高考成绩(the results of College Entrance Examination)、摸底考试(pretest)等多种方式对新生入学时的英语词汇量、阅读和听说能力进行调查。通过调查可知,学生对所学过的英语知识的认知能力(cognitive competence)较低,有 57.5% 的学生属于基本没有掌握,有 22.5% 的学生属于认知较少,有 20% 的学生认知一部分英语知识。就内部因素(internal factors)而言,成因在于:高职学生存在的自卑心理(sense of inferiority)、功利思想(utilitarian thought)、偏科现象(the learning branch phenomenon)和轻视体力劳动的思想,严重影响着他们的学习。目前,高职院校学生(higher vocational college students)在学习方面普遍存在一些错误认识,造成学习动力不足(insufficient motivaiton),直接影响了学习的效果。面对这种现状,如何帮助他们走出误区(the wrong region),改善学习效果,是高职院校(higher vocational college)的教师在传授知识与技能(impart knowledge and skills)的同时理应担负的一种责任。

一、高职学生英语学习心理误区(psychological misunderstanding)及原因分析

(一)读高职(higher vocational college)没有出息,得过且过(to live from hand to mouth)混张文凭

这种心理在高职学生(higher vocational college students),尤其是一年级新生(freshman)中较为普遍。高职院校的学生(higher vocational college students)大多是应试教育(examination-oriented education)制度下的考试失利者。他们大部分学习基础比较差,在学习意识(learning sense)、学习方法(learning method)、学习能力(learning competence)及学习动力(leaning motivation)方面比较欠缺。他们就读高职并不是因为自身渴望学习(eager to learn),而是无可奈何(have no alternative)或出于应付家长的目的,缺乏明确的学习目标。在他们心目中,只有考上本科院校(undergraduate course colleges and universities)才能出人头地(get ahead of),才会有出息。而高职院校无论是在校园外部环境(external environment)还是在教学条件方面,与本科院校(undergraduate course colleges and universities)相比都有一定的差距。他们在与考上本科的高中同学的交往中,看到了这种差距,产生了强烈的自卑心理(inferiority),认为自己读高职(higher vocational colleges)很没面子,看不起自己,甚至看不起就读的学校和老师。在这种妄自菲薄(look down upon themselves)中,他们的意志日渐消沉,更加丧失了学习的兴趣和动力。另外,社会激烈的就业竞争(fierce employment competition)也给他们造成了较大的心理压力(psychological pressure),对社会对其的容纳有一种怀疑,感到前途渺茫(have an uncertain future)、失落和自我轻视。由于这些自卑(self-contemptuous)、自弃的心理作怪,高职学生(higher vocational college students)厌学情绪(weariness)普遍,学习风气较差。

(二)在学生会里混个一官半职,再争取入党

在高职院校(higher vocational college)不乏这种心理的学生:英语学习好不好没关系,只要在辅导员(counselor)、部门领导面前混个脸熟,当上学生干部(student cadres),入了党就行,今后就业就会有保障。这种名利思想(vanity fair)使他们入学不久就特别热衷于(be keen on)学校里各种社团的招募、竞选活动,不愿意参加和英语有关的各项活动;有时为了达到目的,不惜使出浑身解数(resorted to use all their skills),如攀扯老乡关系(involve villagers relationship)、请客吃饭等。一旦进入了某个社团(society),"忘我工作"而漠视学习;工作热情高涨,而学习方面则是"大红灯笼高高挂"。还有的学生,不管自己是否有这方面的认识,先写份入党申请书(party membership application)争取进入党校培训(party school training)再说。有这种"当官"、入党名利思想(vanity fair)的学生,他们想的不是怎么用实际行动来提高自己的思想觉悟(ideological consciousness)、学习成绩和工作能力,而是一门心思钻研各种歪门邪道(crooked ways)以达到自己的目的。在一些学生中甚至流传这种说法,"入党靠的就是关系"。这种追逐名利(pursuit of fame and fortune)的不健康思想,使得他们更加不愿意也没有精力学习英语。这种现象的发生与社会风气的影响和家庭教育是分不开的;学习英语无用、文凭贬值、当官发财等思潮对青年学生的冲击很大;当然,学校管理方面的漏洞也助长了这种风气的蔓延。

(三)专业课、实践课重要,英语基础课不重要

大部分高职学生(higher vocational college students)学习基础较差,缺乏学习能力和刻苦钻研的精神,高考的失利使他们对文化课的学习有种恐惧感和厌恶感,

所以他们不仅对诸如数学、英语等基础课不感兴趣，就是对与专业相关的理论性、计算性较强的专业基础课也不愿学习。另外，高职学生(higher vocational college students)认为自己将来的工作岗位是生产一线，不需要理论知识，所以就放弃了对这类课程的学习。专业课程相对来说理论性浅一些，易于为学生所接受，于是便出现了这种偏科的现象。

（四）专业学习只要懂方法就行，不需要亲自动手，不学英语没有关系。将来的工作是技术型、管理型的

基础知识的薄弱使得大部分高职学生(higher vocational college students)对理论学习不感兴趣，而真正到了实践环节(practice)，他们往往又动口不动手(talk and no action)，有安逸(comfortable)的心理。他们认为自己经过十多年的寒窗苦读，饱读诗书，有一种优越感，成了眼高手低的"评论家"。另外，受传统观念的影响，许多学生总认为：上大学就应该在学校学知识，毕业后搞科研和上层建筑，而对于高职教育主要培养将来从事一线技术型动手人才的教学目标则感到自卑与反感。"高职生自卑""劳动低下"成为笼罩在他们头上的阴影，这种观念严重地影响着高职生在学业上的进取。

根据以上的分析，笔者还做了以下方面的调查，此次调查的内容相对于高职院校的学生来说，层次较高，但是有些发达地区，学生的英语水平相对来说还是比盐城工业职业技术学院的学生要好得多，具体如下：

本次调查共发放问卷200份给大一和大二的同学，其中大一大二各100份，回收有效问卷190份，包括大一100份、大二90份，有效率95.0%。以下是数据分析，本分析是二年级的数据分析。

1. 你所在的年级　　　　　　　　　　　　　　　　　（　　）

A. 大一　　　B. 大二　　[B占100%]

2. 性别(图5-7)　　　　　　　　　　　　　　　　　（　　）

A. 男　B. 女

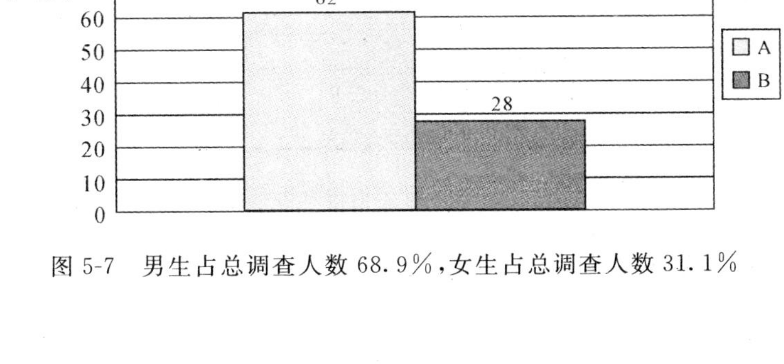

图5-7　男生占总调查人数68.9%，女生占总调查人数31.1%

3. 自己的英语学能(图 5-8) ( )

A. 好 B. 较好 C. 中等 D. 较差

E. 差

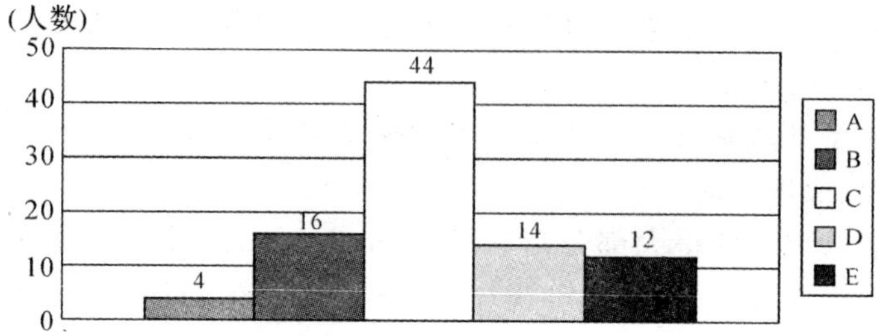

图 5-8 48.8%的同学英语水平在中等及中等以下

4. 你现在的英语水平(图 5-9) ( )

A. 没过 A 级 B. 过了 B 级,但没过 A 级 C. 过了四级

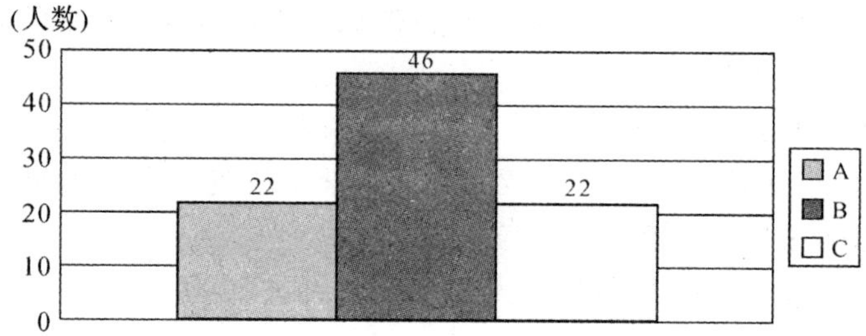

图 5-9 只有四分之一的大二同学没有过 A 级,另四分之一已过四级,英语学能差距相当大

5. 你觉得自己以后从事的工作涉及英语的可能性(图 5-10) ( )

A. 大 B. 一般 C. 小

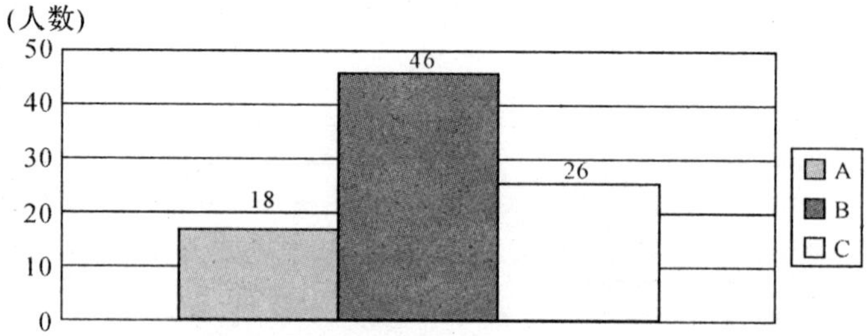

图 5-10 超过半成(68.9%)的同学认为自己今后从事的工作与英语相关

6. 希望毕业后英语学习达到(图 5-11) ( )

A. 雅思　　　　B. 托福　　　　C. CET-4　　　　D. CET-6

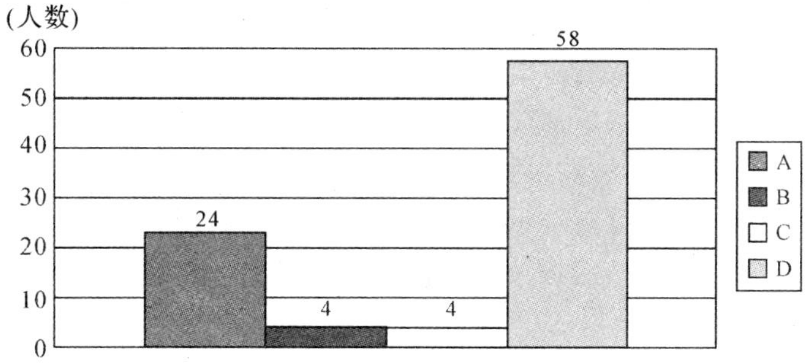

图 5-11　超过半数同学(64.4%)把自己的目标定在六级，而准备去参加托福、雅思考试的也有不少，说明大家对自身的英语水平要求还是很高的

7. 是否希望学院开展活动，帮助指导学生更加正确有效地去学习英语(图 5-12)　　(　　)

A. 希望　　　　B. 不希望　　　　C. 没有想法

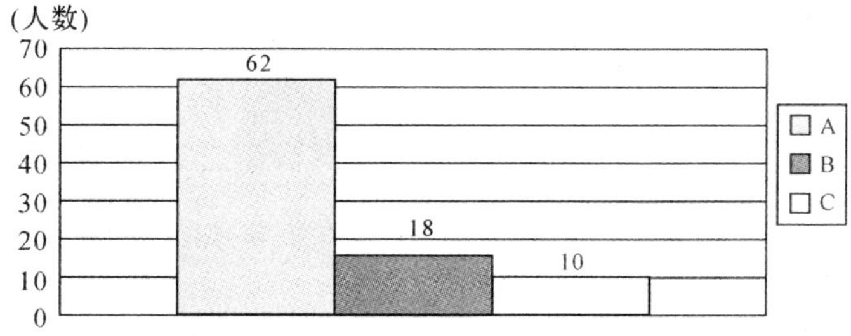

图 5-12　68.8%的同学希望开展英语兴趣小组活动帮助自己提高英语学习兴趣与能力

8. 学院计划展开的英语兴趣活动小组，最希望参加的有(可多选)(图 5-13)　　(　　)

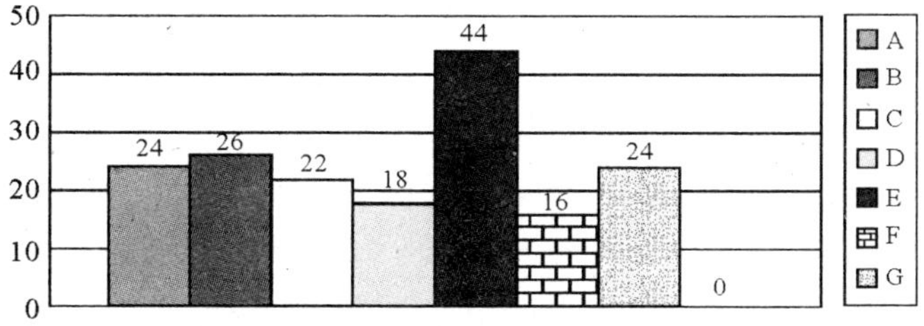

图 5-13　最受欢迎的分别是优秀英语电影展、英语角、晨读兴趣小组、专业与英语结合、四六级辅导讲座

A.【晨读兴趣小组】定期安排晨读，培养语感

B.【英语角】邀请外教参与，提供一个用英语交流的平台

C.【四六级辅导讲座】邀请外院专家提供四六级针对性指导讲座

D.【英语文化讲座】邀请外院专家介绍中西方文化之间的差异

E.【优秀英语电影展】展播英语原声电影，培养学习兴趣

F.【就职英语指导】英语面试指导，英文简历制作指导等

G.【专业与英语结合】将英语融入所学专业，提升专业素养

9. 学习英语的动因及目的(可多选)(图 5-14)　　(　　)

A. 学校课程要求　　B. 未来职业需要

C. 个人技能培养　　D. 丰富课余生活

E. 四级和 AB 级等英语证书考取　　F. 对语言的热爱

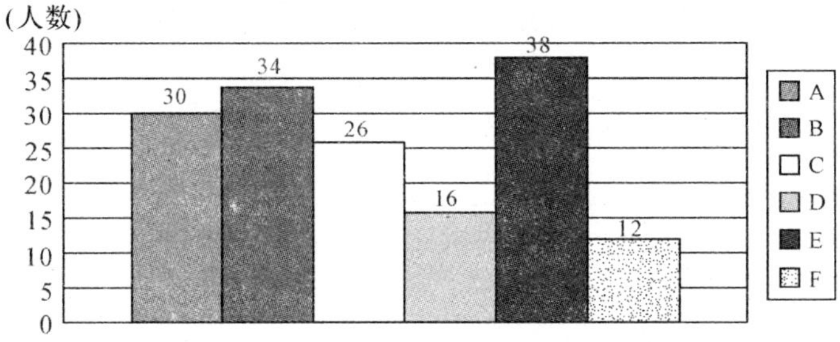

图 5-14　大多数同学学英语只是被动地接受学习，而只有少数同学是真正喜欢这门语言的，所以培养英语学习兴趣刻不容缓

10. 学好英语的信心(图 5-15)　　(　　)

A. 很大　　B. 较大　　C. 一般　　D. 不大

E. 没有

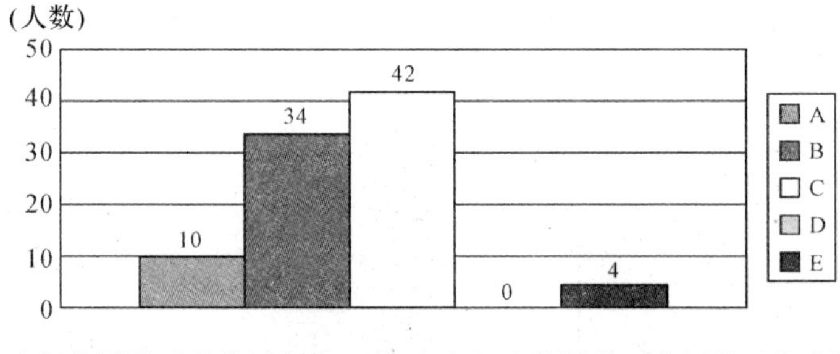

图 5-15　大部分同学对学英语有信心，但也有极少数同学对英语学习完全没有信心

11. 自身英语学习的努力程度为(图 5-16) ( )

A. 很努力 B. 比较努力 C. 一般 D. 不太努力

E. 根本不努力

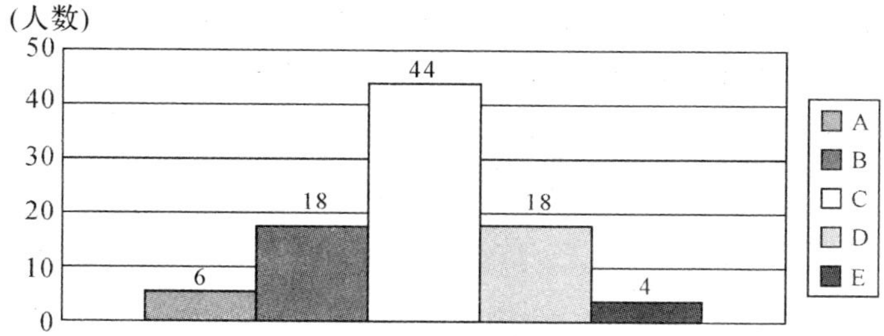

图 5-16 同学们对学习英语努力程度的分布大致符合泊松分布

12. 英语教学方式应该是(可多选)(图 5-17) ( )

A. 教师讲,学生听 B. 教师指导性学习

C. 完全自主学习 D. 其他

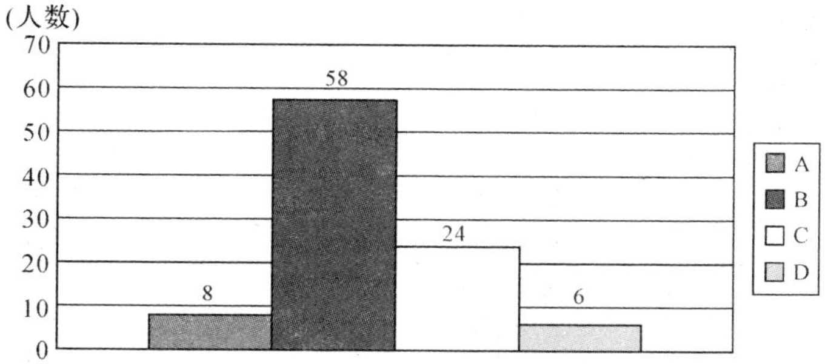

图 5-17 64.4%的大二学生喜欢相对自由的自学式英语学习环境

13. 英语考试中较易失分的题目为(可多选)(图 5-18) ( )

A. 听力 B. 单选 C. 阅读 D. 翻译

E. 写作

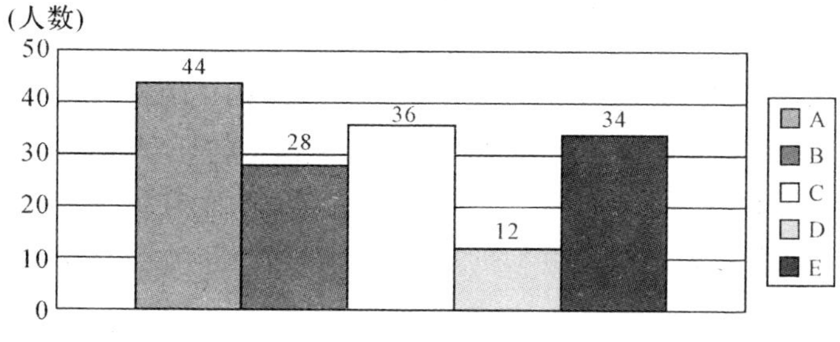

图 5-18 听力 48.9%、阅读 40%、写作 37.8%是困扰大家的三大难题

14. 采用的语法学习方法与策略是(可多选)(图 5-19)　　(　　)

A. 通过具有共同特征的句子去总结语法现象,并能活用,掌握必要的语法知识

B. 先学习掌握一定的语法知识,再套用

C. 较少学习语法知识

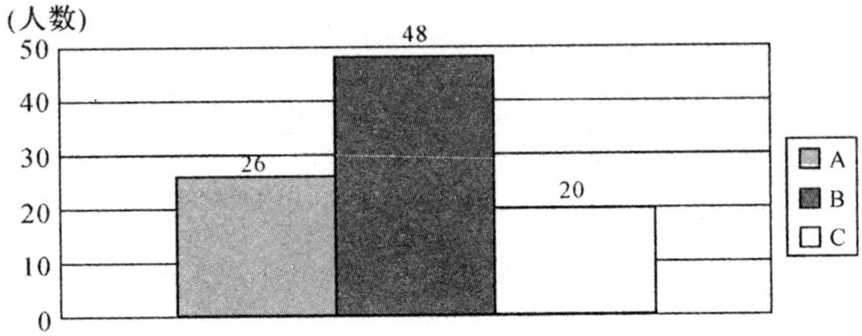

图 5-19　"先学习掌握一定的语法知识,再套用"选项占总人数 53.3%

15. 最希望提高的英语能力为(可多选)(图 5-20)　　(　　)

A. 听力　　B. 口语　　C. 写作　　D. 阅读

E. 语法

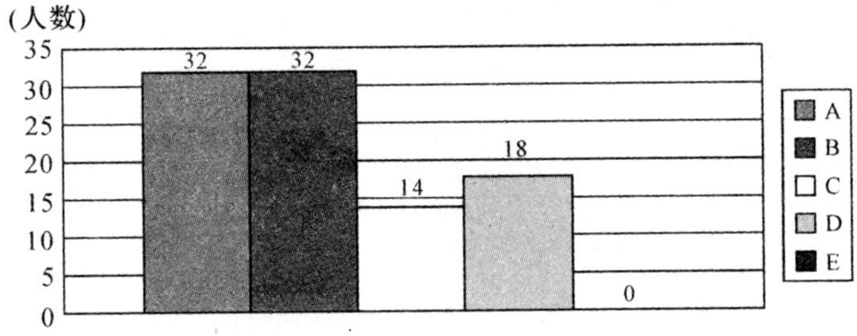

图 5-20　口语和听力是同学大多想提高的英语能力,以后活动可以多给大家练习口语和听力的机会

16. 英语学习中,有效的方法是(可多选)(图 5-21)　　(　　)

A. 活学活用　　B. 边读边写　　C. 只看不写

D. 多听录音,多看书　　E. 死记硬背

17. 影响听力和阅读理解的主要原因是(可多选)(图 5-22)　　(　　)

A. 生词太多　　B. 缺乏背景知识

C. 缺乏听力和阅读理解的训练　　D. 做的练习题不够

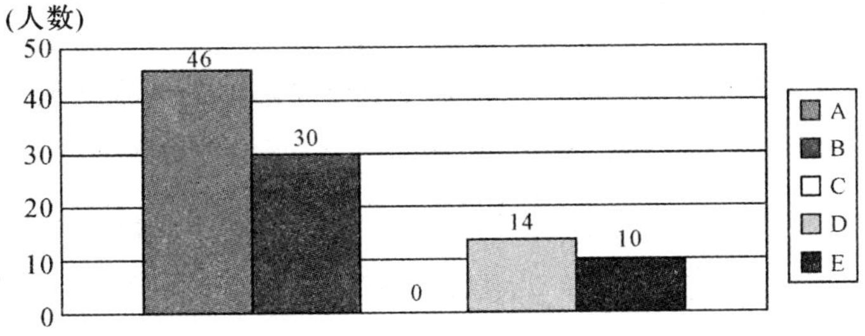

图 5-21 84.4%的同学更喜欢灵活地学习英语，不喜欢死记硬背，只看不写

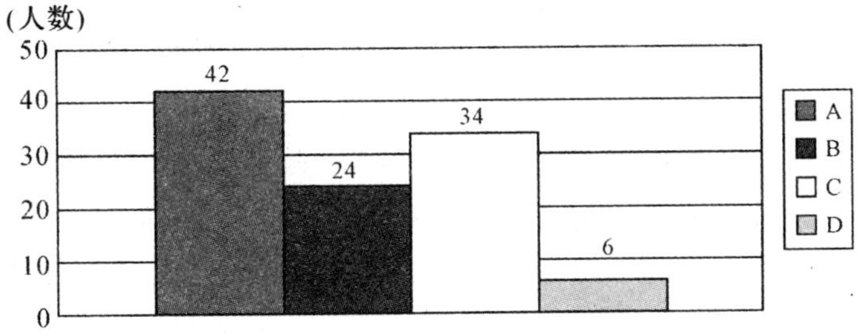

图 5-22 词汇量匮乏和缺乏系统训练是大家一致认为的影响听力和阅读理解的主要原因

18. 你平时英语学习(可多选)(图 5-23)

A. 经常复习课程，并阅读课外书籍(包括参考书)

B. 看看参考书与课本

C. 只看课本

D. 其他：______

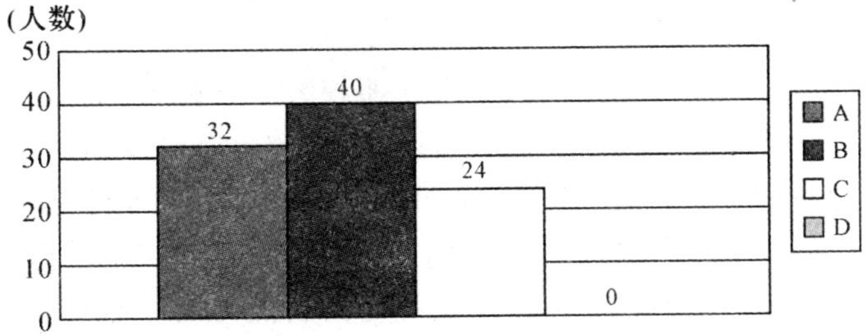

图 5-23 同学们平时学习英语的认真程度远远不够，只有大约 1/3 的同学能做到经常复习课程，并阅读课外书籍

从以上的调查中可以看出，学生的内部学习动机都是好的，但是需要学校和老

师创造一定的学习环境和空间。

二、就外部因素而言，阻碍高职院校学生英语学习外部因素的成因分析

第一，社会因素

社会是学生身处的最大背景，可以促成学生英语学习动机的形成。把英语当作自己谋生手段的人越来越多，这样的社会文化背景使学生感到学习英语很重要。

第二，家庭因素

受访的学生大部分来自普通家庭，经济条件一般，父母文化程度有限，对于自己的英语学习，大多数的学生认为他们的父母基本上帮不上忙，但是父母的重视会影响孩子学习英语的积极性和学习效果。

第三，学校和班级因素

校园文化（campus culture）、学校制度（the school system）、教风（teaching style）、学风（study style）也影响学生学习英语的兴趣（interests）和成效（result）。大多数的学生认为在学校学习英语更加具有系统性（systematicness），只是少部分学生在学习英语过程中与同学进行英语交流极少，因此，需要进一步提高学生学习英语的兴趣。

第四，教师因素

关于教师的因素，在后面的章节中还要进行论述，这里选取几个方面进行说明。在英语教学中，动机一直被认为是教学的关键（the key of teaching）。不论是听说读写还是语法教学，如果不能激发（arouse）学生的动机（motivation），教学则不可能达到预期的效果。（王笃勤，2002）由于学生在缺乏英语语言环境（English language environment）的情况下学习英语，教师将起到重要的指导作用（directing effect），教师应帮助学生培养（foster）学习英语的兴趣，制定（lay down）学习英语的目标，选择适合个人的学习方法（individual learning method）等。

1.教师没有明确高职英语教学的目的和要求

高职英语（higher vocational English）的课程教学目的是"使学生掌握一定的英语基础知识和技能，具有一定的听、说、读、写、译的能力，从而能借助词典阅读和翻译有关英语业务的资料，在涉外交际的日常活动和业务活动中进行简单的口头和书面交流，并为今后进一步提高英语的交际能力打下基础"。但是，高职英语（higher vocational English）没有适当降低英语阅读能力的要求，没有加强听说能力的培养，不能适应应用型技术性人才职业岗位的特点，不能满足改革开放对涉外交际能力的需求。

2.教师没有掌握高职英语的特点及学生的具体情况

根据对学生的访谈得知：虽然从中学到高职，英语难度没有急剧增加，但是课

时数的限制导致教学进度较快，而学生英语知识水平普遍低下且参差不齐，差生就更加差，他们学习英语的困难是客观存在的。首先确定总的教学目标，教师对于不同层次学生的班级没有制定不同的教学内容、教学进度和教学难度等。

3. 教师没有组织形式多样的英语教学

教师没有根据高职英语(higher vocational English)教育的教学目的和学生水平，采用一些重听说能力培养、能够调动学生的学习积极性、浅显易懂的教学方法，没有采用视听教学法和实用教学法。英语课没有力求安排每周一次，没有使用多媒体教学，没有寻找到一些有趣的经典英文原版影片播放给学生，没有向学生介绍英美等国的风土人情、著名建筑、美国 NBA 职业篮球赛、迪士尼动画等，没有在播音过程中穿插一些英文歌曲，没有鼓励(encourage)学生组织以节日文化为主题的各类活动，没有使学生在真实的氛围中感受西方文化(western culture)。没有通过这些活动让学生体验到快乐和西方文化(western culture)以及风土人情。此外，校园中没有长期开办英语角(English corner)，没有定期举行英语竞赛(English Contest)、讲座(English lecture)等，没有激发学生的学习兴趣。学生们没有逐渐被形式多样(diversified forms)的英语学习活动所吸引。另外，没有用实用教学法(practical teaching method)，没有强调交际性(communicative)和情景性(situation)，没有能够使差生减轻英语学习开口说话的压力，没有能够帮助他们树立信心(build confidence)。

4. 教师没有定期考核检测英语教学效果

教师没有为了检查教学效果，定期进行单元测试。测试的形式不够多样化。没有在课前要求学生用英语做一个 small talk 汇报一些有趣的事，没有在课堂上进行实时听写，或者利用课间休息抽查学生读单词或者念句子等口语检查。没有通过经常的小测试，使教师与学生能够近距离地接触，没有使师生关系不再陌生疏远，没有督促学生形成一种自学英语的习惯。没有通过小测试发现问题，没有及时分析原因并找出解决办法。

参考文献

[1]王笃勤. 英语教学策略论[M]. 北京：外语教学与研究出版社，2002.

第三节　战略层面(宏观层面)上的分析

一、“协同论(synergetic theory)”指导下的公共英语教学的改革

根据中观层面的分析，在“协同论(synergetic theory)”指导下，提出解决阻碍学生英语学习的内部因素(internal factor)和外部因素(external factor)的策略。

根据高职学生的心理学习动机(psychological learning motivation)、学习态度以及现有的知识水平，首先提出解决阻碍学生英语学习的内部因素的策略(strategy of internal factor)，即情感教学的策略。其次，根据阻碍学生英语学习的外部因素，进行大学英语教学改革(college English teaching reform)。“协同论(synergetic theory)”视域下的高职院校公共英语教学模式改革的核心理念在于关注学生的可持续发展，通过“教师与学生的协同(coordination)、知识与专业的协同(coordination)、内容与形式的协同(coordination)、个体与团体的协同(coordination)、流程与效果的协同(coordination)、理论与实践的协同(coordination)、教书与育人的协同(coordination)、专业与素质的协同(coordination)、能力与素质的协同(coordination)、学校与企业的协同(coordination)以及公共英语与专业英语的协同(coordination)”，以“一条主线”(以培养学生在特定环境下的英语语言综合应用能力为主线)、“二者交融”(突破传统的语言教学和具体情境割裂的模式，使英语语言知识与技能和实践相互渗透)、“三个结合”(语言知识技能培养与素质教育相结合，理论教学与实践教学相结合，语言课程教学与各种职业资格证书培训相结合)、“四大模块”(词汇教学模块、听说教学基础模块、读写核心模块和翻译提升教学模块)、“五个突破”(教学理念上的突破、教学内容上的突破、教学方式上的突破、教学目标上的突破以及教学链条上的突破)、“六个合作”(主动达成与其他英语教师的相互合作，真诚促进与其他专业教师的沟通合作，积极鼓励师生教学合作，认真配合院系专业发展合作，热情寻求兄弟院校交流合作，大力开拓校企合作)为设计思想，构建“模块化、进阶式、组合型”课程体系，全方位关注学生的发展。因此，高职院校公共英语教学中“协同论(synergetic theory)”视域下的英语教学理念的运用应该既重视知识技能的传授，又关注知识与学生各个方面的协同(coordination)，揭示人的个体潜能之所在，并为这种潜能的发挥和飞跃凝聚起巨大的力量。

在进行整体大学英语教学改革的基础上，就英语教学系统中的分系统的内容进行改革，提出英语学习中的常用策略研究，在此基础上进一步提出“协同论(synergetic theory)”视域下的英语教学的策略研究。

二、研究内容

1. 分析高职院校学生英语学习内部因素(internal factor)存在问题和阻碍机制(Barrier mechanism)

首先从学生的心理动机、学习态度和现有的知识水平进行分析,从而得出学生英语学习内部因素(internal factor)存在的问题和阻碍机制。

2. 提出"协同论(synergetic theory)"指导下的扫除学生英语学习内部因素(internal factor)阻碍机制的策略,即提出扫除学生自身存在问题和阻碍机制的策略

"协同(coordination)"学生英语学习的四个心理动机,即工具型动机(instrumental motivation)、融入型动机(integrative motivation)、内在激励和结果动机,提出在课堂设计中设置英语学习与职业挂钩的契机,同时完成学生学习的心理动机和学习态度及现有知识水平的协同(coordination)。

动机(motivation):在心理学上一般被认为涉及行为的发端、方向、强度和持续性。动机为名词,在作为动词时则多称作"激励"。在组织行为学中,激励主要是指激发人的动机的心理过程。通过激发和鼓励,使人们产生一种内在驱动力,使之朝着所期望的目标前进的过程。

(1)工具型动机(instrumental motivation)。Gardner 和 Lambert 从社会语言学的角度出发将英语学习的动机分为"工具型动机 (instrumental motivation) "和"融入型动机 (integrative motivation) "两种。

(2)带着"工具型动机 (instrumental motivation) "的学习者希望通过利用第二语言达到自己的目标,侧重"学习一门新的语言的实际价值和好处"(Lambert,1974:98)。

带着"融合型动机 (integrative motivation) "的学习者希望自己能融入第二语言的文化中,表现出一种"对于该种语言下的文化和人民的真诚的个人兴趣"(Lambert,1974:98)。前者需要语言,后者喜欢语言。前者有明确的实用性目的,后者没有明确的目的。前者是被动学习,后者是主动学习。

(3)"内在激励(intrinsic motivation)"在学术文献中的解释:

①"内在激励(intrinsic motivation)"是指个人通过给自己设定目标激发成就感和事业感从而激励自己努力工作来实现的,但这种"内在激励(intrinsic motivation)"有较强的外在性。

②"内在激励(intrinsic motivation)"是指工作本身带给人的激励,包括工作本身有趣味,让人有责任感、成就感等;外在激励是指工作以外的奖赏,包括增加报酬、提升职务、改善人际关系等等。相比之下,"内在激励(intrinsic motivation)"有

更稳定、更持久、更强烈的效果。

③所谓“内在激励(intrinsic motivation)”是指学生自身产生的、发自内心的一种激励力量,具有社会历史性、个别差异性、主观能动性等特点。“内在激励(intrinsic motivation)”大致具有责任感、荣誉感、良心感等几个方面。

④“内在激励(intrinsic motivation)”是指那些给员工提供的不能以量化的货币形式表现的各种奖励价值。它们顺应员工逐步上升的物质与精神需要,激发员工内驱力,让员工有充分接受培训、教育的机会,使之胜任工作。

⑤“内在激励(intrinsic motivation)”方式主要是指职工的责任、成就、光荣感以及学习新的知识、技能等。外在激励包括晋升、福利、表扬、认可等。

⑥“内在激励(intrinsic motivation)”是指:使职工对工作产生乐趣,并具有胜任感、成就感、光荣感。

⑦“内在激励(intrinsic motivation)”是指在工作岗位上的直接满足。外在激励是指在工作岗位外的间接满足。

(4)结果动机(result motivation)。动机来自主观,如果没有手段将其转化为客观现实,结果永远不会出现。更需要我们值得关注的是,如果手段不恰当,结果可能会走向动机(motivation)的反面,“好”的动机(motivation)出现了“坏”的结果,这种事例在生活中比比皆是。人们的动机(motivation)来源于人的需要,表现为人的利益实现要求,但是人的利益实现要求(动机)必须在社会中,通过特定的社会关系和社会途径才能实现。总而言之,任何个人动机(personal motivation)必须通过社会关系的作用和转换才能实现,从而转化为结果。为了通过社会途径实现动机需求(motivation demand),你必须尽一切个人力量协调好各种社会关系,调整和整合各种资源,为推动动机(motivation)向客观结果转化而采用恰当、合适、周到的手段。

3. 分析高职院校学生英语学习外部因素存在的问题和阻碍机制

在分析高职院校学生英语学习环境、教师水平、教学理念、教学方法和教学模式存在的突出问题基础上,指出影响学生英语学习的外部因素阻碍机制,提出基于“协同论(synergetic theory)”的大学英语教学理念和方法等对高职院校英语教学创新所具有的现实意义。

4. “协同论(synergetic theory)”在高职院校英语教学模式改革中的应用

在分析“协同论(synergetic theory)”与英语教学之间的关系基础上,深入研究“协同论(synergetic theory)”视域下高职英语教学理念在英语教学中的应用,重点分析“协同论(synergetic theory)”教学理念在英语课堂教学中的活动设计、存在的问题和具体实施策略,并建立起“教师与学生、知识与能力、内容与形式、个体与团体、流程与效果、理论与实践、教书与育人、方法与情境、专业与素质、能力与素质和学校与企业”十一个方面的协同(coordination)。

5.构建“协同”课程内容体系

在“协同论(synergetic theory)”指导下，构建“模块化、进阶式、组合型”课程内容体系，建立“三三式”课堂教学体系，“四环合一”课堂教学模式。具体内容如下。

构建“三三式”课堂教学体系。第一，三结合。英语教学与商科专业知识教学相结合、与日常生活相结合、与未来职业方向相结合。第二，三层次。基础英语、提升英语、专业英语。第三，三段培养。基础阶段、校内实训基地与课堂内外相结合阶段、校外实训基地与生产经营实践结合阶段。

构建“四环合一”的课堂教学模式。第一，创新教育环节。结合地方的经济发展，培养学生的创新意识。第二，实践教育环节。课赛融合、课证融合，培养学生理论联系实际的能力，并构建职业道德。第三，研究教育环节。培养研究学生的职业核心能力、就业竞争力和职业迁移能力。第四，课堂教育环节。培养基本知识、基本理论、基本方法和基本技能以及终身学习能力。

6.在“协同论(synergetic theory)”指导下，提出扫除障碍的策略

综合分析影响学生英语学习的内部因素(internal factors)和外部因素(external factors)，把二者结合起来，创设教学环境、改变教学理念、提升教师水平、改变教学方法。

三、主要观点

用“协同论(synergetic theory)”作支撑，分析高职院校(higher vocational colleges)学生英语学习过程中的学习阻碍机制(barrier mechanism)，从学生的内部因素(internal factors)和外部因素(external factors)进行分析，探讨学生内部因素(internal factors)中学习心理动机、学习态度和现有知识水平的协同(coordination)，进而提出扫除学习阻碍机制(barrier mechanism)的策略；同时，探讨阻碍学生英语学习的外部因素，进而提出在“协同论(synergetic theory)”指导下的大学英语教学模式(College English teaching mode)的改革，提出十一个方面的协同(coordination)，即“教师与学生、知识与能力、内容与形式、个体与团体、流程与效果、理论与实践、教书与育人、学校与企业、专业与素质、能力与素质、方法与情境”的协同(coordination)，创建基于“协同论(synergetic theory)”的高职院校(higher vocational colleges)大学英语课程的教学环境、教学理念、教学内容、课堂教学体系、教学模式，注重教学过程的展开和学生的全程参与，全面形成“协同”学习方式、策略和方法，扫除学生在学习中的阻碍，全面提升教育教学质量。

参考文献

[1]石永珍.大学生英语学习动机调查报告[J].西北工业大学学报,1999(12).

[2]文秋芳. 英语学习者动机、观念、策略的变化规律与特点[J]. 外语教学与研究,2001(3).

第六章 高职学生英语学习的内部阻碍机制

第一节 高职学生的英语学习态度

一、关于态度

1. 态度的内涵

态度(attitude)是人们在自身道德观和价值观基础上对人或事物的评价和行为倾向。态度(attitude)表现于对外界人或事物的内在感受、情感和意向三方面的构成要素。具体反应过程为内心的认知、认可、服从、反对、迷茫、不安。激发态度(attitude)中的任何一个表现要素,都会引发另外两个要素的相应反应,这也就是感受、情感和意向这三个要素的协调一致性。一般来说,态度(attitude)的各个成分之间是协调一致的,但在它们不协调时,情感成分往往占主导地位,决定态度(attitude)的基本取向与行为倾向。

态度(attitude)是心理学概念,加涅(R. M. Gagne)认为,态度(attitude)是通过学习而形成的影响个体行为选择的内部状态。他认为态度(attitude)是一种行为的倾向性或反应准备状态,而不是实际反应本身但又可影响行为发生的潜在因子。因此,态度(attitude)主要影响个体对行为的选择倾向,表现为愿不愿意完成某项学习任务的一种心理反应倾向。Gardner(1985)则认为,态度(attitude)与学习目的、学习努力程度、达到目的的愿望一起构成二语学习动机(motivation)。(戴运财,何琼,2003:9)

上述的态度(attitude)主要是指英语语言和英语语言学习态度。语言态度(language attitude)是指不同语言或语言变体的说话者各自对他人的语言或自己的语言所持有的观点和看法,对语言表示出的积极或消极的看法可以反映语言的难易性、学习的难易性、重要性、语言品位、社会地位等。语言态度(language attitude)还可以表明人们对于操这种语言的人的看法和热爱程度。在影响英语学习的学习者诸因素中,态度(attitude)和动机(motivation)常融合在一起,甚至有人把态度(attitude)等同于动机(motivation)或认为态度是动机的一个组成部分

(Brown,2002)。Gardner 和 Lambert (1972)在广泛系统地检验态度与语言学习效果的相互关系后,把动机(motivation)界定为“由某些态度构成的心理结构”,即他们把影响语言学习的态度(attitude)包含在学习动机(motivation)中(Brown,2002:168)。

马丁·韦德尔认为,在学习动机(motivation)背后,支撑这种动力的是各种态度(attitude):对学习本身的态度(attitude),对第二语言文化的态度(attitude),对其使用者的态度(attitude)。

笔者认为,态度(attitude)与动机(motivation)一样,虽然它们之间有联系,但是它们都是影响英语学习相对独立的个体差异因素。

2.学习态度

学习态度(learning attitude)一般指学生对学习及其学习情境所表现出来的一种比较稳定的心理倾向,是学习者对学习持有的积极、肯定的或者消极、否定的反应倾向性。它也是个人对学习所有的一种内在的心理准备状态,态度(attitude)一旦形成就具有一定的持久性和稳定性。学习态度影响着学生对学习目的、课程、学习方式等的定向性选择。对学习持肯定态度(positive attitude)的学生,有较强的求知欲望,他总是积极参与各种学习活动,自觉地学习,从而获得较高的学习效率。也就是说,学习态度(learning attitude)形成之后,在一定时间内,对一定的对象表现出前后一致的比较稳定的反应倾向,因而他们的英语学习成为习惯性的反应行为。语言学界所研究的态度(attitude)实质上就是指语言学习态度(learning attitude)。

3.态度的结构

(1)认知成分:指个体对学习活动或课程带有一种评价意义的观念、信念、认识、理解。例如有的学生形成了英语学习主要靠记忆和扩充词汇、掌握语法的认识体验后,他们对英语知识学习的态度(attitude)也就难免偏重于语法。英语学习态度(learning attitude)的认知因素是指对学习目的、意义的理解,对学习对象、学习内容和学习结果的评价。因此,基于对学习的正确理解,学习态度(learning attitude)往往也是积极上进的,有明确学习目的的人就可能会有良好的学习态度(learning attitude);相反,对学习的错误理解往往相伴消极的、错误的、不求进取的学习态度(learning attitude)。态度(attitude)认知反映着学生对学习的价值的认识,是态度(attitude)结构的基础,比较内隐,难以考量,但通常可从学生对待学习的注意状况或关注程度予以推定。

(2)情感成分:态度(attitude)的情感成分是伴随态度(attitude)的认知成分而产生的情感或情绪状态,即对某一目标的好恶程度,被认为是态度(attitude)构成的核心成分。由于情感本身就反映出学生外显的学习态度(learning attitude)状况，因此，情感成分较认知成分更易观察和测量。学习者情绪的波动往往标志着态度（attitude）可能正在或即将发生变化，甚至会引起意志的坚定性和学习行为的选择性的某些起伏性波动。英语学习者对课程内容、预期成就以及实际学习绩效的客观评价，对学习者的主观需要之满足，对学习结果的满意度，对待做作业的态度（attitude）等等的情绪肯定有起伏或一些规律性变化。尽管如此，从相对一个学段考察，英语学习者的态度（attitude）情感状态是较为稳定的，要么肯定、喜欢，要么排斥、厌恶，否则就可能出现情绪中立状态，即无所谓喜欢不喜欢，也就没有态度（attitude）情感应有的积极或消极效应。

现行的英语课程标准中，情感态度（emotional attitude）既是语言教学目标，更是语言教学的切入点。绝大多数学生实际上都能认识到学习英语的重要性，尽管他们无可奈何。因此，态度（attitude）的认知和情感成分的最佳黏结，是英语学习最直接最明显的动力源泉，教师要以高度的教学激情感染学生旺盛的学习热情，有时比课堂教学本身更有效。

（3）意向成分：行为意向成分是指学生对学习的反应倾向，即行为的准备状态，准备对学习做出某种反应和选择冲动。也有把态度（attitude）的意向成分称为行为成分的，即对某一目标的行动准备状态，也就是付诸实际行动的冲动或实际行动中的坚韧毅力。学习态度（learning attitude）的意向因素是学习对象对学习活动的欲求和指向，主要以学生学习英语的时间投入、学习的努力和刻苦程度等几个可量化指标来考查学生的学习行为。

一般说来，态度（attitude）的上述三种因素组成一个互相关联的统一体，学习态度（learning attitude）中的认知因素是其情感因素和意向因素形成的前提，没有认知就没有情感，也无所谓意向。学习态度（learning attitude）中的情感因素是认知因素和意向因素的动力，没有情感因素就没有认知因素的深化和意向因素的强化，因而情感因素是构成学习态度（learning attitude）的核心要素。而意向因素则是认知因素和情感因素的集中体现，没有意向就没有行动，也就体现不了学习态度（learning attitude）的效能。通常，态度认知（attitude cognition）、情感和意向因素之间互为条件，相互制约，协调一致，统一于态度行为之中，对学习效果发生共同影响。

但是笔者认为，关于态度（attitude）的结构问题，除了上述三个方面的成分外，还有一个成分应该是协同成分。就是在学习中，学生在学习过程中要和教师保持协同（coordination），如果学生不能和教师保持协同（coordination），学生就会出现消极的学习情绪。

二、英语学习态度

1. 英语学习态度的界定

贾冠杰在他的《外语教育心理学》一书中对英语学习的态度(attitude)进行了下列描述,他认为,英语学习态度(learning attitude)就是学生对英语学习的认识、情绪、情感、行为在英语学习上的倾向。英语学习态度(learning attitude)与英语学习者的学习价值观有密切联系。英语学习态度(learning attitude)与英语学习情绪有关,情绪本身就是态度(attitude)。英语学习态度(learning attitude)与英语学习表现是一致的,态度(attitude)是内心的倾向,表现是外显的行为。

2. 英语学习态度的解读

Auport 把态度(attitude)定义为“通过经验组织的个体对有关态度对象与情境施加方向性或动力性心理和精神的准备状态”。加涅认为,“态度(attitude)是通过学习形成的影响个体行为选择的内部状态”。根据 Auport 的观点,态度(attitude)是心理和神经的准备状态,它通过体验得以组织,对个人与此有关的所有目标和情形中所做出的反应而产生方向性和动力性的影响。王初明认为“态度(attitude)一般指个人对事物或人的一种评价性反应”,它是人内心对自身行为的选择和价值取向。在英语学习中,态度(attitude)可从三方面来解释,即学习者对目标语人群和文化的态度(attitude)、对学习行为本身的看法以及对来自其同种母语者负面影响的抵制力。Bakery 论态度(attitude)的主要特征:

第一,态度(attitude)是认知的和情感性的;

第二,态度(attitude)是空间性的而不是两极性的——根据好恶程度而不同;

第三,态度(attitude)使人易于以某种方式行事,但态度(attitude)与行为之间的关联并不强;

第四,态度(attitude)是学得的,而不是遗传来的;

第五,态度(attitude)倾向于持续,但经历会使之改变。

廉洁认为,制约学习策略的学习因素有六种,其中态度(attitude)影响和决定动机(motivation)。态度(attitude)主要通过动机(motivation)来对英语学习过程进行制约。王胜苏认为,情感因素,如学习动机(motivation)、学习态度(learning attitude)等,和跨文化因素是影响英语学习的两个因素。黄红安、文卫平在其实证研究中提出的中国语境下的英语学习动机(motivation)结构假设模式也把对英语的学习态度(attitude)作为一个重要的研究方面。秦晓晴认为,以社会心理模式为代表的动机(motivation)主要表现在文化认同态度(attitude)上,态度(attitude)对行为产生直接的影响。Ajzen 的计划行为模式就是一种用态度(attitude)解释行为的理论。

3.高职学生的英语学习态度

(1)高职的生源

高职高专学生的生源与本科生源相比要复杂得多，高职院校的学生大部分是重点高校、普通本科院校招录后最后一批次录取，控制分数线不高；有高中毕业生和中职、中专、技校毕业生。由于中职、中专、技校的教学目标定位有很大的差异，这些高职学生(higher vocational students)大多是在层层考试选拔中被“筛选”下来的学生，他们总体英语水平远远低于本科生，基础知识不牢固，语法知识不扎实，灵活运用语言能力弱。大多数学生听、说、读、写、译等能力不强，给高职高专阶段的英语教学带来了困难。

(2)高职学生的学习特点(表6-1)

①学习没有计划性，盲目学习

学习目标和计划起着举足轻重的作用，大多数高职学生(higher vocational students)没有尽早明确学习计划，学习劲头、效果大打折扣，成绩也难以提高。高职生(higher vocational students)需要对自己有客观认识，尽早制订好适合自己的每周学习计划。根据德国心理学家艾宾浩斯遗忘曲线精心设计的背诵工具，学习者可以轻松大量地背诵英语文章、词汇，大大提高背诵速度，降低遗忘所带来的烦恼。

②学习缺乏自觉性和自控能力

高职学生(higher vocational students)中一部分人的学习态度(attitude)是端正的、积极主动的，但也有少量的学生学习不够主动，没有目标和计划。

表6-1　对英语学习情况的调查百分比统计结果(%)

题号	单选题	A.肯定	B.有时	C.否定
1	你在学习中对所学的内容注重记忆吗	28%	43%	29%
2	你认为自己的英语基础好吗	29%	38%	33%
3	你经常阅读英语参考书和课外读物吗	20%	38%	42%
4	你经常参加英语协会组织的活动吗	5%	50%	45%
5	你对学英语的兴趣是	A.很大 40%	B.一般 52%	C.无兴趣 8%

续表

题号	单选题	A. 肯定	B. 有时	C. 否定
6	你英语学习的过程是	A. 能较好地自我管理和主动学习，不受他人或环境的影响 55%	B. 在教师、辅导员的要求和督促管理下才能较好地学习 19%	C. 控制不住自己，容易受他人和环境的影响 26%
7	你的学习紧张程度是	A. 很紧张 15%	B. 一般 78%	C. 不紧张（其他） 7%
8	你完成英语作业的情况是	A. 及时完成 65%	B. 有拖拉现象 28%	C. 不会、不做（其他） 7%
9	你对英语课时满意吗	A. 满意 26%	B. 应增加一些 60%	C. 不满意 14%
10	你对英语成绩满意吗	A. 想再提高 53%	B. 满意 22%	C. 不满意 25%

资料来源：姜红艳《高职学生英语学习策略的使用情况调查与分析》

这些数据也同时说明，高职学生(higher vocational students)在英语学习中有一定的计划，但是计划能否顺利实施，他们都没有可控性，而且一旦遭遇挫折，就有可能放弃，而且他们的自控能力都不强，难以驾驭自己的学习。如果教师不能和学生保持协同(coordination)，学生也会出现消极学习情绪。

(3)高职高专学生的英语学习态度

①高职学生(higher vocational students)对待英语学习的消极心理

高职高专学生的英语学习积极性普遍不高，部分学生还容易出现厌学情绪，逃课现象时有发生。这使得英语课堂变得沉闷、毫无生气。一般来说，这些学生的英语基础都比较薄弱。中学阶段大量的读写训练已经让他们对英语有种厌恶心理。

②不重视英语学习

大学相对宽松的管理，加上大学英语并不是专业课，让他们更加不重视英语学习。根据调查，有8%的学生对英语教学内容不感兴趣，就选择放弃。学生在英语学习中处于被动状态。根据调查，19%的学生自律水平较差，需要有人监督；还有26%(约四分之一)的学生容易受环境和他人的影响，不能专心学习，导致他们学习成绩不理想。

③缺乏良好的学习习惯，有拖拉现象，在完成学习任务时被动、消极、思想不够

重视，要老师逼迫时才不得已完成作业。

④学习目的性不够明确，尚未摆脱传统的学习观念和学习方法，习惯于以教师为中心的课堂教学模式。

⑤高职学生(higher vocational students)懒散的英语学习态度与“填鸭式”英语教学有很大关系。

三、高职学生英语学习的心理态度

根据人的心理，我们不难发现高职学生的英语学习在认识过程、情感过程和意志过程，即知、情、意三个方面都存在着一定的问题，根据具体的实际情况，我们总结为以下几个方面。

1. 矛盾心理态度。一部分学生有学好英语的愿望，也曾下决心要努力学习，但由于缺乏恒心、耐心和毅力，致使他们在短期内没有达到预期的效果，继而丧失继续进取的信心，形成了想学好又怕吃苦的矛盾心理。

2. 害羞心理态度。有的学生在英语口语交际中怕读错、怕说错，因而不愿意开口；有的学生学习上遇到问题羞于向老师提问，久而久之造成疑难问题多，障碍重重。

3. 畏难心理态度。学生在英语学习中如果缺乏刻苦攻读、认真钻研的精神，一旦遇到困难或受挫，就会萌发放弃学习英语的念头，故采取弃而不听的态度(attitude)，从而造成恶性循环，丧失了学习英语的信心。任何智力正常的人都具有掌握多种语言的能力，当然在学习过程中也会遇到困难，一个语言学习者要克服记忆单词的枯燥、语法规则的复杂多变、听力练习的单调重复等诸多困难。而高职生(higher vocational students)则习惯于夸大英语学习的难度，贬低自己克服困难的能力，缺乏努力学习英语的毅力。

4. 自卑心理态度。一部分学生由于英语基础知识差，虽然在学习中付出了努力，但收效不大，成绩提高不明显。没有考上理想的本科院校，高职生(higher vocational students)本来就有一种自卑感。自卑心理使高职生(higher vocational students)对自己评价过低，不能正确认识自己，主要特点是缺乏自信，结果导致学习行为退缩，学习效率降低。高职生(higher vocational students)在英语学习中的自卑心理，一般表现为对自己学习能力的怀疑和否定。自卑感对英语学习的影响相当深刻和广泛，它直接影响学生的学习动机(learning motivation)和意志，这种自我贬低的心理就转变成为自我抑制、自我挫败的心理机制，产生畏缩不前、消极被动的心理，他们就会过多地注意自己的弱点，总认为自己不能学好英语，缺乏学好英语的信心。

5. 逆反心理态度。由于教师对学生缺乏必要的了解和关心，不尊重学生自尊心，或者由于教师不能公正地处理某些事造成学生的心理创伤，使他们对老师恐惧、厌恶，在此基础上产生反抗心理和反抗行为，进而对英语学习产生“反感”。这类学困生的性格大都偏激暴躁，容易激动，思维方法失当，急功近利。他们的独立意识和欲望相当强烈，对老师和家长的强制性要求极为反感，很容易产生叛逆的心理。

6. 骄傲心理态度。一部分学生在英语学习伊始，由于知识比较简单，学习兴趣浓厚，成绩比较好，容易得到老师的表扬，产生骄傲轻视的心理。可当知识难度不断加大，成绩不大理想，得不到老师的表扬时，有“失宠”之感，失去了学习兴趣。

7. 厌学心理态度。这类学生大都缺乏学习主动性，意志不坚强，懒惰散漫，自暴自弃。由于英语基础较差，而老师和家长又没有及时给予他们劝慰和鼓励，反而施加更大压力，使他们在英语这一学科上得不到成功感，于是便讨厌学英语。

8. 内敛心理态度。这类学生由于遗传、生活环境、家庭影响和成长过程等各方面的原因，性格内向、孤僻，不善言辞。虽然情绪比较稳定，学习比较刻苦，但不愿开口说，听力和口语成绩不佳，影响了英语综合素质的提高。

9. 浮躁心理态度。这类学生由于没有养成良好的学习习惯，缺乏刻苦学习精神，学习浮躁，只知毛皮，便不求进取。

10. 迟钝心理态度。受遗传、性格及生活环境等方面的影响，这种类型的学困生思维迟钝，接受新知识缓慢，学习方法死板，力不从心，被动应付，每天都被教师牵着鼻子艰难行走，结果仍是收效甚微。

11. 功利心理态度。很多高职院校规定，只有通过高等学校英语应用能力等级考试才可以拿到毕业证。该等级考试面向全国高职高专院校，它的实施对改进高职英语教学，提高学生学习英语积极性起到了促进作用，在很大程度上调动了学生学习英语的热情。但是，这也造成许多高职生学习英语并非为了掌握英语这门语言，而是为了“过关拿证”，以便顺利毕业，从而找到理想的工作。在这种心理的支配下，这些学生往往忽视教师的课堂教学与基本语言技能的训练，而只关心实用英语 A、B 级考试，整天置身于考级的题海之中，急于求成，只想依靠“窍门”“捷径”来应付考试。英语学习是掌握一种新语言的过程，语言的学习要有一个循序渐进的过程，而高职生(higher vocational students)只追求通过考试取得证书，学习处于被动状态，是迫不得已。在这种功利心理支配下，学生一旦通过考试，就没有继续学习英语的愿望，而经过两三次考级失败的高职生(higher vocational students)则会认为再怎么学英语也无法通过，因而也放弃了努力。可以说，高职生(higher vocational students)学习英语的功利心理在短期内提升了他们学习英语的积极性，但也影响了学习英语的长远目标。

12. 应付心理态度。很多高职学生(higher vocational students)在英语学习过程中还普遍存在"当一天和尚撞一天钟"的应付依赖心理。在英语课堂上他们大多数只满足于听讲或根本心不在焉，课上犯困、打瞌睡，看小说、戴耳机听音乐、聊天，缺乏主动参与课堂学习精神，不愿积极思考。课下更是逃避学习，很少看英语书、背英语单词。很多高职生(higher vocational students)没有形成良好的英语学习习惯，平时不完成作业或抄袭他人作业，考试之前搞突击，甚至设法作弊。

13.焦虑心理态度。一般认为焦虑是指个体由于预期不能达到目标或者不能克服障碍的威胁，使得其自尊心与自信心受挫，或使失败感和内疚感增加而形成的紧张不安、带有恐惧感的情绪状态。英语学习焦虑是指人们在学习和使用第二语言中常有的紧张、担忧、害怕等情绪体验和担忧的状态。适度的焦虑有助于激发学习者的动机(motivation)，取得良好的学习效果。而焦虑水平过高或过低则对学习不利，过高会使人过度紧张、担心，从而极大地束缚人的认知能力；过低又会使对学习持无所谓态度(attitude)，缺乏学习热情和责任心。大多数高职学生(higher vocational students)在英语学习过程中，都存在不同程度的焦虑性情感障碍，其中包括听不懂焦虑、犯错误焦虑、语言交际焦虑、负评价焦虑，以及考试焦虑等。很多研究表明过分的担心会耗费学生本来可以用于技艺和思考的精力，致使学习效果明显下降。对那些勉强学习英语的学生来说，一步跟不上，步步跟不上，英语始终是一个沉重的负担，因而造成习惯性心理紧张。

四、态度对英语学习的影响

态度(attitude)从性质上来说，一般都能分成相互对立的两面，正面的态度(positive attitude)对学习有促进作用，负面的态度(negative attitude)则有阻碍作用。

参考文献

[1]殷勤.现代外语教学法[M].北京：中央编译出版社，2009.

[2]桂诗春.心理语言学[M].上海：上海外语教育出版社，1985.

[3]李森.改进英语写作教学的重要举措：过程教学法[J].外语界，2000(1).

[4]何莲珍，王敏.任务复杂度、任务难度及语言水平对中国学生语言表达准确性的影响[J].现代外语，2004(2).

第二节　高职学生英语学习的心理动机

关于英语学习动机问题，在第五章第一节中已经有所论述，主要是以 Biggs 的动机理论(motivation theory)分类的，把盐城工业职业技术学院2012级连锁、物流、营销、酒店管理四个专业中的187名学生作为样本进行试验，并对问卷调查进行了分析。在以上内容的基础上，这里进一步论述高职学生英语学习的心理动机。

一、英语学习动机类型分析

1.动机

动机(motivation)是激励人去行动的内部动因和力量(包括个人的意图、愿望、心理冲动或企图达到的目的等)，它是个体发动和维持行动的一种心理状态。一个人的动机(motivation)总是同他满足自己的需要密切相关。学习动机(motivation)还可以叫学习的坚持性(perseverance)。动机(motivation)具有启发性、选择性和目的性。动机(motivation)可使我们从厌烦转为感兴趣，它就像机动车上的发动机(engine)和方向盘。(Motivation is what moves us from boredom to interest. It is something like the engine and steering wheel of an automobile.)斯波斯基(Spolsky,B.)认为，动机(motivation)本身包括三方面内容：对待学习英语的态度(attitude)、学习这种语言的愿望(desire)和为学习这种语言付出的努力。如果学生真正有了动机(motivation)，这三个方面都包括在内。英语学习者的动机(motivation)是英语教育工作者所关心的一个问题，英语教育工作者把学习动机(motivation)列为教育学生所面临的最重要的问题(the most important problem)。

2.英语学习动机(English language learning motivation)是人类行为学习的动机(motivation)之一，它表现为渴求英语学习的强烈愿望和求知欲。它是直接推动英语学习的一种内部动因，是英语学习者在英语学习活动中的一种自觉能动性和积极性的心理状态。加德纳(Gardner)认为，英语学习动机(English language learning motivation)应包括：目的(goal)、学习的努力程度、达到学习目的的愿望(desire to attain the goal)和学习态度。有动机(motivation)的英语学习，其效果极好，而无动机的英语学习，往往把英语学习视为负担，学习效果不佳。英语学习动机(English language learning motivation)是直接推动英语学习者进行英语学习以达到某种目的的心理动因。它是一种广泛的社会性动机(social motivation)。不同的社会和教育对英语学习者的学习要求不同，反映在英语学习者头脑中的英语学习动机(English language learning motivation)也不同。

(1)英语学习动机的类型

学习动机(learning motivation)是指促使学生去学习以达到学习目的的内在动力。学生的学习动机(learning motivation)并不是单一结构，而是由各种心理动力因素，包括学习需要，学习兴趣，对学习目的、意义的理解，学习态度(attitude)和学习习惯等构成的完整的动力系统。概括地说，学习的内在需要和外在诱因是构成学习动机(learning motivation)的基本要素。学习动机(learning motivation)具有启动、维持学习活动的功能，指向学习目的的功能，调节、强化学习行为的功能。英语学习动机(English language learning motivation)从不同的角度划分，有多种类型。

(2)融入型动机和工具型动机

Gardner 和 Lambert 从社会语言学的角度出发将英语学习的动机(motivation)分为"工具型动机 (instrumental motivation) "和"融入型动机 (integrative motivation) "两种，这里主要介绍"工具型动机(instrumental motivation) "。

带着"工具型动机(instrumental motivation)"的学习者希望通过利用第二语言达到自己的目标，侧重"学习一门新的语言的实际价值和好处"(Lambert，1974：98)。

"工具型动机(instrumental motivation)"强调学习英语的某些实际目的，而没有要和英语社团进行交际的特殊目的的需要。"工具型学习动机(instrumental learning motivation)"的主要特点是无持久性、有选择性，如为阅读科技文献、做资料翻译、为找某些特殊的工作等而学英语。一旦学习者认为工具的目的已经达到，动机(motivation)便立刻消失。心理学家认为，参加社团的学习动机(learning motivation)所取得的效果要远远好于工具型学习动机(instrumental learning motivation)所取得的效果。但有时也并非如此，具有工具型学习动机(instrumental learning motivation)的学生也能学得很好。这类英语学习者其学习英语的目的就是如何利用英语工具去寻找工作，改善自己的社会地位和资格等，他们特别强调语言的实用性。

融入型动机(integrative motivation)和工具型动机(instrumental motivation)目前被视为影响英语学习的重要因素，也是英语学习研究得最多最广泛的课题。到底哪一种学习者的学习效果好呢？专家们调查和实验的结果是完全相反的，有的实验结果认为前者优于后者，有的则是后者优于前者。究其原因，主要是调查时没有全面认识动机(motivation)各个组成部分的作用及其相互之间的关系。客观来讲很难说哪一种好。实验结果还表明，融入型(结合型)英语学习者的动机(motivation)强烈程度高于工具型学习者的动机(motivation)，但并不总是这样。有时工具型学习者也会有强烈的学习动机(learning motivation)。融入型英语学习者动机(motivation)也许比工具型动机(instrumental motivation)学习者强烈，但前者不一定有强烈的英语学习动机(learning motivation)并将其付诸行动。反之，有强烈学习动机(learning motivation)并愿付诸行动的人也不一定是融入型学习者。

(3)内在动机和外在动机

①内在动机

内在动机(intrinsic motivation)是英语学习者内部因素在起作用,内部学习动机(intrinsic learning motivation)是由学习者对学习的需要、兴趣、愿望、好奇心、求知欲、理想、信念、人生观、价值观,及其自尊心、自信心、责任感、义务感、成就感和荣誉感等内在因素(intrinsic factors)转化而来的,具有更大的积极性、自觉性和主动性,对学习活动有着更大、更为持久的影响。英语学习的目的在于获取英语知识,他们对英语学习感兴趣,对英语学习活动本身就能获得满足。认知心理学(cognitive psychology)强调,人类天生具有追求知识的愿望,并会不断地追求其意义和去理解周围的事物。在英语教学中要设法调动内部动机(intrinsic motivation),使学习者内部发生根本性变化。

②外在动机

外在动机(extrinsic motivation)指英语学习者受到外力推动,不是主观因素在起作用,是由外部诱惑物激发,是由外在诱因,诸如社会的要求、考试的压力、父母的奖励、教师的赞许、伙伴的认可、评优秀学生、获得荣誉称号和奖学金、求得理想的职业、追求令人向往和称羡的社会地位等激发起来的,表现为心理上的压力和吸引力,因而外部学习动机(extrinsic learning motivation)也是学习动机(learning motivation)总体结构中的主要组成部分。高职学生英语学习是受到外部情境支配而不得不学习英语,如学习英语是为了文凭、高分数、升学、晋级、受表扬、不受批评、别人的赞许和压力等,它是由英语学习者以外的父母、教师或其他人提出的。由于外部学习动机(extrinsic learning motivation)受外在诱因的影响,是随着外部条件的变化而变化着的,因而与内部学习动机(intrinsic learning motivation)相比,它具有较强的指向性和较大的可变性,诱因发生了变化,外部学习动机(extrinsic learning motivation)的强度也随之变化,如果得不到及时有效的调节,则有可能表现为患得患失,影响学习效果。学习活动时满足动机(motivation)的手段,英语学习的目的并非获取英语知识本身,而是英语学习成就以外的外部奖励,从而赢得自己的自尊心。我们可以利用外部动机(extrinsic motivation)鼓励学生学好英语,但必须注意,外部动机(extrinsic motivation)不是出自学习者本身的兴趣,因而,一旦外部因素消失,学习者很可能放弃英语学习。所以一定要充分调动学习者的内部动机(intrinsic motivation)。

有些心理学家认为内在动机(intrinsic motivation)效应有力而持久,外在学习动机(learning motivation)效应弱而短暂。他们认为,内在学习动机(intrinsic learning motivation)优于外在动机(extrinsic motivation),内在动机(intrinsic motivation)更重要。而另外一些心理学家则认为外在动机(extrinsic motivation)的

作用更重要。他们认为，大部分英语学习者的英语学习发生于人与人之间的相互关系中，人人都渴望得到别人赞许。因此，英语教育者应有针对性地提供这方面的诱因。内在动机（intrinsic motivation）和外在动机（extrinsic motivation）是根据动机（motivation）发生的原因和目的性进行分类的。

（4）主导性学习动机和辅助性学习动机

依据学习动机（motivation）动力作用强度的大小，可分为主导性学习动机（dominative motives in learning）和辅助性学习动机（assistant motives in learning）。通常，学生的学习动机总是由主导性学习动机（dominative motives in learning）和若干辅助性学习动机（assistant motives in learning）构成的动机（motivation）体系。主导性学习动机动力强，起主导性作用。辅助性学习动机（assistant motives in learning）动力弱，起着次要、从属和辅助性作用。主导性学习动机（dominative motives in learning）随着学生的成长而变化。比如大一的学生，其主导性学习动机（dominative motives in learning）可能仅仅是得到教师和家长的夸奖，高年级学生学习的主导性动机（dominative motives in learning）却是获得优异成绩，以便找到一份好的工作。一般来说，在某个学年段，主导性学习动机（dominative motives in learning）只有一个，而辅助性学习动机（assistant motives in learning）则可能有若干个。比如，争取好的考试成绩，得到赞赏，得到奖学金，争当三好学生、优秀学生干部，树立或改变自己在群体中的地位等，均可成为辅助性学习动机（assistant motives in learning），而以优异的学习成绩进入一个好的公司可能始终是高职学生的主导性学习动机（dominative motives in learning）。主导性学习动机（dominative motives in learning）和辅助性学习动机（assistant motives in learning），只要其动力方向一致，符合社会要求，有利于身心健康成长，就是有意义的，就应当充分地肯定和鼓励。

（5）远景性动机和近景性动机

①远景性学习动机

远景性学习动机（indirect distant prospeat learning motivation）与学习活动本身没直接联系，具有间接性特点。它强调学习活动的结果和价值，与英语学习的社会意义相联系。它有力地影响着学生英语学习的自觉性和主动性。这类动机（motivation）与比较长远的活动结果相联系，其稳定性强，不易动摇，能在较长时间内起作用。

②近景性学习动机

近景性学习动机（direct close prospect learning motivation）与学习活动有直接联系，具有直接性特点，主要由学习活动本身直接引起，主要表现为对英语学科内容或学习活动的直接兴趣，是由学习者在学习过程中获得的体验和结果引起的。

它可能是由教师和家长施加压力、奖惩引起的，也可能是由同学间的竞争引起的。这类动机(motivation)主要由好奇和认知的需要引起，它起作用的范围比间接的远景性学习动机(indirect distant prospect learning motivation)要小得多。如有的学生觉得英语有趣而喜欢英语课而不喜欢其他课，这类动机(motivation)比较具体、强烈而有效，大学阶段表现更为突出，一旦形成，往往对学习者产生很大影响。但是近景性学习动机(direct close prospect learning motivation)的动力作用具有暂时性和不稳定性的特点。

(6)英语成就动机

①默里(Maree)将成就需要定义为：克服障碍，施展才能，力求尽快尽好地解决某一难题。

②阿特金森(Atkinson)认为，最初的高成就动机(high achievement motivation)来源于孩子生活的家庭或文化群体，特别是幼儿期的教育和训练的意向。也就是说，成就动机(achievement motivation)涉及对成功的期望和对失败的担心两者之间的情绪冲突。如果用 Ts 来表示追求成功的倾向，那它由以下三个因素所决定：对成就的需要 Ms；在该项任务上将会成功的可能性 Ps；成功的诱因值 Is。用公式可表示为：

$$Ts=Ms\times Ps\times Is$$

③决定对失败担心的因素类似于对成功希望的因素，即避免失败的倾向 Taf 是以下三个因素的乘积的函数：避免失败的动机 Maf，也就是因失败而体验到的羞愧感的能量；失败的可能性 Pf；失败的消极式为：

$$Taf=Maf\times Pf\times If$$

④作为结果的成就动机(achievement motivation)由力求成功的倾向的强度减去避免失败的倾向的强度得到：

$$Ta=(Ms\times Ps\times Is)-(Maf\times Pf\times If)$$

⑤如果学生获取成就的动机(achievement motivation)大于避免失败的动机(motivation)，他们为了探索一个问题，在遇到一定量的失败之后，反而会提高他们去解决这一问题的愿望，而且如果获得成功太容易的话，反而会减低这些学生的动机(motivation)。

⑥麦克里兰的实验研究证实：追求成功的学生选择了距离木桩适中的位置，然而避免失败的孩子却选择了要么距离木桩非常近，要么距离木桩非常远的地方。麦克里兰这样解释道：追求成功的孩子选择了具有一定挑战性的任务，但同时也保证了具有一定的成功可能性。因此，他选择了与木桩距离适中的位置。避免失败的孩子关注的不是成功与失败的取舍，而是尽力地避免失败和与此有关的消极情绪。因此，要么距离木桩很近，轻易成功，要么距离木桩很远，几乎没有成功的可

能,这是任何人都达不到的,因此也不会带来消极情绪。

⑦成就动机(achievement motivation)的水平与完成学业任务的质与量紧密相关。高成就动机(high achievement motivation)者在没有外力控制的环境下仍能保持好的表现,在经历失败的过程中,高成就动机(high achievement motivation)者在任务的坚持性上比低成就动机(low achievement motivation)者强。另外,追求成功者有很强的自信心,有高的成就动机(high achievement motivation)水平和内归因。

成就动机(achievement motivation)是英语课堂学习的主要动机(main motivation),它是指英语学习者愿意去学他认为很有价值的英语,并力求把它学好,取得成就,取得好成就后又会进一步强化课他的成就动机(achievement motivation)。成就动机(achievement motivation)主要是由不同的内驱力构成——认识内驱力(好奇的内动力)、自我提高内驱力和附属内驱力。认知内驱力或好奇的内动力主要是从好奇开始的,好奇常常会导致探究和追求环境刺激行为,所以好奇会产生求知欲望。它是一种指向学习任务的动机(motivation)和求知的愿望。这种内驱力与英语学习的目的性和认知兴趣有关。英语学习者在课堂上获得好成绩,而这些学习经验又会使他们期望在今后的英语学习中取得更好的成绩,从而得到满足。这种动机(motivation)也叫内部学习动机(intrinsic learning motivation),实验表明这是一种在课堂英语学习中最重要和最稳定的动机。

二、高职学生的英语学习动机

在以上的论述中我们知道:英语学习动机是直接推动英语学习的一种内部动因,是英语学习者在英语活动中的一种自觉能动性和积极性的心理状态(Lightbown,2002:34)。Gardner(1985)认为学习英语的动机包括四个方面:①学习语言的目标;②学习中做出的努力;③实现目标的愿望;④对学习的热爱程度。在心理学中,动机(motivation)是指引起个体活动,维持已引起的活动,并使该活动朝向某一目标的内在历程。

为了研究高职学生英语学习的动机,笔者对500名学生进行了调查,他们来自江苏省的各市县。根据这两类动机的划分,笔者对盐城工业职业技术学院2013级、2014级共500名学生做了问卷调查,在这次调查中,调查结果显示:52%的学生已经没有了综合型动机,而工具型学习动机所占比例为56%。有38%的学生学习英语是为了将来好找工作;有58%的学生是为了应付AB级考试、学业考试,获得文凭;对英语感兴趣的占32%;对英语兴趣不足的占47%;其余学生显示对英语学习完全丧失兴趣。

在对英语学习成功与否的归因调查中可知,72%的学生认为英语考试得了高分，是因为个人的努力，而28%的学生认为英语考试考得不好，是因为没有遇到水平高责任心又强的老师。

参考文献

[1]程晓堂，郑敏. 英语学习策略[M]. 北京：外语教学与研究出版社，2002.

[2]文秋芳. 英语学习策略实证研究[M]. 西安：陕西师范大学出版社，2003.

[3]文秋芳. 英语学习策略论[M]. 上海：上海外语教育出版社，1996.

[4]文秋芳. 大学生英语学习策略变化的趋势及特点[J]. 外语与外语教学，1996(6).

[5]文秋芳. 传统和非传统学习方法与英语成绩的关系[J]. 现代外语，1996(1).

[6]陶纯之. 高职非英语专业学生英语学习策略的研究[D]. 武汉：华中师范大学，2006.

[7]王静. 高职学生英语学习策略使用情况的研究[D]. 南京：南京师范大学，2007.

[8]贾冠杰. 外语教育心理学[M]. 南宁：广西教育出版社，2001.

第七章　高职学生英语学习的外部阻碍机制

我国高等职业教育的发展虽已取得了长足的进步，但同时也存在许多问题，高等职业教育中的英语教学问题（English teaching questions）表现得尤为突出，有很多方面值得我们探讨、改进和提高。

第一节　教学环境存在的问题

一、关于教学环境

从教学论的角度来看，教学环境（teaching environment）是教学活动必须凭借的一个重要因素。在教学实践中，教学环境（teaching environment）对教学活动的顺利进行，对学生身心的健康发展都有极其重要的影响。正如本杰明·布卢姆（Benjamin Bloom）所指出的，教学环境（teaching environment）是一种能塑造和强化学生行为的重要力量。深入了解教学环境（teaching environment）这一重要教学因素（teaching factors）在教学活动中的功能和作用，以及它影响学生身心发展的内在机制，有助于我们更好地探索教育规律，提高教学质量。

教学环境（teaching environment）是一个由多种要素构成的复杂的整体系统（the whole system），它对学生学习过程中的认知、情感和行为产生着潜在的影响，对教学活动的进程和效果施加系统干预。可以说，教学环境（teaching environment）的优劣在某种程度上决定着教学活动的成效。为了最大限度地发挥教学环境（teaching environment）的正向功能和降低其负向功能，实现教学环境的最优化，就必须对教学环境（teaching environment）进行必要的调节控制，教学环境（teaching environment）要有利于学生身心的健康发展和教学活动的顺利进行。

学校环境（school environment）是一种特殊的环境，它之所以特殊，是因为它是按照发展学生的身心这种特殊需要而组织起来的环境，这也正是学校教学环境（teaching environment）有别于其他各种环境的根本标志。适应学生身心发展的特点，是调控优化教学环境的一个基本出发点，同时也是检验教学环境（teaching environment）良好的一个重要标准。

教学环境(teaching environment)的优化不仅要考虑到对整体环境的宏观控制,如校园规划、校风建设等,同时也要注意对局部环境的微观调节。课堂教学环境(teaching environment in class)是学校教学环境(teaching environment in school)的一个重要组成部分,优化课堂教学环境(teaching environment in class)是学校教学环境中一项最为经常和重要的工作。教师要根据教学情境变化的需要对各种课堂环境因素进行必要的调节控制,以使课堂环境(class environment)保持有序、稳定的良好状态。

二、创设良好英语教学环境的必要性

作为国际交流中最常用的语言(language),英语人才的数量和要求都在逐步提高。日益增长的需求与变化的形势,为英语教育的发展提供了新的契机,对英语教育提出了更高的要求,英语教育面临(confront)前所未有的新形势。

语言环境(language environment)即语境,是人们用语言来表达思想感情的背景,具体到英语教育,语境(language environment)是指使用英语的环境与和英语有关的环境。语言环境(language environment)是英语学习的重要方面。语言环境分自然环境(natural environment)与创造环境。自然环境(natural environment)是指使用英语的国家和地区。创造环境是指在非英语国家学习英语所需要的人为环境,如英语课堂、英语角、英语影片、英语广播节目等。英语语言环境(English language environment)的本质是耳濡目染,自觉参与,反复练习。著名应用语言学家 S. P. Corder 指出:“我们实际上不能教会学生一门语言,我们只能为他们创设一个适合英语学习的环境。”母语语言环境与生俱来、得天独厚,而英语学习语言环境(language environment)却需刻意创建、人为打造,因此用心创造良好的英语语言环境(English language environment)成了英语教育成功的必然选择。

三、当前高职英语教学环境存在的问题

(一)高职院校英语教学物理环境的不足

1.英语教学设施不足

多媒体技术(multi media technology)、网络技术(network technology)被广泛应用于课堂教学,活跃了教学气氛。但是其中也存在着硬件设施老化及数量短缺的问题,尤其是高职院校扩大招生,使教学设施(teaching equipment)短缺的问题越发突出,主要表现为:教室数量严重不足。多媒体教室(multi media classroom)数量更少,设备陈旧,容量有限,图书馆藏书不足。这些都严重制约着英语教学质量的提高。对英语教学(English teaching)而言,采用小班授课效果最佳,但由于

教室数量不足，不得不合班上大课。有的合班上课人数超过百人，学生上课就好像是听报告，再加上扩音设备陈旧，没有扩音效果，影响教师的上课思路，也破坏学生的学习兴致，老师常处于一种心有余而力不足的境地，这与小班授课的教学效果无法相比。小班授课时，老师可以根据教材内容和所教班级学生的具体情况，来设计课堂教学，引导学生积极参与，提高他们的听力、口语和应变能力。合班上课后，师生很难面对面地交流，精读(intensive reading)课成了听报告，听力课只是放录音，对答案。硬件设施的不配套已成为提高英语教学水平的一大障碍(barrier)。

2.空间环境安排不当

(1)课时少，学习周期短

现行的高职英语教学课时少，学习周期短。高职英语的授课学时较短，以周课时 4 课时计，一般为两学期，但总体而言，比本科生的大学英语课时少了四分之一多。课时偏少，远远不能完成教学任务，即使是降低教学要求，删减教学内容，这样的课时数也不能完成教材中最基本的英语技巧学习和一般性课文的讲解和实训要求。课时偏少的情况往往造成对课程学习的虎头蛇尾，随着课程的结束，学生的听说读写译的学习也就此为止。英语教学(English teaching)不被重视，没有受到应有的关注。

(2)课堂活动时间不合理

一是设计活动时考虑不周全。如导入活动安排 10 分钟，图片、动画俱全，气氛是调动起来了，但是教师却忘记了导入活动的主要目的是帮助学生在知识和心理方面做好准备，点到为止即可。

二是教师没有很好地控制教学节奏(teaching rhythm)。在实施过程中，原计划 3 分钟的活动，松散、拖沓，用了 10 分钟才完成。

三是教师没有很好地了解学生的知识水平和教材内容，把活动目标定得太高，学生在活动中达不到教师的要求，只好增加时间以求达到预期目的，从而影响了总体目标(overall objective)。

四是没有充分利用教师的群体力量(group strength)。教师应成为学生第二课堂的督促者、指导者、参与者，应主动营造好的环境和养成好的习惯，形成课上课下一样说英语的良好氛围等，但是现行高职英语的教师们只重视课上，而不重视课下，发挥不了教师的群体力量(group strength)。

五是没有开展形式多样，内容丰富多彩的课外活动。学校没有协助办好英语角、外文校报、外文广播、外文沙龙、外文竞赛、外文剧社、外文艺术节等，没有精心打造良好的校园英语学习环境(foreign language learning environment in campus)。

六是没有充分利用外教资源。没有给学生和外教搭建更多的交流平台，让其更了解国外文化并且得到更加真实的语言环境的锻炼。没有从日常生活说起，没有谈购物、问路、打电话、访亲拜友，以及说学习、谈工作等形象逼真的操练(practice)，没有使学生轻松愉快地进行实战的听说训练。

七是没有实行"走出去，请进来"的方式。没有尽可能地组织学生参加外文夏令营，外出学习交流等活动。没有聘请国内外的教师专家亲临到学生当中多做有关英语学习(English learning)及英语国家文化生活等方面的指导交流，鼓励学生积极参与，把握学习英语的机会。

八是没有利用传媒及多媒体来丰富学生的第二课堂语言环境。没有开展读写活动，引导学生课外大量阅读难度适中的英语材料，没有阅读 *China Daily*，*21st Century*，*English Salon* 及 *Times* 等报纸杂志加强书面文字形式的输入。也没有加大视听材料的语言输入，没有收听 BBC、VOA 等广播，收看 CCTV-4 国际中文频道和 CCTV-9 等外文频道节目。没有充分利用网上资源查找网络英文资料，ICQ 聊天，写英文日志等，没有建立自主学习室和英文阅览室等。

九是没有优化校园英语环境(English environment)。没"优化"校园环境，就不能营造出学习英语的浓厚氛围，就不能将校园环境建设成为丰富的英语学习环境(English learning environment)。校园文化、建筑、景点和室内外布置没有用英语做标识牌。班级黑板报没有生动活泼的英语内容，校园广播、电视也没有播放学生喜闻乐见的英语歌曲、故事、幽默、影视等内容，没有介绍西方的风土人情、英美各国文化知识。校园环境中不能随时、随地、随处感受到英语，不能带动学生在校园学习中主动学习英语，没有形成校园英语的环境(English environment)。

十是没有创设课堂英语环境(English environment in class)。教师在课堂教学中没有强调在语言实践中学习和提高，没有营造有利的实际运用英语的语言环境(language environment)。教师不能够坚持使用英语进行教学，语音语调没有力求准确、地道、纯正；没有根据教学内容需要，适当运用实物、教学挂图、幻灯投影、课件等辅助教学(assist teaching)；没有创造师生共同参与活动与创作的真实的生活场景，没有让学生有机会运用所学语言知识(language knowledge)；没有运用电视综艺节目中广受欢迎的一些游戏，没有形象地将教学内容穿插其中，让学生在玩中轻松习得知识；教师没有上有文化色彩的英语课，没有创设一种英语的学习环境(learning environment)，没有使学生接触和了解英语国家文化，没有培养其浓厚的学习兴趣。

十一是课外没有注重丰富英语知识和提高英语自主学习能力环境的创设。

①教师没有要求学生读原版书刊，而且很多教师自己也不读

阅读材料可以为学习者提供丰富多彩、生动有趣的语言输入(input)。阅读的目的不应只停留在提高语言水平的层面上，而应该是丰富人文理念、拓展视野、追

求智力满足的过程。比如，阅读 *China Daily*、*21st Century* 之类的英文报纸等，不仅可以丰富语言知识，还可以开阔视野，获取与更新信息，了解文化。简言之，广泛阅读原汁原味的英语报刊文章以及语言优美的英文读物，体会其中的节奏感，琢磨用词的精准，是提高语感和整体英文水平的捷径。

②教师没有给学生提供看原版电影的机会

大多数英语学习者(learners)认为，看英语电影(English movie)是"不务正业"的学习活动。其实，电影可以把学习者带入一个"真实"的语境之中。而且，语言是文化的载体。通过观看原版电影，学习者可以更好地了解语言中的文化现象以及语言(language)与文化(culture)之间的依存关系。

③课堂上教师没有加强听力练习

英语听力是我国许多英语学习者的薄弱环节。不少学习者(learners)听音练习过程只是无聊的"做题、勾选项"的过程。要想把听音过程变为积极愉快的学习与思考过程，首先，英语听力基础差的学生，要注意选择自己喜欢的听力活动。比如，坚持看英语电影就是提高听力的有效途径，因为电影图像中的视觉支持使听力理解变得更为容易。在具备了基本听音能力之后，可以坚持听英语广播(English broadcasting)和英语讲座(English lecture)。

④教师没有利用因特网，畅游英语世界

电脑的普及和使用，极大地丰富和拓展了英语学习资源和手段，为建构"自然与真实的"英语语言环境(English language environment)提供了物质基础。在因特网上，学习者不仅可以搜索到世界政治、经济、科技、文化和体育等各方面的最新文字资料，还可以收听优美动人的英语歌曲，甚至聆听世界名人的演讲片段。因特网上强烈的文字、图像和音响效果，可以更好地激发学习者的求知欲望，使英语学习成为需要和乐趣，但是现行的高职英语教学，教师偏离了该目的，也没有强调利用因特网的重要性。

(二) 高职院校英语教学心理环境不足

1. 学风存在的问题

(1)学风(learning atmosphere)的含义

从广义上讲，学风包括教风(teaching atmosphere)。从狭义上讲，学风就是学习风气(learning atmosphere)，即学生学习、生活、纪律等多种综合风貌的集中表现。良好的学风(learning atmosphere)是学校宝贵的财富，是提高教学质量、培养合格人才的重要保证，是衡量育人环境的重要标志。一所学校的校风，从教与学两个方面来考察，就是指教风(teaching atmosphere)和学风(learning atmosphere)。教风(teaching atmosphere)和学风(learning atmosphere)构成了一所学校校风的核心内容，而教风(teaching atmosphere)在学风建设中起着基础性的重要作用。

教风(teaching atmosphere)与学风(learning atmosphere)相互影响、相互制约。优良学风是优良教风的必然要求与最终结果,没有好的教风(teaching atmosphere),学风建设就会成为一句空话,教学质量也就没法保证。学校的关键是教师。教师肩负着“传道、授业、解惑”和塑造学生完整人格的任务,教师的劳动价值最终体现在学生身上。师生间的关系不仅是教育者和被教育者,同时也是管理者和被管理者,成熟者和未成熟者,先知者与后知者,长辈与晚辈。因此,教师兼有多种角色,其社会行为在学风(learning atmosphere)建设中有着非常重要的作用,学校必须重视教师在学风(learning atmosphere)建设中的作用。

(2)学风(learning atmosphere)上存在的问题

当前,在学生中存在的学风(learning atmosphere)问题主要有:上课迟到、旷课、抄袭、考试作弊等。

①上课迟到

上课迟到现象在学生中较为普遍,尤其体现在早晨第一节课。究其原因,主要是学生不重视(pay no attention to),觉得迟到几分钟没什么关系,反正老师也不会批评。迟到现象呈现一定的规律:越是高年级迟到现象越是严重(serious);越是在教学管理上松散的老师,学生在他的课上迟到现象越严重(serious);越是上课人数多的课堂迟到现象也越严重(serious)。

②旷课

学生的旷课现象比较严重(serious)。学生旷课折射出教与学两方面的问题。学生方面:学生缺乏远大的抱负和对专业知识重要性的认识,对综合素质(the comprehensive quality)的提高缺乏自觉性,学习只是围着考试转;有些同学更是把营销、经商等兼职活动作为主业,觉得赚钱比学习更重要;还有些大学生怀着“大学不旷课枉为大学生”的从众心理,盲目效仿。教师方面:课程安排不科学以及部分教师教学精力投入不够,讲课内容陈旧,还有其他原因。

③抄袭

主要是抄袭作业、实验报告。学生抄袭的原因主要是:希望通过抄袭获得高分或者保证通过;精力不放在学习上,比如忙于社团活动等。

④考试作弊

从作弊学生的主观因素来看,一是学生存在侥幸心理(fluke mind);二是为了谋求高分或者及格;三是从众心理(group psychology),认为别人作弊获得高分,自己心理不平衡。从考试安排的客观因素来看,导致作弊现象的原因有:一是考试形式僵化,仍停留在死记硬背的方式上;二是考场纪律不严。

2.英语课堂教学气氛不够和谐

(1)教师没有更新教育观念,没有转变教师角色美国人本主义心理学家罗杰斯(Rodgers)认为,人的认知活动总是伴随着他的情感因素,当情感因素受到压抑甚至抹杀时,人的自我创造潜能得不到发展和实现;而只有用真实的对个人的尊重和理解学生内心世界的态度(attitude),才能激发学生的学习热情,增强他们的自信心(self-confidence)。因此,教师应是"引导者",是"帮助者",帮助学生学,创造条件让学生学。教师还应是"心理治疗者",要帮助学习困难生找出困难原因,克服阻碍英语学习的消极因素(negative factors),使他们放下包袱,充满信心,学好英语。但是现在的很多老师在学生面前端架子,仍然保持着教师的权威性(authority),师道尊严现象没有改变。

(2)教师没有学习现代英语教学理论,没有调整教学方法

新教学方法(new teaching method)总是继承和改良旧教学法而形成的,更加适应新时代和新教学对象,而现在的教师没有吸收先进教法,没有优化英语教学(English teaching)。课堂环境如何,对于激发学生的学习兴趣影响极大,教师的责任在于为学生创设轻松、愉快的学习环境(learning environment)。而我们的教师平时课堂教学没有全心投入,没有洋溢出教者的热情,仪态不洒脱,精神不饱满,表情不轻松愉快,目光中不能给予学生亲切、和蔼的感觉,不能让学生本来较为紧张的心情得以舒缓。

(三)高职院校英语教学环境差

高职高专的教育发展规划上忽视了公共英语的重要地位。高职院校存在着忽视公共基础课教学的问题,高职英语作为公共基础课(public basic course),当然也被忽视了。尤其是存在着专业课、实践教学课挤占公共英语基础课(public English basic course),学生不重视公共英语基础课(public English basic course)的现象。并且由于受社会传统思想影响,专业设置上普遍存在重理轻文的现象,还有人认为只要专业过硬,公共英语基础课(public English basic course)学不学都无所谓。其结果是学生的跨文化知识单薄、人文素养缺乏,影响学生的全面发展,难以满足社会对高职人才的要求。面对越来越多高职院校出现的这一问题,许多企业都感到困惑:高职院校好像是在为我们培养一个个"机器人"。中国教育学会会长顾明远教授也曾指出,"现在,随着职业教育的不断成熟,很多高职院校在设置专业和课程的时候,已经有意识地以就业为导向(employment oriented)。这本来是一件好事,但在大部分院校中却'矫枉过正',从一个极端走到了另一个极端"。一些高职院校对人才培养目标片面理解,导致培养出来的学生专业过窄、文化底蕴薄弱,在激烈的人才竞争中处于弱势。因此,肩负教育职能的高职院校有责任培养出"德才兼备"的毕业生,而在这方面公共英语基础课发挥着不可替代的作用。

高职高专院校对公共英语教学定位不够明确(public English teaching orientation is not clear enough),造成公共英语学科与其他技术专业学科发展的不平

衡,院校对公共英语教育教学(public English education & teaching)投入的资源也比较少,限制了公共英语教育教学的完善。

目前,在大部分高职院校,除了思政课之外,其他基础课(basic course)都面临着课时被挤压的问题。以英语课为例,有的院校的开课时间从四个学期被压缩到三个学期、两个学期;周课时量由6课时压缩到4课时。但是,在当前课时紧张的情况下,甚至有的领导也公开支持取消公共英语基础课(public English basic course)。这些在客观上给公共英语基础课(public English basic course)的生存和发展都造成了严重的威胁(threat)。

四、高职院校英语教学环境存在问题的原因

(一)教师方面存在的问题

1.以教师为中心的思想根深蒂固,教学方法与时代发展不同步

哲学中谈到"一切事物都处于永不停息的运动、变化、发展之中",英语教学(English teaching)也不例外。但是,就目前各职业院校的情况而言,英语教学(English teaching)显然已经跟不上时代前进的步伐。古人云,"两耳不闻窗外事,一心只读圣贤书",而现在却是传道解惑的教师依旧按部就班地讲解词汇、语法、翻译句子和课文,这种落后的教学方法(teaching method),严重地忽视了学生的个性发展,课堂缺乏师生互动,难以取得显著的教学效果(teaching effect)。

2.教师的知识水平比较差

随着我国高等教育大众化的发展,高等职业院校与学生数量剧增,教师队伍的整体状况与当今高等职业教育迅速发展的现实以及深化改革与健康持续发展的要求存在较大差距(bigger gap)。

第一,教师队伍学历偏低,从有关调研资料看,2001年高职高专师资队伍中硕士学位以上的教师仅占教师总数的6.5%,加上在读在职研究生的教师,比例也仅占8%。

第二,教师队伍来源比较单一,新进入学校的毕业生或调进的教师较多,还有一些是原基础学校的教师。

第三,高级职称的教师、"双师素质"的教师数量较少,多数教师科研能力和执教能力等都处于弱势。由于来源于各类普通高校的教师专业技术技能素质欠缺,从行业、企业引进的具有丰富实践经验的担任高职教学的专职或兼职教师人数很少,且有些尚缺乏高等教育的教学经验,造成教师队伍整体结构上难以达到高等职业教育(higher vocational education)的要求,整体能力上与高等职业教育需要的执教能力、科研能力尚有较大差距(bigger gap)。

（二）学生方面存在的问题

1.学生层次不同,对英语教学的感知差异比较大

高等职业院校(higher vocational colleges)录取的学生,高考成绩低于普通本科院校(ordinary undergraduate colleges),文化程度参差不齐。就高中生而言,相当一部分学生的英语知识掌握不牢固,主要表现为:语音较差,发音不准,不会根据音标记单词;词汇量少,听不懂;不会说,不敢说;语法(grammar)掌握得不好,看不懂长句子的意思,不会分析它们之间的关系,阅读能力、写作能力较差。

2.学习效率低

高职生中普遍存在这样的问题——学习效率低(low learning efficiency),较低的学习效率使得学生学习目标不明确、学习时间分配不合理。具体表现为:听课反应慢,容易走神;课后复习慢,没有头绪;作业完成慢,影响睡眠;考试速度慢,答不完卷。

（三）学校方面存在的问题

1.学校财力投入不足

首先,人们对高职教育(higher vocational education)的实践性、技术性特征认识不足,没有充分认识到高职教育(higher vocational education)是需要付出高昂成本的教育类型,因而财政拨款往往“偏祖”普通高等教育。据江苏省测算的有关教育成本的统计数据,高职教育(higher vocational education)的成本是普通高等教育的2.64倍,但我国高职教育生均公用经费仅为普通高校的54%左右,具体见表7-1。

表7-1　高等教育经费

年份	高等教育经费(亿元)	本科				高职			
		教育经费(亿元)	占高等教育经费比例(%)	在校生人数(万人)	生均教育经费(元)	教育经费(亿元)	占高等教育经费比例(%)	在校生人数(万人)	生均教育经费(元)
2005	2327.7	2039.4	87.61	848.8	24025.7	288.3	12.39	713.0	4043.2
2006	2590.8	2211.8	85.37	943.3	23446.2	379.0	14.63	795.5	4763.9
2007	3140.9	2648.2	84.31	1024.3	25853.7	492.7	15.69	860.6	5724.9
2008	3669.5	3037.9	82.79	1104.2	27511.6	631.6	17.21	916.8	6888.9

从上表中我们可以清楚地看到:高职教育本来经费就不足,学校拨款往往“偏祖”专业教学,而英语教学(English teaching)是公共课,得到的经费就更少了。

2.不能融合学校、家庭和社会

高职英语教学(higher vocational English teaching)是高职教育(higher vocational education)中的重要环节之一,而高职高专的教学目标与其他高等院校的教学目标有所不同,它以培养学生的应用能力为目的。在贯彻国家“以应用为目的,实用为主,够用为度”(教育部,2000)的教育方针的前提下,既要培养学生具备必要的英语语言知识,也应强调培养学生运用英语进行有关涉外业务工作的能力。“因此在课堂教学中不能再一味地灌输,而是要引导学生自主地学,加强专业知识和技能培养,提高学生在实际工作中应用英语的能力。”然而,许多从事高职英语教学(higher vocational English teaching)的教师都面临着许多难题。学生的入学成绩参差不齐,大部分学生入学英语成绩不是很好,词汇量比较少;同时,又没有比较合适的教材和参考资料。目前,高职英语教学(higher vocational English teaching)仍采用以传授语言知识为主的“教材+黑板+录音机”的模式,大多数教师在讲课时仍采用“说教式”教学法,仍然是教师以课本为中心,学生被动学。单一传统的灌输教学方式,加上枯燥的英语教学环境等问题,严重地影响了高职高专学校英语的教学质量,影响了对职业技术人才的培养。

五、教学环境优化的原则

(一)注重教育性原则

教学环境(teaching environment)是培养人的场所,环境中的各种因素都可能对学生的精神世界产生潜移默化的影响,这里的教育性原则,主要就是要求教学环境(teaching environment)的一切设计、装饰和布置都必须有利于启迪学生的思想,陶冶学生的情操,激励学生向上,必须充分体现各种环境因素的正面教育意义。

(二)注重科学性原则

所谓科学性原则,就是要求教学环境(teaching environment)的建设和美化要符合学生身心发展的特点和教学规律,要遵循生理学、心理学、教育学、学校建筑学、学校卫生学、教育社会学、教育美学、学校德育的基本原理,要通过科学合理的调控优化,使教学环境真正成为科学和艺术的统一体。

(三)注重实用性原则

教学环境(teaching environment)的设计、建设和优化应当根据学校的实际情况和经济条件,本着经济、实用、有效的宗旨进行。创建良好的教学环境并不意味着刻意追求豪华的设施和讲究排场,其主要目的是更好地服务于教学。因此,教学环境(teaching environment)建设应立足本地本校实际,不能脱离教学实际需要和自身经济能力去追求物质条件的丰裕和环境外表的完美。

六、教学环境优化的策略

(一)整体协调策略

这一策略是指在教学环境(teaching environment)的调节控制过程中,无论学校领导还是教师,都要有全局观念,要从整体上对教学环境(teaching environment)的各个方面进行规划调整,以便把各种环境因素有机地协调为一个整体。构成教学环境(teaching environment)的因素颇为复杂,既有物质的,又有心理的,既有有形的,又有无形的。

在具体的调控优化过程中,须将学校的校舍建筑、校园绿化、室内外装饰布置、良好人际关系的建立、积极向上的校风的形成等内容作为整体来加以全面考虑和控制,并将这些环境因素(environment factors)产生的影响协调一致起来,使它们向着有利于促进学生身心健康和提高教学质量的方向发展。

(二)协同特性策略

这一策略是指在调控优化教学环境(teaching environment)的过程中,环境控制者可以通过协同或突出环境的某些特性,有意形成某种特定的环境条件来影响教学活动及师生的行为,以达到预期的目的。

环境心理学的研究表明,环境(environment)可以直接影响人的行为,环境的不同特征能对人产生不同的影响。适当协同环境(environment)的某些特征,可以大大增强环境的影响力,使师生的行为发生理想的变化。

(三)协同优势策略

这一策略是指在教学环境(teaching environment)的调控优化过程中,要充分协同学校已有的有利环境条件,为教学活动创造一个良好的环境。

实践证明,协同学校已有的有利条件创建良好教学环境(teaching environment),是一条经济有效的途径。一般来说,不同地区、不同学校在环境条件上是有一定差异的。但任何学校在环境(environment)方面又都有自己的特点和优势,充分发掘和利用已有的环境优势,就有可能推动整个教学环境的改善,从而给教学环境(teaching environment)的建设带来突破。

(四)协同转释策略

这一策略是指在调节控制教学环境(teaching environment)的过程中,要对存在于教学环境(teaching environment)中的各种信息进行一定的选择转化处理,实现信息优控,使信息成为促进学生健康发展的积极因素。

近年来,随着大众传播媒介的迅猛发展,学校通过广播、电视、书刊等渠道接收越来越多的社会信息。教学环境(teaching environment)建设不能忽视信息因素,教师应当对涌入学校的各类社会信息及时进行协同转释处理,保留有利于教学、有益于学生学习和发展的各种信息，并利用有益信息排除不利信息的干扰，将自发的信息影响转化为有目的的信息影响。

（五）自控自理协同策略

这一策略是指教育者不仅自己要重视调节控制教学环境（teaching environment），而且要重视学生在调节控制教学环境（teaching environment）方面的作用，培养学生自控自理环境的能力，使学生自己学会控制和管理教学环境（teaching environment）。

同教师一样，学生也是教学环境（teaching environment）的主人。学生在教学环境（teaching environment）的改善和建设中往往发挥着极为重要的作用。可以说，创造良好教学环境（teaching environment）的一切工作，几乎都离不开学生的参与、支持和合作。教育者应该调动学生参与教学环境（teaching environment）建设的主动性和积极性，培养他们对于教学环境（teaching environment）的责任感，提高他们控制环境和管理环境的能力。只有这样，创建良好教学环境（teaching environment）的工作才能得到最广泛的支持，业已形成的良好教学环境（teaching environment）才能得到持久的维护，教学环境（teaching environment）才会在学生们自觉自愿的不懈努力中变得越来越和谐、美好。

目前中国高职英语教学出路之一就是鼓励学生充分利用现代化英语学习资源和条件，努力建构“自然与真实的”语言环境（language environment）。语言学习离不开环境，语言环境（language environment）的缺乏，严重影响语言的输入量，并制约着英语学习活动和效果。

良好的语言环境（language environment）是英语学习获得成功的有力保障。英语教师要面对现实，努力改革僵化、呆板的课堂教学模式和方法，更新教学观念，帮助学生构建全面而优质的学习环境（learning environment）。在未来发展英语学习环境（English learning environment）方面，可以通过电视、广播、多媒体、网络等渠道学习英语，每位教师都应结合自身特长和学生实际，探索和创建信息时代的英语学习环境（learning environment）和教学模式（teaching model），灵活有效地构建适合学生和教学实际的英语学习环境（English learning environment）。

参考文献

[1]牛淑敏.高职实用英语课程改革的实践与探索[J].辽宁高职学报，2011(13).

[2]吴丽萍，等.职业核心能力培养视阈下的高职基础课程改革初探[J].成人教育，2012(32).

[3]周翎.论中学英语教学环境的创设和优化[J].华中师范大学，2006(3).

[4]吕鑫祥.高等职业教育教学理念的比较研究[J].职教论坛,2003(8).
[5]吴瑞安.WTO与高等职业教育教学理念的转变[J].职教论坛,2003(9).

第二节 师资水平和教法上存在的问题

在第一节《教学环境存在的问题》中已经谈到了高职院校英语教师(teachers of higher vocational colleges)的一些问题,这里将进一步进行详细的论述。

联合国教科文组织(UNESCO)对英语教学质量提出"五个因素和一个公式"。五个因素是:国家对英语教学的政策、学生的来源与素质、教材的质量、教学环境与条件和教师的素质。一个公式是:教学质量=[学生(1分)+教材(2分)+环境(4分)+教法(3分)]×教师素质。从公式中可以看出:教师素质的分值越大,乘积则越大,教学质量(teaching quality)则越高。因此可以说,在我国提高英语教师的整体素质是提高英语教学(English teaching)质量的关键。

一、高职高专英语教师队伍存在的问题

随着我国高等教育(higher education)大众化的发展,高等职业院校与学生数量剧增,教师队伍的整体状况与当今高等职业教育(higher vocational education)迅速发展的现实以及深化改革与健康持续发展的要求存在较大差距。

1.教师教学任务过于繁重

教师队伍数量相对不足已经成为制约高等职业教育(higher vocational education)发展的突出问题。从国家的统计资料看,我国高职高专院校的生师比2001年为30∶1,远超出教育部相关文件规定的18∶1的标准。教师教学任务繁重,平均每周16个学时以上。以盐城工业职业技术学院为例,英语专业共有教师16人,承担着全校2000多人的教学任务,教师教学任务繁重,工作繁忙。

2.教师队伍学历偏低

从有关调研资料看,2001年高职高专师资队伍中硕士学位以上的教师仅占教师总数的6.5%,加上读在职研究生的教师,比例也仅占8%,到现在虽然硕士学位以上教师的比例有所增加,但是高学历教师的数量还是不尽如人意。

3.教师队伍来源比较单一

新进入学校的毕业生或调进的教师较多,还有一些是原基础学校的教师。无论哪部分的教师,他们接受的教育都是普通高等教育,大多没有受过高等职业教育

(higher vocational education)的专门训练,欠缺高职教育的理念与从事高职教育的实践经验,对高等职业教育的性质、特征、规律和发展趋势普遍存在模糊认识,不能将高等职业教育(higher vocational education)的精髓融入教学当中,不能形成符合高等职业教育(higher vocational education)规律的课程与教学体系。他们或沿袭中等职业教育的教学理念,或采用普通本科的教学方法,导致现有高等职业教育(higher vocational education)不能体现自身特色,并成为高职课程改革的制约因素。

4.教师队伍结构不尽合理

高级职称的教师数量较少,多数教师科研能力和执教能力等都处于弱势,整体能力上与高等职业教育(higher vocational education)需要的执教能力、科研能力尚有较大差距。

5.英语教师队伍建设跟不上现代教育的要求

公共英语教师(general English teachers)的教育教学落后于教学形势。高职高专的公共英语教师(general English teachers)人才比较缺乏。一方面,学校难以吸引优秀的英语教师(English teachers)来校工作;另一方面,原有的公共英语执教教师缺少专业的继续教育与培训,这样使得公共英语教师(general English teachers)的教学理念与教学模式跟不上社会发展与学生的要求,显得十分落后。当公共英语教学(general English teaching)缺乏新颖的教学理念(teaching concept)与教学方式,学生自然没有学习兴趣,教学过程中的师生配合也不顺畅,教学效果就不好。同时最近一些年由于高职高专招生人数不断增加,而公共英语教师(general English teachers)数量增长缓慢,教师教学负担有所增加,进一步降低了公共英语的教学质量。

现代教育观认为,人的能力及其发展有类型和层次上的差异,每个人都有着自己不同的发展优势和发展方向。著名教育家陶行知先生曾呼吁:“先生的责任不在于教,而在于教学生学。”由于高职院校主要由中专、技校或成人高校升格或合并而成,英语教学(English teaching)大多沿用传统的学科教学模式,教师们继续扮演着教学大纲的忠实执行者和书本知识的机械传授者。由于英语教师(English teachers)对高职教育的特殊性认识不足,对现代教育观念还存在认识上的错位和偏差,导致教学与现实脱离的现象不在少数;另外,高校扩招使英语教师的工作量普遍“超标”,繁重的教学任务使他们缺少时间和机会外出进修或参加学术交流,更没有足够的精力去关注教育教学理论(educational & teaching theory)和科研发展新动向。这些因素都制约着英语教师的专业成长。

6.英语教师科研以及创新能力和意识不强

高职院校(higher vocational colleges)大多在科研方面的重视不够,尤其领导和教师都认为英语只是一门语言，一项工具，能说能沟通即可，从而导致英语教师(general English teachers)对科研的认识不够，科研意识不强。并且大多数高职院校中高学历、高职称英语教师所占比例偏低，英语科研队伍缺乏骨干和带头人，也决定了高职院校(higher vocational colleges)在英语科研方面难有效果，工作也难以开展。

7. 现有英语教师队伍的综合业务水平不高，课堂教学质量也有待进一步提高

要培养出优秀的学生，教师自身就必须拥有高超的技能和素质。近几年来高职院校(higher vocational colleges)飞速发展，英语教师队伍也急剧膨胀，大部分新进英语教师(English teachers)是刚从各大高校毕业的学生，而从学生到老师的转变需要时间和实践，也需要院校的培养。但目前各高职院校(higher vocational colleges)大都忙于扩大规模，疲于应对扩招带来的各种问题，在对教师的培训方面还存在很多问题，只注重追求数量(quantity)不注重质量和效益，只注重业务培训不注重全面素质提高等。此外，绝大多数英语教师承担的教学任务过重，无暇进行自身的再学习，造成教师知识面相对狭窄，知识结构(knowledge structure)跟不上时代的步伐，课堂教学效果不理想，等。

8. 缺乏双师型师资队伍，缺乏健全的师资队伍

“双师素质”的教师数量较少。由于来源于各类普通高校的教师专业技术技能素质欠缺，从行业、企业引进的具有丰富实践经验的担任高职教学的专职或兼职教师人数很少，且有些尚缺乏高等教育(higher education)的教学经验，导致教师队伍整体结构上难以达到高等职业教育的要求，高职院校(higher vocational colleges)的教师应该既具备扎实的理论知识和较高的教学水平，又具备较强的专业实践能力和丰富的实际工作经验，是一支一专多能的教师队伍。也就是说高职院校(higher vocational colleges)的英语教师应该比其他学校的英语教师水平更高，知识更多，更加专业和多能，但现实情况是：受客观条件的制约，许多高职院校(higher vocational colleges)的英语教师缺乏实际工作的锻炼和经验积累，在讲授专业英语，比如物流英语、会计英语、计算机英语时，学生本来很感兴趣，但部分老师缺乏相关的专业知识，课堂上沿用传统教学模式，讲解单词、翻译课文，难以激发学生的学习兴趣。由此可见，双师型教师队伍的建设亟待加强(the construction of double qualified teachers should be strengthened)。

9. 师资配备不足，师资队伍参差不齐

随着办学规模的扩大，中国高职高专学校普遍存在师资不足，师资队伍不稳定的现象。有一部分教师对高职英语教学(higher vocational English teaching)的基本特征及特殊性认识不足，短期内还难以适应“以实用为目标”的教学目标，难以适应高职英语教学(higher vocational English teaching)工作。特别是各专业的专业

英语教学，为解决“实用”这一问题，有些高职院校（higher vocational college）试图体现实用的职业特点，生搬硬套该职业的英文文献来组合教材，而一般的高职院校（higher vocational colleges）的英语教师都是师范专业出身，对该职业缺乏研究，缺乏专业背景，讲授专业英语的难度较大，只能生硬地进行翻译，无法对学生的学习及应用提供有效的指导，教师教起来难，学生学习也难。这凸显出高职院校（higher vocational colleges）师资结构的问题，只是一味地追求教师学历结构的优化，却忽视了专业应用能力的提高。再加上由于各种各样的原因，教师得不到相应的跨学科知识的培训和深造，难以完成“双师型（double qualified teachers）”角色的转变。专业教师的英语水平参差不齐，许多教师英语语言能力较弱，加之对专业英语课程的重视不够，课时少，任课教师选择随意性大，师资队伍极不稳定，教学质量难以提高。表现在英语教学（English teaching）中就是教师一味地强调英语基础知识的学习过程而忽略英语知识的应用。另有一部分教师自身素质太低，不求进取，教学工作敷衍了事，缺乏责任心；再者，因为经费问题，学校无法引进先进的英语国家的教育工作者，加上师资培养与继续教育工作跟不上形势需要，从而严重影响了教学效果。

加强教师队伍建设是提高教学质量的重要因素。英语教师的质量直接影响着英语教学的效果（effect of English teaching）。对英语教师情况进行动态的研究与分析（research & analysis），有利于更好地把握当前英语教师（English teachers）的现状，从而提出更加切合实际的英语教师队伍建设意见，为提高英语教学水平，培养适应现代形式要求的高技能人才做出应有的贡献。

二、教师教学方面存在的问题

1. 教师方法缺失型原因

教师是决定学生学习情绪的最主要的外部因素。一方面，教师对待学生的情感、态度（attitude）影响着学生的学习态度（learning attitude）。现在高职的许多教师往往以为高职生已经成年，思想意识较独立，自学能力较强，不用教师多管，因而上课来去匆匆，课后较少深入学生，缺少师生间的情感交流，师生关系冷淡，造成师生之间情感上的分离与隔阂，容易引发学生消极被动的学习态度（learning attitude）。另一方面，英语是一门实践性很强的学科，当前，由于受传统教学（traditional teaching）的影响，仍有部分教师把有限的课堂时间大部分或全部花在词语解释、中文翻译、语法分析和归纳规则上，教法单一且模式化，忽略学生自主学习，忽略学生的语言实践，课堂气氛沉闷，对学生英语学习不从方法上给予正确的指导，久而久之，必然导致学生兴趣索然，厌烦心理由此而生，并日趋严重。

2.师源误导型原因

由于教师教学水平的差异及职业责任感的不足，教师在教学中缺乏耐心，不能很好地选择教学方法(teaching method)，不能面向全体，不能恰当地做到循循善诱，也可能会造成学生学习困难。加之学生智力水平的差异，让一部分学生总在失败和挫折中学习，缺乏成就感和成功的喜悦。

参考文献

[1]陈涛.新疆高职院校英语教师师资队伍建设存在的问题及对策——以乌鲁木齐某高校为例[J].中国西部科技，2012(11).

[2]李忠波.对高校师资队伍建设运行机制的理性思考[J].中国高教研究，2005(11).

[3]杜明甫.高职高专院校大学英语师资队伍建设现状与对策[J].考试周刊，2007(2).

[4]吕一中，牛小铁.建设双师结构师资队伍 推动学院持续快速发展[J].中国高教研究，2007(8).

[5]伊辉春.试论网络环境下高职英语教师的角色转换与教学方式的多样性[J].教育探索，2009(9).

[6]邓春梅.高职英语教学存在的主要问题及出路[J].中国成人教育，2009(14).

[7]孙迎月.对高职英语教学改革的思考[J].中国成人教育，2009(14).

第三节　教学理念存在的问题

一、教学理念

(一)教学理念的界定

教学理念(teaching concept)是对认识的集中体现，同时也是人们对教学活动的看法和持有的基本的态度和观念，是人们从事教学活动的信念。教学理念(teaching concept)有理论层面、操作层面和学科层面之分。明确表达的教学理念(teaching concept)对教学活动有着极其重要的指导意义。顾明远先生将教育理念(educational concept)分为三个层次：宏观教育理念、一般教育理念(educational concept)和教与学的理念。顾先生的研究说明，教学理念(teaching concept)是教育理念的一个下位概念，教育理念(educational concept)涵盖了教学理念(teaching concept)。但不容忽视的是,即使处于最低层次的教学理念(teaching concept),也有很强的理论性、操作性和指导性,而且在很多情境下教学活动就是教育活动,很难将两者严格区分开来。

(二)教学理念的三个层面

从理论层面上讲,教学理念(teaching concept)是人们对知识、教学过程及学生心理、学习风格的综合性理解与解释。不从事具体教学实践的人同样可以讨论对教学的看法,这也说明了教学理念(teaching concept)的理论性特征。当今教育领域主要有两大理念,即终身教育理念(lifelong educational concept)和社会化学习理念。这两大理念要求教育者从传统的教育模式转向学生有效学习的模式,培养学生的终身学习能力。同时,这两大教育理念(educational concept)也从理论层面为当代教育教学改革指明了方向。

从操作层面上讲,教学理念(teaching concept)是在具体的教学情景中运用某些教育学、心理学理论,把某种教学理念(teaching concept)具体化、实践化,即如何将理论层面的教学理念(teaching concept)转化为具体的教学行为。操作层面的教学理念是一个中间层次的教学理念(teaching concept),对教育教学改革起着直接的指导作用。

从学科层面上看,教学理念(teaching concept)是以理论层面的教学理念(teaching concept)为方向,以操作层面的教学理念(teaching concept)为指导,在特定学科教学中具体实施教学理念(teaching concept)。学科层面的教学理念(teaching concept)决定某一学科的教学目标、课程设置、教学模式、教学评估和教学管理等各个方面,对学科教学改革起着具体的指导作用。

二、中国大学英语教学理念的变革和发展

刘润清先生指出,我国改革开放以来的英语教育基本上经历了三个阶段:复苏期(20 世纪 70 年代末至 80 年代中期)、发展期(20 世纪 80 年代中后期到 90 年代中期)和稳定期(20 世纪 90 年代中期以后)。新中国成立后先后颁布的几个教学大纲分别体现了这三个时期教学理念(teaching concept)的变革。

第一个时期,1962 年我国颁布了新中国成立后的第一个《英语教学大纲(试行草案)》。它除了要求学生在一个小时内读完 5000 个印刷字符外,并没有其他方面的具体要求。该大纲根本无法对大学英语教学实践起到应有的指导作用,客观地讲,它反映了当时国家和社会对大学英语教学(college English teaching)的忽视和国内英语教育教学理念的匮乏。

第二个时期,改革开放以后,国内科技人员主要依靠文献资料来了解国外科技发展动态和进步,因此,对英语能力(English ability)的要求主要集中在阅读能力

(reading ability)和翻译能力(translation ability)上。教育部分别于1985和1986年相继出台了两个大纲,并提出"培养学生具有较强的阅读能力和一定的听、说、写、译能力"的教学理念(teaching concept),对我国大学英语教学产生的影响长达20年之久,表现在教学模式(teaching model)上,即"以教师为中心"的课堂教学模式;表现在教法上则是"语法翻译教学法"的长久不衰。但是,这一理念明显忽视了对学生听说能力的培养。

第三个时期,2000年前后的中国大学英语教学界经历了一个理念上比较混乱动荡的时期。尽管1999年的《大学英语修订大纲(修订本)》指出"大学英语教学(college English teaching)上新台阶旨在大面积提高教学质量,帮助学生扎扎实实地打好语言基础,从而提高学生实际运用英语的能力",但并没有将"培养学生实际运用英语的能力"作为目标加以明确。

刘润清先生指出,虽然"近年来,我国大学英语教学界的某些学者开始推广以学生为中心、以教师为主导的教学模式(teaching model)。但以传统精读课堂教学为主、泛读听力为辅的教学模式(teaching model)依然大行其道,并且得到一部分人的维护。英语教学理论的混乱必然导致教学界的观念混乱","高校英语教师的教学理念(teaching concept)还有待更新"。为此,高教司前司长张尧学多次在不同场合下强调,大学英语教学要"转变思想,把由培养学生阅读能力为重点转变到提高学生综合性实用能力上来",以适应我国社会经济和科技文化发展的需要。正是基于这种理念,高教司对1999年的教学大纲进行了修订,并制定了新的《大学英语课程教学要求》。《要求》明确提出,大学英语教学(college English teaching)改革是实现大学英语教学(college English teaching)"向培养学生终身学习能力为主导的终身教育的转变"的要求。提出的教学改革理念体现了当代教育教学理念(education & teaching concept)。

三、高职高专英语教学理念存在的问题

从理论层面、操作层面和学科层面上看存在的问题。

(一)理论层面上存在的问题

任何教学都离不开理论的支撑,任何教学理论(teaching theory)都需要随着时代的发展而发展。但是,在当今的高职公共英语教学(higher vocational public English teaching)中,教授者首先缺乏对理论的重新认识,教授者大都沿袭着以往的理论思想,不能与时俱进,不能重新认识和把握这些教学理论(teaching theory),这使得英语教学缺乏新鲜的血液,故步自封,不能给学生搭建有利于能力和素质提升的平台和空间,实践教学(practical teaching)应付了事,这样教学理论(teaching theory)就成了无源之水,教学的哲学、心理学、社会学的理论基础也就

成了无本之木，严重影响了教学质量的提升。其次，高职公共英语教学理念(teaching concept)在理论层面上存在的问题是教师对教学理论(teaching theory)缺乏各种反思。教师在教学实践中没有还原自己所用的教学理论(teaching theory)，使该理论的各种元素不能得到实践的考验，教师不能进一步理解理论中的道理、价值、方案与技术，不能在此基础上进行原有理论的判断与选择。

(二)操作层面上存在的问题

在操作层面上，教师的教学核心观是"仓库理论"，"填鸭式教学"，把学生当成"容器"，一味地灌输，"教"和"学"不能合一，没有把学生看作一个发展的人，不能促进学生的和谐发展，不能把学生引向成功。因为教师的思想不够开放，没有开放化的理念(concept)，教师不能更新自己，不能更新自己所讲授的内容，不能更新学生，不能树立全面发展的思想，不能应用素质教育的理念，不能实施主体性理念，没有尊重个性化理念，不能应用教学中的系统化理念来开展教学。

(三)学科层面上存在的问题

就学科层面而言，高职公共英语教师(higher vocational public English teachers)在关注学生进步和发展方面有欠缺。首先，教师没有"对象"意识。高职学生的英语基础往往薄弱，教师在教学过程中缺乏信心，教学常常是唱独角戏，不喜欢和学生互动，不管学生是否已经学会，自己该讲授的内容已经讲过就行了。其实，在教学中，离开"学"，就无所谓"教"。教师没有确立学生的主体地位，没有树立"一切为了学生的发展"的思想，教学只能以失败而告终。其次，教师没有"全人"的概念。学生发展(development of students)是全面的发展，而不是某一方面或某一学科的发展，高职公共英语教师(higher vocational public English teachers)常常过高估计自己所教学科的价值，认为学生只有通过了过级考试才能拿到毕业证书。同时在授课过程中，没有把人文素质教育贯穿其中，没有注重人的全面发展(overall development)，仅把学科价值定位在本学科上，没有定位在对一个完整的人的发展上。我们还可以从课堂教学的表现形式来看教学理念(teaching concept)上存在的问题。

(四)公共英语教学理念滞后

高职高专院校(higher vocational and specialized colleges)的教育目标要突出的是职业属性，但是有的高职高专院校(higher vocational and specialized colleges)不重视公共英语教学(public English teaching)，没有在该课程上显示出职业教育的应用性质。职业公共英语教学的理念就不符合高职高专教育(higher vocational and specialized education)的发展，从教学内容上仍然以课本为主，没有依据就业市场的变化形势进行有效的调整，没有以学生的发展为教学根本，对于职业人才的培养不够有效。

另外，一些公共英语教师的知识(knowledge of public English teachers)陈旧，这些教师没有根据时代的发展，将时尚新颖或者富有价值的信息进行深入讲解，有的公共英语教师(public English teachers)缺乏自主学习与创新，这样就不能将课堂教学内容变得丰富。高职高专院校(higher vocational and specialized colleges)比较缺乏具有一定英语职业能力的教师，导致公共英语教学(public English teaching)停留在课本上，不能引导学生深入工作岗位，公共英语教学(public English teaching)也就缺乏指导性意义。现有的教学内容仍围绕"教师如何教"这个中心安排，普遍对学生学习的研究不够，对其学习心理、认知规律、学习中的薄弱环节等缺乏深入的调查研究，不能给学生提供自我评价、学习策略训练等方面的有效指导。

(五)没有建立"以学生为中心"的主体观

传统的课堂教学模式(traditional teaching model in class)遵循的是教师中心法，即在整个教学过程中，教学基本以教师单一传授为主，教学方法多采用传统的讲授法，教学内容也比较偏重语法和阅读。实际上这个偏重应是中学需要注意的地方。教学活动(teaching activities)应以学生在课堂上做事为主，教师的作用是负责组织、引导、帮助和监控，引导学生学会认知、学会做事，让学生经历获取知识的过程，关注学生各种能力的发展，促进其知识与技能、过程与方法、态度与价值观的全面发展，建立学生自主探索、合作学习的课堂模式(model in class)，创设和谐、宽松、民主的课堂环境(environment in class)。追求学习结果转向追求学习过程，真正把学生当成获取知识发展自我的主人。但是，我们现在的英语课堂却与此完全相反，教师不能切实构建"以学生为中心"的教学思想，没有这种主体观念。

(六)没有建立"以能力为中心"的教育质量观

传统教学(traditional teaching)是由老师单向灌输知识，以考试分数作为衡量教育成果的唯一标准，教师注重学生在课堂教学中接受现成的知识和结论。这种"守成性"教育严重影响了对学生创新精神和创新能力的培养。为了适应知识经济时代的要求，为了更好地培养具有创新精神和创新能力的高素质人才，英语教学要求课堂中(teaching in class)不仅仅是传授基础知识、基本技能的过程，同时也是一个不断培养学生创新精神和实践能力的过程，教师所讲授的知识应该成为培养学生英语能力的"火种"。也就是说，课堂教学(teaching in class)是一个在老师引导下学生主动参与、独立思考、自主发现、不断创新和培养实践能力的过程，让学生由"学会"转变到"会学"。

(七)没有充分体现大学英语学习的研究性、探究性与合作性

没有通过有效的课程设计以及网络多媒体的辅助，实现学习内容的综合性与开放性(comprehensive and open)，学习形式的探究性(inquiry of learning form)、

学习手段的技术性(technology of learning means)、学习过程的自主性与合作性(autonomous and cooperative learning process)、学习评价的多元性与社会性(diversity and social nature of learning evaluation)、学习成果的创新性和知识的自我建构性(innovation and knowledge of learning achievement)等。

参考文献

[1]李志厚.变革课堂教学方式:建构主义学习理念及其在教学中的应用[M].广州:广东教育出版社,2010.

[2] 端木义万,等.高校英语报刊教学论丛[C].北京:北京大学出版社,2010.

[3]任庆梅.英语听力教学[M].北京:外语教学与研究出版社,2011.

[4]束定芳.高等教育国际化与大学英语教学的目标和定位——德国高校英语授课学位课程及其启示[J].外语教学与研究,2011(1).

第四节 教学模式存在的问题

一、教学模式

在第二章中,我们讨论了教学模式(teaching model)以及英语教学模式。大家都知道“模式”一词是英文 model 的汉译名词。在教学理论(teaching theory)中使用“模式”一词,是用来说明在教学活动中建立的基本结构或框架,是一定教学思想或教学理论的体现,是策略体系在教学程序中的表现。至于其他的内容,这里不再一一赘述。

二、高职英语教学“模式”上存在的问题

传统的教学方法(traditional teaching method)有如一潭死水,教师总是在课堂上试图灌输给学生大量的语法规则,而对听说训练却进行得很少,结果只能让学生成为考试的机器。比如:游泳是游出来的,钢琴是弹出来的,同样英语也是说出来的。故以前的那种“读单词—讲课文—做练习”的教学模式(teaching model)已经不能适应新时代对英语人才的要求。

教育部在《关于积极推进小学开设英语课程的指导意见》中明确指出:“要防止和纠正以教授语言和语法等语言知识为主的做法,把教学重点放在培养学生用英语进行交流的能力和兴趣上。”这段话为我们的英语教学指明了方向,让大家明白学习语言的最终目的就是使用语言进行交际。

(一)高职英语教学的目的

高职英语教学(higher vocational English teaching)是培养高素质人才的必修课,因此,在教学过程中应当以现代化经济的发展为依据,注意培养学生的实践能力和创新意识。但就我国高职院校英语教育的总体状况而言,其中还存在着较多问题,高职学生英语基础普遍较差,学校对英语教学(English teaching)的改革不够重视,教材内容较为陈旧,教学方式相对单一,这直接导致高职英语教育水平低下,学生英语素质普遍较低。因此,高职院校(higher vocational colleges)若要全面提高学生素质,培养全能型实用人才,就必须加强英语教学改革,提高英语教学水平,增强学生的英语知识基础,提高学生的英语使用能力。

(二)高职英语教学"模式"上存在的问题

1.英语教学模式单一

当前大部分高职院校(higher vocational colleges)的英语教学采用的是注入式的教学模式(English model)。在英语教学中仍采用传统的教学模式,以教师讲解为主,采用"满堂灌"的授课方式,教师用填鸭式进行教学,学生就是"容器",就是"仓库"。也就是公共英语课堂传统的3P教学模式,即讲解(presentation)、练习(practice)和输出(production),应试倾向明显。在每节课的教学过程中,教师只是一味地重复着词汇学习、课文讲述、课后题讲解等一系列单调的教学流程,没有带动学生自身的学习积极性。其主要目的就是通过英语考试,而且几乎都是通过做习题来学英语的。这种教学模式单调僵化,缺乏交际所需的环境,忽视了学生的主体地位,师生之间缺乏互动,学习效率低下。这不仅束缚了学生学习潜能的发挥,削减了学生的学习热情,限制了学生的创新思维能力和解决问题的能力,还造成了学生"听说"水平的下降,不能顺利实现大学英语教学的目标和意义,根本不符合学生学习英语的规律。

2.不能构建大学英语HLBD教学模式

现有高职院校(higher vocational colleges)的教学模式仍然停留在初高中的层面上,教师在课堂上成为绝对权威,学生处于被动学习地位。在这样的课堂上学生听得累,老师们讲得辛苦,而大多数学生唯一的收获就是通过几年的英语学习记住了几个单词和语法,而在实际使用语言的时候却是听不懂,说不出口。

高职院校(higher vocational colleges)的英语教学应该提倡合作学习、探究学习与自主学习;应该培养学生以"探究·合作·自主·人文"为特征的学习方式,应该强调教学在"做中学"过程中的动态生成,即在大学英语教学(college English teaching)过程中通过"做中学"教学模式(teaching model),让每一位学生都参与到教学中来,通过师生和生生之间合作互动,让学习者学会认识自我,学会创造,学以致用,并学会利用合作学习中的各种动态因素(dynamic factors)促进学习动机

(learning motivation)生成,提高学习自主性,最终使学生提高英语成绩和英语综合运用能力,同时不断优化态度、情感、价值观念和信仰等,提高学生个体品质,提升人文素养和人文精神(enhance the humanistic quality and humanistic spirit),使学生在学业进步与情感发展之间形成良性互动的态势。

参考文献

[1]李秀英,王义静."互动"英语教学模式[J].外语与外语教学,2000(12).

[2]王欣,高宝春.网络环境下"多元互动"英语教学模式的研究[J].美中外语,2007(2).

[3]韩萍,朱万忠,魏红.转变教学理念,建立新的专业英语教学模式[J].外语界,2003(3).

第五节　教学内容体系存在的问题

高职公共英语教学(higher vocational public English teaching)的主要任务是凸显语言的沟通性能,为学生将来就业后的工作生活打下稳固的根基,但是现行的高职公共英语教学(higher vocational public English teaching)无论在教学模式上、教学方法上都存在着极大的弊端,尤其是教学内容的构建。

一、教学内容缺乏针对性

高职英语教学(higher vocational English teaching)选用的教材大多参照普通高校的教材标准,没有针对高职院校学生的英语学习基础和学习能力。教材内容偏于基础理论,缺乏实用性,对于提高学生的英语基础知识有一定的帮助,但却未能凸显高职英语教学(higher vocational English teaching)的专业性和实用性特征,教材内容缺乏针对性,直接降低了高职英语的教学效率。

二、教学内容专业特色不突出

当今时代,学生自身并不喜欢受到传统教学思想、理念、方法、手段的束缚,也不想学无所用。职业院校的教学实践证明,传统英语教学模式(traditional English teaching model)下的毕业生走上工作岗位后在英语应用方面仍表现出严重的不适应,因此突出实用性(practice)、应用性(application)的英语教学才符合人才培养的目标,学生在校期间要不断提高其实际从事涉外交际活动和满足工作需求的英语应用能力。

三、教材选取不当，教学内容滞后

就目前教师上课所选用的教材而言，从功能上来看，教材是为一定育人目标服务的师生之间的中介。要探索教学方法（teaching method）的改变，唯有立足于教材这一教学载体，在此基础上，以教材的内容组织为突破口，把在旧教材上找不到的新词、新事物传递给学生，在教学内容上推陈出新。教材是实现教育目标的重要手段，是教学内容和方法的知识载体。教材的好坏直接影响着教学效果的优劣。在目前的英语教学（English teaching）中，“实用”的呼声可谓此起彼伏，但大部分高职院校（higher vocational colleges）仍沿用普通高校或自考教材或由教师自编讲义，或是使用与学生实际水平、所学专业不符的教材。

现在的高职院校（higher vocational colleges）开始采用情景模拟教学，全盘英化，有的甚至直接或间接地套用国外的教材教法，完全忽略了语言环境（language environment）这一客观事实，与所学专业脱节。学生是在中文的环境下学英文的，而所谓的“实用”都是在英语地区的，像购物、度假、打电话、旅游等。让学生有种学无所用的感觉，更别说通过实践保持记忆了。这些没有遵循英语学习规律（English learning laws）的教材一方面限制了教师教学内容的发挥，另一方面给学生的学习带来了前所未有的压力。学生在压力之下会渐渐失去学习英语的动力。

目前国内缺乏成熟的系列化专业英语教材。专业英语教材的内容大多来自国外原版教材及某些外文刊物，内容单调陈旧，而且有些文章偏难、脱离实际需要，难以保证教材质量。此外，缺乏教学辅助材料，特别是练习使用的磁带、录像带等。

四、现有的高职公共英语教学内容与就业岗位需求不能“协同”

目前高职院校公共英语教学中，教学指导思想和观念陈旧，导致教学内容单一，学生缺乏交际所需环境，各个方面不能“协同”。

1. 高职公共英语教学目标与高职教育的总体培养目标错位，二者不能“协同”

现有的高职公共英语教学目标（higher vocational public English teaching goals）未能充分体现高职教育的特点。高等职业教育（higher vocational education）的总体教育目标是为社会培育一线工作的应用型人才，主要表现在生产、建设、管理和服务四个方面上。在高等职业教育（higher vocational education）总体培养目标的指导下，高职公共英语教学应培育学生的职场沟通能力，为将来在工作过程中的应用打下稳固基础。当前，高职公共英语教育（higher vocational public English education）被丢到了孤单的公共基础课（public basic course）的旮旯里，被边缘化了。全国大部分学校只开设通用基础英语课程，和学生的专业以及未来的工作岗位缺少紧密的关联。错位的高职公共英语教学目标，导致了就业导向的目标不能充分显示出来，导致教学内容在设置上出现了偏差。

2. 教学内容只适合培养应试能力，不能和社会需求相"协同"

现有的公共英语课程内容缺少交际活动，缺少和学生就业岗位相衔接的内容，学生学习缺少适当的教育引导。公共英语教师(public English teachers)的教育教学理念和模式对现今的教学形势而言都是过时的。教学模式是3P，也就是讲授(presentation)，做习题(practice)和知识的运用(production)，应试教育明显，其主要目的就是通过英语考试，要么是为了三级过级考试，要么是为了A级和B级英语过级考试，要么是为了四、六级过级考试等，总之都是为了过级考试，并且绝大多数是经过做练习题来学习英语的。这种乏味的教学内容在缺少交流所需的情况下，不能成功完成高职英语教学的目标和意义，与英语教学的目的和语言作为交际工具的本质背道而驰。

3. 教学内容不能反映职业特色，不能和新时期高等职业教育所需的高职公共英语教育新系统相"协同"

现有的公共英语课程(public English course)内容注重日常听说读写译五个方面，注重通用能力的培养，不能反映其职业特色。不能突出职业教育不同于其他教育这个最根本的特征。高等职业教育(higher vocational education)是一种和本科教育并存的教育类别，而不是低于本科教育的教育，高等职业教育课程与本科教育的本质不同在于职业特色。现有的高职英语教育(higher vocational English education)的内容缺乏与就业要求对接的教材和教学资源，教学资源的开发不能与学生就业形成联系，有些院校把所有高等职业教育(higher vocational education)阶段的英语学习都放在"打基础"上，在各个方面上都是极大的浪费。教学内容要依据高职学生直接面向一线工作的就业需求，直接开始与专业相关的内容进行英语学习，要与学生专业的相关度结合在一起。

高等职业教育(higher vocational education)公共英语教育的内容应该遵照"以服务为方针，以就业为指导"的职业性办学目的，最需要的是摆脱本科学科教育系统的影响。公共英语教学(public English teaching)是高职院校(higher vocational colleges)的重要基础课，该课程必须摆脱本科院校以学科知识结构为主的教学，突出职业性，同时把职业性作为教学努力的方向，在培育学生英语能力的同时关心学生将来职业岗位所需技能的培养，最终建立基于岗位流程的课程系统，以此来体现工作岗位的要求和职业发展的需求，培养他们胜任未来各种职业岗位的通用的职业能力。

五、现有的高职公共英语教学资源与就业要求的教学内容不能"协同"

现有的高职公共英语教材、光盘和录像几乎都来源于下列几种英语教材，一是

《新视野英语教程》的第一册和第二册，二是《新编实用英语教程》，三是《希望英语》，四是《新世纪高职高专英语》(修订版)，五是《核心英语教程》，六是《新编实用英语综合教程》，七是《新标准高职高专英语系列教材》。所有这些教材的特点就是比较生活化的内容，校园生活描述多一些，同时也涉及一些文化和礼仪方面的内容，但是这些内容的设计都远离了学生未来岗位职业的需要、社会对用人的需要，也就说这些教学资源不能满足职场的需要，与就业要求的教学内容不能“协同”。

高职公共英语教学资源的建设应进行全面系统的革新，而不是局部的改变和修补。改进高等职业教育(higher vocational education)公共英语教学资源，把现有的职业教育理论和理念应用到高等职业教育(higher vocational education)英语教学中，凸显高等职业教育(higher vocational education)公共英语教育的职业特色，满足社会和职场的需求。因为高等职业教育(higher vocational education)是一种与本科教育并存的教育类别。高职公共英语教学的首要任务就是反映其职业特色，并建立能符合新时期高等职业教育(higher vocational education)需要的高职公共英语教学新系统。

参考文献

[1]刘润清，戴曼纯. 中国高校外语教学改革现状与发展策略研究[J]. 外语教学与研究，2003(9).

[2]韩宝成. 外语教学科研中的统计方法[M]. 北京：外语教学与研究出版社，2000.

第八章　高职学生英语学习内部阻碍机制策略"协同"研究

第一节　高职学生英语学习态度和动机的"协同"分析

一、关于英语学习态度(attitude)和英语学习动机(motivation)的研究历史

从20世纪70年代开始，Gardner和Lambert(1972)等从社会心理学角度探讨了英语学习动机(motivation)，提出融合型动机(integrative motivation)学说并设计了相应评测机制——态度动机测验量表AMTB，奠定了动机(motivation)研究的基本理论框架，但是，这一理论框架只强调了社会心理视角，忽视了课堂教育情境对动机(motivation)的影响。

到了20世纪90年代，动机(motivation)研究进入多维发展阶段，从单一的社会心理视角向生理学、行为主义、社会学等多视角延伸，涌现出多种动机模式。Dornyei(1998b)的英语动机三层次学说强调从学习环境层面激发学习者动机；Williams(1994)依托心理学动机(psychological motivation)理论构建了动机扩展框架，以确认动机(motivation)的内在结构和外在因素；Schumann(1998)则从神经生理学角度提出持续深层学习模式，以探讨激发学习者学习动机(learning motivation)的影响因子。上面的动机理论模式扩展了动机理论基础，拓宽了动机研究视野，却"未能对动机(motivation)的内在结构提出进一步的假设，即只罗列了动机(motivation)的组成成分，没有讨论它们之间的关系"(秦晓晴，2003：18)。

半个世纪以前Gardner和Lambert率先从社会心理学的角度来探讨动机(motivation)，开创了态度与动机研究的先河。从那以后，对态度(attitude)与动机(motivation)的研究蓬勃发展，许多动机理论和模式应运而生，如社会教育模式、自我决定理论、交际意愿、二语动机过程模式等。然而，国内相关方面的研究却要晚得多。我国自1978年实行改革开放政策以来，国外大量的关于动机的理论和模式被引入国内。20世纪80年代以介绍和翻译一些国外的理论为主。到了90年代，国内对动机(motivation)的研究开始兴盛。然而，国内学者主要就动机类型、动机(motivation)的内部结构、动机类型与成绩的关系等方面展开研究，却忽视了

另一个重要的相关因素——学习者态度(attitude of learners)。社会教育模式问世以来,以 Gardner 为主的关于态度(attitude)和动机(motivation)的研究层出不穷。而在国内,学习者态度(attitude of learners)和学习动机(learning motivation)仍然有一定的研究余地。

本研究中使用的问卷来自 Gardner (2004)的态度动机量表(AMTB)——EFL 版本,测量被测试者的学习动机(motivation of learners)、融入型动机和工具型动机的取向、对语言学习环境的态度(attitude)和语言焦虑等五个方面的内容。326 名学生参加了这一调查。以盐城工业职业技术学院为例,所有大一学生都参加了第一学期的英语期末考试,被测试者的英语期末成绩将被看成他们的英语水平。该研究的主要目标有三个方面:(1)说明被测试者在英语学习中态度(attitude)与动机(motivation)的总体特征;(2)测查学习者态度(attitude)和学习动机(learning motivation)与英语成绩的关系;(3)分析高分组和低分组之间、男生和女生之间,以及经贸系的学生(文科生)和汽车学院的学生(理科生)之间在态度(attitude)与动机(motivation)方面的差别。运用社会科学统计软件包(SPSS17.0)对调查的数据进行分析,得出的结论如下。

(1)整体上看大一学生都有学习英语的动机(motivation),且融入型动机(integrative motivation)取向和工具型动机(instrumental motivation)取向都很高,他们对语言学习环境及说英语的本土人民都持积极的态度(positive attitude)。

(2)学习动机(learning motivation)、融入型和工具型动机的取向、对语言学习环境的态度(attitude)、语言焦虑都与学习成绩呈正相关。融入型动机(integrative motivation)和工具型动机(instrumental motivation)取向、对语言学习环境的态度,以及语言焦虑与学习动机(learning motivation)呈正相关。学习动机(learning motivation)对学习成绩的预测力最强,而融入型和工具型动机取向以及对语言学习环境的态度(attitude of language learning environment)都能预测学习成绩。语言焦虑与学习成绩呈负相关。

(3)高分组与低分组之间在动机、融入型、对学习环境的态度(attitude)以及语言焦虑方面存在显著差异。高分组和低分组之间在工具型动机(instrumental motivation)取向上没有显著差异,但高分组的工具型动机(instrumental motivation)取向高于低分组。男生与女生之间在动机(motivation)和融入型上存在显著差异。男女生之间在工具型动机(instrumental motivation)取向、对语言学习环境的态度以及语言焦虑上不存在显著差异,但女生在这三个方面均高于男生。文科生和理科生之间在学习动机(learning motivation)、融入型动机(integrative motivation)和工具型动机(instrumental motivation)取向、对语言学习环境的态度以及语言焦虑上均不存在显著差异。

二、态度与动机之间的关系

态度(attitude)与动机(motivation)有着密切的关系,加德纳(Gardner)认为,动机来自态度(motivation comes from attitude),态度(attitude)不能直接影响学习,但它们可导致动机(motivation)的产生。动机(motivation)指的是努力加上取得学习目标成功的愿望,再加上对待学习英语的积极态度(attitude)的结合物。

学习态度(learning attitude)根据学习表现,可分为自觉型、兴趣型、说服型和强迫型。自觉型和兴趣型学生受内在动机(intrinsic motivation)支配,说服型和强迫型学生受外在动机(extrinsic motivation)支配。学习英语的态度(foreign language learning attitude)与学习成绩之间的相关程度高于学习其他学科的态度(attitude)和成绩之间的相关程度。一般来讲,对待英语学习的态度(attitude)与性别有关,如女生更喜欢学英语。国外调查证明,学习者在初学阶段的态度(attitude)与后来的英语水平相关不多。但是,一段时间后,成功的英语学习者慢慢树立起有利于英语学习的态度(English language learning attitude)。这种积极的英语学习态度(English language learning attitude)反过来又促进了英语学习,使英语学习取得更好的成绩。学生的学习态度(learning attitude)一旦形成则比较稳定,在英语学习过程中一直坚持他的学习态度(attitude),不易改变。如有的学生认为英语学习难,单词不好记,语法不好学,就采取放弃学习英语的态度(attitude),英语教育者和学生家长做了大量工作,但收效甚微。也有一些学生经过耐心细致地做思想工作,的确改变了原来对英语学习的态度(attitude)。这说明学生的英语学习态度(English language learning attitude)是可以改变的,只要英语教育工作者善于诱导,教法得当,坚持长期的思想工作,就是顽石也会被老师们炽热的心所熔化,何况是学生的学习态度(learning attitude)。(贾冠杰,2004)

另外,还有一些学者对学习态度(learning attitude)、动机(motivation)与学习成绩的关系进行了研究。如:高凤平总结了态度(attitude)。特别是消极态度(negative attitude)形成的原因,并提出对策以帮助学生学好英语。刘淑珍在其英语学习者的态度动机因素研究中发现学生对英语学习态度(learning attitude)、对所学英语的态度以及总体态度与英语成绩存在很强的正相关关系。夏金成、王志敏等进行的实证研究都说明了英语学习动机(English language learning motivation)、态度(attitude)与学习成效具有密切的关系,即动机(motivation)、态度(attitude)越强,学习成绩也就越好,而好的成绩反过来亦能增进学习动机(learning motivation),进一步端正学习态度(learning attitude)。

大量的研究已显示出动机(motivation)和态度(attitude)在英语学习中的作用。所有的研究表明,积极的态度(positive attitude)和动机(motivation)与第二语言学习成就联系在一起。同样地，如果学习者对讲这门语言的人抱以喜爱的态度(attitude)，他们彼此就会渴望接触。若是讲话者只感到学习第二语言是外来的压力，那么内在的动机(intrinsic motivation)就会最小，而且学习态度(attitude)就会消极。学习态度(learning attitude)与动机(motivation)是影响英语学习的重要情感因素，态度(attitude)端正、动机(motivation)强烈被视为英语学习成功的关键所在。总之，学英语一定要有一个积极和强烈的学习动机(learning motivation)和正确的学习态度(correct learning attitude)，否则学好英语是不大可能的。

三、学习态度、动机与学习效果之间的关系

尽管学习效果的好与差受多种主观与客观因素的影响，诸如学习者的先天素质、学习基础、学习态度(learning attitude)、学习方法、学习习惯、智力水平、人格特点、健康状况，以及学习环境和课外指导等，然而学习动机(motivation)始终是取得学习效果的直接动力。学习动机(learning motivation)与学习效果之间存在着同一性，也存在着矛盾性。同一性反映着学习动机(motivation)与学习效果之间的必然性。比如学习动机(learning motivation)好，学习效果好；学习动机(learning motivation)不好，学习效果也不好。而矛盾性则反映着学习动机(learning motivation)与学习效果之间的偶然性。比如学习动机(motivation)好，学习效果不好；学习动机(learning motivation)不好，学习效果好。如学习动机(learning motivation)是为了取得好成绩，把别的同学都压下去，唯我独尊，这种学习动机(motivation)显然是不正确的，但也能产生强大的动力，取得好的成绩。由于学习动机(motivation)与学习效果之间存在着矛盾性和偶然性，因而在错误动机(motivation)支配下取得的好成绩是不会长久的。

学习动机(learning motivation)与学习效果之间的关系是以学习行为为中间变量的，有良好的学习动机(learning motivation)，没有良好的学习行为和学习习惯，亦不可能取得好的学习效果。人们常常将态度(attitude)与动机(motivation)同归于影响英语学习成败的一组因素，因而使两者的概念混淆起来。按照Gardner的理论，态度(attitude)与动机(motivation)的意义被区别开来。Gardner认为，英语学习动机(English language learning motivation)包括四个方面：目的、学习的努力程度、达到学习者目的的愿望以及学习态度(learning attitude)。态度(attitude)只是动机(motivation)因素的组成部分之一，态度(attitude)与动机(motivation)有着直接的联系，并受动机(motivation)支配。

动机(motivation)的基础是态度(attitude)。态度(attitude)是“一种后天形成的，对某种东西的一种持久的赞同或不赞同的意向”，即人们对某事或某物的一种肯定或否定的心态及由此产生的行为倾向。如果一个人对目标语本身以及目标语民族文化有好感，渴望了解其历史、文化及社会，那么他就会产生良好的动机（motivation），采取积极肯定的态度（positive attitude），有利于语言文化的学习。反之，如果学习者对目标语及其民族文化持消极态度（negative attitude），仅仅因为外部压力而不得不学，那么这种学习可能仅仅达到外部需要所要求的最低水平。结合型动机（combined motivation）和同化型动机（assimilation motivation）就是以对目的语及文化的一种肯定态度（positive attitude）为前提的。而抱有工具型动机（instrumental motivation）的人却不一定对说目的语的人及其文化怀有肯定态度（positive attitude）。Gardner 和 Lambert 对此做了大量试验，以检测态度（attitude）与对英语掌握程度之间的关系。研究主要包括学习者的社会态度（social attitude）、价值观（value）、动机（motivation）及学习效果。结果显示：对目的语（target language）及其人民的态度（attitude）同对该语言掌握的程度成正比。美同语言学家 Krashen 指出：在英语学习过程中，学习动机（learning motivation）、态度（attitude）、兴趣等直接关系到学习效果。他认为，与学习能力相比，学习态度（learning attitude）对英语学习更为重要。心理语言学的研究也证明，学习者的学习动机（learning motivation），对目标语国家的人民与文化的态度（attitude）以及相应的学习兴趣共同决定着语言学习的进程。美国心理学家 Berstal 在英国调查英语学习态度（English language learning attitude）与学习成绩之间的关系时发现，学习者在初学阶段的态度（attitude）与后来的英语水平相关很少，但经过一段时间的学习体验之后，成功的学习者会逐渐树立起有利于英语学习的态度（attitude）。这种积极的态度（positive attitude）反过来又促进英语学习，让学习者获得更大的成功。

有关态度（attitude）的研究还在进一步探索中。了解了态度（attitude）、动机（motivation）与学习成效之间的关系，能够克服研究中的不足，设法刺激和强化英语学习者的学习动机（learning motivation）与态度（attitude），一定能提高人们的英语学习效率，相关的研究也会得到极大的推动和发展。

参考文献

[1]程晓堂，郑敏. 英语学习策略[M]. 北京：外语教学与研究出版社，2002.

[2]文秋芳. 英语学习策略实证研究[M]. 西安：陕西师范大学出版社，2003.

[3]文秋芳. 英语学习策略论[M]. 上海：上海外语教育出版社，1996.

[4]文秋芳. 大学生英语学习策略变化的趋势及特点[J]. 外语与外语教学，1996(4).

[5]文秋芳. 传统和非传统学习方法与英语成绩的关系[J]. 现代外语，1996(1).

[6]陶纯之.高职非英语专业学生英语学习策略的研究[D].武汉:华中师范大学,2006.

[7]王静.高职学生英语学习策略使用情况的研究[D].南京:南京师范大学,2007.

[8]加德纳.多元智能理论与儿童的学习活动[M].北京:北京师范大学出版社,2005.

第二节　高职学生英语学习的焦虑心理“协同”分析

要分析高职学生英语学习的心理,首先要弄明白心理的含义和内涵,以及心理对英语学习的影响。

一、关于人的心理

心理是指生物对客观物质世界的主观反应,心理现象(mental phenomena)包括心理过程和人格,人的心理活动都有一个发生、发展、消失的过程。人们在活动的时候,通过各种感官认识外部世界,通过头脑的活动思考着事物的因果关系,并伴随着喜、怒、哀、乐等情感体验。这折射着一系列心理现象(mental phenomena)的整个过程就是心理过程。按其性质可分为三个方面,即认识过程、情感过程和意志过程,简称知、情、意。

心理现象(mental phenomena)人皆有之,它是宇宙中最复杂的现象之一,从古至今一直为人们所关注。心理是大脑对客观现实的主观反应,意识是心理发展的最高层次,只有人才有意识。心理现象(mental phenomena)又可分为两大类,即心理过程和人格。认知、情绪情感和意志是以过程的形式存在的,它们都要经历发生、发展和消失的不同阶段,所以属于心理过程。人格也称个性,是指一个人区别于他人的,在不同环境中一贯表现出来的,相对稳定的影响人的外显和行为模式的心理特征的总和,包括需要、动机(motivation)、能力、气质、性格等。

二、高职学生英语学习的焦虑心理分析

英语学习者的一般心理障碍(psychological barriers)主要受非智力因素(non-intelligence factors)的影响,如动机(motivation)、意志(willpower)、性格(character)、情感(emotion)、注意(attention)、兴趣(interests)、信念(belief)、理想(ideas)、世界观(world view)等,主要表现为:英语学习动机(motivation)不端正;在英

语学习上缺乏毅力(lack willpower),认为难学,自动放弃;性格内向,怕出错受人耻笑,不敢和别人用英语对话,不敢多提问题;英语学习注意力不集中;缺乏学好英语的自信心(self-confidence);对英语学习没有兴趣;缺乏远大理想;等。

(一)焦虑心理的成因分析

焦虑(anxiety)是一个心理学概念,是一种内部心理现象(inner psychological phenomenon),属情绪范畴。指的是由于个体不能达到目标,致使自尊心或自信心受挫,或是失败感、内疚感增强,形成一种紧张不安、带有恐惧心理的情绪状态。

学习焦虑(anxiety)是指学生由于达不到学习目标或不能克服学习障碍的威胁,自尊心与自信心受挫,致使失败感和内疚感增加,长此以往所形成的一种紧张不安、带有恐惧的情绪状态。焦虑有两种,一种是过度焦虑,一种是适度焦虑(anxiety)。适度焦虑(anxiety)可使学生注意力集中,学习态度(learning attitude)端正,思维活跃,对学习知识有促进作用。过度焦虑则会使学生处于较低的唤起状态,导致学生注意力集中程度偏低,从而抑制学生学习。

高职生(higher vocational students)大部分都经历过各种考试的挫折,在中学时或多或少都对英语学习产生过畏惧感,甚至有的学生厌学、怕学,因学不好而受到老师和同学的歧视,遭到家长的唾骂,一提到英语似乎就有一种谈虎色变的感觉。而今进入了职业中学(vocational middle school),英语又是专业课或文化课,更易产生焦虑心理。这就要求教师在英语教学中重视调控学生过度焦虑(anxiety)的心理,促使他们学习成绩逐步提高。

在高职英语教学(higher vocational English teaching)中,心理过度焦虑(anxiety)对学生英语学习成绩、学习过程、考试成绩、英语交际能力、自尊心、自信心等方面的负面影响很大,主要表现在以下几个方面:①对失败更为敏感;②厌学;③缺乏自信心、自卑;④恐惧感;⑤过分关注教师的评价;⑥过分关注自我;⑦抑制学习中的思维活动;⑧消极的归因模式。

(二)高职英语学习过程中学生焦虑心理产生的内在原因和外在原因

实现教育公平与平等,引导、促使每个学生健康和谐地发展,是教育的任务,是教育工作者的责任。在大学英语学习中出现的焦虑心理(anxious psychology)是多种多样的,产生这种心理(psychology)的原因也是多种多样的,究其产生的根源,有外在原因与内在原因两个方面。

1.外在原因

(1)社会原因

随着大学英语教学改革的不断深入,大学英语教学对于学生的听、说、读、写、译等各种能力提出了新的更高的要求。这种要求与学生的实际英语能力和水平之间还有一定的差距(gap),学生中英语学习困难、畏惧英语现象仍然还普遍存在。

同时，任何心理问题的产生与思想问题的产生一样，都有着深刻的社会及家庭原因。学生英语学习心理(English learning psychology of students)问题的产生也是如此。现在社会上，真正用英语的人还是少数，再加上很多没有学过英语的人照样创业、照样发财，英语的重要性被许多人忽视。

(2)家庭原因

①客观原因。作为独生子女的这一代中学生，他们的生活比较单调(relatively monotonous)，所接触的生活空间也很狭窄，父母的误导、社会上一些消极观念、不良风气的影响，使他们产生了一种新的“读书无用论(usefulness theory of studies)”“英语无用论(useless theory of foreign language)”思想。家境的富裕，使他们依赖性强、懒惰、自私、不能吃苦，在学习上不愿下苦功，稍碰到点困难就畏惧不前，产生厌学、拒学心理。

②地域原因。大学生中有相当一部分来自农村或贫困地区，这些地区的学生英语水平能力偏低，尤其是说与听的能力，造成了他们在大学英语教学(college English teaching)课堂上与其他学习者之间的差异。而生活在城市的学生家庭背景及家长个体要求各有不同，尤其是目前社会上对于英语学习的急功近利思想造成家长对学生在英语学习上寄予厚望，造成学生心理压力大，影响英语学习(English learning)。

(3)学校原因

每个学习者都是单独的个体，都具有自己独特的个性，在大学英语的学习中表现出个体的学习态度(learning attitude)、学习动机(learning motivation)、努力程度、学习能力、学习心理等方面的差异。而在具体的学习过程中教师无法关注到每个学习个体的表现并对其进行有差别的期待与关注。一些本身就陷入弱势的学生群体(disadvantaged student groups)对于学习的效果没有任何期待，甚至连因个体差异显示出来的进步也被抹杀了，进而怀疑否定自己的英语水平能力，从而产生严重的自卑心理。

关于教师原因，我们在上面的章节中已经论述过，这里不再一一说明。

2.内在原因

(1)学习者的归因方式。归因是指人们对他人或自己的所作所为进行分析，指出其性质或推论其原因的过程。

海德(F. Heider)将个体行为的原因分为外在归因(extrinsic attribution)和内在归因(intrinsic attribution)两类。

韦纳(B. Weiner)则着重研究了人们对成功与失败的归因(attribution)，并在海德的基础上提出了归因的第三个维度：稳定归因(stable attribution)和不稳定归因(unstable attribution)。他还指出，归因(attribution)中还会存在一些偏差，其中常见的是自利偏差:把自己的成功归结于内在原因,而把自己的失败则归于外在因素。产生这种偏差是因为人们要维护自己的自尊心免受伤害。就大学英语学习而言,学习者在学习过程中容易产生害怕与不安的心理,这种负面心理(negative psychology)主要有三种:交流恐惧、负评价恐惧和考试焦虑。学生在这些负面心理(negative psychology)的影响下,有所收获的时候,他们往往将成功归结为个体自身的原因;无所收获的时候,他们更倾向于将失败归结为外在原因。

(2)学习者的个体动机(individual motivation)。心理学家认为,人的各种活动都是由一定的动机(motivation)引起的。学生的学习也是由一定的动机(motivation)所支配,而学习动机(learning motivation)离不开"成就动机(achievement motivation)","成就动机(achievement motivation)"强的个体较"成就动机(achievement motivation)"弱的个体,更能坚持学习,学习效果更好。大学英语学习者的动机(motivation)存在个体差异性,当个体在学习能力、学习努力程度、学习态度(learning attitude)等多种方面无法获得成就感时,他们便会在大学英语的学习过程中失去动机(motivation),英语的学习便成为他们的障碍,由此而产生一系列的失败体验,这种恶性循环(vicious cycle)便会使学习者产生强烈的自卑心理,从而导致以下几个方面的问题。

①学习动机(learning motivation)欠缺。高职学生(higher vocational students)的一个普遍特点就是学习没有明确目的,这点在英语学习中表现得也很突出。外无压力、内无动力,没有学习的欲望和要求(desire & demand),没有学习的紧迫感。也有的学生学习英语只是为了应付差事和免受教师家长的责备,认为自己所学专业与英语无多大关系,不会英语同样能掌握该专业技能,同样能找到一份好工作,在学习上表现为被动消极地接受知识。

②学习情绪消极。有的高职学生(higher vocational students)因英语基础差,思想包袱沉重,顾虑重重而产生焦虑,常为学习英语而惶恐不安,上课时怕被老师提问,思想难以集中,严重影响学习,学习差又会引起新的焦虑,不少学生陷入焦虑与学习成绩不好的恶性循环(vicious cycle)中不能自拔。有的学生有强烈的独立意识,这种意识驱使他们不愿意接受别人的安排和指导,和任课老师产生"对立(be antagonistic to)"情绪,转而对英语学习产生"反感(antipathy)",厌恶英语,放弃英语学习。

③学习信心缺乏。有些学生已经认识到学习英语的重要性,有认真学习的决心,而一旦遇到具体问题,又觉得自己缺乏学习英语的才能,一无是处,丧失信心。有的学生由于英语考试屡次失败,又找不到正确的学习方法,感到学好英语没有希望,丧失信心,产生自卑心理(psychology of inferiority)。

关于自卑心理(psychology of inferiority),学者和心理学家们都做过很多相关的研究，并形成了自己的理论。研究自卑心理(psychology of inferiority)最有代表性的人物是奥地利心理分析学家 A.阿德勒，他认为：每个人都有先天的生理或心理缺陷，这就决定了人们的潜意识中都有自卑(inferiority)存在，只是程度不同或者说表现形式不同而已；自卑感(feeling of inferiority)是正常的，并非变态。因此，自卑(inferiority)可说是一把锋利的双刃剑：当处理不当时，它能摧毁一个人，使人自甘堕落或发展成精神疾病；如果能够加以引导疏通，它可以转化为一股强大的激励力量，使人发奋图强，力求振作，弥补自身的缺陷与不足。而如何避免自卑(inferiority)对人的毁灭影响，如何正确看待人们在不同层面、不同程度的自卑倾向，如何将自卑(inferiority)转化成一股强大的激励力量，对教育者而言都是值得深思的课题。

④意志薄弱。由于学习是一个需要主体不断努力自主的过程，学习需要吃苦、刻苦，因此客观上要求学生有自我约束能力。这就要求学生必须要有坚强的意志和决心。有些学生也曾经立志学好英语，发奋图强一阵之后却发现仍然没有多大改观，因而失去了学习信心(learning confidence)。还有一些学生是经不起玩的诱惑，不能控制自己，这也是造成大部分学生成绩不理想的原因之一。

⑤兴趣缺乏。兴趣(interest)是最好的老师，但是我国中学基础教育的弊端，以及长期应试教育的结果，使中学教育只注重知识的传授而忽视对学生兴趣(interest)的培养。同时，在我们周围不难发现，从小学甚至幼儿园开始，机械重复的练习、做不完的作业等，就把学生天生仅有的一些兴趣过早地破坏了。加之教学中，教学方法(teaching method)单一，作业形式单一，让学习枯燥而乏味，这也成了学习困难的一个重要原因。

⑥情感缺失——早恋。调查发现：很多在校学生除缺少来自家庭的监督和教育外，同时还缺乏来自家庭应有的关注和关心，加之学习上的不断失败等，学生心理无助感增强。由此出现了在当今中学生中的各种心理问题(all kinds of psychological questions)。在一些学校的学生中主要表现为逆反、自卑(inferiority)和早恋等。

⑦基础薄弱。由于学生先天基础较差，不能达到高职学生(higher vocational students)所应达到的知识水平和能力要求，于是随着教学内容的深入，加之学生不注意消化，堆积的问题也逐渐增多，有些学生就渐渐失去了学习英语的兴趣(interest)，所以学习起来很吃力，产生学习英语困难。

⑧学习习惯缺失。由于一些学校学生相对来讲缺失良好的学习习惯(learning habits)，例如不能做到经常性复习预习；课后作业不能独立完成，而且有的学生还不交作业；背单词和课文时，也往往死记硬背(read without thinking)，从不重视知识的理解和内化；习惯机械记忆，忽视意义记忆；缺乏学习主动性，课堂笔记也从来

不做，从而导致继续学习困难。

⑨理想缺失。任何行为和努力都应该有目的性，由于一些学校有相当一部分学生对学习的目标不是很明确，没有树立起“我要学”的思想，对英语大量语言知识(language knowledge)的识记过程毫无参与，更无参与实践活动(practical activities)的欲望。因而使学习活动缺乏动力，得过且过，迷失自我。因此理想教育应该成为学校教育的一个重要组成部分。

⑩方法缺失。英语作为一种语言，在学习方法上应该与其他语言的学习有共性的一面。但同时，由于所处语言环境(language environment)的制约及英语自身的特殊性，英语学习(English learning)又有其自身的规律。如英语单词的记忆，需要在掌握音标、音素、字母组合及读音等的基础上进行，而不是机械记忆。另外如语法、词组、阅读等的学习都有其各自不同的方法。长期以来由于各种原因(其原因有两方面：一方面不注重自我归纳与总结；另一方面，学校教育只注重知识的传授，而忽视学习指导)，相当一部分学生学习方法(learning method)缺失，造成英语学习困难。

(三) 高职英语学习过程中学生焦虑心理产生的智力原因和非智力原因

1. 智力因素方面

(1)缺乏质疑习惯

勇于质疑是开阔与加深思维的重要方法。而学困生(students with learning difficulties)往往不具备这种习惯。他们从不在所学材料中去发现问题或分析、解决问题。这大大地削弱了他们学习思维(learning thinking)的独创性与深刻性。长期下来，他们的知识面也越来越狭窄。

(2)缺乏稳定的有意注意力

心理学指出，“注意(paying attention to)是心理活动对一定对象的指向和集中，有意注意稳定状态是学习的必要条件，分心是学习的大敌，有意注意的稳定与注意对象的特点有关。如注意的对象是单调、静止的，注意(paying attention to)就难以稳定；引发注意的对象是复杂的、变化的、活动的，注意(paying attention to)就容易稳定，注意的稳定性更重要的是与人的积极性有关，如人对所从事的活动的意义理解得深刻，具有积极的态度(positive attitude)。浓厚的兴趣，并进行积极思维活动，注意(paying attention to)就容易稳定、持久，反之则容易分散”。

注意(paying attention to)是心灵的开关。有意注意力与其稳定性是进行学习不可缺少的心理条件。但是，学困生(students with learning difficulties)不能控制自己的注意力，无意注意力超过有意注意力，结果带来了不稳定的注意力，从而使他们的学习效率降低。

(3)习惯机械记忆,忽视意义记忆

“所谓机械记忆,就是不理解事物的意义而进行的反复感知,又称强记。而意义记忆则是在对事物的理解基础上进行的记忆。”在英语学习中,机械记忆与意义记忆是密切相关,相辅相成的。而学困生(students with learning difficulties)却经常认为学英语只依靠强记。有时他们盲目追求记忆英语单词及所学内容的速度,欲速而不达,从而对英语产生望而生畏的情绪。

2.非智力因素方面

在实际教学中,一些学生的智商较高,但缺乏学习自觉性与克服困难的毅力,其成绩往往在中等或偏下。而有些学生尽管智力稍低,但有较强的进取心和坚定的学习意志,其学习成绩也能达到中等,甚至可达上游水平。

(1)没有明确的英语学习动机(motivation)

几乎所有的英语学习学困生(students with learning difficulties)对学习英语的动机(motivation)都不明确。他们没有树立起“我要学”的思想。这导致他们对英语的兴趣不浓厚,甚至因不愿学而放弃这门功课。

(2)没有意志,不能控制自己坚持学习

意志,是自觉地达到目的的行为心理过程。学习优秀的学生一般都具有坚强的意志,他们能够克服困难,战胜自我,从而达到目的。而学困生(students with learning difficulties)则不然,他们在经历一两次默写或考试失利后就垂头丧气,失去学习信心。还有些甚至因贪玩而不能静心学习,也就是经不起玩的诱惑而不能控制自己坚持学习。

(3)没有科学的学习方法

高职学生(higher vocational students),尤其是学困生(students with learning difficulties),学习自主性差,课后以完成作业为巩固所学知识的唯一途径,疏忽课前预习、课后复习、知识归类、系统总结等科学的学习方法,不注重知识的理解,影响了学习效果。

参考文献

[1]贾冠杰.外语教育心理学[M].南宁:广西教育出版社,2001.

[2]王敏杰.关于智力因素与非智力因素的几点思考[J].教育探索,2000(2).

[3]孙秀伟.大学生智力因素与非智力因素培养探析[J].黑龙江教育学院学报,2008(4).

第九章　高职学生英语学习外部阻碍机制策略“协同”研究

第一节　高职公共英语教学改革路径的“协同”

高职公共英语教学改革(public English teaching reform in higher vocational colleges)是社会发展的需要,是培养人才的需要,是提升英语教学质量的大势所趋,是语言交际功能的体现。高职公共英语教学(public English teaching in higher vocational colleges)存在问题,进行高职公共英语教学改革是必要的。高职公共英语教学改革(public English teaching reform in higher vocational colleges)路径的研究,有助于改变长期以来的注入式教学模式(injection type teaching mode),采用真正有利于学生发展的教学方法和教学模式,不断提升高职公共英语教学(public English teaching in higher vocational colleges)的质量。

在我国,自20世纪80年代以来,许多语言教学研究者和研究机构在实践研讨过程中,就传统英语教育模式(English teaching model)的弊端提出了一些改革方案,并进行了实践。但时代总是在变革中前进,在发展中完善,当今的英语语言教育应该回应(echo)正在兴起的全球化社会经济和文化历史改变的复杂性与矛盾性(complexity and contradiction),重新设计英语语言学习环境,重新构建英语教学模式(English teaching model),努力实现真实的多种文化交流的理解,提升英语听说能力,走向英语实际运用,提高职场英语(workplace English)的交际能力,为社会输送更多的应用型、复合型英语人才,这是时代发展对英语教学(English teaching)的要求,也是当今英语教育发展(English educational development)的必然趋势。

一、高职公共英语教学“协同”改革的必要性

(一)人才培养的需要

以往的高职公共英语教学(public English teaching in higher vocational colleges)无论在教学理念上、教学方法上还是在教学模式(teaching model)上都存在着一定的问题,这对学生的发展极其不利。语言是交际的(communicative)工具,是

人们沟通的纽带。为了发挥英语在国际商贸上不可替代的地位，为了适应知识经济的发展需要，各国纷纷进行了英语教学改革(English teaching reform)。改变传统的教学模式(teaching model)，提高学生语言的输出能力(output ability)，增强语言的应用能力。

(二)英语教育发展的趋势

立足社会现实、尊重语言社会功能的学习视界，根据学生认知特点(cognitive characteristics)和了解世界的需求，让学生在多元情景(multiple scenarios)中学习，相互交流，互动沟通，使学生一步步在语言知识的实践中提高应用技能。同时，结合学生的认知特点(cognitive characteristics)和知识建构背景，加强教学内容的实用性，提高职场英语(workplace English)的交际和实际应用能力，为社会输送更多的应用型、复合型英语人才，必将成为当今英语教育发展的趋势。

二、高职公共英语教学改革路径的“协同”

(一)更新现行高职公共英语教学理念

(1)对教师自身的要求——教师教学理念的“协同”

教师要不断提升自己的教育信息化素养(information literacy of education)，构建新的教学理论和教学思想，重新认识已有的教育教学理论(educational and teaching theory)，重新提升教育理论(educational theory)的内涵，提升教师的理性认知。教师要对自己不断地进行教学反思，教师要有以人为本(people oriented)的理念、创造性理念、主体性理念、个性化理念、开放性理念等，其中最根本的就是以人为本(people oriented)的理念。

(2)教师反思与体验必要性的“协同”

反思与体验(reflection and experience)是英语教师改进教学理念、提高教学效率的根本途径。公共英语(public English)是专业主体能力的辅助能力或扩展能力，它理应以实际应用即沟通和交流(communication and exchange)为目的，对语言的认知也理应以有助于语言实际应用能力的有效形式为限度。改革以往英语教学(English teaching)仅仅为了过级的目的，实现听说能力的零突破，实现公共英语交际能力(communicative ability of public English)的提升，比灌输规定的内容更有意义。提升语言交际能力(communicative ability of language)的可持续性比过级考试更有意义。彻底改变过去以教师为主导的教学模式(teaching model)，代之以学生为中心的课堂互动教学组织，提升互动教学的整体效果。在内容选取上，选取职场环境下有助于提升学生英语综合应用能力(English comprehensive application ability)的题材，尤其是提升听说能力的题材，体现英语在相关行业中的应用，提升学生的职业素养(professional quality)，形成英语交流能力。这比堆积英语教学时间(the accumulation of English language teaching hours)更有意义，也为学生走向工作岗位后的职业发展打下坚实基础。

（二）采用新型的翻转课堂教学法

翻转课堂是一种新型的教学模式(teaching model)，是建构主义学习理论在该模式中的具体应用。

2000年，美国Maureen Age，Glenn Platt和Michael Treglia在论文中介绍了他们在美国迈阿密大学教授“经济学入门”时采用“翻转教学(flipped classroom teaching)”模式，但并没有提出“翻转课堂(flipped classroom)”的名词。2007年，美国科罗拉多州Woodland Park High School的化学老师Jonathan Bergmann和Aaron Sams在课堂中采用“翻转课堂”教学模式(flipped classroom teaching model)，并推动这个模式在美国中小学使用。随着互联网的发展和普及，翻转课堂(flipped classroom)的方法逐渐在美国流行起来。

在国内，目前很多学校都开始应用翻转课堂模式(flipped classroom model)，但国内关于翻转课堂教学(flipped classroom teaching)的理论研究与实践大多集中在中小学，在高校开展翻转课堂(flipped classroom)的实践研究相对较少。事实上，与中小学生相比，高校的学生具有更强的自学能力和自控能力，更适合运用翻转课堂(flipped classroom)开展教学。互联网的普及和计算机技术在教育领域的应用，使“翻转课堂”教学模式(flipped classroom teaching model)变得可行和现实。

翻转课堂模式(flipped classroom model)在英语课堂教学中的应用是高职公共英语课堂教学改革的路径，是高职公共英语教学(higher vocational public English teaching)未来发展的必然趋势。

翻转课堂(flipped classroom)对知识的“传授”和知识的“内化”教学流程进行了颠覆，带来了教学的革命和创新。翻转课堂模式(flipped classroom model)在英语课堂教学中的应用具有下列意义。

1.有助于改变教师传统上课一言堂的“填鸭式”教学模式(teaching model)。课堂是师生之间和学生之间相互交流沟通(communication and exchange)的处所，教师在该处所中解决学生的疑惑、具体知识应用等，构建出个性化协作式的学习环境(learning environment)，学生不再只是知识的“容器”和“接收器”，而是课堂真正的主宰者。

2.有助于提升课堂互动教学(interactive teaching in classroom)。解决了大班授课情况下，进行课堂授课的组织有一个难以逾越但又必须克服的障碍(barrier)，就是学生多而教学时间有限，能够参与课堂互动(classroom interaction)的学生总是少数的问题。翻转课堂模式(flipped classroom model)在英语课堂教学中的应用最大限度地提升了所有学生课堂教学(classroom teaching)的关注度和参与度，确保了互动教学(interactive teaching)的整体效果，降低了互动教学的组织难度。

3. 有助于学生自主预习和自主训练。翻转课堂模式(flipped classroom model)在英语课堂教学中的应用，不仅能大大降低互动教学组织(interactive teaching organization)的难度，提升互动教学(interactive teaching)的整体效果，更重要的是有助于最大限度地激发学生学习英语的积极性，培养(train)学生良好的自主学习意识、学习能力和终身学习(lifelong learning)的习惯。

(三)更新以往长期应用的教学模式

采用新型的教学模式(teaching model)是当前高职院校公共英语教学改革(public English teaching reform in higher vocational colleges)之必须。以往公共英语课堂传统的教学模式应试倾向明显，知识是通过教师传授获得，学生成了承载知识的“容器”，因此，笔者认为下面两种新的教学模式(teaching model)应该在高职英语教学(higher vocational English teaching)中广泛应用。

1. “i+1 输入假说”(input hypothesis)模式应用的“协同”

学习者应该在一定的情境下通过“情境(context)”“协作(collaboration)”“会话(conversation)”和“意义建构(construction of meaning)”来完成所要学习的内容，这就是建构学习理论(learning theory of constructivism)的四个主要内容，教师要不断领会该理论的内涵，活学活用，与时俱进。要求学生通过语觉进行语言的学习和应用，内容真实并贴近现实生活。美国语言学家克拉申(Stephen Krashen)提出的“输入假说”(input hypothesis)，在此进行应用，语言输入量上要达到“i+1”。也就是说教师在授课过程中要加大授课信息量。在质上，要求选用的材料(material)除了具有真实性，还要保证语料的可理解性，语料必须短小精悍，目标明确。

2. 翻转课堂教学模式的“协同”应用

学生在上课之前就已经观看过视频，明确自己的学习目标(explicit learning goals)，课堂上以学生的活动为主，学生成为课堂的真正主人，从而取得更好的教学效果(the teaching effect)。因为学生自己掌控学习，增加了学习中的互动，将语言(language)放在语境(language atmosphere)中学习不仅有助于语言学习本身，更能提高学生的文化意识和文学素养(cultural awareness and literacy)。教师成了学生便捷获取资源、利用资源、处理信息、应用知识到真实情境中的脚手架。根据建构主义学习理论(learning theory of constructivism)，结合高职英语教学的实际情况构建翻转课堂教学模型(flipped classroom teaching model)。该教学模型(teaching model)主要由四个部分组成，教师和学生共同发展，翻转课堂教学模式(flipped classroom teaching model)可用图 9-1 来表示。

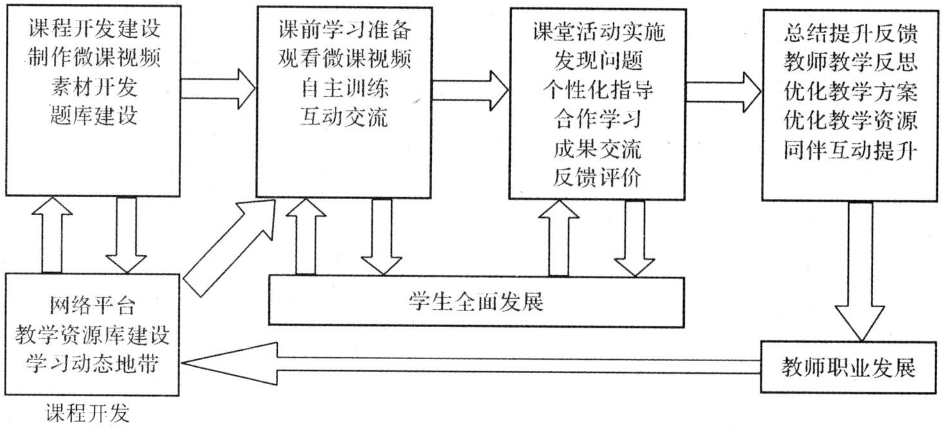

图 9-1　翻转课堂教学模式

在翻转课堂(flipped classroom)中,知识的传授被安排在课前由学生自主完成,这就需要为学生提供足够的学习资源(learning resource)。课程开发模块的主要任务是根据课程教学的需要,为学生设计开发系列微课、练习题库、制作素材等各类学习资源,同时建立网络教学平台(network teaching platform)和学习社区(如 QQ 群)供学生课前学习和互动交流。

(1)课前学习

在课前学习环节,教师根据课程教学目标和教学计划(teaching plan),为学生安排课前学习任务,其中包括学习的内容、目标、作业、学习记录等。学生通过观看微课、开展课前练习和作品设计制作等方式完成知识的传授。学生在学习中遇到困难,可以通过网络教学平台(network teaching platform)或学习社区与同学或老师交流,遇到无法解决的疑难问题要做好记录。

(2)课堂活动

在翻转课堂(flipped classroom)中,课堂活动的主要任务是帮助学生完成知识的内化,可以通过组织学生开展问题探究、协作学习(cooperative learning)、互动交流等方式来完成。课堂活动主要包括问题确定、独立探究(independent inquiry)、协作学习(cooperative learning)、成果交流、反馈评价(feedback evaluation)等几个环节。

①问题确定

课堂活动中需要探究(inquiry)的问题主要来源于以下几个方面,第一是学生在课前学习中遇到的问题;第二是学生的课前作业或作品中存在的问题;第三是历届学生普遍遇到的问题;第四是拓展性问题。有些问题由学生提出,但更多的是由教师总结和提炼。

②独立探究

独立探究(independent inquiry)是课堂活动的重要环节之一,它在帮助学生完成知识内化的同时,还可以培养和提高学生独立解决问题的能力。一般来说,可以选择难度适中的问题让学生以独立探究(independent inquiry)的方式加以解决。同时,教师还可以及时提供面对面的辅导和交流。

③协作学习

协作学习(cooperative learning)是课堂活动的重要环节,有利于深化学生对知识的理解和综合运用,培养解决实际问题的能力。协作学习(cooperative learning)的内容一般选择难度相对较大的问题或作业。

小组协作学习(cooperative learning)容易流于形式,学生需要明确小组成员的分工和合作,教师需要加强组织、监控与辅导,充分调动小组成员的积极性,保证小组活动有效开展。

④成果交流

学生在独立探究(independent inquiry)或协作学习(cooperative learning)中取得的成果需要在课堂上进行汇报和交流,将问题解决方案和结果与同学们分享,达到共同提高的目的。

⑤反馈评价

反馈评价(feedback evaluation)主要由教师和同伴共同完成,采取过程评价与结果评价(process evaluation and outcome evaluation)相结合的方式开展评价。对结果的评价(outcome evaluation)主要考查学生对知识和技能的掌握程度,重点考查学生的问题解决和作业完成情况。对过程的评价(process evaluation)主要考查学生参与课堂活动的表现,重点考查小组探究、交流汇报等环节中的表现。

(3)研讨总结

研讨总结模块是为教师而设,主要包括教学评价与反思(teaching evaluation and reflection)、优化教学设计和资源设计、改进教学方法和策略、完善教学模型、提高教学绩效,同时促进教师的专业发展(professional development)。

根据以上模式图以及模式图中各个教学模块内容的分析和解读,我们可以清晰地看到翻转课堂(flipped classroom)的这种模式有利于培养学生自主学习,为学生自主学习搭建了平台,改变了我们沿袭日久的公共英语教学模式(public English teaching model),改变了哑巴英语(dumb English)的状态,突出了教师作为学生学习督促者的作用,真正体现了学生是课堂的主人。

(四)该教学模式的显性教学成果表现为

1. 突出“3 导”教学。抛弃公共英语课堂传统教学的“3P”模式,即讲解(pres-

entation)、练习(practice)和输出(production),这种传统的教学模式(traditional teaching model)束缚了学生学习潜能的发挥。扬"3导"教学,突出教师的"导游""导演"和"导航"的作用,真正以学生为主体,以培养学生的英语应用能力为本位,以口语教学为载体,突出语言的功能。

2.实现4个转变和4个注重。4个转变:从"注入知识的传授"向"关注学生的发展"转变,从怎样"教教材"向怎样"用教材"转变,从注重(emphasize)"教"向注重(emphasize)"学"转变,从"传统教学"向"新理念教学"转变。4个注重(emphasize):注重(emphasize)学习过程,注重(emphasize)学生活跃思维方式的培养,注重(emphasize)学生自主学习习惯的培养,注重(emphasize)学生合作精神的培养。

3.教师要实现的3个突破:突破旧理念、突破旧方法、突破旧模式

(1)突破旧理念。转变教师原有的教学理念(teaching concept),增加对教师的培训,提升教师的认识。要培养出高素质(high quality)的学生,就要有高素质、高品位的教师。

(2)突破旧方法。教师在课堂上要"少讲多学","合作共赢"。学生的"学"比教师的"教"更重要、更关键。传统课堂(traditional classroom)的讲解缩短为15分钟左右,教师少讲、精讲,增加学生自主学习时间。"合作"包括"师生合作、生生合作、师师合作","共赢"包括"教师的职业发展(the development of teachers' occupation)"和"学生的全面成长(the comprehensive growth of students)"。

(3)突破旧模式。改变传统的"填鸭式"教学模式(teaching model),学生不再是"容器"和"接收器"。采用翻转课堂模式(flipped classroom model),学生是真正的课堂主人,改变"哑巴英语(dumb English)"现象,突出语言应用能力,提升学生学习兴趣,提升课堂教学质量。

4.学生要实现的突破:学习的主动性,善于提问。教师要引导学生主动学习。翻转课堂让所有学生都有事可做,让所有学生都"动"起来、"忙"起来,增加师生之间和生生之间的互动和个性化的接触时间。

传统的高职英语教学理念(teaching concept)、教学方法(teaching method)和教学模式(teaching model)已经远远不能满足不断发展的学生的需要,不能满足不断发展的社会需要,高职公共英语教学(higher vocational general English teaching)改革是时代发展的产物,是时代发展的趋势,是时代发展的召唤,高职英语教学(higher vocational English teaching)改革势在必行。改变英语教师的教学理念(teaching concept)是采用新型教学方法、教学模式(teaching model)的前提。要采用新型的教学方法,创新教学模式必须更新教学理念,思想是行动的指南。高职公共英语教学(higher vocational general English teaching)改革路径的实施,是培养应用型人才的渠道。公共英语教学体系(teaching system of public English)要依

据实践课程的体系来构建，为培养学生在职业领域岗位工作所应具备的英语应用技能和职业素养打下坚实基础。

（五）翻转课堂模式在应用过程中存在的问题以及解决措施

开放式翻转课堂问题(flipped classroom problems)的回答主要涉及以下几个方面：硬件设施的问题，教学问题，管理问题和学科建设的问题。对存在问题和拟解决措施，我们用表 9-1 予以说明。

表 9-1　翻转课堂存在的问题及解决措施

问题类型	存在问题	拟解决措施
	具体问题	
普遍问题	网速太慢、下载费时	购置新服务器
	电容量太小	学生自购外置电池
	没有在线练习	学习平台搭建
	视频内有杂音	安静的录制环境
	长时观看对眼、耳的潜在损害	降低视频亮度，外放声音，严控视频时长(每节 15 分钟)
教学问题	除英语外声音太小，普通话不标准	增加音量
	内容死板，语言单调，过于严肃	注入感情，语言更具亲和力
	英语不知怎样做笔记	对重点知识加标记或语音提醒
	教师的拓展不够，没有实现“翻转”	增加对实验教师的培训
	没有足够时间看视频和完成作业	增加自习，晚自习老师不再讲课
管理问题	个别学生下载了非学习内容	把端口封掉，不定期抽检平板电脑
学科问题	英语：语言更流畅，声音大点，放慢语速。	

当然，翻转课堂(flipped classroom)还远不是一个成熟的课改项目，还处在萌发阶段，翻转课堂(flipped classroom)的成长还需要我们长期不懈的努力。但翻转课堂教学模式(flipped classroom teaching model)是一个自下而上的课改模式，是一个被参与师生广泛赞同的模式，是一个真正接地气的模式，是一个能让新课改理念与教育现实接轨的模式。

参考文献

[1]Brown H. Teaching by Principles[M]. Englewood, Cliffs, NJ: Prentice Hall Regents, 1994.

[2]Davies P. & Pearse E. Success in English Teaching[M]. Shanghai: Shanghai Foreign Language Education Press,2002.

[3]杨月梅.高职院校大学英语教学模式的改革与探索[J].科技信息,2013(5).

[4]宋红霞.提高高师公共教育学课堂教学有效性的策略探析[J].济源职业技术学院学报,2011(6).

[5]刘三灵,胡东平,刘卫.传统大学英语教学模式回顾及其对策[J].世纪桥,2007(3).

[6]潘莎.体验式教学在学前教育英语教学中的运用[J].考试周刊,2012(7).

[7]郑荣玉.高中微课教学促进教与学的变革[J].教育信息技术,2014(1).

[8]周炳兰,徐林荔,吕炯.大学英语教学模式改革探索[J].教育与现代化,2006(6).

第二节　高职公共英语课程内容体系的"协同"构建

高职公共英语教学(higher vocational public English teaching)的主要任务是凸显语言的沟通性能,为学生将来就业后的工作生活打下稳固的根基。但是现行的高职公共英语教学(higher vocational public English teaching)无论在教学模式上、教学方法上都存在极大的弊端,尤其是教学内容的构建。本节通过阐述"协同论(synergetic theory)"和高职公共英语教育(higher vocational public English education)之间的联系,在剖析了高职公外课程(higher vocational public English course)内容体系设置存在问题的基础上,进一步论述了内容体系的"协同"建构,目的在于把学习语言和职业岗位能力培育结合起来,保证教学内容和教学过程真实展现职业性与应用性,提升学生的英语语言沟通能力和职业发展的全面素养,以此来提高学生的就业竞争能力(employment competition ability)。

"协同论(synergetic theory)"为新三论之一,是德国著名理论物理学家赫尔曼·哈肯(Haken, H.)在1973年创立的。主要内容为大系统是由许多小系统组织起来的统一体,许多小系统既相互作用,又相互制约。它是处理复杂系统的一种策略(strategy)。公共英语教学(public English teaching)就是一个大系统,教学理念、教学模式、教学内容体系就是这个大系统中的小系统,利用"协同论(synergetic theory)"观点来解决高职公共英语(higher vocational public English)课程内容体系的构建就是"协同论(synergetic theory)"在高职公共英语教学(higher vocational general English teaching)中的体现。

一、"协同论"与英语教学之间的关系

教学是一个开放系统(open system),组成要素包括教师、学生、教学目标、教学信息(teaching information)和教学媒体等,这些要素为实现教学目标起着支配教学活动的作用。

组成教学系统的各部分具有协调、同步、竞争和"协同(coordination)"作用,实现教学过程有序的条件是整个教学系统和环境之间的相互作用。

英语教学系统(English teaching system)是一个复杂开放的系统,全球化发展的经济和广博化人才的需求对英语教学(English teaching)的开展提出了新的要求,需要从头理顺教学的主导、教学的主体和教学内容为基本元素的课堂教学系统内部诸要素和诸层面的许多关系。只有经过这些关系的相互联络、相互服从和相互融合,即"协同",才能完成英语课堂教学体系(English classroom teaching system)的有序运转。

在高职公共英语教育(higher vocational public English education)过程中,教育体系内部各个因素之间在宏观上常常会持续发生改变,体系的微观状态在一段时间内也会因各个状况的变更和互相服从出现震动。教育体系内部各个因素之间的变化使得体系性能发生变更,因为体系内各个因素之间互相服从的体制出现了变更。教学中的各个因素因互相限制而相对平稳地"协同(coordination)"发展。

二、高职公共英语课程内容体系的"协同"构建

在"协同论(synergetic theory)"指导下,改革公共英语教学(public English teaching)的内容,灵活设计和组织教学活动,传授"协同(coordination)"有效的学习策略、认知策略、信息加工策略(information processing strategy)等智慧策略知识,做到十一个方面的"协同(coordination)",使学生能够熟练掌握相关过程和方法策略及技能,并在学习中能够创造性地运用。

(一)高职公共英语课程内容体系"协同"构建的思想和理念

高职院校公共英语教学(higher vocational public English teaching)中"协同论"视域下英语教学理念(English teaching concept)的运用应该既重视知识技能的传授,又关注所学知识与各个方面的协同,揭示学生的个体潜能,并为这种潜能发挥作用。高职公共英语(higher vocational public English)课程内容体系的"协同"构建,以"一条主线"" 两者交融""三个结合""四大模块""五个更新""六个提升"为设计思想和理念,构建"模块化、进阶式、组合型"课程内容体系,建立"三三式"课堂教学体系,全方位关注学生的发展。具体措施如下。

"一条主线":以培育学生在工作情况下的英语语言知识(English language

knowledge)和综合应用能力(comprehensive application ability)为主线，协同建构英语的教育内容和课程系统。

"两者交融"：有机协同英语语言知识(English language knowledge)和语言应用两大板块的课程设置，打破传统的英语语言知识(English language knowledge)和语言应用(language application)分割的形式，使英语语言知识(English language knowledge)与能力和英语教育理论与实践互相渗透，相互融合。

"三个结合"：语言知识能力(English language ability)培育与素质教育相联结，语言理论教学与实践教学相联结，语言课程教学与职业资格证书培训相联结。

"四大模块"：根据英语就业岗位群的工作与职责要求，课程内容在革新教育思想，转变教育理念(teaching concept)的基础上把课程分为"四个板块"，即基础英语板块、提升英语板块、核心英语板块和语言素能拓展板块。

"五个更新"：根据英语语言发展(English language development)与时俱进的特点，英语教学工作者必须更新教育思想，更新教学理念，更新教学方法，更新知识结构，更新教师队伍。因为只有高素质的教师才能培育出全方位发展的高素质的学生。

"六个提升"：根据英语专业的特点，根据英语专业对教师自身的要求，提升教师的专业知识水平，提升教师的团队合作能力，提升教师的语言实践能力，提升教师的语言应用能力(language application ability)，提升教师的科研能力，提升教师的社会服务能力(social service ability)。在英语教学(English teaching)中，教师起着不可估量的作用，高质量教师是英语教学(English teaching)顺利完成的保证，也是英语教学(English teaching)培养出适应21世纪发展的人才的重要基石。

基础英语等课程的学习及语言深化训练，使学生全方位提升听、说、读、写等方面的能力；提升部分课程的学习，使学生掌握比较宽泛的语言知识。语言核心模块着重于培养学生的综合素质(comprehensive quality)与岗位沟通技能，通过对语言课程的学习及综合实践训练，培养学生的英语综合应用能力(English comprehensive application ability)，以满足将来职业岗位的要求。语言素能拓展板块课程主要包括职业岗位语言实践与职业考证培训等，学生根据自己的兴趣爱好选修有关课程，培养专业素养，提升综合能力(comprehensive ability)，加强学生未来职业的适应性。

(二)在"协同论(synergetic theory)"指导下，建立"三三式"课堂教学体系

根据"协同论(synergetic theory)"，构建"三三式"课堂教学体系，具体内容如下。

1. 三个结合。英语教学(English teaching)和专业知识教学相结合，与日常生活相结合，与未来职业方向相结合。

2. 三个层次。基础英语层次、提升英语层次和专业英语层次。

3. 三段培养。基础阶段培养，校内实训基地与课堂内外相结合阶段培养，校外实训基地与生产经营实践结合阶段培养。

（三）在“协同论（synergetic theory）”指导下，构建“四环合一”的教学模式（teaching model）

1. 创新教育环节：结合地方的经济发展，培养学生的创新意识。

2. 实践教育环节：课赛融合、课证融合，培养学生理论联系实际的能力，并构建职业道德（code of ethics）。

3. 研究教育环节：培养研究学生的职业核心能力（the core ability of occupation）、就业竞争力（employment competitiveness）和职业迁移能力（the migration ability of occupation）。

4. 课堂教育环节，即培养基本知识、基本理论、基本方法和基本技能以及终身学习的能力（ability of lifelong learning）。

（四）高职公共英语课程内容体系“协同”构建的成效

通过上面的阐述，高职公共英语（higher vocational public English）课程内容系统“协同（coordination）”建构的成效主要完成五个方面的突破，具体内容如下。

1. 教学理念上的突破（break through）。以学生为本，凸显“导”字，教师变为导演者、导游者、导航者，学生全面参与教学设计，体现“教、学、做”合一的理念（concept）。

2. 教学内容上的突破（break through）。构建“教、学、做”一体化的内容体系，培养学生的交际能力（communicative ability），以适应社会对从业人员的素质要求。增加与职业素养相关的内容，重视对各专业行业英语的教学，与就业岗位相结合。结合学生的认知特点和知识建构背景，加强实用性，提高职场英语（workplace English）的交际和实际应用能力（practical application ability），为社会输送更多的应用型、复合型英语人才。

3. 教学方式上的突破（break through）。由学生们组建学习团队（learning group），自主学习、集体学习和相互学习。经过多种生动活泼的方式建构互动式课堂（interactive classroom）；创设多种由学生完全介入的亲验教学（teaching of experience）；把教学的时空视线从教室内延伸到教室外，实现教学途径与空间的多元化与立体化。

4. 教学目标上的突破（break through）。注重三维目标，即知识与能力、流程与手段、情感态度与价值观，体现显性教学和隐性教学（explicit teaching and implicit teaching）相联结的原则。

5. 教学链条上的突破（break through）。建立学生全面参与的教学系统

(teaching system),从教学理念(teaching concept)、教学组织形式到多媒体教学和实训、全过程开放式考核,构建由学生参与的立体化和系统化学习系统(learning system)。

高职公共英语(higher vocational public English)课程内容体系的“协同”构建,能够满足语言功能自身的需要。因为现今的高职公共英语教学(higher vocational public English teaching)无论在教学理念上、教学方法上还是在教学模式上都存在一定的问题,忽略了语言的功能(functions of language)——交际工具,不论是AB级考试,还是四、六级考试,培养出来的学生都是“哑巴(dumb)”,不能用英语进行交流(communication),这对学生从事工作的实际需要,适应国际化的需要和后天的发展极其不利。

公共英语(public English)可以看作是专业主体能力的辅助能力或扩展能力。作为专业主体能力的辅助能力或扩展能力的公共英语(public English),它理应以实际应用即沟通或交流为目的,对语言的认知也理应以有助于语言实际应用能力(language practical application ability)的有效形成为限度。因此,公共英语(public English)作为专业实践能力教学体系的扩展,应该主要归属于实践课程体系,或者说,公共英语(public English)课程体系应该主要依据实践课程体系的原理来构建,以此来实现教学内容与岗位职业素养的协同。

参考文献

[1]孙欢欢.高职公共英语课程应以职业通用能力为培养目标[J].剑南文学·经典教苑,2013.

[2]陈金芳.知识、素质和能力的辨证关系[J].教育双周刊,2005(1).

[3]蒋景东.商务英语教学论[M].杭州:浙江大学出版社,2011.

[4]贺继红,吕鸿雁.论大学课堂教学的协同[J].黑龙江高教研究,2009(6).

[5]马俊波.探析高职公共英语教学:问题与对策[J].职业教育研究,2011(3).

[6]Anna Uhl Chamot.点击职业英语3(基础英语模块)学生频道[M].刘岱琳,牛健,编译.大连:大连理工大学出版社,2014.

第三节 高职公共英语课程内容体系构建十一个“协同”的实现

“协同论(synergetic theory)”视域下的高职院校公共英语教学内容体系改革的核心在于关注学生的可持续发展(sustainable development),通过以下各个方面的协同(coordination),实现高职英语教学效能的提升。

系统(system)的整个性能是由各个因素的本性和性能以及各个因素间互相影响的方式决定的,教学体系(teaching system)的运转与各个子体系的运转以及它们之间"配合"与否直接关联,根据"协同论(synergetic theory)"的主张,为增大教学体系(teaching system)的效果,提升教育质量和效率,必须十分注重教学体系各个因素之间的关联,教师和学生要有确定一致的教学目标,教学各方面必须加强配合、协同合作,通力促使教学系统(teaching system)和谐、健康地向前发展。

系统的(systematic)整体功能是由各个要素的性质和功能以及各要素间相互作用的方式决定的,教学系统的运行与各个子系统的运行及它们之间"匹配"与否直接相关,按照协同论的观点,为提升教学系统(teaching system)的功效,提高教学质量和效率,必须十分重视教学系统(teaching system)各个要素之间的联系,教师与学生要有明确一致的教学目标,教学各方必须加强配合、协同合作,通力促使教学系统(teaching system)和谐、健康地向前发展。贺继红与吕鸿雁在《论大学课堂教学的协同》中认为英语教学(English teaching)过程中应该遵循七个方面的协同,笔者认为高职英语教学应该遵循十一个方面的协同,具体如下:

一、协同教师与学生

教师在教学过程中应该起着"导演、导游和导航"的作用。教师"教"与学生"学"的关系,传统教学理念(traditional teaching concept)认为,教学过程是教师教的过程;现代教学理念认为,教学过程是教师主导与学生主体相统一的活动过程;后现代教学理念(teaching concept)认为,教学过程主要是学生主动学习和构建的过程。英语课堂教学(English classroom teaching)中的教与学的关系,"既不是'学'围绕着'教'或'教'围绕着'学'的类似天体运行中行星和卫星的关系,也不是'一方面'与'另一方面'的平面构成关系"。教与学二者是相互依存、相互作用、相互协调并共同提高的协同关系 (synergic relationship)。英语课堂不仅是培养学生的场所,也是教师成长和发展的基地,是师生共同发展的"孵化器"。这种协同关系(synergic relationship)能够实现课堂教学在更高层次上的回归,教学过程不再是简单的知识传授,而是师生之间通过思想、情感的交流与分享,完成教师知识结构(knowledge structure)与学生知识结构(knowledge structure)的逐步变换并相互提升的过程。因此,英语课堂教学(English classroom teaching)中教师和学生不再是支配和被支配、控制和被控制的关系,而是在双方互相配合、共同参与(fellowship)的教学交往中,达到发现新知、培养能力、增进情感、砥砺意志、完善品性的完美协同 要达到教与学的协同(coordination),师生"各自以自己的视角和经验,用自己独特的表述方式,通过心灵的沟通、思想的碰撞、意见的交换,实现知识的共有与个性的全面发展(all-round development of personality)”,同时有选择地实施“主体换位(transposition of the main body)”。当某些教学内容与学生的生活较为贴近或学生就某一内容进行系统汇报时,学生以“演”的角色走上讲台,教师则以“导”的角色走下讲台,教师和学生通过换位思考及相互体认(transposition thinking and mutual recognition),逐步实现教师和学生的心理共融和交汇。

二、协同知识与能力

在高职公共英语教学(higher vocational public English teaching)中,传授知识与培养能力相辅相成、缺一不可。现在所提倡应用的翻转课堂以课前和课中的“信息传递”和“吸收接纳(absorption and acceptance)”为主要流程的教学,完成知识与能力的协同。

因为知识与能力之间的关系是:知识是前人智慧的结晶,是课堂教学(classroom teaching)中师生交往的载体和基础;能力是解决实际问题的技巧和水平,是需要经过反复训练才能获得的。新东方学校董事长俞敏洪曾说过:“知识本身是没有用的,只有把它用于社会才能发挥它的作用。”一个人要立足社会,必须同时拥有知识和能力(knowledge and ability),没有能力的知识是“海市蜃楼(mirage)”,虽然美好但却虚幻;没有知识的能力是“空中楼阁(castles in the air)”,虽然实在但缺乏根基。因此,在英语课堂教学(English classroom teaching)中,传授知识与培养能力相辅相成、缺一不可。“科学与知识的增长永远始于问题,终于问题——愈来愈深化的问题,愈来愈能启发大量新问题的问题。”“问题”应该贯穿于英语课堂教学的始终,在“提出问题—思考问题—讨论问题—解决问题—提出新问题”的循环教学过程中,学生通过对问题的分析与比较、判断与推理、归纳与综合,获得处理问题所需的关于各种因素、矛盾和关系的知识和经验,在多次对不同问题分析和解决的过程中,逐步提升能力。以问题为核心的探究式教学(inquiry teaching)有助于培养学生的相关能力,实现英语课堂教学(English classroom teaching)“传授知识与培养能力”的协同。实施探究式教学要注意问题情境的设计,应该既有利于唤起学生探究的愿望和热情,又能激发学生积极思维和开展探究行为。问题情境应具有五个特性。

一是典型性(typical),只有典型问题情境才能获得举一反三的效果。

二是挑战性(challenging),这样能够激发学生对问题的兴趣,促使学生主动以全新的视角思考问题、分析问题和解决问题。

三是灵活性(flexible),即问题的答案不是绝对的和唯一的,这一点在社会科学类课程教学中尤为重要,因为只有相对不固定的答案才能引导学生发散思维(divergent thinking),从多种角度体认社会的复杂性和多变性。

四是相关性(relativity),即设计的问题情境不仅与学生已有知识或经验以及现实的学习生活相关,而且要和学生的未来发展需求和意愿直接相关。只有这样,才能使学生保持对问题的足够热情和解决问题的愿望。

五是渐进性(progressive),即设计的问题情境应该由浅入深,开始就设计高深的问题情境往往会使学生无所适从,达不到通过探究掌握知识、提升能力的目的。

三、协同内容与形式

教学内容是通过课堂教学(classroom teaching)让学生了解和掌握的知识,每节课都会有不同的内容;教学形式是依据教学内容所采用的教学方式和方法。

有学者把与人交流取得信任的三个必备条件与火箭做一类比:发言内容只占7%,就像火箭头一样,虽然最小但却最有价值;口头表达和视觉感受分别占38%和55%,就像火箭的助推器,没有助推器的推动,火箭头的价值就无从实现。在英语课堂教学(English classroom teaching)中,教学内容和教学形式就像火箭头和助推器的关系一样,是相互适应、相互配合和相互促进的关系。重视“内容”忽略“形式”的教学缺乏活力和吸引力,过分强调“形式”忽视“内容”的教学(teaching)缺乏内涵,只有两者在适应和配合中协同才能实现教学目标(teaching goal)。后现代教学理念(teaching concept)主张“教无定法”,因地制宜地采取灵活多变的教学方式和方法。“教无定法”就是实现教学内容和教学形式的协同,其协同应体现在以下两个方面。

一是不同的教学内容采取不同的教学形式。较为浅显或可以让学生直接接受的教学内容,应该采取传授式的教学方法(imparting teaching method),可以通过经典案例等增强授课的趣味性;需要学生深入思考的教学内容,则应采取探究式教学方法(inquiry teaching method)。传授式教学(imparting teaching method)和探究式教学(inquiry teaching method)“在知识获得方式、心理机制、思维过程、师生作用等方面都存在着明显的差异,正是这种差异决定了它们之间相互制约、相互促进和互相补充”地配合不同的教学内容,才能实现教学内容与教学形式的协同。这种内容与形式的协同虽然有“设计”的成分,但并不是绝对“教条”的标准化(standardization)和程序化(routinization)。

二是同一教学内容采取不同的教学形式。英语课堂教学(English classroom teaching)本身的复杂性决定了其动态生成性(dynamic generating),再好的教学设计也要因时、因人、因环境和问题的变化而进行相应的调整和变通。因此,在英语课堂教学(English classroom teaching)中,应依据不同的教学内容努力达成不同教学方式之间的整合、平衡和最佳结合状态,根据教学的实际需要和学生学习方式的多样化(diversity)、差异性(difference)和选择性(selectivity)等特点,采取灵活多变的教学方式和方法,真正实现内容与形式的协同。

四、协同个体与团体

在英语课堂教学(English classroom teaching)中,要重视每个学生获得知识并发展能力的个体学习,更应重视并提倡教学主体之间的相互作用、相互交流、相互沟通、相互理解(mutual understanding)的团体学习。首先,团体学习是探究知识、提升能力的保证。"在课堂上,学生之间的关系比任何其他因素对学生的成绩、社会化和发展的影响都更为强有力。"学生个体在认知基础(cognitive base)、认知结构(cognitive structure)、思维方式、学习方式等方面的差异,使得学生的不同观点、见解、方法与分工方式在解决问题或完成任务过程中,表现出相互沟通(mutual communication)和融合的互补性(complementarity)。正是这种互补性(complementarity),使得团体学习不仅可以"为新的观点和新的看法的出现提供最好的条件,为每个成员探究精神(spirit of inquiry)的发展提供契机",还可以通过"他们彼此之间经常在学习过程中进行沟通交流(communication),分享(share)各种学习资源,共同完成一定的学习任务,因而在成员之间形成相互影响(mutual influence)、相互促进的人际关系",从而培养学生的合作意识和协作能力(cooperative ability)。当学生在一起合作融洽、学习效果明显时,就会感受到学习和成长的快乐,取得良好的教学效果。其次,有效的团体学习(effective group learning)同样离不开学生个体的独立学习(independent learning)。离开学生的独立学习(independent learning)和深入思考(deep thinking),相互间的交流和讨论就不可能有深度,不可能有真正的互动(interaction)和启示(enlightenment),既不能对小组内的不同见解、观点提出真正意义上的赞同或反对,也无法做到吸取有效的成分,修正、充实自我观点,从而影响团体学习的效果。可见,英语课堂教学中,只有个体(individuality)和团体(group)的有效协同才能真正实现"掌握知识、开阔视野、锻炼能力、提高素质"的教学目标。为此,可以采取多种措施促进团体学习(group learning)。

一是指导学生建立多个学习小组,为合作学习(cooperative learning)提供组织保证。每个小组的人数以成员之间能充分沟通为宜。

二是激励学生个体之间以及小组成员之间的"私下"交流,形成具有代表性(representative)或创新性(innovation)的观点后,再拿到教学班级上讨论,可以有效地利用课堂宝贵时间。

三是在学生成绩的评定中加入学生合作表现的考查,具体可以采取小组长评价和同学之间互评相结合的方式。这部分考查结果以一定的权重(weight)连同教师对学生的考查结果一并记入每个学生的考核成绩(examination results)。

英语课堂教学(English classroom teaching)中，教师要注重每个学生取得知识并发展技能的个体学习，更应注重并倡导教学主体之间的互相影响、互相交际、互相沟通、互相理解的团体学习。掌握学生个体在认知基础(cognitive base)、认知结构(cognitive structure)、思维方式、学习方式等方面的差异，教师才能取得互补性和通融性。但是有效的团体学习同样离不开学生个体的独立学习。只有二者相协同，才能增进学生个体和团体的全面发展。

“教育的过程(educational process)不是可有可无的，不关注教育的过程而仅仅关注教育的结果(educational results)，必然导致教育过程丰富性(rich)和价值性(valuable)的缺失。”同样，教学过程(teaching process)与教学结果(teaching results)是大学课堂教学中不可分割的两个环节，两者是相互依存、相互作用、相互影响的。首先，教学过程(teaching process)决定教学结果(teaching results)。如果学生不经过一系列的质疑、判断、比较、分析和综合等认识活动(cognitive activities)过程，就没有多样化(diversify)的思维过程(thinking process)和认知方式(cognitive style)，也就无从提升能力；如果没有多种观点的碰撞、论争和比较的过程，就难以真正理解和消化知识。英语课堂教学必须重视教学过程，只有丰富多彩(colorful)、生动活泼的(lively and vivid)课堂教学过程，才能引导学生在探本求源中增长知识、获得智慧、提高能力。其次，教学结果又反过来影响教学过程(teaching process)。当学生领略到课堂教学过程(teaching process)的生动、具体、丰富和开放带来的魅力时，他们会以更大的热情和主动性投入到课堂教学过程中(teaching process)，进而取得更好的课堂教学结果，从而形成教学过程(teaching process)与教学结果的良性循环。可见，要实现教学过程(teaching process)与教学结果的协同，必须对教学过程(teaching process)予以足够的关注，不仅需要教师通过探究式教学以强化课堂教学过程(teaching process)，同样要求学生积极参与教学过程(teaching process)，引导学生重视分析问题、解决问题和探索真理的教学过程(teaching process)。首先，改革课程考核办法，变教师单方面的“一次考试”考核为“考试、出勤、课堂状态及合作表现等”的多元考核。教师可以根据课程性质的不同，赋予各考查因素以不同的权重，并根据学生各方面的表现及考试成绩综合评定学生成绩。考试、课堂状态由教师负责考核，合作表现由学生考核，出勤可根据实际情况由教师或学生负责人考核。这种多元考核可以把学生的注意力最大限度地引向课堂，达到丰富教学过程(teaching process)的目的。其次，完善课堂教学评价指标体系，增加教师课堂教学方法多样性和灵活性评价的指标，或加大这些指标的权重，引导教师重视课堂教学过程(teaching process)，注重教学方法的研究和实践。

五、协同流程与效果

(一)教学流程(teaching process)是按一定的方法和规律设计的教学方案

教学流程(teaching process)包括三方面。

1. 创设问题情境,激发学习兴趣——引发探究欲望

(1)联系生活实际及热点问题,创设问题情境

单纯的英语知识往往比较枯燥乏味,难以引起学生的学习兴趣和激发他们的学习情感(learning emotion)。因此,要从现代生产、生活实际或社会热点问题出发创设情境,给出一些新鲜的、生动的、有趣的、真实的语言知识问题让学生解答,引发学生对真实问题的探究,进而诱发他们学习的兴趣,培养他们形成正确的英语思维方式(English thinking way)。

(2)找准新旧知识的连接点,创设问题情境

学生对英语的认知矛盾是激起求知和探究欲望的有利因素。在新旧知识的连接点,教师要善于发现学生的认知矛盾(cognitive contradiction),甚至寻找契机制造一些矛盾,引起学生的认知冲突,进而引导他们探究英语知识。

2. 优化师生关系,激发学习情感——营造探究氛围

(1)留出空白(blankness),放手让学生自主探究

如在课堂教学中教师可以在以下几个环节中留出"空白(blankness)",让学生去探索、思考。

①在寻找新旧知识的衔接点时留"空白(blankness)";

②在提问后留"空白(blankness)";

③当学生对知识认识模糊时留"空白(blankness)";

④在概括结论之前留"空白(blankness)";

⑤在出现错误之后留"空白(blankness)";

⑥在出现难题时留"空白(blankness)"。

只有充分相信学生的内在潜力(intrinsic potential),留给学生充足的时间和宽松的空间,让他们去自行探究,才能激发他们的创造潜力。

(2)群体互动,提倡合作探究

教学中教师要提供探索材料,在鼓励学生独立思考的基础上,有计划地组织他们进行合作探究,以形成集体探究的氛围,培养学生的合作精神(cooperative spirit)。

(3)激励评价,使学生保持探究热情

3. 挖掘探究资源,激发学习热情——开展探究活动(carry out research activities)

(1)挖掘教材资源，开展探究活动(carry out research activities)

教材是供教学用的材料，但是，教师在教学中不能仅凭借课本，而应认真钻研和熟悉教材，针对教材中的知识点，充分利用各种教学资源，组织学生探究，以培养他们的探究能力。

(2)善用故错效应，开展探究活动(carry out research activities)

教师在课堂教学中，抓住教材内容的重点、难点或学生容易出错的地方，故意出错，引导学生去探究、纠正。这对保护学生创新意识，培养学生探究能力很有好处。

(3)紧扣生活实际，开展探究活动(carry out research activities)

英语知识来源于生活，又应用于生活。因此，教学时，要从学生的实际出发，布置实践性的题目，指导学生参加语言实际应用活动，把英语知识和生活实际紧密联系起来。

(二)教学效果(teaching effect)就是教学取得的成效，一般用以下标准来衡量

1.看教学目标达成度如何，教师是否高度关注学生的知识；

2.看教学效果的满意度，学生在教师的指导下，积极主动参与，90%以上的学生掌握了有效的学习方法(learning method)，获得了知识，发展了能力，有积极的情感体验；

3.看课堂训练题设计，检测效果好差。

(三)流程决定效果(process decides effect)

不通过一定的教学流程(teaching process)，没有多样性的教学思维方式，就不能产生消化和理解的教学效果(teaching effect)。二者相互协同，才能实现丰富教学的目的，实现教学目的的效应。例如图 9-2 就是 Talk about health 这一课的教学流程(teaching process)。

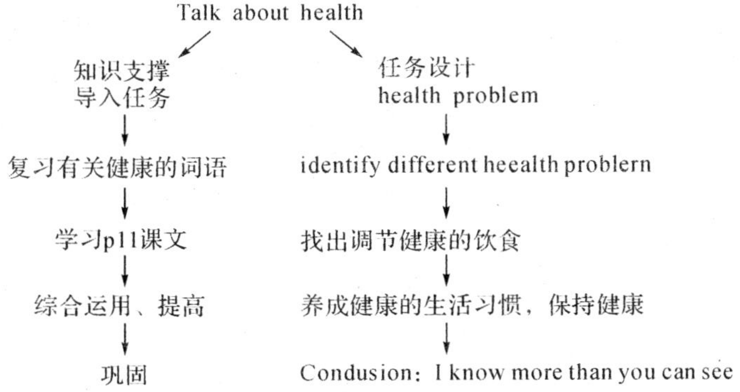

图 9-2　英语教学流程图

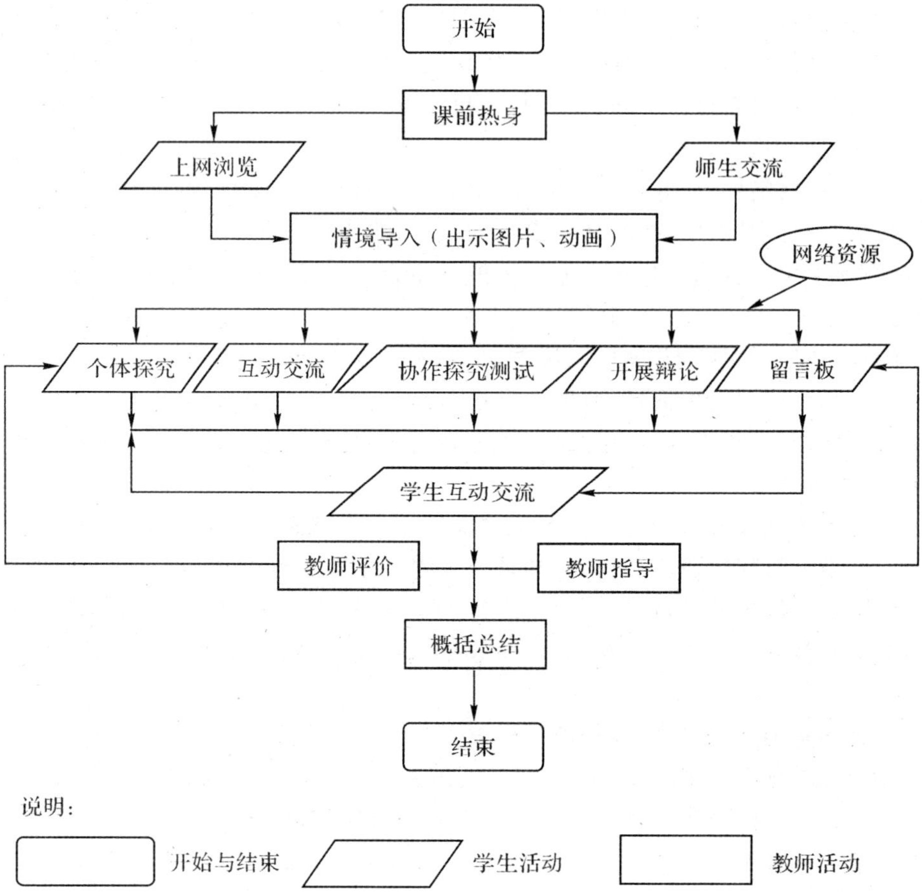

图 9-3　英语教学流程图

从图 9-2、图 9-3 两幅图中，我们可以看出：教学过程(teaching process)是学生掌握知识、发展智力的过程。掌握知识与发展智力既相互关系又有区别。在教学过程(teaching process)中，应正确认识和处理二者的关系，把掌握知识和发展智力统一起来，才能实现良好的教学效果(teaching effect)。

1. 知识是发展智力(intelligence)的必要前提，是实现教学的基础。智力(intelligence)是掌握知识的重要条件。离开了知识的掌握，学生智力的发展就成了无源之水、无本之木。学生的智力(intelligence)发展水平不同，学习和掌握知识的效果便不同，教学效果(teaching effect)就不同。

2. 掌握知识的过程是一种认识过程，也是一种占有人类认识成果的过程。发展智力(intelligence)是通过掌握知识提高认识能力的过程。二者的内容和规律不同。它们之间虽有密切的联系，但不一定成正比。没有知识，智力(intelligence)不可能强，但知识多的人智力(intelligence)也不一定强。二者没有线性关系。

3. 在处理二者的关系时，要防止在教学中单纯重视知识传授或单纯重视智力发展的偏向，要二者统筹兼顾才能实现良好的教学效果(teaching effect)。把二者割裂开来既不利于知识的掌握，又不利于智力(intelligence)的发展。

六、协同理论与实践

课堂教学(classroom teaching)离不开理论，理论的内容和体系结构分别构筑了课堂教学(classroom teaching)的灵魂和骨架，离开理论的课堂教学(classroom teaching)不能使学生进行探究；英语课堂教学(English classroom teaching)的实践既是学生“体验”的基地，也是理论“回归”的沃土，离开实践的教学是“空中楼阁”。理论与实践是互相依存、互相补充和互相促进的协同关系(synergetic relationship)，才能为学生的学习打下坚实基础。

“生活世界是科学世界的基础和来源，科学世界依托并服务于生活世界，两者关系的本质是实践与理论的关系。课堂教学(classroom teaching)的关键在于根据科学世界的自身逻辑和学生的心理发展规律，科学利用生活世界的教育资源，努力达成科学世界与生活世界的融通和整合。”英语课堂教学(English classroom teaching)离不开理论，理论的内容和体系结构分别构筑了课堂教学(classroom teaching)的灵魂和骨架，离开理论的课堂教学(classroom teaching)不能“使学生站在巨人的肩膀上”探究；英语课堂教学(English classroom teaching)同样需要实践，实践既是学生“体验”的基地，也是理论“回归”的沃土，离开实践的课堂教学(classroom teaching)是“纸上谈兵”。理论与实践是互相依存、互相补充和互相促进的协同关系，必须在理论教学中融入实践内容，为学生的跟班实习和顶岗实习打下坚实基础。英语课堂教学(English classroom teaching)中，理论与实践的协同主要体现在两个方面：一方面是通过实践来验证和理解所学理论；另一方面是应用理论探索解决实际问题的方法和模式。实现两者协同可以采取多种方法：一是以案例“模拟”实践，进而理解理论；二是深入现场实践，达到理解理论或运用理论解决实际问题的目的。

七、协同教书与育人

英语课堂教学(English classroom teaching)中，必须把教书与育人有机协同起来，通过教书来育人，通过育人达到教书的目的。在教学过程中，师生间要形成良好的人格互动，实现教书与育人的协同(realize the cooperation between teaching and educating people)。

“教学的基本价值、先在性的价值追求应是实践理性，是人的伦理美德。具体来说，它包括合作、进取、坚强、责任、理想、价值观、人生观等，这些应是传授知识(impart knowledge)过程中高于知识传授的教学价值。”中发[2004]16号文件《国务院关于进一步加强和改进大学生思想政治教育的意见》第14条也明确指出：“高等学校各门课程都具有育人功能，所有教师都负有育人职责。”可见，在英语课堂教学(English classroom teaching)中，必须把教书与育人有机协同起来，通过教书来育人，通过育人达到教书的目的。为此，需要把育人工作渗透到英语课堂教学(English classroom teaching)的所有环节。首先，任何知识都包含社会道德、社会理想、人生观等背景，教师应注意挖掘教学内容的育人因素，并适时对学生进行人生观、价值观教育。其次，注意观察学生的行为，对于学生在课堂中的良好言行给予及时鼓励和支持(encourage and support)，而对于不好的言行，要在不伤害学生感情和自尊的情况下适时地给予提醒。最后，教师的一言一行、处事方式、人生态度都会对学生产生潜移默化的影响。教师应以高尚的情操、宽广的胸怀、实事求是的作风，踏实工作，勇于创新，为学生做出表率。同时以巨大的热情鼓舞学生，促使学生形成积极、进取的人生态度，严谨、坚韧的探求精神，客观、全面的自我评价观念，师生间形成良好的人格互动，实现教书与育人的协同(realize the cooperation between teaching and educating people)。

笔者认为，除了以上这七个方面的协同外，英语教学(English teaching)还要进行另外四个方面的协同，具体内容如下。

八、协同方法与情境

方法(method)的含义较广泛，一般是指为获得某种东西或达到某种目的而采取的手段与行为方式。它在哲学、科学及生活中有着不同的解释与定义。学习方法是通过学习实践总结出的快速掌握知识的方法(method)。因其与学习掌握知识的效率有关，越来越受到人们的重视。

通俗地讲，所谓方法(method)，就是人们做事过程中一连串动作的关联方式。一种方法就是对这种关联方式特殊性方面的一个概括。在英语中，Way有道路、方式、方法几种意思，汉语中方式、方法(method)、路(径)也经常通用，如“多一种方法多一条路”等。

根据不同的教学内容，可以采取不同的教学方法(learning method)。根据建构主义，利用情境(the use of situation)创设教学过程，提高学生的学习乐趣，使教学效果更具有启迪性，更能陶冶学生的情操。忽视情境的教学方法(learning method)，课堂教学就会缺少动机和生气，只有情境和教学方法相协同，才能取得有益于学生今后步入工作岗位的效果。

方法(method)虽然也被人们称之为活动的手段，但它不是物化了的手段，而是人类认识客观世界和改造客观世界应遵循的某种方式、途径和程序的总和。因此，黑格尔也把方法称之为主观方面的手段。他说："方法(method)也就是工具，是主观方面的某个手段，主观方面通过这个手段和客体发生关系……"(列宁《黑格尔〈逻辑学〉一书摘要》，见《列宁全集》，第 38 卷，第 236 页)英国哲学家培根则把方法称为"心的工具"，他论述方法的著作就命名为《新工具》，认为方法(method)是在黑暗中照亮道路的明灯，是路标，它的作用在于能"给理智提供暗示或警告(offer hints or warnings to reason)"。(培根：《新工具》，转引自《十六—十八世纪西欧各国哲学》，生活·读书·新知三联书店 1958 年版，第 9 页)。所以说，如果要把方法(method)视为一种工具或手段的话，就如今天所说的软件，如指挥计算机进行计算、判断、处理信息的程序系统。

关于"方法(method)"一词的来源，众说纷纭。有人说"方法(method)"一词来源于希腊文，含有"沿着"和"道路"的意思，表示人们活动所选择的正确途径或道路。也有人说"方法(method)"一词在我国不仅使用早，而且与希腊文"方法(method)"一词含义也相一致的。《中文大辞典》第 15 页，第 230 页中说："方者，行事之条理也。"在该词典的第 19 册，第 115 页中有"法者，妙事之迹也"的说法，也就是在这本辞典中，作者认为：把方法看成人们巧妙办事或路线。

学习方法(learning method)是通过学习实践(learning practice)总结出的快速掌握知识的方法。因其与学习掌握知识的效率(effectiveness)有关，越来越受到人们的重视。学习方法(learning method)并没有统一的规定(uniform provisions)，因个人条件不同，选取的方法也不同。其中，有人专门总结的特殊定向(the special orientation)的学习训练方法，如：速记(short hand)、速读(fast reading)，可对其他学习者产生启发效果(enlightening effect)和借鉴作用(reference function)。而情境(situation)是指在一定时间内各种情况的相对的(relative)或结合的(combinative)境况。包括戏剧情境(dramatic situation)、规定情境(given situation)、教学情境(teaching situation)、社会情境(society situation)、学习情境(learning situation)等。我们这里谈到的情境主要指教学情境(teaching situation)。所谓教学情境(teaching situation)是指教师在教学过程(teaching process)中创设的情感氛围(emotional atmosphere)。"境"(situation)是教学环境(teaching environment)，它既包括学生所处的物理环境(physical environment)，如学校的各种硬件设施(hardware equipment)，也包括学校的各种软件设施(software equipment)，如教室的陈设与布置(furnishings and layout)，学校的卫生(hygienism)、绿化(greening)以及教师的技能技巧(skills)和责任心(responsibilities)等。教学情境(teaching situation)也是指具有一定情感氛围(emotional atmosphere)的教学活动(teaching activities)。孔子(Confucius)说："不愤不启，不悱不发，举一隅不以三隅

反，则不复也。（Would not explain unless one is desperately anxious to learn，not determined to learn when I have presented one corner of a subject to any one，and he cannot from it learn the other three，I do not repeat my lesson.）”孔子（Confucius）的这段话，在肯定启发作用（enlightening effect）的情况下，尤其强调（emphasize）了启发前学生进入学习情境（learning situation）的重要性，所以良好的教学情境（teaching situation）能充分调动学生学习的主动性（initiative）和积极性（enthusiasm），启发（enlightening）学生思维、开发（developing）学生智力（intelligence）是提高教学实效的重要途径。教学情境（teaching situation）是课堂教学的基本要素（essential factors），创设教学情境（teaching situation）是教师的一项常规教学（conventional teaching）工作，创设有价值的教学情境（teaching situation）则是教学改革的重要追求。

第一，教学情境（teaching situation）的生活性（life）。新课程呼唤科学世界向生活世界的回归。强调情境创设的生活性，其实质是要解决生活世界与科学世界的关系。为此，第一要注重联系学生的现实生活，在学生鲜活的日常生活环境中发现、挖掘学习情境的资源（situational resource）。第二要挖掘和利用学生的经验。陶行知先生有过一个精辟的比喻：“接知如接枝。”他说：“我们要以自己的经验做根，以这经验所发生的知识做枝，然后别人的知识方才可以接得上去，别人的知识方才成为我们知识的一个有机部分。”任何有效的教学（effective teaching）都始于对学生已有经验的充分挖掘和利用。学生的经验包括认知经验和生活经验。美国著名的教育心理学家奥苏伯尔（American famous educational psychologist Ausubel）有一段经典的论述：“假如让我把全部教育心理学仅仅归纳为一条原理的话，那么，我将一言以蔽之：影响学习的唯一最重要的因素就是学生已经知道了什么，要探明这一点，并应据此进行教学。”可以说这段话道出了“学生原有的知识和经验是教学活动的起点”这样一个教学理念（teaching concept）。

第二，教学情境（teaching situation）的形象性（figurativeness）。强调情境创设的形象性（figurativeness），其实质是要解决形象思维与抽象思维、感性认识与理性认识的关系。我们所创设的教学情境（teaching situation），首先应该是感性的、可见的、摸得着的，它能有效地丰富学生的感性认识，并促进感性认识（perceptual knowledge）向理性认识（rational knowledge）的转化和升华；其次，它应该是形象的、具体的，能有效地刺激和激发学生的想象和联想，使学生能够超越个人狭隘的经验范围和时间、空间的限制，既让学生获得更多的知识，掌握更多的事物，又能促使学生形象思维与抽象思维（image thinking and abstract thinking）互动发展。

第三，教学情境（teaching situation）的学科性（subject）。情境创设要体现学科（subject）特色，紧扣教学内容，凸现学习重点。当然，教学情境（teaching situation)应是能够体现学科知识发现的过程、应用的条件以及学科知识在生活中的意义与价值(significance and value of life)的一个事物或场景。只有这样的情境才能有效地阐明学科知识在实际生活中的价值,帮助学生准确理解学科知识的内涵,激发他们学习的动力和热情。学科性(subject)是教学情境(teaching situation)的本质属性。

第四,教学情境(teaching situation)的问题性(problem)。有价值的教学情境(teaching situation)一定是内含问题的情境,它能有效地引发学生的思考。情境中的问题要具备目的性、适应性和新颖性。“目的性”指问题是根据一定的教学目标而提出来的,目标是设问的方向、依据,也是问题的价值所在;“适应性”指问题的难易程度要适合全班同学的实际水平,以保证使大多数学生在课堂上都处于思维状态;“新异性”指问题的设计和表述具有新颖性、奇特性和生动性,以使问题具有真正吸引学生的力量。

第五,教学情境(teaching situation)的情感性(emotionality)。情感性(emotionality)指教学情境(teaching situation)具有激发学生情感的功效。第斯多惠(Diesterweg)说得好:“我们认为,教学的艺术不在于传授的本领,而在于激励、唤醒、鼓舞,而没有兴奋的情绪怎么能激动人,没有主动性(initiative)怎么能唤醒沉睡的人,没有生气勃勃(be full of vitality)的精神怎么能鼓舞人呢?”

教学是师生间的交际性(communicative)活动。英语作为一门交际性语言,它的使用价值越来越高。而如何能使学习者真正掌握英语学习的真谛,这就取决于教师在英语课堂教学(English classroom teaching)中如何选择行之有效的教学方法(teaching method)了。在教学实践中,情境教学法(situational teaching method)是被证明行之有效的方法之一。

英语情境教学(situational teaching)就是以情境教学(situational teaching)基本理论(basic theories)为基础,通过铺设情境,实现达到语言交际的目标。英语情境教学法(situational teaching method),就是指教师根据学生的年龄特点和心理特征,遵循反映论的认知规律(cognitive laws),结合教学内容,充分利用形象,创设具体生动的情境,使抽象的语言形式变成生动具体的可视语言,创设尽可能多的英语语言环境(English language environment),让学生更多地接触和感受英语,说英语,用英语进行思维,用英语的方式主导行为。在英语教学中,教师创设真实的语言环境(language environment)或模拟情境,充分利用生动、形象、逼真的意境,使学生产生身临其境的感觉,利用情境中传递的信息和语言材料,激发学生用英语表达思想感情的欲望,从而培养学生运用英语理解和表达的能力,激起学生从整体上理解和运用语言,促进学生的语言能力及情感、意志、想象力、创造力等整体发展。该教学法(teaching method)的特点是:将言、行、情境融为一体,有较强的直观性、科学性和趣味性。

情境教学法(situational teaching method)自20世纪70年代形成以来,已逐渐发展成为一种语言教学中的基本思想和教学方向。情境教学法(situational teaching method)的语言理论基础是英国的结构主义语言理论。口语被认为是语言的基础,结构是说话能力的核心。与美国结构主义语言学(American structural linguistics)不同的是,在这里语言被看作与现实世界的目标和情境有关的有目的的活动。这些活动是有交际意义的。教学要为用语言进行有效实践创造条件,要把学习手段与其最终的交际目的紧密结合起来。英语教学的过程(the process of English teaching)就是语言交际能力的习得过程,学生在交际中不断地掌握语言技能、语言知识和语言特点。

情境教学法(situational teaching method)理论依据主要有三点:第一,学生的心理和年龄特点。学生尤其是刚刚进入大学的学生有强烈的求知欲,爱幻想,思维有明显的具体形象性特征,情境教学(situational teaching)可使学生充分发挥想象力、创造力。第二,语言的习得规律。语言的习得不是从词形与语法规则入手的。语言是在语境中学习,在应用中掌握的。第三,学生的学习规律。情境教学(situational teaching)可充分调动学生的有意识心理活动,充分挖掘学生的无意识心理活动。使学生在轻松愉快的气氛中,进行积极的、有创造性的学习,使整个身心得到和谐发展。

此外新《英语课程标准》(以下简称新《课标》)明确提出:英语课程(English course)改革的重点是要改变英语课程过分重视语法和词汇知识的讲解与传授,忽视对学生实际语言运用能力的培养的倾向,强调课程从学生的学习兴趣、生活经验和认知水平出发,倡导体验、实践、参与、合作与交流的学习方式和任务型的教学途径,发展学生的综合语言运用能力(comprehensive application ability of language),使语言学习的过程成为学生形成积极的情感态度、主动思维和大胆实践,提高跨文化意识和形成自主学习能力的过程。在英语教学(English teaching)的课堂上,着重让学生通过体验、实践、参与、合作与交流来获取和领悟英语,激发和培养学生学习英语的兴趣,使学生树立自信心,养成良好的学习习惯和形成有效的学习策略(learning strategy),发展自主学习的能力和合作精神,使学生掌握一定的英语基础知识和听、说、读、写技能,形成一定的综合语言运用能力,培养学生的观察、记忆、思维、想象能力和创新精神。

情境教学法(situational teaching method)的应用主要表现在以下几个方面。首先,在情境(situation)中学,情境(situation)中用。语言有一定的创造性和灵活性。说话人的时间、地点、场合以及身份等方面的因素都制约着他说话的内容、语气等。要想在课堂上、学校里培养学生创造和活用语言的能力,创设情境(situation)是十分必要的。教师在整个课堂教学过程中,无论是呈现新知识,还是巩固、复习旧知识,都应使学生尽量在一种有意义的情境(situation)中进行。

因此英语教师的教学内容要与学生的生活、学习环境紧密联系,突出建构主义学习理论,便于“学”“用”结合。英语教学的过程就是英语交际能力的习得过程,学生在交际中不断地掌握英语技能、英语知识。情境教学法(situational teaching method)是在课堂上设置一些真实和准真实的情境来学习和使用知识,从而达到教学目的的一种教学方法。因此,在情境教学法(situational teaching method)的教学实践中,是以课堂教学(classroom teaching)为主线,综合运用多种办法创设真实语言情境,营造英语氛围,实践交际。教师可以用图片、模型、实物、简笔画等教具,利用自己的手势、动作、表情等体态及多媒体实行情境教学,展示情境。目前,“CAI”(Computer Assistant Instruction 计算机辅助教学)技术在教学中广泛应用,它逐渐实现了课堂教学大容量、多信息、多趣味、高效率的优越性。网络教学(network teaching)和多媒体技术等现代教育(modern education)技术手段,真实又立体地展现了所学语言的背景和使用背景,它通过声音、图像、视频等多种媒体信息的综合运用使教学过程(teaching process)有序化、整体化、形象化、趣味化,赏心悦目。

单调的讲解、翻译,单纯的机械训练只能使学生感到枯燥无味。如果教师就某一个内容创设一个情境(situation),让学生在教师的指导下从易到难、由浅入深地学习,最终学生不仅能牢固地掌握课本知识,还能根据教师所给的情境(situation),从自己的水平出发,编出更切合生活实际的会话,在情境(situation)中学,在情境(situation)用。在情境(situation)中理解、在实践中运用是学生学好英语的重要途径。但是教师要注意所设置的情境(situation)要与所学内容、学生生活实际、社会生活实际紧密联系而且自然。练习的方法也要灵活多样,体现出练习充分、广泛、有深度的特点。

同时,课堂教学(classroom teaching)突出英语特点,营造英语氛围。学习一种语言一定要有语言环境才能学得好。我们的母语不是英语,学习英语是在汉语的氛围下进行的。没有英语环境,教师就应刻意创造英语环境。因为英语教学(English teaching)的最终目的是培养学生用英语进行交际的能力。而这种能力只有通过大量地接触英语,使学生沉浸在英语交际的氛围中才能较快地形成。优质的英语课堂(English classroom)不能单以教师传授给学生有效信息的多少来衡量,还要注重学生信息内化及运用能力的大小。单纯直接的课堂教学(classroom teaching)乏味无趣,容易使学生感到压抑,产生心理疲劳,阻碍学生对语言信息的内化。因此,教师要运用情境教学法(situational teaching method),创设轻松活泼的英语教学情境(situation),在情境(situation)中呈现教学内容,引导学生在情境

(situation)中自然地实现英语的感知、理解、内化、运用，并能因材施教，开发学生学习潜能，使其获取成功的体验。要想在有限的课堂时间内最大限度地进行英语实践，就必须在英语课堂(English classroom)上突出英语特点，排除母语汉语的语言干扰，师生共同树立英语课上只说英语、不说或少说汉语的观念，把英语课堂(English classroom)视为用英语进行交际的场所，将英语教学(English teaching)过程视为用英语进行教和学的活动过程，从教师组织教学活动到学生的参与，使用的工具是英语而不是汉语。

对我国学生来说，汉语是他们的母语。由于先入为主的原因，汉语从某种意义上说就成了学好英语的天然障碍(natural barrier)。学生在学习语音、单词、句子时总是不自觉地与汉语进行对比。因此教师必须积极引导学生克服汉语对英语学习的负迁移。实践证明：课堂活动使用英语，有利于学生的语言提高，因为在课堂上使用汉语越多，对学生学习英语(learning English)的障碍就越大，教师的每一句汉语或每一个词都会减少学生用英语理解和思维的时间，切断学生直接用英语积极猜想、联想的思路，剥夺学生用英语听说的机会，这样教师就很难达到教学目的，学生也学不好英语。因此英语教学(English teaching)过程要成为有意识地控制使用母语、有目的地使用英语、以英语为交际工具的过程。

最后，让课外活动形式多样，让英语学习(English learning)继续延伸。语言是交际的工具，它具有实际性和交际性。实际生活水平是语言学习的试金石。英语的情境教学(situational teaching)的时空必须由课内延伸到课外，把学习迁移拓展到我们的生活中。教师要设法增加学生的语言实践机会，帮助学生在实际生活中创造英语环境(English environment)，鼓励(encourage)学生大胆开口，敢于大声和老师用英语打招呼，交谈；鼓励(encourage)他们尽量用所学的常用表达方式和同学相互问候、对话。也可以开展各类英语活动，如英语角、英语演讲赛、英语故事比赛等，为学生提供创造的机会，让学生有充分的时间，大胆放手去思考、去探究、去体味。学生一旦能够积极主动地参与课外实践(outside practice)，一定会爆发出无限的创造力火花，一定能培养和发展创新能力。大力开展课外英语教学活动(English teaching activities)也是课堂教学(classroom teaching)内容的有效延伸。笔者根据不同班级、不同层次、不同水平、不同爱好的同学，进行适当的组织。开展英语游戏、演唱会、朗诵会、讲演比赛、识词默写比赛、作文比赛、听力比赛等，既可各班进行，也可同年级、全校进行。其目的是活跃学生课外生活，巩固课内学的知识，创造英语的气氛(English atmosphere)，培养学生学英语的兴趣，使课内外结合，相得益彰。

总之，在英语教学中运用情境教学(situational teaching)，既能活跃课堂气氛，激发学生的学习兴趣，锻炼学生的语言能力(language ability)，又能培养学生的思维能力和空间想象能力。使学生产生置身于英语世界的感觉，在轻松、愉快的环境中积极地学习，养成良好的学习习惯，加深语言信息输入，产生语言内化，做到学以致用，从而为学生进一步学习英语奠定良好的基础。综上所述，情境教学法(situational teaching method)在英语教学中起着非常重要的作用。21 世纪，国家对“能用英语交流信息”的人才需要日益增加。情境教学法(situational teaching method)在英语中起着其他方法不可替代的作用。我们广大英语教师应充分认识到这一方法的重要性，并把它付诸教学实践。

九、协同专业与素质

专业是指人类社会科学技术进步(scientific and technological progress)、生活生产实践中，用来描述职业生涯某一阶段、某一人群，用来谋生，长时期从事的具体业务作业规范。也指高等学校(institution of higher learning)或中等专业学校根据社会专业分工的需要设立的学业类别。各专业都有独立的教学计划(teaching plan)，以实现专业的培养目标和要求。

素质(quality)一词本是生理学概念，指人的先天生理解剖特点，主要指神经系统、脑的特性及感觉器官和运动器官的特点。素质(quality)是心理活动发展的前提，离开这个物质基础就谈不上心理发展。各门学科对素质的解释不同，但有一点是共同的，即素质(quality)是以人的生理和心理实际为基础，以其自然属性为基本前提的。也就是说，个体生理的、心理的成熟水平的不同决定着个体素质的差异，因此，对人的素质的理解要以人的身心组织结构及其质量水平为前提。

素质(quality)就是一个人在社会生活中思想与行为的具体体现。在社会上，素质的一般定义为：一个人文化水平的高低；身体的健康程度；以及家族遗传于自己惯性思维能力和对事物的洞察能力，管理能力和智商、情商层次高低以及与职业技能所达级别的综合体现。

人的素质(quality)包括重量素质、心理素质(psychological quality)和文化素质(cultural quality)。素质(quality)只是人的心理发展的生理条件，不能决定人的心理内容与发展水平，人的心理活动是在遗传素质(heredodiathesis)与环境教育(environmental education)相结合中发展起来的。而人的素质(quality)一旦形成就具有内在的相对稳定的特征，所以，人的素质(quality)是以人的先天禀赋为基质，在后天环境和教育影响下形成并发展起来的内在的、相对稳定的身心组织结构及其质量水平。

机制创新：建立协同式培养体系。按照“以市场为导向，协同推进教学目标、教学模式(teaching model)、教学管理等建设，着力提高教学质量和人才培养质量”的改革思路，[illegible]确立教学目标和课程体系。根据专业市场化特点，要求任课教师必须及时更新知识，将最新的知识传授给学生；通过指导学生成立英语口语协会，组织学生参加英语信息化知识技能竞赛、英语知识竞赛等教学辅助手段，引导学生积极地参与英语教学改革(English teaching reform)。

教学创新：动态实行教学改革。在中国英语教育面临着国际趋同与等效的背景下，英语知识在不断更新，课程设置、教学内容(teaching contents)等也需随之不断调整。在实行动态教学计划的同时，不断推进教材改革，大学英语团队全体教师编写了《新航程英语教程》。积极探索富有创新性的教学方法(teaching method)，提高学生的学习兴趣，注重培养学生的口语和听力能力。

实践创新：创建多样性协作平台。大学英语(college English)是一项实践性比较强的工作，“汇集校内外各方面优质资源服务于人才培养”成为公共英语教学团队(team of public English teaching)的共识，在实践中注重加强协同创新，逐步建构起形式上相互补充、内容上相互关联的“听力教学＋口语教学＋阅读教学＋写作教学＋翻译教学的全真实训”实践教学体系(practical teaching system)。

专业知识(professional knowledge)是指一定范围内相对稳定的系统化的知识。俗话说，隔行如隔山，山就是特定的专业知识。对于从事每项专业工作的人来说，自然需要熟悉和掌握本专业的知识体系。综合素养(comprehensive quality)是指个人在思想与认识方面的成熟程度，在心理和人格方面的健全程度，在知识结构方面的合理程度以及在处世上的通达程度等多方面表现总和，也就是说一个人的知识水平、道德修养以及各种能力等方面的综合素养(comprehensive quality)。人的综合素养(comprehensive quality)的全面提高是社会发展的一般要求和趋势，尤其是当前知识经济社会，提高人的综合素质(comprehensive quality)尤为迫切。

具备专业知识(professional knowledge)和综合素养(comprehensive quality)的人才够称人才的资格。一个合格的人才必须具有良好的思想道德品质、敏捷的综合应变能力、优良的专业素质及很好的心理承受能力。真正的人才，不在于他是否具有高学历，而在于他好不好学，有无脚踏实地的实干精神。一个人想要成功，要靠综合素养(comprehensive quality)，就是靠人的修养、学问、技能。

十、协同能力与素质

教育部《关于深化教学改革培养适应21世纪需要的高质量人才的意见》中明确指出：“在传授知识与培养能力(ability)和培育素质的关系上，树立着重素质教育(quality-oriented education)，融传授知识、培养能力(ability)与提高素质(quality)为一体，相互协调发展、综合提高的思想。”能力(ability)，一般指实现一定活动的才能，能力(ability)必须以素质(quality)为基础，素质(quality)的特点是“内凝”，是人在其活动过程中非对象化的结晶，而能力(ability)是“外显”，是人在其活动过程中对象化的展现。能力(ability)和素质(quality)相比,素质(quality)更根本。素质(quality)是能力(ability)的基础,能力(ability)是素质(quality)的体现,能力(ability)的大小是由素质(quality)的高低决定的。在英语教学过程中,把培养学生的能力(ability)和素质教育(quality-oriented education)协同起来,才能实现人的全面发展,才能取得英语教学的成功。

十一、协同学校与企业

学校的作用一是打开经验世界,二是发展抽象能力(abstract ability),三是给学生留白。企业是培育学生实施实际教学活动最好的空间,是以培育学生综合岗位能力为主的教学方式(teaching method)施行的重要渠道,是完成职业教育(vocational education)培育目标的主要教学步骤,它与理论教学(theory teaching)相得益彰。学生到正常运作的企业里实习,实训的内容也是学生今后工作的内容。在这真实环境下进行认知实践和顶岗实习,加强岗位综合素养(comprehensive quality)的培育。英语教学(English teaching)中,企业与学校的协同也是“协同论(synergetic theory)”在英语教学中的具体体现。

英语是一门实践性很强的专业,学生的跨文化沟通能力、写作能力、业务流程操作能力、计算机应用能力(computer application ability)等都需要在积累了一定的理论知识后具体在企业里即职场上进行应用和实践,这需要企业与学校的协同,只有这样才能最终实现人才培养目标。

学校的作用一是打开经验世界(experience world)。一个人必须把自己的经验(experience),拿来不断与他人的经验(experience)相互印证,视野才能广阔,判断才能周延,思路才会清晰,人的内在世界才能充分发展。学校的作用就是要为学生打开经验的世界,让学生的经验与别人的经验(experience)相联结,从中了解自己在世界中的位置,由此来反观自己,了解自己。二是发展抽象能力(abstract ability)。所谓抽象指的是把事物的部分性质抽离出来,赋予这性质以一种“概念”。概念是摸不到、看不到的东西。人只能通过抽象才能把世界缤纷凌乱的各种现象、各种经验(experience),加以梳理,从中洞悉世界的普遍性,而与世界真正联结。而要发展人的抽象能力(abstract ability),就必须通过学校进行系统的学习。人若不系统地学习,抽象能力(abstract ability)便不易深入发展,而抽象是人类文明的重要特征。学校的优势在于能够有目的地、系统地培养学生的抽象能力(abstract ability)。三是给学生留白。留更多的时间与空间,让学生去创造,去互动,去冥思,去幻想,去尝试错误,去表达自己,去做各种创作。

企业是培养学生进行实践教学(practical teaching)最好的场所,是以培养学生综合职业能力(comprehensive vocational ability)为主的教学方式实施的重要途径，是实现职业教育培养目标的关键教学环节，它与理论教学相辅相成。就英语专业而言，探索实践教学(practical teaching)创新之路，是专业建设的切入点和突破口，是为了克服该专业普遍存在的实践教学(practical teaching)目标不明确、实训项目不具体、专业核心技能训练不突出、实训方法和实训手段单一、学生实际操作技能(practical operational skills)不强且难以量化考核等方面的局限性(limitation)。

学生到正常运作的企业里实习，实训的内容也是学生今后工作的内容。在这真实环境下进行认知实践和顶岗实习，不仅能培养学生语言的实际应用能力(practical application ability)，而且能使学生经过企业相关人士的言传身教，加强职业综合素质的培养。另外，企业(校外实践基地)在学生毕业实习和设计中起到良好的作用，学生毕业设计可以结合基地企业的工作实际来选题，通过专业教师和基地企业业务骨干联合指导来完成学生毕业实习和毕业论文。校外实训基地(training base of outside school)充分利用企业资源和环境，有力地促进了就业与岗位零距离目标的实现。

学生在企业进行顶岗实习，这样他们就有了实践的平台。提升学生所学的理论知识和实际动手能力(practical operational ability)，发挥理论指导实践的作用，为学生将来在企业里工作打下坚实基础。使学生在学习过程中系统地接受到职业岗位素质训练(professional post quality training)，在走向社会后可较快适应从学生到职业人的转变。同时使其在毕业时理论知识达到一定的高度，同时又具有符合企业要求的实际动手能力(practical operational ability)，适应社会企业对技术人才的需求。因此，在英语教学(English teaching)中，企业与学校的协同也是“协同论(synergetic theory)”在英语教学中的具体体现。

参考文献

[1] 钟启泉. 教学活动理论的考察[J]. 教育研究，2005(5).

[2] 张建伟. 论基于网络的学习共同体[J]. 教育技术研究，2000(4).

[3] 迟艳杰. 教学意味着“生活”[J]. 教育研究，2004(11).

[4] 贺继红，吕鸿雁. 论大学课堂教学的协同[J]. 黑龙江高等教育，2001(10).

[5] 张莺，付丽萍. 小学英语教学法[M]. 长春：东北师范大学出版社，2004.

[6] 刘红莉，周瑜. 情境教学法：英语教学探索之路[J]. 中国科技信息，2007(9).

[7] 培根. 新工具[M]. 北京：商务印书馆，1958.

[8] 列宁. 列宁全集[M]. 北京：人民出版社，1984.

第四节　高职学生英语“创新”能力培养多维实践平台的“协同”构建

高职学生英语“创新(innovation)”能力培养多维实践平台的构建能促进和提高学生的实践能力。从高职学生英语应用能力“创新(innovation)”的内涵出发，就高职学生英语应用“创新”能力的现状进行分析，找出高职学生英语应用“创新(innovation)”实践活动中存在的问题，提出了高职学生英语应用“创新(innovation)”能力实践多维平台的构建，为高职学生的职业发展奠定了坚实基础。

实践是英语语言应用的途径，通过学生个人的实践才能培养和提高语言技能，学生学习的主观能动性和参与性决定了学习效果的好坏，在英语技能的训练中，要多方面、全方位培养学生的实践能力(practical ability)，构建高职学生英语“创新(innovation)”能力培养多维实践平台势在必行。

一、高职学生英语应用能力“创新”的内涵

(一)“创新”概念的解读

1. “创新”概念的来源

“创新(innovation)”一词在我国最早见于《魏书》。6世纪初，“创新(innovation)”一词开始在我国使用，并流行于唐代。“创新(innovation)”一词有三个层面的意义，第一个层面的意义是丢弃以前的，创出新的；第二个层面的意义是在已有的基础上改革更新；第三个层面的意义是指有新意的创造性。

经济学家熊彼特最早提出了“创新(innovation)”概念。“innovation”是“创新”的英文表达，区别于“创造(creation)”和“发明(invention)”。“创新”理论(innovation theory)是1912年美国经济学家熊彼特(J. A. Sehumpeter)在德文版《经济发展理论》一书中最先提出的，此后，“创新(innovation)”的含义得到了进一步的拓宽和加深，但实践仍然是“创新(innovation)”的基石。

2. 高职学生英语应用能力“创新”概念的解读(unscramble)

高职学生英语“创新(innovation)”能力主要体现在语言的实践活动中。英语课堂(English classroom)内外多维实践平台的构建是有效培养学生“创新(innovation)”使用英语语言能力的主要途径。教学(teaching)中有一定的方法，但是教学没有固定的方法，难能可贵的在于方法得当。当然，教学情境的创设和利用没有固定的方法，根据教师本人已经掌握的知识、自身所具备的能力以及自身所拥有的人文素质对教学要求和内容、教学(teaching)要完成的任务以及教授的学生层次和

教学设备等选择适当的途径进行情境创设，用来引发学生学习的兴趣，提高课内和课外的教学成效。教师不仅在课堂上教授学生学习英语知识，更大程度上还要丰富学生的课外知识和自我学习英语的能力，创设真切的、多样化的语言学习环境，提供多种渠道，扩大学生英语输入途径，充分体现和融入学生使用英语的"创新(innovation)"能力和"创新(innovation)"水平，提高语言实践能力的"创新(innovation)"热情。提倡途径多样化，教师指导学生们用感受、体会、亲验等方式学习英语，促进语言实际运用能力的提高。

(二)高职学生英语应用"创新"能力的界定

高职学生英语应用"创新(innovation)"能力是真正意义上的超越。Kogut 和 Zander 在 1992 年和 Nonaka 在 1994 年都提出了"创新(innovation)"的实质：新知识的获取和创造。学生英语应用认知实践是英语知识的产物，英语应用认知个体和认知情境是学生应用英语的根基，因此，获取应用和创造英语新知识是和实践相关联的。

高职学生英语应用"创新(innovation)"能力得以实现的重要因素是"创新(innovation)"活动，"创新(innovation)"能力是一种能力的综合，它的基础是英语知识要丰富，创新活动对高职学生英语应用语言"创新(innovation)"实践活动有着重要的影响，对高职学生英语应用语言"创新(innovation)"实践活动的进行有着很大的约束，对高职学生英语应用"创新(innovation)"实践活动的操作系统有开启和实施的作用。

(三)高职学生英语应用能力"创新"的意义

"应用、学习、再应用"是学习的过程，也是学习的规律，高职英语教育(higher vocational English education)也应根据这个过程和规律进行，在教授学生英语表面知识的同时，需要提供给学生英语语言应用机会，这样才能学会、掌握理论知识。语言知识只有在实践中才能被真正掌握，"创新(innovation)"也必然发生在这样"应用、学习、再应用"的过程中。

高等教育中的英语教育是英语知识"创新(innovation)"、撒播和运用的主要路径，是培养高职学生英语应用"创新(innovation)"灵魂和"创新(innovation)"能力的温床。

因此，英语实践是高职英语应用能力"创新(innovation)"教育的根基。要培养高职学生的英语应用"创新(innovation)"能力，必须为学生构建良好的英语应用实践平台。

二、高职学生英语应用"创新"能力的现状

高职院校学生英语应用"创新(innovation)"能力的现状是不容乐观的，高职学

生英语应用"创新(innovation)"人才的培养是时代发展的要求,高职学生英语应用"创新"能力教育是人才培养的必然,英语"创新(innovation)"教育的重点是英语教育中"创新(innovation)"灵魂和"创新(innovation)"能力的培养,是迎接时代发展挑战的需要,也是和国际接轨的具体体现。

1. 目前高职学生英语应用能力"创新"缺乏自信,"创新"意识比较弱,不能充分利用条件,不能积极创造条件

高职学生英语应用能力的"创新(innovation)"意识是"创新(innovation)"活动的内在能源,是个人在"创新(innovation)"活动中所具有的自愿的认识、热烈的盼望和踊跃的心境。高职学生英语应用能力的"创新(innovation)"认识主要表现为是否总能自发、自愿地支配自己进行实践活动,表现出热切的"创新(innovation)"自愿性。高职学生英语应用能力由于缺少必要的"创新(innovation)"启发教育以及跨文化交际的影响,再加上从事应试教育的英语教师长期不注重启示和引导学生进行英语知识的应用,结果培养出来的高职学生在英语知识运用方面缺少特性和自信,没有大胆尝试的精神,没有使用语言不怕犯错误的"创新(innovation)"意识,缺少主观能动性(conscious activity)。

2. 目前高职学生英语应用能力"创新"知识贫乏,"创新"基础比较差

由于大多数高职英语(higher vocational English)教师没有把握英语学科发展的最新动态,因此就不能把英语学科发展的最新趋势和动态传授给学生,不能与时俱进地更新知识。很多教师又孤芳自赏(indulge in self-admiration),不愿意向知识广博、经验丰富的教师求教,不愿意继续学习,不能掌握相关学科知识的迁移。在不开放的学校里,学生学习的都是书本上的缺少灵活性的知识,在这种知识中浸润的学生领会不到知识的重要性和价值(importance and value),更没有"创新(innovation)"的主观能动性,仅仅知足于现有的学习布局,没有自动探求新知识的理念,不能丰厚自己,于是出现了知识老套过时的现象。

3. 目前高职学生英语应用能力思维缺乏"创新"

陈旧的英语教学(English teaching)思想以及缺少"创新(innovation)"的英语教学方式,使得高职学生在英语学习过程中进行跟从性学习,依赖心理强,用简单的方式进行思考,缺少使用语言的敏锐性和综合性。"行而不思,创新无望;行而三思,脱颖出新。"只有不断实践应用所学的语言知识,形成自己表达问题的思维方法(thinking method),才能实现超越。这恰是当今高职学生英语应用能力(English application ability of higher vocational college students)所缺少的,大多数学生受到已有思想的影响,害怕使用语言的过程中犯错误,因此故步自封,甚至学完了根本就不去实践和应用,更不用说"创新(innovation)"使用语言能力的提升了。同时由于学校设施不足,没有为学生创设机遇,使他们能够把课堂上学到的语言知识应

用到实际生活和工作中，只是满足于课堂上的教学(classroom teaching)，学生和教师之间缺少互动，缺少使用语言的时间和空间，严重影响了学生"创新(innovation)"使用英语技能的提高。

三、高职学生英语应用"创新"能力实践多维平台的构建

(一)高职英语"多维实践平台""协同"构建的内在意义

"多维实践平台"是有机整合课内实践环节、课外实践环节和研究开发语言实践能力三个实践环节，形成由课内语言实训、课英语言实践活动和语言应用的研发中心共同组成的、面向全体学生、多角度(multiple perspectives)、多层面(multilevel)的学生英语实践学习平台，目的在于提高学生的语言实际应用能力和"创新(innovation)"使用语言的能力。以语言研发为中心，搭建桥梁来调节学校内和学校外学生英语应用实施步骤的操作体制，完成三个方面实践环节的合作和彼此促进。

(二)"多维实践平台""协同"构建的内容

1. 课内实践平台的"协同"构建

(1)构建准工作环境的课堂语言实践情境的"协同"

教育家们认为，"成功的英语课堂教学(successful English language classroom teaching)应深入创造更多的情境，让学生有机会运用已学到的语言材料"。情境创设是指教师通过对学习主体和学习内容的分析，为学生提供一个完整的问题背景(questions background)，对学生进行准职业人培养，以引起学生自愿实现理论学习价值的构建，慢慢减少学生用自己的本族语进行心理翻译的过程，加速与实际事物建立马上的联系，提高课堂教学(classroom teaching)的有效性，使学生更加明白所学知识与工作职位的关系，完成传授知识与工作岗位的"零对接"。

(2)构建贴近学生日常生活实际的课堂语言实践情境的"协同"

用实物演示创设情境，利用实物、道具、布景等给学生以直观的刺激。要求学生掌握每个情境的表达方式，排练一些短剧，让学生在仿真的日常生活情景中进行角色表演(role-playing)，激发学生学习英语的兴趣，感受英语，提高学习英语的热情，强化学生用英语表达的欲望(desire)，让学生在深刻的印象中愉快利用现实生活来呈现情境，完成学习任务。

2. 课外实践平台的"协同"构建

(1)以英美文化风俗为话题开展英语竞赛，办英语墙报

每个学期举行一次这样的活动，并形成制度。通过开展竞赛，办英语墙报，使学校里充溢着英语学习的氛围(atmosphere)，也为学生展现英语和体现自我搭建了"舞台"，挖掘了学生的学习潜力，开辟了英语学习(English learning)的途径，能给学生提供学习英语的机会，逐步掌握英语知识和技能，提高语言实际运用能力，

创设英语学习氛围，让学生在活动中得到丰富的使用英语的体验，锻炼学生实际运用英语知识的“创新(innovation)”能力。

(2)以“英语谚语”为主题做各种书签(bookmarker)

英语谚语(English proverbs)是英语的精华和西方文化的结晶。学习谚语不仅有助于了解英语国家的文化和社会风俗习惯，而且能促进其语言学习，提高语言修养。寻找合适的英语谚语(English proverbs)，开展应用活动。充分发挥自己的想象力，制作出形式多样、颜色丰富的书签。比如，有的学生把下面这两句话做成了书签：A single flower does not make a spring(一花独放不是春，百花齐放春满园)；A young idler, an old beggar(少壮不努力，老大徒伤悲)。

这样的书签拓展了学生学习英语的时间及空间，引导学生们多读书、勤读书、读好书，营造了学习英语的气氛。

3. 语言应用研发中心平台的“协同”构建

(1)实践平台硬件建设的三位一体化(Trinitarian)。规范现有的校外实践活动，开发新的学生英语语言实践“创新(innovation)”活动；完备学校内语言实训室(language training room)的建设和整合，开启推广语言实训室；提升改进教师工作室与社会和企业的语言研发合作，推进语言研发中心的开发。

(2)实践平台操作体制建设的三位一体化(Trinitarian)。建设学校英语言实训基地(language training base)、学校内语言实训室(language training room)以及语言教师工作室的交流、沟通和合作，完成语言研发中心的搭建，以语言研发中心为桥梁来调节学校内和学校外学生英语应用创新实践过程和步骤，切实提高学生的英语应用能力(English application ability)。

探究出一套具有实际应用价值的课堂内和课堂外(in the classroom and outside the classroom)的英语创新实践活动，改进教学模式(teaching model)，全方位地提高学生应用英语语言的能力和水平。目的在于全面提升学生的素养，拓展学生的能力和知识层面，突破课堂教学(classroom teaching)和教材的时间、空间以及资料范围的限制。以局部带整体，促进英语教学实践活动的开展(promote the development of English teaching practice)，使学生的智慧、个性和才能得到充分的展露和体现。

高职学生英语“创新(innovation)”能力培养多维实践平台的“协同”构建有利于学生职业生涯的发展。英语课堂内和课堂外的语言应用活动(language application activities in the classroom and outside the classroom)是培养学生语言“创新(innovation)”能力的路径之一，尤其是课堂外(outside the classroom)的语言实践应用活动，它是课堂教学的延续和弥补、查验和应用。英语课堂内和课堂英语言实践活动的历程(language practical activities in the English classroom and outside the English classroom),也是协作交流应用语言的历程,它能贴近学生的现实生活和社会生活,经过相互评议、相互修正,产生团队思想和灵魂。搭建语言研发中心(build language research and development center),并以其为桥梁,促进学生、学校和社会多维语言实践平台的形成,完成高职学生英语应用"创新(innovation)"能力的提升。

参考文献

[1]董亚芬,等.大学英语(听说):第三版第一册[M].上海:上海外语教育出版社,2006.

[2]戴炜栋.构建具有中国特点的英语教学"一条龙"体系[J].外语教学与研究,2001(5).

[3]张文霞,罗立胜.关于大学英语教学现状及其发展的几点思考[J].外语界,2008(6).

[4]杨忠,张邵杰,谢江巍.大学英语教师的科研现状与问题分析[J].外语教学,2001(6).

[5]王彪.大学英语教师角色变位初探[J].教书育人,2006(7).

[6]杨光.综合实训课程开发与教学改革探索[J].职业教育研究,2010(1).

[7]林婧.情景教学法在高职英语教学实践中的运用[J].企业家天地(下半月刊),2014(4).

第五节 高职公共英语教学模式改革"协同"构建

现行的高职公共英语教学存在许多弊端,改革高职公共英语教学是必须应对的挑战。在"协同论"指导下,就高职公共英语课程内容体系"协同"构建的总体思路、高职公共英语课堂教学体系的"协同"构建和高职公共英语课堂教学模式的"协同"构建进行论述,旨在提升高职公共英语教学的有效性。

一、高职公共英语课程内容体系"协同"构建的总体思路

在"协同论"指导下,改革公共英语教学的内容,灵活设计和组织教学活动,传授"协同"有效的学习策略、认知策略、信息加工策略等智慧策略知识,做到各个方面的"协同",使学生能够熟练掌握相关过程和方法策略及技能,并在学习中能够创造性地运用,该总体思路的构建是高职公共英语课堂教学体系"协同"构建和高职公共英语课堂教学模式"协同"构建的指导和方向。

（一）高职公共英语课程内容体系“协同”构建的总体思路

高职院校公共英语教学中“协同论”视域下英语教学理念的运用应该既重视知识技能的传授，又关注所学知识与各个方面的“协同”，揭示学生的个体潜能，并为这种潜能发挥作用。高职公共英语课程内容体系的“协同”构建，以“一条主线”“两个融会”“三个联结”“四个板块”“五个更新”“六个提升”为设计思想，构建“模块化、进阶式、组合型”课程内容体系来实现，全方位关注学生的发展。

（二）高职公共英语课程内容体系“协同”构建总体思路的作用

基础英语等课程的学习及语言深化训练，使学生全方位提升听、说、读、写等方面的能力；提升部分课程的学习，使学生掌握比较宽泛的语言知识。语言核心模块着重于培养学生的综合素质与岗位沟通技能，通过对语言课程的学习及综合实践训练，培养学生的英语综合应用能力，以满足将来职业岗位的要求。语言素能拓展板块课程主要包括职业岗位语言实践与职业考证培训等，学生根据自己的兴趣爱好选修有关课程，开辟专业素养，提升综合能力，加强学生未来职业的适应性。

二、高职公共英语课堂教学体系的“协同”构建

根据高职公共英语课程内容体系“协同”构建的总体目标，“协同”构建“三三式”课堂教学体系是当前高职公共英语教学改革的需要，是提升教师教学效果的需要，是提升学生学习英语的兴趣需要，是提升教师认知水平的需要。“协同”构建“三三式”课堂教学体系的主要内容包括以下几个方面。

（一）“协同”构建“三个结合”的课堂教学体系

构建“三个结合”课堂教学体系的内容包括英语教学和学生当下学习的专业知识教学相结合、与日常生活相结合、与未来职业方向相结合三个方面。这三个方面相辅相成。英语教学与专业知识教学相结合，有助于提升学生的职业核心能力，有助于对专业知识的进一步理解、消化和运用。英语教学与日常生活相结合，提升了语言学习的特点和功能，学生容易找到学习的时间和空间，有利于口语能力的提升，有利于听说能力的培养。英语教学与未来职业方向相结合，有助于提升学生的综合素养和职业竞争力，三个方面的结合内容具体如下。

1. 英语教学和学生当下学习的专业知识教学相结合

英语教学只有和学生所学的专业知识结合起来，才能真正调动学生学习英语的积极性、主动性和合作性。因为当今高职院校的英语教学内容大多停留在初高中的层面上，虽然高职学生的英语基础比较薄弱，但是他们觉得以前很多内容都学过了，所以眼高手低，不愿意继续学习这些内容，觉得乏味。其次，这些内容在毕业后，大多与高职生的职业没有什么关系，听、说、读、写和译五个方面只在大一阶段学习，每周只有 4 个学时，去掉 AB 级考试的复习内容，听、说、读、写和译五个方

面，哪个也没有学好。只有把高职公共英语教学的内容和学生所学的专业结合起来，才能对未来的职业有所帮助，才能为学生综合素养的培养打下坚实基础，学生才能够与国际接轨，才能了解国外专业发展的最新动态，才能掌握国外先进技术的最前沿发展，才能有能力与国外专家进行沟通和交流，才能使学生所学的英语知识有用武之地。

2.英语教学与日常生活相结合

英语教学与日常生活相结合，体现了英语教学的实用性和真实性。将英语学习放在有真实内容的背景中，学生更易于掌握所学的内容；为学生创设情境，更易于学生英语学习兴趣的提高。课堂教学活起来，有利于调动学生学习英语的积极性，发挥学生的主动性；学生学习信心活起来，有利于挖掘学生内在的潜能，增强学生学习英语的自信心；教师设计的教学内容和教学活动活起来，有利于英语教学的顺利进行，有利于实现教学的有效性。

3.与未来职业方向相结合

英语教学与未来职业方向相结合，有利于明确职业导向，满足不同行业和特定行业对于学生英语水平的不同需求和特殊需求，逐渐实现高职院校的人才培养目标，逐渐实现工学融合的人才培养模式，为学生未来职场上英语的运用奠定基础。教育部高教司在2001年发布的《高职高专教育英语课程改革要求(试行)》文件中提出：不仅要打好语言基础，更要注重培养实际使用语言的技能，特别是使用英语处理日常和涉外业务活动的能力。英语教学与未来职业方向相结合，有助于提升学生的职业核心能力和就业竞争力，对职业迁移能力的培养起了铺垫作用。

(二)"协同"构建三个层次的课堂教学体系

1.基础英语层次的课堂教学体系

该体系中的内容以英语基础知识为主，主要包括语音、语调和日常用语等内容，要求学生掌握发音原理，学会用简单的句子进行会话，为其他两个层次的英语学习奠定基础。

语音和语调是学好英语的基础，是语言大厦的三大基石之一。语音和语调是进行沟通交流的基础。正确的语音和语调有助于沟通交流的顺利进行。同时，语音和语调也是一个人口语能力的体现，与一个人听说能力的发展有着不可分割的关系。

日常用语的学习是日常交流所必备，也是沟通的媒介。日常用语能培养学生的表达能力，有助于提升学生英语学习的乐趣，并从中找出语言的资源，使学生处于一种积极探索使用语言的状态。

2.提升英语层次的课堂教学体系

该体系中的内容以听力、口语、写作、阅读和翻译教学为主。

听力是学习英语的根源，听不懂，就不能开口表达，就无法进行交流。

英语口语让我们在听清楚别人讲话内容的基础上与别人进行交流，是进行对外活动的重要技能要求，有利于增强竞争力。

英语写作是综合知识运用的体现，尤其是语法知识和词汇的使用。在写作中，除了要用正确的语法，正确的词汇外，还要有较好的逻辑思维能力、语言组织能力。写作能力的高低是衡量一个人英语综合知识运用能力强弱的重要指标，也是一个人能否获得成功的重要条件。

英语阅读可以使学生获得语感，同时扩大词汇量，潜移默化地吸收语言，使语言得以不断地输入，为写作打下坚实基础，还有助于提升学生的知识素养，扩大知识面，提高文化素养。英语阅读可以使学生在获取信息后，学会处理信息，并发现问题、分析问题、解决问题。总之，英语阅读有助于提升学生的英语综合能力，是学好英语的重要途径和有效手段。

英语翻译是与世界各个国家进行交流合作的重要手段和渠道，是合作的需要，是我们向其他国家学习先进技术经验的通道和需要，因为英语是世界上的通用语言之一，全世界大多数国家都在使用英语。

概言之，该阶段的英语就是要培养学生用英语思考的能力，培养学生语言的应用能力和综合素养提升能力。

3. 专业英语层次的课堂教学体系

该体系中的内容以专业和英语相结合为主，主要学习用英语表达专业上的术语等内容，并能用专业语言与外国人进行简单的会话，在会话中能够掌握要点，并能用英语表达出来，能进行商务谈判等活动。

专业英语课程的开设，有利于学生了解专业，并能和相关的国外专家进行交流，有利于查找与专业相关的外文资料，专业英语是公共英语的延伸和发展。

专业英语阶段的学习是在以上两个阶段基础上进行的，因此，培养学生借助工具书从外文资料中查找所需要的相关专业信息的能力是必要的。同时这也是学生毕业后找一份好工作的资本，并能以此来适应现今社会激烈的竞争。

（三）"协同"构建三个阶段培养的课堂教学体系

1. 基础阶段培养的课堂教学体系

该阶段主要培养学生的理论学习，掌握基本知识和基本技能。英语教学离不开理论的学习，理论学习能给英语教学输入新鲜的血液，能给学生搭建有利于能力和素质提升的平台和空间，教学中的哲学、心理学、社会学的理论是英语教学的根基。理论学习是基本知识和基本技能掌握的前提和基础。基本知识和基本技能是理论学习在英语教学中的具体体现。"综合语言运用能力的形成是建立在语言技能、语言知识、情感态度、学习策略和文化意识等方面整体发展的基础之上的。"（教育部,2012)只有遵循理论学习,掌握基本知识和基本技能阶段的英语学习,才能做到遵循英语教学的基本规律,科学施教,实现英语教学的有效性,使英语教学对促进学生的发展起到应有的作用。

2.校内实训基地与课堂内外相结合培养的课堂教学体系

本阶段注重理论联系实际,除了课堂的常规教学外,在课堂外搞一些有利于提升学生职业能力的各种实践活动,按照学生毕业后的岗位要求,在校内进行准工作环境的培养,利用情境教学法,根据建构主义学习理论设置情境,以便学生毕业走向工作岗位后能尽快适应工作环境,为今后走向工作岗位打下坚实基础。

3.校外实训基地与生产经营实践结合培养的课堂教学体系

本阶段主要和企业进行联合,做到学校与企业的"协同"。让学生在校外实训中,完全按照工作岗位上的要求,进行实战练习,使英语教育与岗位群融合,它更注重语言交流能力和运用能力,更强调一个人在现代工作环境中的综合语言能力,这有利于构建符合岗位需求的高职英语课程体系,还对学生的自身完善和提高起到重要的引导作用。校外实训基地与生产经营实践结合培养的课堂教学体系的职业导向使该课程更具实用性,更早让学生接触了解其行业发展方向,更加紧密地与其专业课程联系在一起,从而更能为后续的专业英语学习奠定坚实的基础,也对学生的职业规划起着重要的辅助作用,突出语言教学的实用性和学习者未来职业发展的相关性,真正体现语言教学的意义和作用。

三、高职公共英语课堂教学模式的"协同"构建

根据高职公共英语课程内容体系"协同"构建的总体目标,具体构建"四环合一"的课堂教学模式,是今后公共英语教学改革的必然发展趋势,也是"协同论"在高职公共英语教学改革中的具体应用的体现。"四环合一"课堂教学模式的"协同"构建,为教师创新高职公共英语教育教学理论与实践的研究与发展提供了内在的保障和物质基础。

1."协同"构建创新教育环节

该环节主要结合地方的经济发展,培养学生的创新意识。创新是一个民族发展的永不衰竭的动力源泉。只有培养学生的创新意识,才能挖掘学生的潜能,才能与时俱进。在英语教学中,教师的理念要跟上时代的发展、社会的进步。英语教学也要根据当今社会经济的发展状况来设计教学内容、教学目标,积极改进古老而又传统的教学方法,培养学生的国际化意识,努力与国际接轨。这是英语教学改革的大势所趋,是英语教学创新教育的必然。

2."协同"构建实践教育环节

该环节的内容主要包括课赛融合和课证融合,培养学生理论联系实际的能力,

并构建职业道德修养纲要。在教学中，注重实践教学的成果，培养那些高素质、高能力、有思想的学生，让他们积极参与各种英语大赛，培养锻炼他们的能力，并鼓励他们积极考取各种有利于就业的资格证书。在课堂教学中，结合大赛的内容开展教学，结合各种与英语相关的职业资格证书进行教学，有利于发挥学生的主观能动性和积极性。

3.“协同”构建研究教育环节

该环节主要培养研究学生的职业核心能力、就业竞争力和职业迁移能力。研究教育是教师提升教学质量的根本保证，有利于学生综合素质和能力的提升。教育教学研究是发展教师智力，提升教师业务水平的重要途径，也是提高教师境界的重要手段，是教师对社会无私奉献的一种方式。研究英语教学在提升这三个方面的能力的作用，并在具体的教学实践中实施，使之成为今后英语教学的指导，促进教育教学与时俱进地发展，为提升学生在英语学习过程中的发展奠定基础。

4.“协同”构建课堂教育环节

该环节主要培养学生的基本知识、基本理论、基本方法和基本技能以及终身学习的能力。通过该环节中几个方面的相互作用、相互协商，建构学生多样化的主体活动，完成认知和发展的任务，从而促进学生主体性的充分发展。在英语教学中，具体落实这些方面的知识和能力，在教授学生基本知识、基本理论，传授基本方法和技能的同时，帮助学生树立终身学习的思想。

“协同论”指导下的高职公共英语教学模式的改革，是英语发展的必然趋势，是时代对英语教学进行改革的呼唤，是社会进步的体现，是时代发展的要求，是英语语言教学进行提升的必要物质基础，是英语课堂教学进行内化和吸收的根本保证，是语言自身功能的体现。因为只有英语教学和其他各个方面“协同”，才能发挥出英语教学的作用，才能体现出语言的功能、意义和价值，才能不断提升教师的业务能力和专业素养，才能真正实现高职学生的英语语言培养目标，才能为社会各个行业输送所需要的人才，才能使学生在未来的职业生涯中，在激烈的社会竞争中占有优势。

参考文献

[1]林跃武，曹朝文.协同教学在英语教学中的实施[J].教学与管理：理论版，2010(27).

[2]李奕华.基于协同理论的英语专业技能课程模式探索——以应用型高校为视角[J].湖北经济学院学报：人文社会科学版，2013(2).

第十章　高职学生英语学习情感阻碍机制的策略研究

第一节　关于情感问题

心理学(psychology)研究表明:英语学习是一个复杂的认知心理过程和知识技能的学习过程。它是建立在学生全部心理活动,亦即智力因素的基础上的。其中既有智力因素(intelligence factors)的参与,也有非智力因素(nonintellectual factors)的影响。非智力因素(nonintellectual factors)指一般智力因素(intelligence factors)之外影响个体活动效率的因素,包括动机、兴趣、情感(emotion)、意志、性格等。情感(emotion)是非智力因素(nonintellectual factors)中的一种基本心理因素(basic psychological factors)。

心理语言学理论告诉我们,人的认识活动和情感(emotion)是紧密相连的。任何认识活动都是在一定的情感(emotion)诱发下产生的,情感(emotion)又对人的认知行为起着积极和消极的作用。认识理论认为,英语学习(English learning)的过程是新旧语言知识不断结合的过程,而这种结合和转化都必须通过学生的自身活动才能实现。而语言的交际性本质决定了语言习得过程中实践性很强,它既要求教师向学生传授语言知识(language knowledge),又要求教师引导和鼓励学生参与语言实践(language practice),通过大量的实践巩固自己学到的语言知识。因此教师在组织教学中要渗透情感(emotion)。

一、对"情感"的理解

(一)对"情感"的理解

情感(emotion)是感情动物具有的心理属性,易于感觉而难下定义。Arnold 和 Brown 认为:广义的情感(emotion)包括制约行为的感情、感觉、心情和态度等方面。情感(emotion)是态度这一整体中的一部分,它与态度中的内向感受、意向具有协调一致性,是态度在生理上一种较复杂而又稳定的生理评价和体验。

情感(emotion)包括道德感和价值感两个方面,具体表现为爱情、幸福、仇恨、厌恶、美感等等。《心理学大辞典》认为:"情感(emotion)是人对客观事物是否满足自己的需要而产生的态度体验。”同时一般的普通心理学课程中还认为:“情绪和情感(emotion)都是人对客观事物所持的态度体验,只是情绪更倾向于个体基本需求欲望上的态度体验,而情感(emotion)则更倾向于社会需求欲望上的态度体验。”

(二)情感的几个品质

1. 情感(emotion)的倾向性:指一个人的感情经常地指向什么和是由什么引起的,它是人的思想观点和个性倾向的问题。这种品质在学习中有着十分重要的意义,它可以驱使一个人为自己的理想而奋斗终生。

2. 情感(emotion)的深刻性:指人对事物的态度体验的程度,它与人的认识水平高低有密切关系。认识深刻情感(emotion)才有深刻性,情感(emotion)的深刻性能够帮助学习者形成顽强的毅力,为追求真理而不懈奋斗。

3. 情感(emotion)的稳定性:指情感(emotion)的稳固程度,它是由一个人的认识、水平、思想、观点、信仰、人生观和世界观的坚定程度决定的。

英语学习既是一个认知发展的过程,又是一个师生情感(emotion)交流的过程。它们相互联系、相互作用和相互制约,是一个和谐的统一体。在这个过程中,情感(emotion)因素举足轻重。在英语教学中,教师需要注重情感(emotion)教育,培养学生的积极情感(positive emotion),让师生达成和谐而又活跃的情感(emotion)交流,促进学生的英语学习。

二、情绪与情感

(一)联系与区别

1. 心理学定义:情绪和情感(emotion)是指人对于客观事物是否符合自己的需要而产生的态度体验。人的情绪情感(emotion)不是凭空产生的,而是由一定刺激情境引起的。在社会实践中人会接触到自然和社会环境中的各种事物,这些事物对人具有不同的意义,人对其抱有不同的态度,于是就会产生各种不同的体验。

2. 情绪情感(emotion)的产生以需要为中介。人对客观事物采取何种态度,取决于该事物是否能满足人的需要。如果事物符合人的需要,个体就会对它产生肯定的态度(attitude),从而引起爱、尊敬、满意、愉快、欢乐等内心体验;如果事物不符合人的需要,个体就会对它产生否定的态度(attitude),从而引起恨、不满意、不愉快、痛苦、忧愁、恐惧、羞耻、愤怒、悲哀等内心体验。这些内心体验并不反映事物本身的属性,而是反映客观事物与主体需要之间的关系。

3. 情绪带有极大的情境性、激动性和暂时性,常是由某一时刻、某些特定情境引起,时过境迁,就会意转情移,所以不稳定。情绪的表现形式具有明显的冲动性和外部表现。情感(emotion)则带有很大的稳定性、深刻性和持久性,不随情境的改变而转移,则比较内隐、含蓄,常以内心体验的形式存在,始终处于意识支配的范围内。

4. 情绪和情感(emotion)紧密地相联系。情感(emotion)作为比较稳定、深刻的态度体验,它从根本上影响着情绪的表现。一方面,一个人的情绪在各种情境中的不同变化,一般都受到其已经形成的情感(emotion)的制约。另一方面,人的情感(emotion)总是在各种不断变动着的情绪中得到表现。离开了具体的情绪,人的情感(emotion)则无从表现。

(二)主要作用

1. 动力作用

对人的行为活动具有增力或减力的效能。现代心理学(modern psychology)研究表明,情感(emotion)不只是人类实践活动中所产生的一种态度体验,而且对人类行为的动力施加直接的影响。

2. 调节作用

指对一个人认知操作活动具有组织或瓦解效能。

3. 信号作用

指一个人能通过表情外显而具有信息传递效能。一个人不仅能凭借表情传递情感(emotion)信息,而且也能凭借表情传递自己某种思想和愿望。

4. 感染作用

是指一个人的情绪情感(emotion)具有对他人情绪情感(emotion)施予影响的功能。当一个人产生某种情绪时,不仅他自身能感受到相应的主观体验,而且还能通过表情外显,为他人所觉察,并引起他人产生相应的情绪反应。

5. 迁移作用

是指一个人对他人的情绪情感(emotion)会迁移到与此人有关的对象上的效能。"爱屋及乌"即指这一独特的情感(emotion)现象。

三、语言习得的信息加工——"情感过滤"

美国心理语言学家 Stephen Krashen 对语言习得进行了研究,首先是从输入(过滤)到语言习得器,再得到习得的能力(学到的能力,监察和输出)。由此可见,人们习得语言首先要有可以理解的信息输入(information input),即听到的语言信息和读到的文字信息,将可以理解的信息输入大脑后,必须通过情感过滤器(affective filter),即人的情感因素(emotional factors),如人的心情、自信心,对语言学习的态度,对所学语言及其民族的态度等。其次,通过情感(emotion)过滤器(affective filter)的信息,还必须通过大脑里的语言习得器(organizer),学习者对信息进行整理,形成语言知识。习得的语言知识要用于交际,还要经过语言监察(monitor),即人们有意识地运用所学过的语言知识对所运用的语言进行检查、修改。最后，经过语言监察，语言知识便用于实践，即语言的输出（output）。

Krashen 的情感（emotion）过滤学说认为：有了大量适合的语言输入（language input）并不等于学生就可以学好目的语，第二语言习得的进程还受到情感（emotion）因素的影响。在语言输入到达大脑语言习得机制的进程中，情感（emotion）因素起着促进或阻碍的作用。积极的情感（positive emotion）对英语学习具有促进作用，研究表明，学生对所学内容喜爱、感兴趣、积极接受，则情感过滤（affective filter）就少，学习效果就高。消极的情感（negative emotion）则抑制智力活动，影响学生学习潜力的正常发挥，降低语言学习效果。所以，如果输入的信息被情感过滤器（affective filter）阻挡，后面的语言习得过程也就无法进行，"情感过滤（affective filter）"至关重要。

四、语言学习中的情感态度

情感（emotion）态度是指兴趣、动机、自信、意志和合作精神等影响学生学习过程和学习效果的相关因素。情感（emotion）态度是影响学生学习和发展的重要因素。学生只有对自己与他人、对英语及英语国家文化、对英语学习抱有积极的情感态度，才能保持英语学习的动力并不断取得进步。

与其他学科领域相比，语言与情感态度（emotional attitude）的关系更为密切，情感态度（emotional attitude）在很大程度上需要通过语言来表达和传递。解决情感问题（emotional questions）有助于提高语言学习效果。消极情感（negative emotion）影响学习潜力的正常发挥。如果学习者受消极情感（negative emotion）影响太大，再好的教师、教材、教法也无济于事。与此相反，积极情感（positive emotion）能创造有利于学习的心理状态。情感（emotion）因素在第二语言学习中具有决定性的作用，凡是不成功的英语学习者都可归咎于各种各样的情感障碍（emotional barrier）。

五、移情教学，潜移默化

所谓移情（empathy）就是指一个人的意识通过想象活动投射到另一个人身上。移情就是人类思想、情感（emotion）及观点的相互理解。在教学活动中，教师应通过自身的思想、情感和观点帮助学生获得移情体验，即通过自身的情感（emotion）改变学生的认识和情感（emotion），使学生产生新的认识和情感，从而达到教书育人的目的。在与学生的交往中，教师应具备熟悉感、和谐感、理解感、信任感和责任感。熟悉感就是教师了解学生的情感需求（emotional needs），熟悉学生的兴趣、爱好和个性等情感因素（emotional factors），以便因材施教；和谐感是指师生之间关系平等、融洽，教师有一定的亲和力，受到学生的爱戴和尊重；理解感就是教师设身处地理解、体察学生的情感体验(emotional experience)和内心感受,接纳与自己不同的行为表现、观点、意见和价值观,鼓励学生独立思考提出问题;信任感是指教师相信学生,期待学生能够积极进取、获得成功,能够看到学生的进步,使学生信赖教师的教学水平和能力,感到有教师支持和帮助,师生情感(emotion)产生互动;责任感就是教师领悟到自己的历史使命和价值,热爱本职工作,让学生体会到教师对工作的执着、尽心尽责。教师要用自己的榜样力量潜移默化地影响学生,激发学生对英语的学习情感。

综上所述,教师在提升学生情感态度(emotional attitude)方面起着决定性的作用。作为高职英语教师,在教学中要特别注重建立与学生的情感联系(emotional connection),积极开发学生的非智力因素,激发学生的学习情感(learning emotion),从而改进教学方法,提高教学质量,让学生学有所成、学有所用。

参考文献

[1]黄招琴.论英语教学中教师语言的移情策略[J].福建广播电视大学学报,2005(1).

[2]徐宇.对英语“移情”或教学的思考[J].教学与管理:小学版,2011(3).

第二节 关于策略

一、策略的含义

策略(strategy),基本释义为:计策;谋略。策略(strategy)一般是指:

1. 可以实现目标的方案集合;
2. 根据形势发展而制定的行动方针和斗争方法;
3. 有斗争艺术,能注意方式方法。

对“策略(strategy)”的定义之中,可以进行关键词抽取。

定义条目	抽取出的关键词
1.可以实现……	实现目标;方案;集合
2.根据形势……	根据;形式;发展;制定;行动方针;斗争方法
3.有斗争艺术……	斗争;艺术;注意;方式;方法

整合关键词形成新的定义,结合我们的理解,可以做如下思考和解释。

策略(strategy)是在一个大的“过程”中进行的一系列行动/思考/选择,而以上的3条解释，是在不同的侧重下，针对同一过程进行了不同的表述。根据我们日常对“策略(strategy)”的理解，以及抽取出的关键词，我们可以对“策略(strategy)”一词做出以下描述。

“策略(strategy)”就是为了实现某一个目标，首先预先根据可能出现的问题制定的若干对应的方案，并且，在实现目标的过程中，根据形势的发展和变化来制定新的方案，或者根据形势的发展和变化来选择相应的方案，最终实现目标。

策略(strategy)可以理解成运用方法对各种对象进行管理和配置，最终完成战略目标，策略(strategy)是手段。

二、学习策略

(一)认知策略

(1)复述策略(rehearsal strategy)是在工作记忆中为了保持信息，运用内部语言在大脑中重现学习材料或刺激，以便将注意力维持在学习材料之上的手段。①利用无意识记和有意识记识记(using the memory of unintentional memory and intentional memory)。②排除相互干扰，在安排复习时，要尽量考虑预防前摄抑制(proactive interference)、倒摄抑制(retroactive inhibition)的影响。另外，学习时还要考虑首位效应和近位效应(the first effect and the proximal effect)。③整体识记和分段识记。④多种感官参与。⑤复习形式多样化。⑥画线强调。

(2)精细加工策略(fine processing strategy)是一种深层加工策略，它是为了寻求字面意义背后的深层意义，将新学材料与头脑中已有知识联系起来，以增加新信息的意义。

(3)组织策略(organizational strategy)是整合所学新知识之间、新旧知识之间的内在联系，形成新的知识结构，常用的组织策略有：①列提纲。②利用图形。③利用表格。

(二)元认知策略大致可分为三种：计划策略、监视策略和调节策略

(1)计划策略

元认知计划策略(meta cognitive planning strategy)包括设置学习目标、浏览阅读材料、产生待回答的问题以及分析如何完成学习任务。

(2)监视策略

元认知监视策略(meta cognitive monitoring strategy)包括阅读时对注意加以跟踪、对材料进行自我提问、考试时监视自己的速度和时间。

(3)调节策略

元认知调节(meta cognitive adjustment)是根据对认知活动结果的检查，如发现问题，则采取相应的补救措施，根据对认知策略(cognitive strategy)的效果的检

查，及时修正、调整认知策略(cognitive strategy)。

(三)资源管理策略

(1)时间管理策略(time management strategy)

(2)学习环境的设置(setting of learning environment)

(3)努力资源的管理(management of efforts resources)

(4)学习工具的使用(the use of learning tools)

(5)人力资源的利用(utilization of human resources)

三、教学策略

教学策略(teaching strategy)是实施教学过程的教学思想、方法模式、技术手段三方面动因的简单集成，是教学思维对其三方面动因进行思维策略加工(thinking strategy processing)而形成的方法模式。教学策略(teaching strategy)是为实现某一教学目标而制定的、付诸教学过程的整体方案，它包括合理组织教学过程，选择具体的教学方法和材料，制定教师与学生所遵守的教学行为程序。

(一)对教学策略的基本理解

在《辞海》中，"策略(strategy)"一词指"计谋策略"，而在较为普遍的意义上，策略(strategy)指为达到某一目的而采用的手段和方法。国内外学者对教学策略(teaching strategy)有很多界定，这些界定既呈现出一些共性，又表现出一些明显的分歧，主要有如下三种观点。

"教学策略(teaching strategy)是指教师在课堂上为达到课程目标而采取的一套特定的方式或方法。教学策略(teaching strategy)要根据教学情境的要求和学生的需要随时发生变化。无论在国内还是在国外的教学理论与教学实践中，绝大多数教学策略(teaching strategy)都涉及如何提炼或转化课程内容的问题。"(施良方，1996)

"所谓教学策略(teaching strategy)，是在教学目标确定以后，根据已定的教学任务和学生的特征，有针对性地选择与组合相关的教学内容、教学组织形式、教学方法和技术，形成的具有效率意义的特定教学方案。教学策略(teaching strategy)具有综合性、可操作性和灵活性等基本特征。"(袁振国，1998)

"教学策略(teaching strategy)是为了达成教学目的，完成教学任务，而在对教学活动清晰认识的基础上对教学活动进行调节和控制的一系列执行过程。"

尽管对教学策略(teaching strategy)的内涵存在不同的认识，但在通常意义上，人们将教学策略(teaching strategy)理解为：教学策略(teaching strategy)是指在不同的教学条件下，为达到不同的教学结果所采用的手段和谋略，它具体体现在教与学的交互活动中。

笔者认为，教学策略(strategy)是指在不同的教学条件下，为达到不同的教学结果所采用的方式、方法、媒体的总和。

教学策略(teaching strategy)是指在教学过程(teaching process)中，为完成特定的目标，依据教学的主客观条件，特别是学生的实际，对所选用的教学顺序、教学活动程序、教学组织形式、教学方法(teaching method)和教学媒体等的总体考虑。也就是说教学策略(teaching strategy)是在教学的过程中，各个环节中使用的指导思想和方法。

(二) 教学策略的含义

关于教学策略(teaching strategy)的含义，各个研究者的阐述各不相同。邵瑞珍认为，教学策略(teaching strategy)是教师在教学过程中，为达到一定教学目标而采取的一系列相对系统的行为。这个观点把静态的和动态的角度综合起来考虑，但仍然偏重教学策略(teaching strategy)在教学过程中的实施。

(三) 教学策略的特点

1. 对教学行为的指向性

教学策略(teaching strategy)是为实际的教学服务的，是为了达到一定的教学目标和教学效果。目标是教学整个过程的出发点。教学策略(teaching strategy)的选择行为不是主观随意的，而是指向一定的目标的。业已做出的选择行为在具体的情景中会遇到预测不到的偶然事件，为了达到特定的目标，教师个体需要对选择行为进行反省，继而做出再选择，直到达到目标。

因此，任何教学策略(teaching strategy)都指向特定的问题情境、特定的教学内容、特定的教学目标，规定着师生的教学行为。放之四海而皆准的教学策略(teaching strategy)是不存在的。只有在具体的条件下，在特定的范畴中，教学策略(teaching strategy)才能发挥出它的价值。当完成了既定的任务，解决了想解决的问题，一个策略(strategy)就达到了应有的目的，与其相应的手段、技巧不再继续有效，而必须探索新策略(strategy)。

2.结构功能的整合性

教学过程(teaching process)是一个彼此之间相互联系、相互作用的整体，其中的任何一个子过程都会牵涉到其他过程。因此，在选择和制订教学策略(teaching strategy)时，必须统观教学的全过程，综合考虑其中的各要素。在此基础上对教学进程和师生相互作用方式做全面的安排，并能在实施过程中及时地反馈、调整。也就是说，教学策略(teaching strategy)不是某一单方面的教学谋划或措施，而是某一范畴内具体教学方式(teaching method)、措施等的优化组合、合理构建、和谐协同。

3.策略制订的可操作性

任何教学策略(teaching strategy)都是针对教学目标的每一具体要求而制订的,具有与之相对应的方法、技术和实施程序。若要转化为教师与学生的具体行动,就要求教学策略(teaching strategy)必须是可操作的。没有可操作性的教学策略(teaching strategy)是没有实际价值的。任何教学策略(teaching strategy)都应该是针对教学目标中的具体要求而形成的,具备相对应的方法技巧,从这个角度来说,教学策略(teaching strategy)就是达到教学目标的具体的实施计划或实施方案,并且可以转化为教师的外部动作,最终通过外部动作来达到教学目标。

4. 应用实施的灵活性

教学策略(teaching strategy)不是万能的,不存在一个能适应任何情况的教学策略(teaching strategy)。同时,教学策略(teaching strategy)与教学问题之间的关系也不是绝对的对应关系。同一策略可以解决不同的问题,对不同的学习群体也会产生不同的教学效果。

5. 教学策略的调控性

由于教学活动元认知过程的参与,教学策略(teaching strategy)具有调控的特性。元认知表现为主体能够根据活动的要求,选择适当的解决问题的方法,监控认知活动的进程,不断取得和分析反馈信息,及时调控自己的认知过程,维持和修正解决问题的方法和手段。教学活动(teaching activities)的元认知就是教师对自身的教学活动(teaching activities)的自觉意识和自觉调节,教师能够根据对教学的进程及其各种要素的认识反思,及时把握教学过程中的各种信息,及时反馈和调整教学的进程及师生相互作用的方式,推进教学的展开,向教学目标(teaching goal)迈进。

6. 策略制订的层次性

教学具有不同的层次,加涅把教学分为课程级、科目级、单元级和要案级四种水平。不同的教学层次有不同的达到教学目的的手段和方法,也就有不同的教学策略(teaching strategy)。另外,不同层次的教学策略(teaching strategy)之间尤其是相邻层次的教学策略(teaching strategy)之间是相互联系的,高一层次的策略(strategy)可分解为低一层次的教学策略(teaching strategy),指导和规范低一层次的教学策略(teaching strategy)。

(四)基本类型

1. 产生式教学策略

让学生自己产生教学目标(teaching goal),学生自己对教学内容进行组织,安排学习顺序等,鼓励学生自己从教学中建构具有个人特有风格的学习。也就是说,学生自己安排和控制学习活动,在学习过程中处于主动处理教学信息(teaching information)的地位。

优点：

(1)可以积极地把信息(information)与他们自己的认知结构联系起来，对信息的处理过程主动深入，因此学习效果较好；

(2)允许学生自主地设计、实践和改善他们的学习策略(learning strategy)，从而可以提高学生的学习能力；

(3)产生式教学策略(teaching strategy)主要出自学生自己，因此可以激发起学生对学习任务和学习过程、学习策略(learning strategy)的积极性，培养学习兴趣等。

不足：

(1)设计(design)不妥，可能导致认知超载或情绪低落，或是需要学生花费大量时间进行学习；

(2)学习的成功依赖于学生先前已具有的知识和学习策略(learning strategy)的广度。

2.替代式教学策略

这种教学策略(teaching strategy)在传统教学中比较常用。它更多地倾向于给学生提出教学目标，组织、提炼教学内容，安排教学顺序，指导学生学习。主要是替学生处理教学信息(teaching information)。

优点：

(1)比产生式教学策略(teaching strategy)效率高，它能使学生在短期内学习许多内容；

(2)知识储备有限和学习策略(learning strategy)不佳的学生可以获得成功的学习。

缺点：

(1)因为学生智力投入少，信息处理的深度不够，因此学习效果不如产生式策略(generative strategy)好；

(2)由于教学安排过于周密，学生在学习中被动学习多于主动学习，因而学生学习兴趣难以调动，制约了学生的学习能力(learning ability)。

3. 独立学习与小组学习策略

长久以来，传统教学(traditional teaching)不重视教学的社会性，教学中教师没有为每一个学生提供公平的实现合作交往需要的机会，没有将人际关系、合作与竞争作为推动学生学习、认知发展(cognitive development)的重要动力。

一般认为，学生之间的交往存在合作(cooperation)、竞争、个体三种形式。合作式(cooperative mode)，指两个或两个以上的人或群体，为达到共同目的，自觉地在行动上相互配合的一种交往方式。竞争式(competitive mode),指个体与个体、个体与群体、群体与群体对共同目标的争夺。个体式(individual mode),指个人能否达到目标与他人无关,关注自己学习的掌握,强调自我发展,不参与同伴之间的交往,游离于群体活动之外。

生生互动基本上是一种对称性交往。在一个学年段的学生,个体发展水平相近,是在一个对等基础上的交往,交往是平等互惠的。以合作形式(cooperative mode)进行的学习称为合作学习,以竞争形式(competitive mode)开展的学习称为竞争学习,以个体形式(individual mode)开展的学习称为个别学习。而小组学习则是合作学习中的一种基本形式。

研究表明小组学习有几方面的优越性(superiority):能激励学生发挥出自己的最高水平;能促进学生间在学习上互相帮助、共同提高;能增进同学间的情感沟通(emotional communication),改善人际关系。由于强调小组中的每个成员都积极地参与到学习活动(learning activities)中来,学习任务由大家共同分担,问题就变得比较容易解决。但是,各小组在学习过程中不可避免地会出现竞争(competition),这种竞争(competition)有时会产生较大的摩擦,也会直接影响各组的工作效率,甚至伤害成员相互间的感情。

要保证小组合作的有效性,应注意:小组合作学习的任务应有一定的难度,问题应有一定的挑战性(challenge),有利于激发学生主动性与小组学习活动的激情以及发挥学习共同体的创造性。处理好集体教学(collective teaching)、小组合作学习的时间分配。一般情况下,一节课中有一定难度任务的小组合作学习以3次为宜,做到开放空间与开放时间相辅相成。每小组研讨的民主性集中表现在充分尊重与众不同的思路和独到见解,吸纳与众不同的观点。小组研讨(group discussion)的超越性,则集中表现在作为学习的共同体展现出来的创造性。适时引进竞争机制及激励性评价,使小组间通过竞争(competition)共同得到提高的同时,个人及小组群体分享成功的快乐。培养个体交往意识及交往技能。个体差异(individual difference)的存在,不可能做到成员个体间的绝对均衡,因此要培养小组成员的个体交往意识及交往技能。

4. 竞争与合作学习策略

竞争与合作(competition and cooperation)是人际相互作用的两种主要表现形式。竞争与合作(competition and cooperation)的共同之处在于两者都是人际相互作用中个人实现目标的手段。在某一具体活动中,参加者选择哪一种手段依赖于环境和个人自身的不同因素(different factors)。一般认为,可能获得的利益是比较重要的因素。如果某种活动对参加者双方来说,一方获得的利益量是另一方的损失量,这种活动大多是竞争性的(competitive)。

(1)课堂中的竞争

课堂教学(classroom teaching)中的竞争行为,是指学生之间在课堂教学过程中为达到某种目的而展开的一种较量。从竞争主体的结构来看,课堂教学中的竞争可分为学生个体与学生个体之间的竞争(competition)、学生个体与学生群体之间的竞争、学生群体与学生群体之间的竞争(competition)。两个个体之间或两个群体之间产生竞争(competition)必须有三个条件:双方都想达到同一目标;一方达到目标,就会排斥另一方去达到;因为双方都知道其中的一方必被淘汰,所以双方都为达到目标而竭尽全力。因此,在竞争(competition)中,双方都会努力争取获得优势地位,即在针对目标方面获得比对方更优越的地位。

在课堂教学(classroom teaching)中,竞争(competition)既可能激起学生个人发愤努力,从而在学习上得到更大的收获,也可能由于这种收获仅限于受到奖励的学生,而挫伤大部分学生的学习积极性。教育(education)应是一种快乐的体验,因此,为了某些学生的利益而对其他学生进行公开侮辱是不道德的。只有那些相信自己有取胜机会的极少数学生才能受到竞争(competitive)的激发。竞争(competition)对大多数不能取胜的人来说,是造成不安全感、自我怀疑和个人不幸的源泉。总之,课堂中的竞争(competition)无对错之分,教师要根据教学情境来决定是否采用竞争策略,以取得良好的教学效果。

(2)课堂教学中的合作

课堂教学(classroom teaching)中的合作行为,是指学生之间为了达到某一共同目标而彼此配合、相互协助的一种联合行动。合作行为的产生,必须具有以下基础:

有一个共同的目标。一切合作(cooperation),都是两个以上的人,趋向于同一个目标或结果,有意无意表现出来的种种配合的行为方式。合作双方如果没有共同的目标,并且也无实现这一目标的要求和愿望,那么合作行为(cooperative behavior)将不可能产生。

有较接近的思想认识。要使合作行为(cooperative behavior)产生,并且能持续下去,合作(cooperation)双方还必须具有比较接近的思想认识,即使这种认识是暂时的。只有合作双方对共同目标的性质、意义有较一致的了解,互相信任,努力趋向共同目标,才有可能维持和发展合作的行为。

有一定的条件。合作行为(cooperative behavior)是在一定的条件基础上产生的,即使是最简单的合作,也必须具备基本的条件,有较好的配合行动。合作行为从根本上说就是人与人之间的行动上的配合。没有合作双方行动上的协调一致、相互配合,即使思想认识较接近,也难以产生现实的合作行为(cooperative behavior)。配合行动包括时间上的配合、地点上的配合和方向上的配合三个方面,尤其是方向上的配合最为重要，合作双方要始终朝着同一方向共同努力，否则合作行为(cooperative behavior)就难以产生。

无论是从理论上来说，还是从实践来看，课堂教学(classroom teaching)中学生之间的合作行为的产生都离不开教师所创造的各种条件。在引导与帮助学生进行合作(cooperation)方面，教师有必要特别注意以下几点：

(1) 激发学生的合作动机。教师在运用外部奖励手段时，可多考虑对集体成果好的评定与认可。

(2)指导学生学会合作技巧，养成社会交往的能力。在课堂教学(classroom teaching)中，教师仅仅鼓励学生彼此合作(cooperation)或安排一定的合作程序，并不能保证小组成员进行有效的合作。只有当学生具备了一定的合作技能时，才能顺利开展合作学习。

(3)保证小组每个成员都积极参与集体学习。良好的合作关系(cooperative relationship)是促进个体积极学习的保证。同学之间积极的相互依赖性意味着大家在彼此合作、相互启发中共同学习，而不是消极地依靠某个学生或某一部分学生解决全组的问题。

(五)相关关系

教学策略(teaching strategy)研究的一个重要目的就是提高教学效率，提高教学质量，实现教学的最优化。教学的最优化就是要求以最少的时间取得最佳的教学效果。所以，在教学中，制订或选择某种教学策略(teaching strategy)还应考虑教学过程的效率，做到省时高效。好的教学策略(teaching strategy)应是高效低耗，能在规定的时间内完成教学任务，较好地实现具体的教学目的，并能使教师教得轻松，学生学得愉快。

如何将教学策略(teaching strategy)运用于学科课堂的教学中，提高教学效果，这是教学策略(teaching strategy)研究中最为重要的课题。首先，要了解有效教学的理念。有效教学(effective teaching)指的是在教学活动中教师遵循一定的教育教学规律，采用各种方式和手段，以尽可能少的时间、精力、教学设施的投入，取得尽可能多的教学效果，实现特定的教学目标，满足社会和个人的教育价值需求而组织实施的活动。提高课堂教学效率(improve classroom teaching efficiency)是无数教育工作者的共同心愿和奋斗目标，时代要求我们构建一种新型的、高效率的课堂教学模式(classroom teaching model)。教学有没有效益，并不是指教师有没有教完内容或教得认真不认真，而是指学生有没有学到什么或学得好不好。

教师的教学能不能做到有效，这和教师采取的教学策略(teaching strategy)有直接的联系。对于这个方面，已经有很多研究者进行了研究。这些研究的特点是：既严格控制变量，又在自然教学情境(natural teaching situation)中进行；以具体学科教学为背景，以策略训练（strategy training）为手段，以提高学生学习能力为目标；科学性与应用性并重。（张大均，2003：13）该研究取得了一批成果，其中包括《文章结构分析训练对阅读理解水平影响的实验研究》（张大均、余林，1998）、《应用题结构分析训练对提高小学生解题能力的试验研究》（姚飞、张大均，1999）等。教学策略（teaching strategy）训练能显著提高教学效果和学生的学业能力。

参考文献

[1]乔志霞. 高中数学教学的三大策略[J]. 中华少年(研究青少年教育),2013(6).

[2]陈德军. 刍议培养学生物理自学能力的课堂教学策略[J]. 物理教学探讨：中学教学教研专辑，2013.

[3]蒋国用，张军朋. 基于概念转变的 PDEODE 策略在物理教学中的应用[J]. 物理教学探讨：中学教学教研专辑，2013.

[4]李晓文，王莹. 教学策略[M]. 北京：高等教育出版社，2000.

[5]梁惠燕. 策略本质教学新探[J]. 教育导刊，2004(1).

[6]张大均. 教与学的策略[M]. 北京：人民教育出版社，2003.

第三节　英语教学动态美的信息解读

英语教学存在着场依存与场独立（field dependence and field independence），互动过程中的信息不仅来自外部环境，而且来自身体内部。这信息就是英语教学动态美（dynamic beauty）中的信息。课堂的效果即教师内部信息的挥发，或者说是大于身体内部过程与外界信息输出间知觉过程的平衡（balance）、理性挥发原储存信息的浓度、信息输入的客体。

英语课堂（English classroom）是教师与学生具有以预测的方式交换各种互动可能性的场景，像西美尔（Simmel）说的“心的相互作用”。在两者之间进行往来时，产生“互动”，这种“互动”在行动者相互之间达到“自己的期望（expectation）与对方对这种期望（expectation）的反应两相一致”。即知识受者与授者之间存在着接受浓度挥发，此种挥发来自于英语课堂信息动态美（dynamic beauty）。

一、英语教学动态美的界定

要对英语教学动态美（dynamic beauty）进行研究，就不得不考察美的概念。西美尔（Georg Simmel）在论述货币哲学（Philosophie des Geldes）一书中用经济视角这样描述美：“倘若任何一个客体给了我们极大的欣悦或者益处，我们以后每次看到这一客体时就会经历一种喜悦的感情，即使现在什么用处或者愉悦都没有了。这个类似于回声的喜悦有一个独有的心理特征(psychological characteristics)，这一特征决定于我们不再从这一客体中要求任何东西这一事实。"从现象学角度分析(analysis from the perspective of phenomenology)，美感存在的一般前提条件，是让那事物呈现出来，成为我们所感知、回忆、高兴、忧伤……的内容，这时才有美感体验(aesthetic experience)。"美(beauty)"总是人的"美感经验(aesthetic experience)"感受到的，也就是在人的感知中当场投入活生生的体验，没有纯概念式美感体验(aesthetic experience)可以解释成为"不借任何可感事物的帮助，通过系列步骤，从理念(concept)开始，再从理念(concept)到理念(concept)，最后下降到理念而终止"。朱光潜先生20世纪30年代写成的《文艺心理学》一书指出美感的问题，他在分析美感经验(aesthetic experience)时说，美感是形象的直觉。他在其中主张"意象的孤立绝缘是美感经验的特征"，强调了美感经验(aesthetic experience)的直觉特点。他又指出美感经验(aesthetic experience)的"心理的距离"，即"把世界摆在一种距离"以外去看，使直观得到一个自由浮动的视域，"超脱目前实用"。艺术家(artists)一方面要超脱，一方面和事物仍有"切身"的关系。朱先生说的"距离(distance)"的原本意义既不是"远"，也不只是"近"，而是"不即不离"，可见对于"美(beauty)"的探讨说得恰到好处。任何具有审美价值的东西都是内容和形式的统一，教学艺术(teaching art)也是二者的有机统一。一堂成功的英语课，应该富于动感，充满活动和趣味，讲究教学节奏(teaching rhythm)变化。充满了动态美(dynamic beauty)的英语课，不但能激发学生学习英语的兴趣，而且对创设和谐的课堂氛围(classroom atmosphere)，提高课堂质量将会起到事半功倍的效果。

依据上述分析，笔者对英语教学的动态美(dynamic beauty)是这样认为的：英语教学的动态美(dynamic beauty)是人类民族间一切活动中交流思想、认识、情感(emotion)、意志，保存和传播科学知识运演符号的技能。英语课堂(English classroom)的运演技能源自教师信息的内存。

二、英语教学动态美信息内存加工

教师自身内存不同学科、不同领域的知识信息(knowledge information)，这已成为不成定理的定理。把内部内存符号转化成外部符号，教师成为符号运演技能"中介"，即需要加工。具体加工方式如下。

(一)发现例证(finding examples)

布鲁纳(Bruner)指出："任何学科都可以用理智上忠实的形式教给任何年龄阶段的任何儿童，搭积木的方式表示。"教师采用实物、图片、录音机、电视、电脑等多媒体手段不断创设新的语言情境(language situation)，多渠道地给学生提供英语消息源(English information source)和大量的信息,拓宽视野,从而激发学生学习英语的强烈兴趣,积极主动地参与各项学习活动。要避免英语教学(English teaching)一味围绕课本转和机械操练、重复老内容、缺乏新信息的现象发生。课堂教学要坚持输入量(input quantity)大于输出量(output quantity)的原则。录音机、幻灯机、投影机都是提高学生口语、听力能力的现代化设备,能有效地激发学生学习英语的兴趣,给课堂教学带来无限生机与活力。使用录音机是提高学生听力能力的最重要方式,课堂(classroom)给学生放录音,并且针对所听的内容进行口语练习,这不但提高了学生应用语言的能力,而且使整个课堂活动起来了;利用投影机把教学内容(teaching contents)的图片投射到屏幕上,首先让学生根据画面讨论,然后做片段总结发言,可以培养“带头羊”,以点带面,让每一个学生在自己原有的基础上都得到最大的发展。同时充分利用电教媒体(electronic medium)“形、声、色、视、动”的优势,确立学生在课堂教学(classroom teaching)中的主体地位,发挥学生的主体作用,加强基础,发展智能。电教媒体能把抽象的英语语言文字通过声、色、形等动态转化成具体事物,使其形象化,以便突破(break through)教学难点,保持学生的学习热情。在教学中,利用投影、幻灯、录像片等多媒体电教手段,指导学生从不同角度、层次、画面来表达较为复杂的内容,让高涨的学习热情洋溢在课堂中。

(二)视觉映像(visual reflection)

纽厄尔与西蒙在1972年设计了被称为“一般问题解决者(General Problem Solver)”的信息加工系统(IPS)。如下:

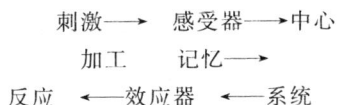

刺激⟶　感受器⟶中心

加工　记忆⟶

反应　⟵效应器　⟵系统

在教学过程中,教师应根据教学内容(teaching contents),给学生创设一定的教学情境(teaching situation),这样既可以使学生感到兴趣盎然,又可以使教学内容简单化、直观化,达到事半功倍的效果。学生所学的内容贴近我们的生活,让学生积极参与到课堂教学(classroom teaching)中来,成为真正的“演员”,而教师只起“导演”作用。用表演去体现情境,创设语境(language environment)。情境教学中的表演(performance)有两种:一是进入角色(role),二是扮演角色。“进入角色”即假如是课文中的某某;而“扮演角色(role playing)”则是担当课文中的某一角色(role)进行表演,由于学生自己进入角色(role)、表演角色、扮演角色,课文中的角色(role)不再是书本上的,就是自己的同学,学生对课文中的角色(role)产生好感,自然地加深了对课文的理解,也加深了自己内心的体验,从而收到了良好的教学效果。用哑剧、小品展现课文内容。经过几次的教改,现今的公共英语教材《大学英语》中的内容故事性很强，我们可以把部分内容改写成交际性的内容，变成口语表达式的、具有表演可能的，使其戏剧化，并且尽可能使改写后的内容和以前的旧知识相联系。职业技术学院(vocational and technical colleges)的学生底子薄、基础差，其中一部分学生的英语水平还在初中程度，但他们对表演很感兴趣，在英语教学(English teaching)中，教师用简单的哑剧或小品来展现课文内容，这不但降低了课文的难度，而且会使学生产生好奇心理，提高他们学习英语的兴趣(interest)，使他们在欣喜中产生学习的欲望，从而弥补了以前的知识，还增长了新知识，收到了良好的教学效果。

(三)信息映像 (information reflection)

教学信息应该疏密相间并反映时代。心理学的(psychological)实验研究表明，课堂教学信息的疏密，会影响学生心理感受的变化。疏，给人以徐缓、轻松的感觉；密，给人以急促、紧张的感觉。疏而不密，学生情绪(emotion)会过于松弛，注意力就难以集中；只有疏密相间，才能给学生带来有张有弛的心理节律(psychological rhythm)，使学生保持旺盛的精力，以适应学生的认知规律(cognitive laws)，更好地接受教学信息(teaching information)。此外，教学信息(teaching information)要反映时代。阿特金森(Atkinson)发现，学生自己形成心理映像(psychological reflection)时，效果最好。限定词见表10-1。

表 10-1　限定词

One is a bun	Six is a stick
Two is a shoe	Seven is heaven
Three is a tree	Eight is a gate
Four is a door	Nine is a line
Five is a hive	Ten is a hen

学习新单词表时，前四个限定词的形象及其运用，见表10-2。

表 10-2　前四个限定词的形象及其运用

限定词	新单词表上的词	心理映像
One-bun	cigar	bun smoking a cigar
Two-shoe	butter	spreading butter on shoe sole
Three-tree	chicken	chicken sitting up in a tree
Tour-door	nails	hammering nails into front door

(四)动静相生

在课堂教学活动中,要讲究动、静的合理搭配与巧妙转换,来调节学生的大脑,就像一个高明的导演在闹场后总是要安排一个静场以调节和平衡观众的情绪一样,教师巧妙安排教学方式(teaching method),使教学活动(teaching activities)有动有静,在动静交替中进行。用音乐渲染(play up)环境,给人以丰富的美感(beautiful feeling),往往使人心驰神往。除了播放现成的乐音、歌曲外,教师自己的弹奏、清唱以及学生表演唱、哼唱都是行之有效的办法。选取的乐曲与教材在基调上、意境上以及情境的发展上要对应、协调,因而形成动态美(dynamic beauty)的功效。

利用上述主要方法及其英语中信息传递的美,便可发挥特殊的功效。

三、英语动态美的功效

一堂英语课要想引人入胜,教学过程的安排就应该讲究曲折起伏,跌宕有致,富于变化。因此,教师要精心设计一节课的开始、发展、高潮和结局(beginning, development, climax and denouement),使教学过程有起有伏,形成节奏。精心设计每一堂课的开头,紧扣学生心弦。一堂课,一个环节开始得好,把学生吸引住,激发学生的兴趣,继续下去才会顺利。正如好的影片,刚开始往往亮出最精彩的镜头吸引观众的注意力,引起悬念(suspense),使观众不得不去探求(hunting)事情的始末。

(一)中介变量(medium variable)

中介效应在许多场合都起到了一个中介变量的作用。内存的变量即成为因变量。用托尔曼(Tallman)的“要求”可做出客观测量,见表 10-3。

表 10-3　托尔曼的客观测量

环境变量(自变量)	中介变量	反应(因变量)
M——供给的时间安排	要求	各种
G——目标物体的适宜度	欲望	
S——所提供刺激类型和方式	辨别	反映
R——所要求动作反应类型	动作技能	速度
E——尝试累积性质和次数	假设	
P——先行的后继迷津单元模式		偏向方式

学生在学习能力(learning ability)、知识基础(knowledge basis)和智力因素等方面存在差异,接受教学信息(teaching information)和课堂知识的敏锐程度有所

不同。在教学中根据学生的差异(difference)将学生分为若干层,并结合教材和学生实际情况对不同层次的学生采用不同的教学方法(teaching method)、指导方法和教学手段,设计不同的教学目标和梯度。采用分层教学(the use of different levels of teaching),力争使优等生进一步提高,中等生得到发展,后进生得到补救。

(二)链锁反应(chain responses)

语言符号在授受信息链条上刺激(stimulate)与反应(response)联结。从动力学的角度分析这样的链锁反应(chain responses)。语言符号信息链一经引发总要产生游离原子或游离基。依靠游离原子或游离基的传递,使链反应(chain responses)像链条中传递链节一样自发进行下去。假设,教师的信息内存为 Br_2,动态美为 H_2,这个链反应的机理和速度方程为 $H_2+Br_2=2HBr$,此方程为二级反应,因而通过直链的传递为:

$$Br+H_2 \xrightarrow{k_2} 2HBr$$

$$H_2+Br_2 \xrightarrow{k_3} HBr+Br$$

该式的动态美(dynamic beauty)传递,要求教师的语言要抑扬顿挫(cadence)。教师总用一种语调讲课,内容再好,学生也会厌倦,但教学语言也不能大起大落、过强过弱、过频过缓、怪声怪调。语言节奏要明快,做到流畅连贯,富于动感。教学语言(teaching language)要融入教师最真挚的感情,以情动人、以情悦人、以情悟人。艺术的教学语言(teaching language)是教师内心真情实感的自然流露,能大大感染教室里的每一位学生。要使语言(language)充满感情色彩,教师的内心联想要丰富,对教材的理解要深入,教学语言(teaching language)充满感情,达到以情动人、师生共鸣的最佳状态。抑扬顿挫的教学语言(teaching language)具有明显的表现力和感染力(appeal)。现代心理学(psychology)研究表明:人在一种单调的声音刺激下,大脑皮层会很快进入抑制状态。而抑扬顿挫,具有节奏感的教学语言(teaching language),则是打破单调刺激、提高教学效率的有效手段。同时,教学语言(teaching language)要风趣幽默,它是教师综合素质(synthetic quality)的反映,是一种对文化的高度把握,是对知识随心所欲的驾驭,是对教材的透彻认识,它充分体现了教师的高度智慧和极高的审美内涵。这种语言能活跃课堂气氛,调动学生的积极性,激励大脑皮层活动,深化记忆;它能提高批评效果,让违纪的学生心悦诚服;它有利于开发学生的智力,提高思维质量。

(三)互动效能(interactive efficacy)

动态美使课堂气氛和谐,异质活动之间的"分工关系(division of labor relations)"变为同质活动之间的"合力关系(resultant force)"。教学进度要快慢相宜。每一堂课的教学内容都有难易之分,重点与非重点之别。这要求教师在进行教学设计(teaching design)时,将内容安排得错落有致(well-proportioned),新课引入宜快,时间不要拖得太长;学生记笔记时,速度则应适当放慢;难点要分散,宜缓慢地讲;重点要突出,应反复强调。

综上所述,课堂学习是学生获取知识,培养能力的主要途径,也是学生学习的主要形式。因此,良好的课堂教学氛围(classroom teaching atmosphere)、良好的课堂教学动态,对提高学生的学习兴趣,开发智力,陶冶情操,优化教学效果,有着十分重要的意义。

参考文献

[1]西美尔.货币哲学[M].陈女译.北京:华夏出版社,1998.
[2]王文元.天命启示[M].北京:中国财政经济出版社,2002.

第四节　情感教学激发在英语教学中的运用

在英语教学中,情感(emotion)教学的应用能激发学生的学习兴趣(arouse studying interests of students),挖掘学生的内在潜力(dig internal potentiality of students),提升学生的学习动机(promote studying motivation of students),有利于教育教学质量的提高,起到事半功倍的作用(it is beneficial to improvement of education and teaching, it gets twice the result with half the effort)。

在英语教学(English language teaching)的具体实践中,应该考虑到交互(interactive)活动,里弗斯(Rivers)在提到英语教学(English language teaching)中的课程设计和课堂教学步骤(teaching steps)时,提出应当考虑学生的年龄(age)、学业基础(learning base)、学习习惯(learning habits)、学习目标(learning aims)等方面的差异,力求让学生在最愉快的心境下投入学习活动。克莱尔丁·克拉姆施在分析英语课堂的双重特征(double characteristics)与英语学习任务的两重性时,要求在学习语言形式(language formats)的同时,注意情感交流。在教学中要尽量满足学生认知需求(cognitive needs)和情感需求(emotional needs)的原则,在个案分析(case study)中培养学生的语言运用能力和解决实际(practical)问题的能力,创造宽松(loose)和谐(harmonious)的课堂气氛(atmosphere),使情感教学在英语教学实践中发挥作用。

一、互动教学中的情感激发

德国教育家第斯多惠(Diesterweg)说:"教育的艺术(atrs of education)不在于

传授本领,而在于激励、唤醒和鼓舞。"心理学(psychology)认为,情感(emotion)是对客观(objective)事物所持有的态度(attitude)和体验(experience)。一旦学生进入真实或模拟的情景中,就会产生情感(emotion),而这种情感(emotion)可反过来激发学生的学习兴趣和积极性。苏霍姆林斯基(B. A. Cyxomjnhcknn)指出:"如果教师不想方设法使学生产生情绪高昂和智力振奋的内心状态,就急于传授知识,不动情感(emotion)的脑力劳动(mental labor)就会带来疲倦。没有欢欣鼓舞的心情,没有学习兴趣,学习就会成为学生的负担(burden)。"要激发学生的情绪区,就要多方位多角度地创设情境,诱发学生的情感,使学生乐于学习,在教学过程中,教师要善于创设语言知识的情境,激发情感(emotion),培养学生的创新能力。同时,苏霍姆林斯基(B. A. Cyxomjnhcknn)还认为:在人的心灵深处,都有一种根深蒂固的需要,就是希望感到自己是一个发现者、研究者、探索者、成功者。心理学(psychology)研究表明,一旦你曾体会过胜利的喜悦,便会激起追求无休止成功的意志和力量。在英语教学中,根据互动教学的原理,在对英语教学(English language teaching)实践的理论思考中发现并认识其本质特征和规律,正如里弗斯(Rivers)所说:综观现代英语教学(English language teaching)的发展历史,听说法(The Audio-lingual Method)、认知法、交互法、沉默法(The Silent Way)、全身反应法(Total Physical Response)、咨询学习法或社团学习法、暗示法(Suggestopedia)、自然法等尽管思路不同,做法各异,但培养交互能力始终是语言教学的首要目标,交互主要体现在双向交流(communication)上。也就是说,一个人有话想跟对方说,而对方则在产生兴趣且注意倾听的基础上给以相应的信息反馈(information feedback)。显然,这种双向交流是以兴趣(interests)为基础的。如果不存在兴趣,也许会有表面形式的对话,但不可能会有个人信息的交流。由此可见,在英语教学(English language teaching)中,想要促进双向交流,就应激发与保持学生积极参与交互活动的兴趣。而兴趣则是跟各种情感(emotion)因素密切相关的,如保护自己免遭刺激的思想,对同伴或权威人物的畏惧心理,希望超越别人,获得愉悦或成功的愿望(expectation),教师注意不到的种种因素引起的焦虑(anxiety)、情绪等情感因素都会激发或抑制学生参与交互活动的兴趣,这一观点透过言语交互的表面形式,揭示了它的本质特征:交互活动中有一个认知活动和情感(emotion)因素相互作用下不断变化的心理过程。交互式语言教学是既顾语言、又顾人的教学,是一种把学生的实际需要(practical needs)放在第一位的教学。将语言学习建立在师生的信息交流需求和情感(emotion)需求的基础上。

二、方法教学中的情感激发

达尔文说:"关于方法的知识(knowledge)是最有用的知识。"它是人类生活经验的总结，不仅适用于科学研究领域，也适用于一切人类活动领域。军事家把兵法当作生命，教师也应该把教学法(teaching method)当作生命。战争失败，会使大量的人丧失生命，这是显而易见的。而教学失败，则使许多人浪费其青少年时光，甚至一生活得无意义(meaningless)，丧失社会生命。从广义(board sense)上来说，方法之学的功用类似于医学。医学使人健康，方法之学使人聪明。科学的英语教学法使教师聪明，也使学生聪明。教和学得法，则事半功倍，不得法，则事倍功半。英语教学法的发展经历了语法翻译法(The Grammar—Translation Method)、直接法(The Direct Method)、听说法(The Audio-lingual Method)、交际法(The Communicative Approach)、自然途径(The Natural Approach)、沉默法(The Silent Way)、集体语言学习法(Community Language Learning)、全身反应法(Total Physical Response)和暗示法(Suggestopedia)、任务教学法(Task-Based Teaching)等。

英语教学不但要在教学法上下功夫，又要在情感(emotion)上做文章，改进教学，以教育情。在教学过程(teaching process)中，创设乐学情境，吸引学生的注意力，激发学生的学习兴趣，唤起情感(emotion)共鸣，给学生一种身临其境之感。例如：《礼物》一文，从内容的意义上来看，全文可划分为三大块。第一块是前7段，写老太太的境况；第二块是8到12自然段，写老太太对生日礼物的期盼；第三块是13自然段到结尾，写真相大白。教师可根据文学作品的五个组成部分——开端(beginning/introduction)、情节展开即发展(rising action)、高潮(climax)、落潮(falling action)和结局(ending/denouement)来进行分析，评述课文。人们常说血浓于水，可是老太太的生日，在几组对比中显然格外的冷清。一是老太太的期盼与失望的对比，二是对老太太和其他老人工作的态度对比(attitude contrast)，三是邻居对老太太的热心和女儿的冷漠的对比，四是希望与现实的对比，通过老太太的想、忆、感，采取抑、扬、抑的写作手法，揭露资本主义社会老人内心深处的孤独与寂寞(loneliness)。同时对文章中的心理描写进行分析，教育学生尊敬老人、关心老人。在教学过程(teaching process)中，达到了以教育情的目的，使学生树立认真对待老人的观念和思想。

作为人心理的重要组成部分，情感(emotion)总是在实践活动中产生和发展起来的，实践是情感(emotion)产生的基础和源泉，正像苏霍姆林斯基(B. A. Cyxomjnhcknn)所指出的那样："要从小引导学生接触实际，学会思考和发现问题；体验发现的快感，逐步培养他们强烈的求知欲。"在教学中，创设情境，让学生参与实践，人为优化环境，使美感与智慧和谐的环境氛围与学生的情感(emotion)心理发生共鸣，促使学生在现实环境与活动的相互作用的和谐统一中获得全面发展。如《礼物》一文中，先让学生了解课文，熟悉课文的内容，进行表演(perform)。让学生化妆，分别扮演(act as)老太太、老太太的两个女儿及邻居，从不同的角度把故事讲出来，即使学生的表演才能得到了发挥，又使学生的口语能力得到了锻炼和加强，使参与表演和未参与表演的同学，思维同步，趣味横生，各自进入角色，使教学形象化、具体化、趣味化、交际化，并从中使学生的情操得到了陶冶(influence)。

三、认知事物教学中的情感激发

普通心理学的研究告诉我们：情感(emotion)总是在认识的基础上产生和发展起来的，由于人们的观念不同，认识也不同，因而对同一事物持有的态度也不同，也就会产生不同的情感(emotion)。一般来说，正确的认知和新的观念会产生正确的态度和积极的情感(positive emotion)。为了培养学生的积极情感(positive emotion)，就必须让他们了解有关的知识，懂得有关的道理，知识越丰富观念就越新颖，道理就会越深刻。教师在传道、授业、解惑时，陶冶、激发、感染、引导学生，达到教书育人的目的。好的学生不是教师在课堂上教出来的，而是在课堂内外引导出来的，例如《做点白日梦》。在过去，白日梦(day dreaming)被视为浪费时间或者被看成是逃避现实生活及其责任的一种不健康的倾向，但现在有人对白日梦(day dreaming)持有一种新的见解。有些人认为白日梦(day dreaming)是一种有利于健康的事情。近来的科学研究揭示了白日梦(day dreaming)可以提高我们的精神健康水平和我们的创造力，可以帮助人们实现他们的梦想。这篇文章是一篇说明文，作者采用了 explanation, definition, examples, contrast 等说明方法，从另一个角度重新揭示了梦对人们生活的意义。根据心理学原理，人们知道，梦是一种创造想象，无论是白天做梦还是晚上做梦，都是对某种场景、人或事物的创造想象，尤其是白日梦(day dreaming)。喜欢做白日梦(day dreaming)的人都是对未来有一种美好向往憧憬的人，有了白日梦(day dreaming)，再加上你的努力，你就会美梦成真，把理想变成现实。在教授过程中，激发学生的学习动力，鼓励他们做白日梦(day dreaming)并付出努力，使他们对未来充满信心智慧和力量，使他们受到感染和启发，使学生对白日梦(day dreaming)树立一种全新的观念。文中有这样的话：Firstly, that day Areaming alone can not turn you into your heart's desire. But in combination with the mere usual methods of self-development, it might make a critical difference. That is to say by day dreaming only without working hard, you can not become what you want to be, but if you connect your practice and your attempt, and develop yourself, at last, you can be successful. Hard working might make a critical effect. Secondly, it could be the difference between becoming merely good at something and becoming a champion. That is to say, without day dreaming, you can only become good at something and no more than that, but with day dreaming, you may become the best. 文章列举了三个伟人: Henry J Kaiser-American industrialist . Florence Nightingale—English nurse, the founder of modern nursing 和 Thomas Edison—American Edison, best known for the invention of the phonograph or the record player(1877) and the doctrine light bulb(1879)。这些说明一个人在成功之前,白日梦(day dreaming)具有重要意义,以及对今后生活的影响。通过这篇课文的学习,使他们感受到:白日梦(day dreaming)+努力工作(hard working)=成功(success)。使学生受到了极大的感染,在对白日梦认识的基础上产生了情感(emotion),使学生树立了远大的理想和目标,加上刻苦努力工作和学习,最后便能实现自己的梦想。

积极的情感(emotion)对人的认识活动具有推动的功能。皮格马利翁效应(Pygmalion Effect)就能充分说明这一点。融洽的师生关系会使教学充满真情实感,会使教学像强力黏合剂,能把教师、学生和教学内容紧紧地连接在一起,教师要不断加强师德修养,学生也要正确控制自己的情感(emotion)。教师要有捧着一颗心来,不带半棵草走的"衣带渐宽终不悔,为伊消得人憔悴(I'm losing weight because of you, I feel weaker day after day.)"的献身精神,强烈的责任感以及"众里寻它千百度,蓦然回首,那人却在灯火阑珊处"的锲而不舍,金石可镂的治学风格,作学生的楷模,带动影响和感染学生;同时热爱自己的职业,热爱自己的学生。爱是启发学生心灵的钥匙,生活上关心体贴学生,让学生觉得教师就像自己的亲人一样和蔼可亲,创造一种亲和力(create an affinity),使学生由亲其师到信其道、乐其道,知之者不如好之者,好之者不如乐之者。这是情感(emotion)上的飞跃,正如苏霍姆林斯基(B. A. Cyxomjnhcknn)所说:"教育技巧的全部奥秘,也就在于如何爱护学生。"

无论是在学习上,还是在思想上都要对学生给予关心和爱护,对学生的进步,都要恰如其分地进行鼓励。当他们遇到困难时,要想学生所想,给学生所需,或者把方法传授给学生,使学生茅塞顿开(become enlightened at once),或者给学生恰当的点化,使学生豁然开朗。当学生犯错误时,要对症下药。具体问题具体分析,并将爱的暖流注入到学生的心田,沟通爱的双向交流,使情感(emotion)因素在教学中得到充分的发挥,促进教学的提高和发展。

参考文献

[1]胡春洞. 英语教学法[M]. 北京:高等教育出版社,1997.

第五节 "皮格马利翁效应"的理性分析

"皮格马利翁效应(Pygmalion Effect)"的应用,向中国传统的填鸭式教学提出了挑战(challenge)。中国人学英语本身就缺少语言环境(language environment),缺少习得实践的机会(practical opportunity),如果教师再用师道尊严的思想统治课堂,学生就不敢开口讲英语(speak English),就不能达到学以致用这一最根本的学英语目的,英语的语言功能(language functions)就不能凸显出来,教师一言堂不能调动学生的积极性(activity),不能集思广益(brainstorming),不能发挥语言本身具有的任意性(arbitrariness)、灵活性(flexibility)和多产性(productivity)的特点,严重阻碍了英语教学的发展。而"皮格马利翁效应(Pygmalion Effect)"的应用,恰恰避免了上述的弊端。

一、"皮格马利翁效应"是双向信息流动的基础

在中国几千年的历史发展中,"一日为师,终身为父",师尊徒卑的师道尊严思想一直在人们的思想中占统治地位,师生之间缺少良好的互动关系(interactive relationship)。"皮格马利翁效应(Pygmalion Effect)"的应用,通过言辞交际和非言辞交际传达给这些学生,使这些学生的主体意识得到增强,学习的潜力得到发挥。这有利于建立良好的师生关系(relationship),是双向信息流动的基础。良好的师生关系(relationship)就是尊师爱生、民主、平等、合作,在这种师生关系(relationship)中,学生既可以作为人,又可以作为学习者积极地参与教育活动,也能在教师与学生的相互尊重、合作、信任中全面发展自己,获得成就与价值体验,从而表现出自身的主体行为特征。目前,我国师生之间的关系是复杂多样的,主要可归纳出对立型、依赖型、自由放任型和民主型四种类型的师生关系(relationship),见表10-4。

表 10-4 我国目前各级学生存在的师生关系类型

	师生相互态度	师生感情关系	师生课堂合作态度	效果
对立型	教师简单、粗暴,学生畏服	学生情绪不愉快,师生关系疏远、紧张、对立	教师不允许学生有不同意见,往往以教师的主张、决定为准;学生主动性、积极性受到压抑,独立思维受阻	师生交往呈明显单向型,易发生冲突,教学效果极差

续表

	师生相互态度	师生感情关系	师生课堂合作态度	效果
依赖型	教师以领导者自居，学生采取服从态度	师生之间感情平衡，无冲突	教师包揽一切活动，学生跟着教师设计的路子走，明显缺乏学习的主动性、创造性	从知识的掌握看，有一定的教学效果，但学生独立思考、独立解决问题的能力差
自由放任型	教师对学生没有严格要求，放松指导责任；学生对学习采取自由态度	课堂气氛淡漠	教师让学生自主学习，学生各行其是；教师能够解答学生的问题，但不能给予及时的正确指导，不认真检查学习结果	教学效果明显下降
民主型	教师对学生严格要求，热情、和蔼、公正，尊重学生，发扬教学民主；学生尊敬教师，接受指导，主动自觉进行学习	情绪热烈、和谐，课堂气氛活跃	师生之间呈现积极的双向交流，学生积极思考、提出问题、各抒己见，教师认真指导	教学效果良好

从该表中，我们可以看出不同类型的师生关系(relationship)，在教学中所取得的效果也完全不同。良好师生关系的建立主要取决于教师，因为教师是教学过程的组织者，在全部教学活动中起主导作用，是师生关系(relationship)主要矛盾的主要方面。

“皮格马利翁效应(Pygmalion Effect)”的应用，能帮助教师树立正确的学生观，能够使教师理解和认识学生独立观察、认识社会和人生的观点及能力，能帮助学生树立起学好英语的信心。

“皮格马利翁效应(Pygmalion Effect)”的应用，使教师能经常深入学生中间，使教师与学生之间产生亲密的情感(emotion)，使英语课堂教学更加民主化，使教师更善于理解学生，而学生会感到教师对他们的支持和认可，更加尊重教师，教师更易于创设情境，创设学英语的环境，达到了双向交流的目的。情感(emotion)丰富的课堂，让学生愿意学。

应用“皮格马利翁效应(Pygmalion Effect)”，教师不会板着面孔进课堂。学生不会一见你就望而生畏，感情就不会有距离。教师和颜悦色，对学生关注的一瞥，温和的一笑，轻声的询问，都是师爱情感(emotion)的流露。情感(emotion)就像一剂润滑剂，未曾上课，师生之间就有了无声的交流。有了沟通学生自然爱上课，乐于接受教师传授的知识；学生就会积极参与到课堂中来，就会改变教师一言堂的局面，就会广开思路，从而提高教学效果。应用“皮格马利翁效应（Pygmalion Effect）”，师生之间就会平等（equal）、友好（friendly）、和谐（harmony），成语“爱屋及乌（love me，love my dog）”就恰如其分地说出了融洽的师生关系在教学法（teaching method）中的功能。教师在课堂上提出一些问题或要求，鼓励学生争取做到，即使有些学生不打算做，但在教师鼓励、肯定的前提下，就会按老师的要求做。这样，学生自然会感到教师的信任与鼓励，内心产生一种积极的心情，这种心境可能成为学生的内驱力，让学生轻松愉快地自愿学习。

由于“皮格马利翁效应（Pygmalion Effect）”的应用，教师与学生之间彼此心里有了沟通的需要，使师生之间彼此有了正确的认知，这有利于英语教育目的的实现和教学任务的完成。教师对学生的正确、公正的评价和良好的期待，易于赢得学生对教师的肯定认知和理解，从而加倍努力，不让教师失望，而这又可以进一步强化教师的看法，增强工作热情，如此良性循环，使教育不断取得成效。由于“皮格马利翁效应（Pygmalion Effect）”的应用，师生之间的情感（emotion）关系产生了共鸣，教师对学生的热爱、信任产生“教师期待效应（expectation effect of teachers）”。反过来，学生对教师的喜爱也会增强学生的学习动机，提高学习效果。师生之间的情感关系（emotional relationship）在教育过程中有巨大的调节作用，教师良好的情绪使学生精神振奋，有效地促进学生积极参与配合，从而提高教学效果。

“皮格马利翁效应（Pygmalion Effect）”的应用，师生之间情感（emotion）上的共鸣，再加上坚持情感（emotion）的交流，把学生引上学习与进步的成功之路，学生必然依赖教师，能与教师倾心相交，向老师打开心灵的窗户，这是师生之间情感（emotion）交流的成功结果，是双向信息流动的基础。

二、“皮格马利翁效应”是信息接收主体升华信息的前提

教师在英语教学中情感（emotion）的投入，对学生的理解以及对学生个性和生活的重视，摆脱了一味沉溺于语言的认知功能——运用言词概念的能力，良好师生关系的建立，“皮格马利翁效应（Pygmalion Effect）”的应用，对学生在各个方面的认可和支持，大大促进了英语教学（English teaching）的优化成果。例如，学会同情和感受的人都能获得由感性知觉的加强而加强的审美享受，或是欣赏诗歌和艺术所根据的内在价值观念。美国教育界始终主张，发展诸如兴趣、愿望、态度、鉴赏、价值观、义务感或志愿感、意志力等特征，是教育上最重要的理想之一。认知领域也就是信息接收主体的成果获得越来越受到人们的关注，并很少受到怀疑，而学生的情感（emotion）却常常受到冷落和忽视。显然，学校经常会由于其学生在诸如阅读等认知领域成绩欠佳而受到批评，但却很少会因为学生在与情感（emotion）有

关的方面表现不佳而受到非难。认知即信息接收主体可以改变情感(emotion),情感(emotion)也可以影响认知。“学生成绩差异的四分之一可由个人情感(emotion)加以说明。”教学中,学生被一个缺乏情感(emotion)或思考的教师嘲弄,或者是不断责备或惩罚,都可能产生消极情感(emotion),这些消极情感(emotion)反过来影响学生在认知领域中的进步,Scriven在他的杰出论文《作为教育目标的学生价值观》中认为:向学生讲授态度和价值是在认知学习中获得的,如对客观实体和科学方法的重视,同时还要注重移情(empathy)和同情心,他们不能单纯靠认知技术教给学生。

我们必须注重情感教学,“皮格马利翁效应(Pygmalion Effect)”的应用,正填补了这一常被人们所忽视的空白,使信息接收主体得到了升华。“因为每个情感行为都有着某种性质的认知行为(cognitive behavior)与其对应,反过来也是如此。”一个领域的某一目标可以在对应领域内找到其对应者,虽然我们对此常常还未认识到,每个领域有时都可以作为达到另一领域的手段,虽然更通常的途径是从认知到情感(emotion),反过来也行。一个既关心认知目标又关心情感(emotion)的教师能在情景中加以运用。

在英语教学过程中,由于“皮格马利翁效应(Pygmalion Effect)”的应用,教师可把每个学生的积极情感(emotion)经历带入教学,这种情感(emotion)会影响学生的学习效果。一个带着积极情感(emotion)学习课程的学生,应该比那些缺乏热情、乐趣或兴趣的同学,或者比那些对学习材料感到焦虑和恐惧的学生,学习得更加轻松、更加迅速。

英语教育(English education)要以学生为本,着力于英语素养的整体提高,教英语不能只重视知识的传授、技能的训练,而忽视对学生的培养。教英语要准确地把握英语学科的性质和功能,不能急功近利,立竿见影,要教在今天,想到明天,要正确把握英语教育(English education)的功能、性质。不能片面夸大训练功能,在个别词句上下功夫,将文章肢解成一个一个零部件,只见树木,不见森林(only saw the trees, not the forest),搞文字的排列组合,只有对英语学科性质全面把握,才能满腔热情,将灵动的英语教育教得丰富多彩,在英语教学(English teaching)中应当使英语的工具作用和文化(cultural)内涵、人文精神(humanity spirit)水乳交融,不能人为地割裂。教师要有目的、意识和情感(emotion)。因为课堂是学生的用武之地,教不等于学,教过不等于学会。学生被动地接受,主动性、创造性就难以发挥,学生是课堂的主人,教师应启发、引导、点拨,为学生服务,把学生的思维时间(thinking time)、空间还给学生,让学生自主学习,因为语言文字中蕴涵的语言感、语意感、语境感不是教师能够全部讲出来的,而“皮格马利翁效应(Pygmalion Effect)”的应用,恰恰激发了学生学习的信心和自主性以及学生的语言能力,“皮格马利翁效应(Pygmalion Effect)”的应用改变了课堂结构,改变了教师讲、学生听,学生问、教师答的单向型直线交流,教师把所有的学生都组织到课堂教学中来,教师的角色作用于每个学生。师生之间、学生之间相互作用,形成一个思想、知识、情感(emotion)、能力交流的网络,使学生思接千载,视通万里,信息量大大增加,能力获得发展。英语教学如果局限在课本中,必然远离实践,而“皮格马利翁效应(Pygmalion Effect)”的应用,一是在课内可引导学生自由阅读、自主表达、多读多写,学生有胆量进行英语交际实践,同时课外延伸、拓展、深化,激发他们学习应用语言的热情,打开学生应用语言的大门,让他们在丰富的实践中学好英语,用好英语。教师与学生之间良好师生关系的建立,“皮格马利翁效应(Pygmalion Effect)”的应用,实践能力的培养,增强了学生的自信心,加强了原有的学习需要,促进了认知领域的发展,是信息接收主体升华信息的前提。

三、“皮格马利翁效应”是信息接收主体的内化力

教师在教育教学过程(education and teaching process)中对学生的尊重和信赖以及对他们抱有的良好期望,同时有意识地发现他们的积极因素(positive factors),及时给予肯定、赞扬和鼓励,学生在得到愉快的鼓励后,会激起对教师更真诚的信赖和尊敬,使学生得到最大的自我肯定和心理上的(psychological)满足,并转化为接受的内部动力,成为积极上进的推动力。由于“皮格马利翁效应(Pygmalion Effect)”的应用,学生从事学习过程的动机程度即情感(emotion)准备程度明显提高,既而教学质量(teaching quality)也会水涨船高,教学适合于学生的程度的提升,促进了学生已经习得完成新的学习任务需必备的知识技能的程度的提高即认知准备状态的提高,从而出现了一个良性循环。布鲁姆(Brumm)认为,学生对新的学习任务的认知准备状态、情感(emotion)准备状态和教学质量,将决定学习结果的性质。如果这三个自变量是适宜的话,所有学生的学习结果都会处于高水平。

学生的认知准备状态和情感(emotion)准备状态以及教学质量、教学内容与学习结果之间相互作用,从而揭示了学习结果出现差异的原因。情感(emotion)准备状态是一种兴趣、态度和自己对自己的看法的复合体,实际上也就是我们通常所说的动机。学生的情感(emotion)准备状态与学习成绩是相关的,也就是情感(emotion)准备状态在一定程度上决定或影响学习成绩。布鲁姆(Broom)根据一系列的研究资料得出了这样的概括:情感(emotion)准备状态可说明相关学科认知测验成绩变化的 20%。因此,我们可以说“皮格马利翁效应(Pygmalion Effect)”在英语课堂教学中的应用是提高学生学习的主要前提之一,是信息接收主体的内化力。“皮格马利翁效应(Pygmalion Effect)”使学生产生了自信心,增强了自我意识,提

高了学习兴趣,树立了学习的主体意识,明确了学习目标,端正了学习态度(learning attitude),勇于探索,大胆创新,敢于质疑,在教师为他们创造的宽松、和谐、民主的学习氛围(learning atmosphere)中,学生会产生"亲其师,信其道"的心理(psychology),全身心地投入,如饥似渴地学习,使信息接收主体得到了内化。在教学中,对学生良好愿望的投入会弥补先天性不足,学生在"乐中学,学中乐",会收到良好的教学效果。"Nothing is too difficult in the world if you put your heart into it.""知之者不如好知者,好知者不如乐知者。""皮格马利翁效应(Pygmalion Effect)"的应用,学生会把社会、学校教育对他的学习要求转变为他本身的学习需要,转化为对待学习的一种积极态度(positive attitude),在学习期间把学习需要调动起来,并进一步加强原有的学习需要,激发学习动机(learning motivation)。学习动机一旦形成,不仅使学生对所学的内容有一定的指向性,而且也会产生一定的动力使注意状态、兴趣状态保持下去,在遇到困难时具有克服困难的意志力。"皮格马利翁效应(Pygmalion Effect)"的应用,使学生产生成功感,强化正确的学习动机(learning motivation)。批评则易挫伤学生的自尊心、自信心,从而削弱正确的学习动机(learning motivation)。心理学家赫洛克(Hurlock)用106名学生做了实验,把他们分成四组,其中一组为控制组 (controlled group),只练习不予评论;其余三个组,甲组为表扬组(praised group),每天宣布受表扬的学生名单;乙组为受训斥组(reprimanded group);丙组为静听组(the group of listening),只让他们听其他两个组的表扬和批评。从实验研究的结果可以看到:受表扬组(praised group)的成绩有明显提高;受训斥组(reprimanded group)其次;控制组(controlled group)的成绩不仅没有提高,反而有所下降。由此可见,"皮格马利翁效应(Pygmalion Effect)"的应用,促进了学生学习的动机,内化了信息接收的主体。

别林斯基(Belinskiy)说:"爱是教育的工具和媒介,对学生的信任是教育成功的保障。""没有爱就没有教育。"教师对学生倾注爱心,多给学生鼓励和帮助,产生了"皮格马利翁效应(Pygmalion Effect)",良好的期望产生预想的好效果。教师的关心和期待,对学生的心理和智力发展起着重要作用。"皮格马利翁效应(Pygmalion Effect)"的应用,使教师对每一个学生负责,捧着一颗心来,不带半根草走。关爱每一个学生,耐心启发,因材施教,努力创造出苏霍姆林斯(B. A. Cyxomjnhcknn)期待的"让每一个学生都抬起头来走路"的教学效果。教师的爱会像春风一样融化学生的心灵。在教学中,由于"皮格马利翁效应(Pygmalion Effect)"的应用,教师的语言亲切感人,富有感情,富有号召力和鼓励作用。师生之间传递着信息,交流着思想感情。德国教育家第斯多惠(F. A. W. Diesterweg)说:"教学的艺术不在于传授知识,而在于激励、唤醒和鼓舞。"皮格马利翁效应(Pygmalion Effect)的应用,重视开发和利用了学生的非智力因素,激发了学生学习英语的兴趣，提高了学生的智能，能收到事半功倍的效果。

参考文献

[1]周晓红.教师学与教学论.长春:东北师范大学出版社,2001.
[2] 邱渊.教育评价[M].上海:华东师范大学出版社,1987.
[3] 施良方.学习论[M].北京:人民教育出版社,1994.
[4]周起岳.中小学实用教学论[M].哈尔滨:黑龙江科学技术出版社,1990.

第六节　英语教学中情商教育的整合

英语教学(English teaching)是开放型教学(open teaching),英语教学中情商教育整合(EQ educational integration)过程是信息输入(input)与输出(output)过程,它体现了(embodies)英语教学的本质(essence)是交际(communication)。交际过程中关键是情商教育整合(EQ educational integration),从而达到以情育人,构成教师与学生之间的情感(emotion)互动,它对传统教学是一种挑战,是一种提升,对现实英语教学具有理论指导意义(In the course of communication, the key is EQ educational integration, so that it can reach the purpose of education students through emotion and form emotional interaction between teachers and students. It is a challenge and a promotion to traditional teaching, it has a theoretical instructional significance to realistic English teaching)。

英语教学是师生情感(emotion)互动教学,情感(emotion)互动促使英语教学中的主体和客体相互作用。情感(emotion)是一种很强的内动力。课堂教学应该为学生全面发展和终身发展奠定基础,没有情感态度参与的课堂教学不具有生成性、发展性和创造性,英语教师应该使每一堂课都具有不可重复的激情与智慧的完美结合,从而完成情商教育整合(EQ educational integration),达到以情育人,构成情感(emotion)互动,促进教学。

一、情商教育整合的白描

情商(EQ)是指个人对自己情绪的把握和控制,对他人情绪的揣摩驾驭以及对人生的乐观程度和面临挫折的承受能力。现代教育理念(educational concept)认为,学生的学习存在两个过程,一个是感觉—思维—知识、智慧的过程;一个是感受—意志—性格的过程。前者是认知过程,是智力活动(intelligent activity),后者是情感过程(emotional process),是非智力活动(non-intelligent activity)。两者密不可分，任缺其一都不能成为合理的学习过程。传统的教学理论只注重认知过程，忽视情感过程(emotional process)，丢弃了非智力因素在学习过程中的巨大作用。教师与学生是有情感(emotion)、有思维的教学统一体。教学过程中教师对学生充满热爱，引起情感(emotion)上的共鸣，让学生在爱意浓浓的教学环境中学习，从而使学生在学习英语知识的同时得到情感(emotion)上的满足。教师在课堂教学中利用情感(emotion)，创设情境，调动情感(emotion)迁移。课堂教学不仅是传递知识的过程，也是师生感情交流和思想共鸣的过程。良好的课堂气氛可以成为传递信息的无声媒介，启迪智慧的无形钥匙和陶冶情操的巨大力量。教学过程中，教师可利用情感(emotion)刺激学生大脑皮层，激发兴趣，加深理解和记忆，强化学习效果，保持情感态度(emotional attitude)，营造一个轻松、快乐、有趣的学习氛围(learning atmosphere)，教师要以良师益友的态度投入教学，在学习上既严格要求，又循循善诱。心理学(psychology)研究表明：教师的亲和力和感情投入会取得移情效应(empathy effect)、期待效应(expectation effect)和感染效应(infection effect)，教师要充分发挥体态语(body language)的能力，它包括微笑传递(占 50%)、眼神接触(eye contact)(占 30%)、手势语言(gesture)(占 15%)、耸肩表意(shrug)(占 5%)等。体态语百分比图见图 10-1。

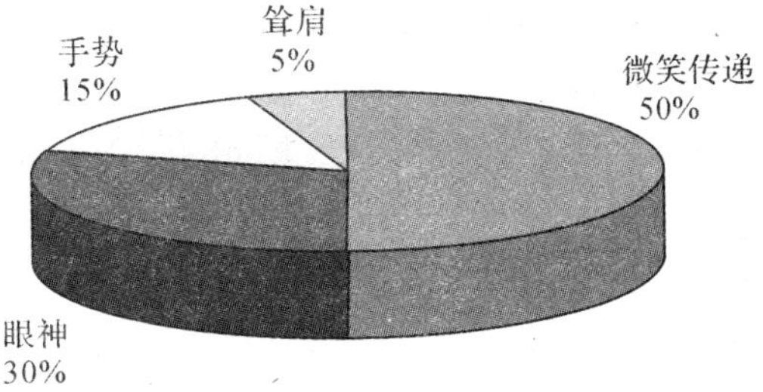

图 10-1 体态语百分比图

老师一个恰到好处的体态语会把鼓励、期盼、等待、肯定与赞扬传达给学生，这些无声语言会感染和激励学生，给他们信心、力量以及克服困难的勇气。同时，教师要让学生尝试成功，从而丰富情感体验(emotional experience)。心理学认为："没有什么东西比成功更能增加满足的感觉，也没有什么东西比成功更能激励其进一步成功的努力。"教师要掌握学生的心理(psychology)，善于利用这一特点，发挥学生的特长，利用激励机制，使学生时时处处感到自己在进步，不同类型、不同层次的学生在学习中都能获得成功并体验到成功的喜悦。阿特金森(Atkinson)认为，对于力求成功的学生，他们对某一问题的反映倾向强度与问题的难度有关，教师要充分利用这一点，在教学中把情感(emotion)教育融于问题中，带着情感(emotion)让学生掌握似懂非懂、似会非会的知识，提高学生的信心。

课程整合(curriculum integration)的说法是从国外传来的，目前，国际上比较权威的和认同度较高的说法是"美国国家教育技术标准"，该标准的原文对整合的定义是：Use of technology to support and enhance learning and teaching in the daily course of studying academic content. 翻译过来就是：在学习知识的日常生活中，利用技术来支持、加强学和教的过程。但在笔者的理解中，课程与信息技术整合的目的是促进学生的学习，而且整合的实践范围不应该仅仅局限在信息教学过程中，它可以应用于所有发生学习事件的场合，整合可以“促进教学”，也可以“促进学习”，结合实际的教学实践(teaching practice)，整合还可以应用于情商教育(EQ-oriented education)中。

笔者认为：情商教育整合(EQ educational integration)是把情感(emotion)融进课程，构成情感互动(emotional interaction)，以促进学生的学习兴趣，只有学生的情商被充分调动起来的时候，他们才能在课堂上及时获得信息，分析综合信息，通过课堂教学中信息的输入与输出表达出来，它是获得课堂成功的重要内在组成部分。

二、情商教育整合的过程

英语教学是一门语言教学(language teaching)，英语教学的实质是交际。因为语言是思维的形式，是用来表情达意、交流思想、认识世界、获取信息的交际工具，没有交际，英语教学(English teaching)就不存在了。交际过程就是情感(emotion)的输入(input)和输出(output)过程，就是情商教育(EQ-oriented education)的整合过程，它是由英语教学(English teaching)的特殊性决定的。Firstly, teaching is of communication. 交际的主体是人。教学(teaching)就是教师与学生进行思想、感情、信息交流的过程。教学(teaching)是双方交流；教学效果是教学双方互动的结果。Secondly, teaching is by communication. 英语教学(English teaching)通过师生之间、学生之间的交际活动，在物质操作和思维操作结合上认识英语、掌握英语，形成运用英语的能力。Thirdly, teaching is for communication. 即：英语教学(English teaching)过程中，师生双方的认识活动是相互依存、相互作用的。学生认识英语的进展离不开教师对教学规律(teaching laws)的认识；教师对教学规律的认识也离不开学生在教师指导下学习的客观效应(objective effects)。教学双方都为对方提供信息，教学(teaching)就是为了促进这种交流(communication)。英语教学是把文字活化为话语的活动，把教材内容活化为实际生活。教学的每一步都是输入(input)→操作(operation)→输出(output)。英语教学(English teaching)是通过师生双方的交际使学生认识、掌握一门新的语言，这是教师指导学生接收(receiving)、处理(handling)、保存(preservation)、运用(usage)英语信息的过程，也就是输入(input)→转换(transform)→输出(output)的过程。教师的任务是与学生一道围绕着教材开展各种教学活动。通过活动，帮助学生接收信息(receiving communication)、处理信息(handling communication)、保存信息(preserving communication)、运用信息(using communication)，保证输入与输出的平衡。英语教学(English teaching)就是从信息输入到信息输出,完成师生之间、学生之间的交流活动(communicative activity),这个交流活动可用表10-5来表示。

表10-5 英语教学过程的交流活动

emotional input	productive /active	receptive/active
aural medium	speaking	listening
visual medium	writing	reading

通过这个交流活动,完成情商教育(EQ-oriented education)的互动和整合过程,完成英语技能的活动,即英语听说读写的技能活动。

三、情商教育整合的特点

(一)从观念层面上看,情商教育整合是一种教学思想(teaching idea)

情商教育(EQ-oriented education)能充分挖掘学生的潜能,培养学生健全的品格和人格,培养积极的情感态度,对语言的学习有重要的意义。因为语言与情感态度有密切的联系。情感(emotion)是人脑的一种机能,是对客观事物抱有不同的好恶而产生的内心变化和外部表现。它包括积极情感(positive emotion),如兴趣(interest)、自尊心(self-esteem)、自信(self-confidence)、强烈的动机(fierce motivation)、愉快(pleasure)、惊喜(happy out of a surprise);消极情感(negative emotion),如焦虑(anxiety)、害怕(fear)、沮丧(depression)、愤怒(angry)、厌恶(dislike)等。美国语言教育家Krashen在情感(emotion)过滤学术中提出,学习者对语言材料的输入并不是全部吸收,学习者的动机、学习语言的态度、自信心、忧虑程度等各种心理因素对语言输入有筛选。他提出,一切语言输入只有通过情感过滤(affective filter)才能达到语言习得机制(language acquisition mechanism),并为大脑所吸收。由此可见,情感态度在很大程度上需要通过语言来表达和传递,在沟通情感(emotion)解决问题时也同样需要使用语言来增进友谊,相互尊重和改善人际关系。同时情感态度对语言学习结果也有重要的影响。积极向上的情感(emotion)有助于学生积极参加语言学习活动并获得更多的语言学习机会;强烈的学习动机、浓厚的学习兴趣和大胆的实践精神有利于提高学习效果;坚强的意志和较强的自信心有助于学生克服英语学习中的困难;相反,消极的情感态度(emotional attitude)则会影响语言学习者,因此教师在课堂教学中应该充分重视情感(emotion)作为正强化物的作用,完成情商教育(EQ-oriented education)的整合。这是因为:

第一,情商教育(EQ-oriented education)整合有利于培养学生自我调控情绪能力,克服学生的焦虑心理;

第二,情商教育(EQ-oriented education)整合有利于培养学生宽容的心境与合作精神,增强学生的自信心;

第三,情商教育(EQ-oriented education)整合有利于培养学生顽强的意志力和克服困难的决心。

总之,情商教育(EQ-oriented education)可以实现学生心理健康发展,提高学生心理素质。通过英语信息输入与输出,指导学生了解、表达、控制自己情绪,引导学生自我激励和维护良好人际关系,促进学生智力发展。此外教师还要传播科学文化知识、塑造学生灵魂,开发学生认知智力,培养学生的情商,不断丰富自身的理论素养,实现情商教育(EQ-oriented education)普遍化。

(二)从方法论上分析,情商教育整合是一种教学策略(teaching strategy)

教学策略(teaching strategy)是对完成特定教学目标而采用的教学活动程序、方法、形式和媒介等众多因素的总体设计。实践证明,有效的课堂教学策略(teaching strategy in classroom)具有多向指示性和选择发展性,不具有规定性和刻板性。情商教育(EQ-oriented education)整合既属于学习策略又属于交际策略(communicative strategy),它既和英语输入有关又和英语输出有关。学习策略(learning strategy)和英语输入有关,包括加工、储存、检索在内,主要是向他人索取信息;交际策略(communicative strategy)与英语输出有关,包括怎样表达思想,怎样传达信息。因而可以用表 10-6、表 10-7 来表示。

表 10-6　总认知策略

Meta Cognitive Strategies	Advance Organizers
	Directed Attention
	Selective Attention
	Self-management
	Functional Planning
	Self-monitoring
	Delayed Production
	Self-evaluation

资料来源:奥马利的学习策略

表 10-7　社会策略

Social strategies	A. Asking questions	Asking for clarification or verification
		Asking for correction
	B. Cooperating	Cooperating with others
		Cooperating with proficient users of the new language
	C. Empathizing with others	Developing cultural understanding
		Becoming aware of others' thoughts and feelings

资料来源:奥克斯福德间接策略

总认知策略(general cognitive strategy)指计划学习，考虑学习过程，监察输出和评估学习活动效果策略，具有概括信息加工全过程执行情况的功能。社会策略(social strategy)指具体从事学习任务的策略，包括直接加工言语学习材料策略和与人合作交际策略。情商教育(EQ-oriented education)整合是两种学习策略的整合，它具有以下功能。第一，开阔了学生的视野(widen students' horizon)，丰富了学生的知识(widen students' knowledge)。第二，创造了英语教学(foreign language teaching)成功的因素。第三，激发了学生学习英语的动机和与人合作的精神。第四，学生之间差距(gap)的发现和处理。

情商教育(EQ-oriented education)整合不失为一种教学方法论，它可以充分发挥教师的主导作用，因势利导，因材施教，尽量满足各种智力等级学生的要求，使他们各有所得，增强他们学习的自主性，提高不同层次学生学习英语的兴趣和信心，为学生成功学好英语创造条件。

(三)从结构纬度审理，情商教育(EQ-oriented education)整合是一种教学模式

苏联B.科兹洛夫斯基认为：结构是一种不断重复相对不变的关系的联系。结构就是某一系统各个要素的相互联系，相互联系的方式，任何一个系统都是要素总和。模式是一种理论形式化表述。用《美国传统英语辞典》来下定义就是："A tentative description of a system or theory that accounts for all of its known properties."情商教育(EQ-oriented education)整合是一种教学模式，因为它具有理论性、解释性、程序性和图式性。它的理论性是指情商教育(EQ-oriented education)整合是以开发非智力因素理论为基础发展而来，是抽象的，不是具体的。它对情商是什么，情商教育(EQ-oriented education)是什么，整合是什么以及情商教育(EQ-oriented education)的整合是什么等理论问题加以描述，它具有解释性，是因为对该系统、过程、结构、图式等能够解释性质。这种解释是基于对已知该系统、过程、结构、框架内所有因素、内容、本质认识的解释，对他们之间的相互关系、相互制约、相互促进的解释。程序性是指在一个过程或结构里前后、早晚、顺序的排列性质，它具有图式性，"图式性是指模式的图式表述，'图式'就是模式"。我们知道模式是对理论、体系、结构等的形象性表述。情商教育(EQ-oriented education)模式图见图10-2。

情商教育(EQ-oriented education)整合教学模式是对情商教育(EQ-oriented education)整合理论和情商教育(EQ-oriented education)教学过程中各要素本质及其相互关系等的形象性表述。它为情商教学提供了一个理论实体框架，一个可以解释情商教育(EQ-oriented education)整合过程各要素本质或特点的图式，一个可供教师参考使用的操作图。

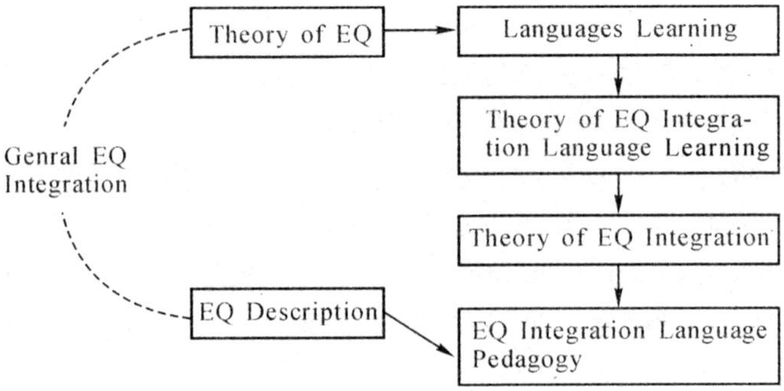

图 10-2 情商教育模式

综上所述，情商教育（EQ-oriented education）整合是对传统英语教学的一种挑战，是对传统认知智力教育的一种补充，它有效地促进了教学，全面提高了学生综合素质，对现实英语教学具有指导意义。

参考文献

[1]董娟.学英语：初中教师版[M].太原：山西师范大学出版社，2002.
[2]黎加厚.课程与信息技术整合随想：整合的定义[EB/OL]. 2004.
[3]王才仁. 英语教学交际论[M].南宁：广西教育出版社，2000.
[4]隋铭才.英语教学论[M].南宁：广西教育出版社，2001.
[5]辞海[M].北京：商务印书馆，1989.

第七节 情商教育在高职教学中的协整

情商教育是对传统教学的一种挑战（EQ-oriented education is a challenge to traditional teaching），是对传统认知智力教育的一种补充，更是一种延续（it is also supplementary to the traditional cognitive intelligent education, and what is more, it is continuous to teaching）。教学是开放型的，它不断地与周围事物进行着物质、能量和信息交换。情商教育协整于高职教学中，取得了良好的教学效果，本文以高职英语教学中的情商教育为例进行阐述，从而实现以情育人，情商教育在高职教学中正发挥着越来越重要的作用。（Teaching is open, it exchanges substance energy and information with the environment constantly. EQ-oriented education is in high vocational and technical teaching, we have got a better teaching result . In this paper, writer tries to discuss EQ-oriented education in high vocational and technical English teaching, and it is only an example, so that we can teach students via EQ. Now it is playing a more and more important role in the high vocational and technical English teaching.)

在语言教学中,学生的情感状态(emotional state)会直接影响学生的学习行为和学习效果。教师对学生的影响不仅依赖于教师的专业知识、教学与教育的方法技能,还依赖于教师的情感倾向(emotional tendency)和情绪表达方式等。教师的感染力(appeal)不但会使教师的要求易于转化为学生的需求,使学生感到亲切与善意,成为他们推动自己前进的动力,还会使学生易于积累情绪学习经验。这种经验不仅有助于他们借助情绪记忆映像去推动学习和提高学习效果,也有助于他们通过迁移来正确地对待交往。"教师的感染力(appeal)也能使学生在学习中的冲突与挫折得到妥善的处理。"笔者试就以情商教育(EQ-oriented education)在高职英语教学中的运用为例,进行以下几个方面的阐述。

一、英语教学的协整

"教学(teaching)是教师的教与学生的学所组成的教育活动,是专门组织起来的认识活动"。英语教学(English teaching)英语是一门语言教学,英语是用来表情达意、交流思想、认识世界、获取信息的交际工具,英语教学(English teaching)的实质就是交际。这是因为:

第一,教学(teaching)是师生间的交际,是教师与学生进行思想、感情、信息交流的过程,是双向交流;教学效果是教学双方互动的结果。

第二,教学(teaching)是交际活动。活动是各种技能的交替。英语教学(English teaching)就是通过师生之间、学生之间的交际活动,在物质操作和思维操作结合上认识英语、掌握英语,形成运用英语的能力。高职学生(higher vocational college students)英语基础比较差,这更容易引起他们学习英语的兴趣。

第三,教学(teaching)双方都为对方提供信息,教学就是为了促进交流,师生双方的认识活动是相互依存、相互作用的。英语教学是传递信息→接收信息→信息转换的过程。英语教学的每一步都是输入(input)→操作(operation)→输出(output)。

第四,英语教学(English teaching)是把文字活化为话语的活动,把教材内容活化为实际生活。通过围绕教材开展活动,帮助学生接收信息→处理信息→保存信息→运用信息,保证信息输入与输出的平衡。

英语教学(English teaching)的实践告诉我们,从信息输入到信息输出不是直线发展,这里有着反复的师生之间、学生之间的交流活动,也就是交际。"没有交际,英语教学(English teaching)也就不存在了。"交际过程就是情感(emotion)输入和输出过程。

二、情商教育在英语教学中的ADF验证

情商是指个人对自己情绪的把握和控制，对他人情绪的揣摩驾驭以及对人生的乐观程度和面临挫折的承受能力。ADF验证是情商教育(EQ-oriented education)的平稳性验证。积极的情感(emotion)有助于培养兴趣，提高教学效果。现代教育理念认为，学生的学习存在两个过程，一个是感觉→思维→知识→智慧的过程，一个是感受→意志→性格的过程。前者是认知过程，是智力活动，后者是情感过程(emotional process)，是非智力活动。两者密不可分，缺一项都不能成为合理的学习过程。教师与学生都是有情感(emotion)、有思维的教学统一体。教师在课堂教学中利用情感(emotion)，创设情境，调动情感迁移(emotional transfer)。良好的课堂气氛可以成为传递信息的无声媒介、启迪智慧的无形钥匙和陶冶情操的巨大力量。教师可利用情感(emotion)刺激学生的大脑皮层，激发兴趣，加深理解和记忆，进行愉快教学，保持情感态度(emotional attitude)，努力营造一个轻松、快乐、有趣的学习氛围。

心理学研究表明，教师的亲和力，教师的感情投入，会取得移情效应、期待效应和感染效应。教师要充分发挥体态语(body language)的能力，这是培养学生积极情感态度(emotional attitude)的一个重要方面。老师的一个眼神、一个微笑、一个恰到好处的耸肩和手势都会把鼓励、期盼、等待、肯定与赞扬传达给学生，这些无声的语言会感染和激励学生，给他们信心、力量以及克服困难的勇气。同时，学生尝试到了成功，从而丰富情感体验(emotional experience)。心理学认为：没有什么东西比成功更能增加满足的感觉，也没有什么东西比成功更能激励其进一步成功的努力。“教师要掌握学生的心理，发挥学生的特长，利用激励机制，使学生时时处处感到自己在进步，不同类型、不同层次的学生在学习中都能获得成功并体验到成功的喜悦。”

三、情商教育在英语教学中的协整

英语教学中情商教育(EQ-oriented education)的运用能充分挖掘学生的潜能，培养学生健全的品格和人格，培养积极的情感态度(emotional attitude)，这对语言的学习有重要意义。美国语言教育家Krashen在情感过滤学术中提出，学习者对语言材料的输入并不是全部吸收，学习者的动机(motivation)、学习语言的态度、自信心、忧虑程度等各种心理因素对语言输入(language input)有筛选。他提出一切语言输入只有通过情感过滤才能达到语言习得机制，并为大脑所吸收，同时情感态度(emotional attitude)对语言学习结果也有着重要的影响。积极向上的情

感(emotion)有助于学生积极参加语言学习活动获得更多的语言学习机会;强烈的学习动机(learning motivation)、浓厚的学习兴趣和大胆的实践精神有利于提高学习效果;坚强的意志和较强的自信心有助于学生克服英语学习中的困难;因此教师在课堂教学中应该充分重视情感(emotion)作为正强化物的作用。

(一)心境与合作

宽容是一种美德,是一个人有修养的表现,是当今和未来社会人才必备的基本素质。积极良好的宽容心境能使人精神振奋,乐观地对待困难和挫折。新课程标准明确提出让学生参与和合作的教学理念(teaching concept)。英语的情景教学、活动教学以及现在提倡的整体教学、任务型教学都离不开学生的主动参与与合作(cooperation)。通过合作性学习,促使学生互相学习、互相帮助,体验集体荣誉感和成就感,合作精神是培养情感态度(emotional attitude)的一个重要内容。在合作内容上,积极给学生创造合作的空间,多施与分组活动、任务型教学,在各种活动中有意识地培养他们的合作精神(cooperative spirit)。另外在合作形式上也要有变化,有时把不同层次不同风格的学生组合在一起,让他们优势互补、互相带动;有时为了尊重学生个体差异(individual difference),充分展示自我,让他们自由组合;有时又把男生和女生进行不同的组合,分工合作,相互交流(communication),共同完成任务,努力营造宽松、民主、和谐的教学氛围。做到知情合一,培养学生的自信心(self-confidence)。

(二)意志与决心

意志是人为了达到一定的目的,自觉地组织自己的行动,并与克服困难相联系的心理过程。人只有在实现预定的目的的过程中,遇到困难而又能坚定地、深思熟虑地组织行动加以克服,才显示出意志的作用。意志和情绪、情感(emotion)有密切的关系,情绪可以成为意志行动的动力,也可以成为意志行动的阻力。当情绪和情感(emotion)对人的活动起推动或支持作用时,这种积极的情绪情感(emotion)就会成为意志行动的动力。当情绪和情感(emotion)对人的活动起阻碍或削弱作用时,这种消极的情绪和情感(emotion)就会成为意志行动的阻力。坚强的意志是在克服困难的过程中发展起来的,教师向学生提出的学习任务要有一定的难度,同时又是他们力所能及的,当学生在学习英语的过程中遇到困难时,教师运用情商教育(EQ-oriented education),给予学生鼓励和指导,并根据学生意志品质上的差异,采取不同的锻炼措施,这就培养了学生顽强的意志力和克服困难的决心。

(三)提升内在动机(internal motivation)

由于情商教育(EQ-oriented education)创造了良好的课堂气氛,学生可以在轻松愉快的气氛下将注意力完全集中在学习上,整个英语教学(foreign language teaching)过程变成了贴近实际的愉快的交际活动,学生在积极主动的交际情景中吸收语言知识、运用语言知识。让学生自己创造一个尽可能接近真实言语的交互环境。情商教育有利于学生发挥才智、展示才华，是学生创新能力的广阔天地，降低了学生学习英语的焦虑感，在语言运用中实现了思想交流。教师的表扬或其他的各种奖赏为学生创造了外来动机(external motivation)，进而引发了推动学生学习的动力，学生在学习活动过程中获得了满足。进而激发了他们的求知欲，成为一种自我强化的内部推动力量。情商教育(EQ-oriented education)既调动了学生的外来动机(external motivation)，又培养了学生的内在动机，同时也培养了他们自学和治学的能力，使他们深切感受到学习英语的乐趣。

(四)差距(gap)的发现和处理

情商教育(EQ-oriented education)在培养兴趣的同时，也找到了学生之间的差距(gap)。事物的发展总是不平衡的，每个学生即使在同一个老师的教导下，他们的收获也是不一样的，这就是差距(gap)。情商教育(EQ-oriented education)可以使教师正视差距(gap)，科学地利用差距(gap)，因势利导，因材施教，尽量满足各种智力等级学生的要求，使他们各有所得。在处理差距(gap)时，可以采取分层次教学，即教学目标弹性分层，教学过程异步化，学习过程个别化。在教学目标弹性分层中，学生可以根据自己的实际情况，确立自己的层次目标——基础性目标、提高性目标还是发展性目标，但是每个学生的选择都是动态的，这样能给学生创造多次尝试、选择、发现、发展的条件和机会，使他们的思维和情感(emotion)处于激发状态，从而取得良好的学习效果，并且不断向高一级目标前进。教学过程异步化，学习过程个别化，可以充分发挥教师的主导作用，增强学生学习的自主性，特别是提高了不同层次学生学习英语的兴趣和信心。

总之，情商教育(EQ-oriented education)在英语教学中协整(coordination and integration)使教师注意学生心理情感(psychological emotion)的变化，教师不仅要传播科学文化知识，塑造学生灵魂，还要维护与辅导学生心理健康，要开发学生的认知智力，培养学生的情商，不断丰富自身的理论素养，实现情商教育(EQ-oriented education)普遍化。通过英语信息的输入与输出(input and output)，指导学生了解、表达、控制自己的情绪，引导学生自我激励和维护良好的人际关系，循序渐进地改变学生的心理状况，提高学生的心理素质，促进学生的全面发展。

参考文献

[1]章志光.心理学[M].北京：人民教育出版社，1987.
[2]隋铭才.英语教学论[M].南宁：广西教育出版社，2001.
[3]王才仁.英语教学交际论[M].南宁：广西教育出版社，2000.

第八节　高职学生英语学习情商教育的效用分析

情商教育(EQ-oriented education)在教育工作中正发挥着越来越重要的作用。它有利于提高学生的心理素质(psychological quality)和实现学生心理的健康发展。情商教育(EQ-oriented education)与传统教育(traditional education)存在着很大的差异,情商教育(EQ-oriented education)有它独有的特征。它是对传统教育的一种挑战,它改变了传统的教育模式(traditional educational model),它是一种创新教育理念。

美国在情商教育(EQ-oriented education)研究方面走在了世界的前列,美国哈佛大学心理学家丹尼尔·戈尔曼在《情绪智力》(又译作《情感智商》)一书中,最早提出了"情商(EQ)"的概念。情商(EQ)的提出,动摇了智力的统治地位,使人们进一步认识到,一个人的成才,不仅要靠智商,而且要靠情商(EQ)。丹尼尔·戈尔曼指出:"真正决定一个人能否成功的关键,是情商能力而不是智商能力。"当今学术界对这一概念的理解和应用还在不断地泛化和深化,从这个意义上说,有必要对情商教育(EQ-oriented education)所产生的效用进行阐述,以便对情商教育(EQ-oriented education)的应用提高认识。

一、高职学生英语学习存在问题的现状分析

高职学生(higher vocational college students)的学业自我概念(concept of the self)情况比较差。高职学生(higher vocational college students)在以前的学习生涯中,由于自身刻苦钻研的精神不够,学习能力或智力、记忆能力有差距(gap),对以课堂、书本为主的灌输知识的教育方式不适应,因而造成英语学业成绩长期处于落后状态,使他们学习进取心不断下降,最终导致其学业自我概念(concept of the self)水平不断下降,甚至殃及非学业自我概念(concept of the self)。学业自我概念(concept of the self)低下的学生在学习新的英语知识时,常常会因为感到自己没有能力取胜而被新的困难所吓倒,在失败威胁下产生高度焦虑的(anxious)心态。这时个人往往产生对失败或威胁的无意识的心理防御机制,采取阻碍学习的防御手段。这种心态下的学生将自己封闭起来,拒绝接受新的英语信息(English information),表现为不听不想,或在解释上予以严重歪曲,否定英语及其过级课程的意义和价值,以此来消除焦虑,结果妨碍了新英语知识的获得,其自我价值的保持以牺牲新英语知识为代价,这就是高职学生(higher vocational college students)在英语课堂上经常出现精神溜号的原因。针对高职学生的这种不良的学习现象,

为了帮助他们树立学习信心，教师要不断地改变教学策略（teaching strategy）和课堂教学的各种技巧，注意非智力因素的开发，课堂教学应该为学生全面发展和终身发展奠定基础，没有情感态度（emotional attitude）参与的课堂教学是不具有生成性和创造性的，英语教师应该使每一堂课都成为不可重复的激情与智慧的完美结合。要提高这种激情与智慧的完美结合，教师要具有感染力（appeal），教师要以自己的个性去影响学生所表现的情绪力量，教师的感染力（appeal）会使教师的要求易于转化为学生的需求，使学生感到亲切与善意，成为他们推动自己前进的动力，教师的感染力（appeal）也能使学生在学习中的冲突与挫折得到妥善的处理，从而培养他们良好的学习心理素质。情商教育（EQ-oriented education）被教育界认为是当前教育面临的重大课题之一。情商教育（EQ-oriented education）在教育工作中正发挥着越来越重要的作用。情商教育是对传统教育的一种挑战，它是对传统的认知智力教育的一种补充，更是一种延续。

二、高职学生英语学习情商教育的效用

高职学生（higher vocational college students）英语学习情商教育（EQ-oriented education）与语言教学成功密切相关，决定着语言习得是否成功。由此，Krashen 提出了“情感过滤（emotional filter）”假设。

Krashen (1982) 指出，对语言输入（language input）的理解是语言习得的必要条件，但是这还远远不够。学习者必须吸收语言输入（language input）中可理解的语言成分，习得才会产生。他认为，学习者心理上会产生一种语言吸收障碍，阻碍了学习者把可理解的语言成分全部运用在语言交际中，他把这种障碍叫作“情感过滤（emotional filter）”。“情感过滤（emotional filter）”是无意识的，是由于缺乏自信心或焦虑而造成的（Krashen, 1985），即缺乏自信或焦虑阻碍了学习者形成对语言形式的深刻印象，以至于学习者在交际中不能自如地对语言形式进行排列组合。Krashen 认为，习得能获得足够的语言摄入，情感因素（emotional factors）起着对输入进行过滤的作用。学习的情感因素（emotional factors）会阻碍或加速语言的习得。只有在最佳情感条件（emotional condition）下，才会产生真正的习得。最佳情感条件（emotional condition）有三：学习者有强烈的学习动机；学习者充满信心；学习者心情舒畅，没有焦虑感。

为了有助于学生潜能（potential）的发挥，提高（promote）学生英语学习的效果，活跃课堂气氛，我们从教师和学生两个方面探讨情商教育的作用。

（一）从教师角度来看，情商教育（EQ-oriented education）具有下面的功效

1. 情商教育促进了教师教学观念的更新。长期以来，英语教育在升学的重负下已成为应试教育（examination-oriented education），培养学生的应试能力成了教

学的根本目的。学生在课堂中被动地接受语法条条、句型框框，机械(mechanically)训练，苦不堪言。教学的车轮以语法为轴心(axis)，在语法的轨道(orbit)上滚动。语言教学语法化，技能教学知识化现象相当普遍。学生根本不能进行语言交际。中国人学英语缺少语言环境，缺少习得实践的机会，教师用师道尊严的思想统治课堂，学生不敢开口讲英语，不能达到学以致用(study for the sake of application)这一最根本的学英语目的，英语的语言功能不能突显出来。教师"一言堂"不能调动学生的积极性，不能集思广益(brainstorming)，不能发挥语言本身具有的任意性、灵活性和多产性的特点，严重阻碍了英语教学的发展。情商教育的应用，避免了上述弊端(malpractice)。贯彻情商教育(EQ-oriented education)原则，便于广大英语教师转变英语教育教学观念，对中国传统教学师道尊严方式进行挑战，开发学生的非智力因素，营造宽松、和谐、民主的教学气氛，激发学生学习英语的兴趣，培养学生的交际能力(communicative ability)，提高学生学习的内在动机和综合素质(synthetic quality)，完善英语教学双向互动过程。

2. 情商教育有利于教师培养学生的整体思维能力和语言交际能力。语言教学从整体出发，同时教语言、语法、词汇等基础知识，努力培养和训练听、说、读、写、译等语言综合技能；语言知识和技能应通过自然的语言环境加以培养。因为英语的终极目标是培养学生正确(correct)、流利(fluent)、得体(appropriate)运用英语进行跨文化交际(intercultural communication)的能力。英语教学(foreign language teaching)是一门实践课，只有将知识转化为语言能力，英语教学(foreign language teaching)才能成其为英语教学(foreign language teaching)，关键在于，这种转化只有在语言实践过程中才能完成。传统的教学是在英语课堂上，教师是教学过程的主体，是课堂上唯一的信息源，而学生则是教学过程中的客体，是被动的信息接收器，是教师知识和实践的对象。情商教育(EQ-oriented education)的应用彻底改变了这种教育状况，学生成为课堂的主体，教学过程互动化，体现了语言是交际的工具这一特点，增加了学生进行语言实践的机会，培养了学生的整体思维能力和语言交际能力(language communicative ability)。

(二) 从学生角度来看，情商教育具有以下几个方面的功效

1. 培养学生自我调控情绪能力，克服学生的焦虑心理。情绪和情感(emotion)是客观事物是否符合人的需要与愿望、观点而产生的体验。凡是能满足人的需要或符合人的愿望、观点的客观事物，就使人产生愉快、喜爱等肯定的情绪和情感(emotion)的体验。情商教育(EQ-oriented education)的应用使教师在教育教学过程中因势利导，关心学生的心理健康，特别是情绪的社会化发展方向和成熟程度，以高尚的道德情感(emotion)关爱学生，以高尚的人格魅力感染学生，以丰富的艺术语言激励学生，了解关心学生，尊重信任学生，平等对待学生，引导学生学会自我

调控。凡是能满足学生心理需求的情感因素(emotional factors),教师都全身心地投入,培养学生健康的心理,提高学习的信心,克服干扰与困难,加强智力的效能,培养良好的社会适应能力,从心理学(psychology)角度去分析问题,解决问题,启发学生冷静分析失败原因,认真总结成功经验,顽强拼搏,就一定能从失败走向胜利,百尺竿头,更进一步(the highest achievement, go a step further)。

2. 培养学生宽容的心境与合作精神,增强学生的自信心(self-confidence)

宽容合作(tolerance and cooperation)是一种美德,是一个人有修养的表现,是当今和未来社会人才必备的基本素质。心境是一种微弱、平静而持续时间较长的情绪状态,在心境发生的全部时间内,它影响着人的整个行为表现,好像自己周围的一切都感染上这种色彩。积极的、良好的宽容心境能使人精神振奋,乐观地对待困难和挫折;消极的(negative)不良心境使人精神萎靡、意志消沉。新课程标准明确提出让学生参与和合作的教学理念。通过合作性学习,促使学生互相学习、互相帮助,体验集体荣誉感和成就感,合作精神(cooperative spirit)是培养情感态度的一个重要内容。情商教育(EQ-oriented education)的应用使教师在教学中注意合作精神(cooperative spirit)的培养,在合作内容上,积极给学生创造合作的空间,多施与分组活动、任务型教学(task-based teaching)。在各种活动中有意识地培养他们的合作精神(cooperative spirit)。在合作形式上也有变化,把不同层次(different levels)、不同风格(different styles)的学生组合在一起,让他们优势互补,互相带动,分工合作,相互交流,共同完成任务,营造宽松、民主、和谐的教学氛围。尊重学生,重视学生的情感(emotion),包容学生的缺点,维护学生的尊严、爱好和情感(emotion),做到知情合一,培养学生的自信心。

3. 培养学生顽强的意志力和克服困难的决心(decision)

意志(willpower)是人为了达到一定的目的,自觉组织自己的行动,并与克服困难相联系的心理过程,当人在认识客观现实并感到某种需要的时候,就会确立目的并依据它去自觉地组织自己的行动,计划行动,约束自己,抑制与达到目的不相适应的意图和行动,加强与达到目的相适应的行动,或通过变革客观现实来满足自己的需要。人只有在实现预定目的的过程中,遇到困难而又能坚定地、深思熟虑地组织行动加以克服,才显示出意志(willpower)的作用。意志(willpower)和情绪、情感(emotion)有密切的关系,情绪可以成为意志(willpower)行动的动力,也可以成为意志(willpower)行动的阻力。当情绪和情感(emotion)对人的活动起推动或支持作用时,这种积极的情绪情感就会成为意志(willpower)行动的动力。当情绪和情感(emotion)对人的活动起阻碍或削弱作用时,这种消极的情绪和情感(emotion)就会成为意志(willpower)行动的阻力。坚强的意志(willpower)是在克服困难的过程中发展起来的,情商教育(EQ-oriented education)的应用,当学生在学习英语过程中遇到困难时，教师给予鼓励和指导，并根据学生意志(willpower)品质上的差异，采取不同的锻炼措施，时时注意学生心理情感方面的变化，维护学生心理健康，开发学生的认知智力，培养学生的情商(EQ)，不断丰富自身的理论素养，实现情商教育(EQ-oriented education)普遍化，培养学生顽强的意志力(willpower)和克服困难的决心。

三、高职学生英语学习情商教育的效用分析

情商教育(EQ-oriented education)之所以取得了这样的功效，主要因为传统的教学(traditional teaching)理论只注重认知过程，忽视情感过程，丢弃了非智力因素在学习过程中的巨大作用。

(一)情商教育与传统教育的差异

1. 传统教育(traditional education)中教师的角色。在传统教育(traditional education)中，教师的角色是知识的传授者，学生的角色是知识的接受者，人们认为语言就是知识，有了知识就有了能力，因此教师的任务便是传授知识，课堂讲知识，课上学生记知识，课下学生背知识。根据这样的认识，教师为搞好教学(teaching)就想方设法灌输知识给学生，训练学生接受知识。学生的角色只是执行者，学生的活动受教师角色的制约。正如魏德森（1987）所说："学生在学习期间并没有真正的自由，教师具有权威性。"

2. 情商教育中教师的角色。情商教育(EQ-oriented education)的应用改变了教师上课"一言堂"的做法，教学过程民主化，教师的功能从知识的灌输者转变为学生学习的指导者(instructor)、促进者(facilitator)，课堂活动的设计者(designer)和管理者，学生实践活动的鼓励者和合作者，学生问题的分析者和解答者，这使得学生主动性大大加强，并充分发挥其积极性和创造性，增加英语学习的乐趣。英语教师还具备一定的演员素质，有一定的表演才能；此外，英语教师还是研究者，研究英语或语言，研究英语教学(English teaching)，研究学生的学习，采用什么样的策略，等。科研的成果会促进教学工作的改进。好的学生不是教师在课堂内教出来的，而是在课堂内外引导出来的。教师要使学生对学习感兴趣，让他们有信心，给他们提供学习条件，起到照顾者（caretaker）的作用，教师的角色是和学生共同学习的互动者、导师。

3. 情商教育(EQ-oriented education)体现了"以学生为中心"的原则。情商教育(EQ-oriented education)遵循了教学是教与学双边活动的规律(laws)，体现了"以学生为中心"的原则，使学生成为英语课堂活动的主体。学生的主体作用得到了充分的发挥，学生由被动（passive）变成主动(active)。情商教育(EQ-oriented education)的应用提高了学生的认知结构和学生的学习能力；情商教育(EQ-orien-

ted education)的应用给学生创造了大量的语言实践机会,使学生在学习的过程中易感到自己的进步,从而自信心大大加强,进而希望在更多的实践活动中展示自己的能力,促进学生潜能的发挥。

(二)情商教育(EQ-oriented education)的特征

1. 愉快教学、民主教学。情商教育(EQ-oriented education)的应用,改变了“一勺烩”的课堂教学模式,改变了两极分化的现象,因材施教,教学符合学生的实际情况,发挥了教师的主导作用,消除了一般与个别、集体与个人、点与面的差别,强调学生在学习过程中的心智活动过程。正如 *Psychology for Language Teacher* 一书中所说,认知心理(cognitive psychology)与人的心智思考和学习相关,它对参与学习的心智过程感兴趣,而不是传统的教学法使用的行为主义理论(behaviorism theory),不是教师一个人站在教室前面给学生传递信息,而是全体学生共同参与的过程,是民主教学的过程,教学过程始终充满了愉悦。情商教育(EQ-oriented education)以学生为主体,强调以学生为中心,考虑学生的需求(needs)、目的(purposes)、兴趣(interests)、能力(competence)、学习风格和策略(studying styles and strategies),调动学生的主观能动性,鼓励学生主动发现,探究和学习。

2. 成功教学(successful teaching)。情商教育(EQ-oriented education)遵循了教学是教与学双边活动的规律,体现了以学生为中心的原则,使学生成为英语课堂活动的主体,“皮格马利翁效应(Pygmalion Effect)”的具体应用,对学生总是抱以最良好的希望,及时发现优点,适时鼓励,产生良好的教学效果,使学生在英语学习过程中有成就感,教学效果呈良性发展趋势。

3. 情境教学(situational teaching)。情境(situation)一般指进行某种活动时所处的背景,这里指把教材内容的情境(situation)激活起来,引导学生进入角色,使学生身临其境,在智力、心理和体力几个方面结合上参与学习。用这类活动进行教学,不但使学生在情绪上互相感染,而且推动了理解力、记忆力的提高。情到浓处,会在某种程度上忘了自我,而当走出情境(situation)时往往会激动不已,余味无穷,产生一种深深的成功感、愉悦感,形成学习中终生难忘的记忆。

综上所述,情商教育(EQ-oriented education)在教育工作中正发挥着越来越重要的作用。它有利于提高学生的心理素质和实现学生心理的健康发展;通过英语信息的输入(input)与输出(output),有利于指导学生了解、表达、控制自己的情绪,引导学生自我激励和维护良好的人际关系,循序渐进(gradually)地改变学生的心理状况,进而促进学生智力(intelligence)发展,提高学生的社会文化素质。

参考文献

[1]蒋景东.“皮格马利翁效应”英语教学的理性分析[J].黑龙江教育学院学

报,2004(4).

[2]章志光.心理学[M].北京:人民教育出版社,1987.

[3]隋铭才.英语教学论[M].南宁:广西教育出版社,2001.

索　引

N

内部因素　3,4,7—11,46,156,165,166,176,177,179,180,192

Q

情感　4,9,14,31—35,54,69,70,78,90,102,106,111—113,116—118,132,136,138,140,146—148,151,176,181—184,187,189,197,203,212,213,220,228,230,234,249,251,255—257,261,263,264,279,282—286,292,296,301—306,308—311,313—316,320—328

W

外部因素　3,4,6,8—11,46,156,165,166,174,176,179,180,192,212

X

心理动机　3,6,9,165,177,180,189,190

"协同"构建　245,247—249,270,273—281

Y

英语教学改革路径　237,238

Z

阻碍机制　1—4,6—11,156,165,177,179—181,196,197,225,237,282